调查研究

新时代
领导干部调查研究方法

主　编　董海军
副主编　曾东霞　严志兰　邓志强

华中科技大学出版社
http://press.hust.edu.cn
中国·武汉

图书在版编目（CIP）数据

新时代领导干部调查研究方法/董海军主编．—武汉：华中科技大学出版社，2023.7（2025.7重印）
ISBN 978-7-5680-9705-5

Ⅰ.①新… Ⅱ.①董… Ⅲ.①领导干部-调查研究-能力培养-研究-中国 Ⅳ.① D630.3

中国国家版本馆 CIP 数据核字（2023）第 118789 号

新时代领导干部调查研究方法
Xinshidai Lingdao Ganbu Diaocha Yanjiu Fangfa

董海军　主编

总 策 划：	姜新祺
策划编辑：	牧　心　　钱　坤
责任编辑：	张馨芳
封面设计：	廖亚萍
版式设计：	赵慧萍
责任校对：	张汇娟
责任监印：	周治超

出版发行：华中科技大学出版社（中国·武汉）　　电话：(027) 81321913
　　　　　武汉市东湖新技术开发区华工科技园　　邮编：430223

录　　排：华中科技大学出版社美编室
印　　刷：湖北新华印务有限公司
开　　本：787mm×1092mm　1/16
印　　张：23.5　插页：2
字　　数：472 千字
版　　次：2025 年 7 月第 1 版第 3 次印刷
定　　价：68.00 元

本书若有印装质量问题，请向出版社营销中心调换
全国免费服务热线：400-6679-118　　竭诚为您服务
版权所有　侵权必究

为什么对领导干部的调查研究,要强调"始终坚持"和"不断加强"呢?一是因为我们所肩负的任务是不断变化的,原有的任务完成了,新的任务又摆到了面前,又需要重新学习和调查研究。二是因为我们党的领导干部是要不断地进行新老交替和不断地调换工作岗位的,老干部离开了领导岗位,新一批干部上来了,老干部学习和调查研究的经验可以供新上来的干部学习借鉴,但代替不了新上来干部的学习和调查研究。领导干部从一个地区和部门到另一个地区和部门,都必须进行调查研究。即便是回到曾经熟悉的工作岗位和工作环境,也不能刻舟求剑,还需要重新调查了解新情况。三是客观事物总在不断变化,新矛盾新问题每日每时都在出现,在当代中国社会主义现代化事业蓬勃发展的形势下,在当今世界多极化、经济全球化深入发展和科学技术突飞猛进的条件下更是如此。这也要求领导干部必须坚持不懈地进行和加强调查研究。

　　——习近平:《谈谈调查研究》,载于《学习时报》2011年11月21日,第1版

序言
PREFACE

我们党历来重视调查研究。1930年,毛泽东在《反对本本主义》一文中,首次提出"没有调查,没有发言权"的著名论断。1978年6月,邓小平在全军政治工作会议上指出:"我们办事情,做工作,必须深入调查研究,联系本单位的实际解决问题。"江泽民指出:"没有调查就没有发言权,没有调查就更没有决策权。"习近平总书记也高度重视调查研究,多次强调调查研究是我们党的传家宝,"调查研究是谋事之基、成事之道",是做好各项工作的基本功,要在全党大兴调查研究之风,指出"正确的贯彻落实同样也离不开调查研究"。重视调查研究是我们党的优良传统。调查研究作为中国共产党的传家宝,在不同的历史时期为中国共产党人准确认识国情、分析问题、解决问题发挥了重要作用。

中国特色社会主义进入新时代,全党全军全国各族人民迈上全面建设社会主义现代化国家的新征程,正在以中国式现代化全面推进中华民族伟大复兴。前进的道路不会一帆风顺,随着中国特色社会主义事业的深入发展,我们面临的形势任务只会更加严峻艰巨。正确认识世情国情党情民情,在错综复杂的情况下科学判断形势、正确决策,变得更加重要。这就要求各级领导干部必须顺应时代发展潮流,学习掌握调查研究方法,提高调查研究能力,保证对各种情况有正确的认识,进而为决策提供可靠依据。

为了满足广大干部学习掌握科学的调查研究方法,董海军教授主持编写了《新时代领导干部调查研究方法》一书。本书具有以下三个鲜明特色。

(1) **政务性**。作为社会科学研究的调查研究方法和作为领导工作的调查研究方法，两者在研究目的、研究方法和研究对象上既有一定差异，又有很多共同点。因此，本书在运用社会学理论概念时，更加注重调查研究作为领导方法的特殊要求，将抽象的理论概念转化为可操作、可检验的方法，尽力为读者提供一本实用的调查研究手册。本书吸收了党和国家有关调查研究的最新理论成果，既介绍了一般调查研究的原理和方法，又充分考虑到领导干部的需求特点，增加了试点实验等研究方法，并运用适合领导干部的语言写作。

(2) **前沿性**。本书按照调查研究的整体步骤，从主题选择、准备工作，到运用各种具体的调查研究方法，再到数据呈现和报告撰写，层层递进地分析讲解，帮助读者系统完整地掌握调查研究的基本知识和方法。同时，本书还介绍了最新的调查研究方法和研究手段，比如，第十章就介绍了调查研究的网络平台及软件工具，体现出前沿性和时代性。

(3) **可读性**。本书对调查研究方法并没有进行过多的原理性阐释，而是着重介绍常识性和操作性知识。语言表达力求通俗易懂，具有较强的可读性。本书引入大量案例，这些材料大多来自学术界多年的研究成果，既拓展了本书的内容，又有助于读者对调查研究原理与操作方法的理解。

希望本书能够为各级领导干部提升调研能力、改进工作作风、提高决策能力提供有益的帮助。

中共中央党校（国家行政学院）副校（院）长
2023 年 1 月

目录
CONTENTS

第一章　调查研究：领导干部的必备素养　　—1
　　第一节　时代呼唤：盘活盘精调查研究的时代意义　—1
　　第二节　历史积淀：巧用善用调查研究的党史经验　—8
　　第三节　理论基础：抓好抓牢调查研究的理论基石　—20

第二章　问题导向：领导干部调查研究的主题选择　　—35
　　第一节　领导干部调查研究主题选择的行动指南　—36
　　第二节　领导干部调查研究主题选择的修炼法则　—42
　　第三节　领导干部调查研究主题选择的方法技巧　—47
　　第四节　领导干部调查研究主题选择的认识误区　—50

第三章　粮草先行：调查准备工作　　—57
　　第一节　文献和材料的搜集与处理　—57
　　第二节　选择调研课题　—62
　　第三节　调查设计　—65
　　第四节　测量与操作化　—70

第四章　众里寻他：调查对象的抽取选择　　—82
　　第一节　全面调查对象的确定　—82
　　第二节　抽样调查对象的选择　—87
　　第三节　典型调查对象的选择　—94
　　第四节　重点调查对象的选择　—100
　　第五节　个案调查对象的选择　—103

第五章　打磨金刚钻：调查问卷设计 — **109**

　　第一节　问卷设计的意义及基本步骤 —110
　　第二节　问卷的种类与结构 —115
　　第三节　问卷的编制 —124
　　第四节　网络问卷设计概览 —133

第六章　寻求配合：问卷资料回收 — **142**

　　第一节　问卷资料回收的方法和准则 —143
　　第二节　纸质问卷回收 —152
　　第三节　电子问卷回收 —160

第七章　明察细访：领导干部如何访谈与观察 — **170**

　　第一节　如何做好"解剖麻雀"式调研 —170
　　第二节　如何做好访谈调研 —175
　　第三节　如何做好蹲点调研 —190

第八章　披沙拣金：文献研究 — **200**

　　第一节　文献与文献研究 —200
　　第二节　内容分析 —208
　　第三节　二次分析 —218
　　第四节　现存统计资料分析 —225

第九章　摸着石头过河：试点实验 —— 233
第一节　试点实验的含义与特点 —234
第二节　试点实验的历史经验 —237
第三节　试点实验的步骤 —242
第四节　试点实验的优势、局限及注意事项 —249

第十章　好风凭借力：调查研究的网络平台及软件工具 —— 258
第一节　在线调查平台概述 —259
第二节　常用的专业在线调查平台问卷星的使用与操作 —262
第三节　常用的统计软件 SPSS 及其应用 —266

第十一章　用数据说话：基础统计与图表呈现 —— 284
第一节　资料审核、录入与预处理 —284
第二节　基础统计知识 —289
第三节　数据的报表呈现 —299
第四节　数据的图形展示 —311

第十二章　文无定法亦有法：调查研究报告撰写 —— 326
第一节　调查研究报告的特点 —326
第二节　调查研究报告的类型 —328
第三节　调查研究报告的写作原则及步骤 —333
第四节　调查研究报告的成果转化运用 —341

附录一 纸质问卷参考案例 —— 347
农村青年生活工作状况调查问卷 —— 347

附录二 网页问卷参考案例 —— 348
湖南省中小学劳动教育调查问卷（家长卷）—— 348

附录三 调研报告参考案例 —— 349
FJ省长者食堂建设情况的调查与思考 —— 349

参考文献 —— 359

后记 —— 365

第一章　调查研究：领导干部的必备素养

学好调查研究是大势所趋，是建设中国特色社会主义的一项基本技能。习近平总书记指出："调查研究是谋事之基、成事之道。没有调查，就没有发言权，更没有决策权。"重视调查研究，是我们党做好领导工作的重要传家宝。同时，从时代呼唤、历史积淀和理论基础三个维度来看，调查研究也是领导干部的必备素养。

第一节　时代呼唤：盘活盘精调查研究的时代意义

2021年1月28日，习近平总书记在主持中央政治局第二十七次集体学习时指出，各级领导干部特别是高级干部要不断提高政治判断力、政治领悟力、政治执行力，对"国之大者"了然于胸，把贯彻党中央精神体现到谋划重大战略、制定重大政策、部署重大任务、推进重大工作的实践中去，经常对表对标，及时校准偏差。要做到这些，新时代领导干部应注重调查研究素养的政治性、现实性和时代性。

一　领导干部必备调查研究素养的政治性

（一）维护党的领导，需要调查研究

习近平总书记曾用"众星捧月"形容党的领导地位，正所谓"为政以德，譬如北辰居其所而众星共之"[①]，领导干部作为中国共产党的核心组成部分，如果不能够正确施策，繁星般的人民群众也会散去。为此，领导干部们必须认识到自身在维护党的领导上的重要性。百年来，中国共产党能够始终成为领导中国人民共克时艰夺取中国革命和建设事业胜利的坚强领导核心，一方面离不开中国共产党对国内、国际

---

① 梁海明主编，程昌明译注："中华传世名著精华丛书"之《论语》，山西古籍出版社2000年版，第11页。

社会格局的实时精确把握和正确决策,另一方面离不开人民百姓的拥护与支持。调查研究更是这两方面中必不可少的谋事之基、成事之道,特别是在解答团结人民群众、拥护党的领导这个难题上,能交出一份优异的答卷。人民是国家的主人,是历史的创造者,也是创造历史的动力。想要筑牢百年大党的根基,就必须牢记全心全意为人民服务的根本宗旨,把人民放在心中最高的位置。那么,如何能够保证党永远同人民群众紧密连接,"想群众之所想,急群众之所急,解群众之所难"①呢?这就需要领导干部坚持走好群众路线,真正做到"江山就是人民,人民就是江山",在深入人民群众的过程中改进党的领导方式,使中国共产党的领导成为历史和人民最坚定、最可靠的选择。百年来的历史实践已经告诉我们,只有领导干部时时刻刻在调查研究中体察民情、考察民意,真心实意地密切党和群众的血肉联系,党的领导才能坚实而有力量。毛泽东提出:"在我党的一切实际工作中,凡属正确的领导,必须是从群众中来,到群众中去。"②邓小平也强调:"离开群众经验和群众意见的调查研究,那末,任何天才的领导者也不可能进行正确的领导。"③由此可见,调查研究在实现党的正确领导方面具有重要意义。只有领导干部将调查研究视为认识世界、改造世界的科学方法论,敢于俯下身去听民声、善于迈开步子顺民意、乐于干出样子解民忧,多为人民群众办几件切实有效的好事,才能巩固党的执政之基。

(二)实现党和国家的目标,需要调查研究

中国共产党成立至今,经历了革命、建设、改革发展的不同历史阶段,从反帝反封建到领导人民巩固政权、恢复发展国民经济,再到全面建成小康社会,踏上了全面建设社会主义现代化国家的新征程,朝着"建成富强民主文明和谐美丽的社会主义现代化强国"这一宏伟目标继续迈进。在不同的历史阶段,中国共产党所面临的社会形势迥异,同社会发展阶段相对应的具体奋斗目标也时异事殊。党的二十大报告指出:"从现在起,中国共产党的中心任务就是团结带领全国各族人民全面建成社会主义现代化强国、实现第二个百年奋斗目标,以中国式现代化全面推进中华民族伟大复兴。"虽然各个阶段的具体任务不尽相同,但中国共产党所追求的最终目标始终一致——实现共产主义的社会制度。要想实现这一最终目标,领导干部必须将调查研究作为自己必备的基本功,作为推动党和国家向最终目标迈进的"助推器"。要想完成党和国家的具体任务和最终目标,首先领导干部自身必须具有足够的政治领悟力,摸清搞懂党和国家系列目标的具体内涵和核心要义,并在此基础上将目标转

---

① 习近平:《在"七一勋章"颁授仪式上的讲话》(2021年6月29日),人民出版社2021年版,第3页。
② 《毛泽东选集(第三卷)》,人民出版社1991年第2版,第899页。
③ 中共中央文献研究室:《论群众路线——重要论述摘编》,中央文献出版社2013年版,第46页。

化为具体行动。这一过程需要调查研究的助力,只有这样,领导干部们才能准确践行党和国家目标的关键环节,真正将党和国家的远大目标同人民群众的现实生活相结合,推动"实现共产主义的社会制度"这一最终目标早日落地开花。

(三)践行党和国家的方针政策,需要调查研究

中国共产党成立百年来,始终将调查研究作为传家宝,利用调查研究将党和国家的方针政策同我国的国情相结合,推动政策决策的有效落地。习近平总书记强调,"正确的决策离不开调查研究,正确的贯彻落实同样也离不开调查研究"①,可见调查研究不仅能够帮助中国共产党带领人民找到一条适合中国国情的正确道路,还能够帮助中国人民将这条路走好、走扎实。中国地大物博、疆土辽阔,各个区域的文化环境、经济状况、地理环境等皆各有独特之处。面对这一系列的特殊性和差异性,各级各地领导干部必须将调查研究作为践行党和国家方针政策的法宝,将方针政策与当地实际相结合。只有如此,才能保证党和国家的方针政策及决策部署准确有效落地,更好地推动工作进行。② 中国共产党是以实事求是为原则的政党,党的方针政策源于中国社会的总体客观实际。但是,这并不意味着在贯彻落实具体的措施时就可以脱离当地实际,粗暴蛮横地实施推进,这偏离了科学性和可行性的正确轨道。中国人讲知行合一,不能只有"行"而没有"知",此处的"知"不仅仅是指知道党中央决策部署、知道任务目标,还要通过调查研究知道当地实际,从而创造出经得起实践、人民、历史检验的成绩。

领导干部必备调查研究素养的现实性

(一)把握社会图景全貌,有效实施社会治理,需要重视调查研究

中国共产党百年来作为领导中国人民奋勇前进的坚强核心力量,带领着中华民族打开新的历史局面,而在革命和建设事业尤其是改革进程中不走错路、不走偏路,则有赖于对社会现实、社会主要矛盾的准确把握。党的十九届四中全会提出"把提高治理能力作为新时代干部队伍建设的重大任务"③,而改革开放以来我国经济社会

---

① 习近平:《在党的十九届一中全会上的讲话》(2017年10月25日),载于《求是》2018年第1期,第3-8页。
② 刘庆斌:《新时代领导干部提高调查研究实效探析——基于习近平同志关于调查研究的重要论述》,载于《观察与思考》2020年第8期,第38-46页。
③ 本书编写组:《〈中共中央关于坚持和完善中国特色社会主义制度、推进国家治理体系和治理能力现代化若干重大问题的决定〉辅导读本》,人民出版社2019年版,第46页。

各方面发生了诸多复杂变化,文化治理、生态治理、乡村治理等都呈现出高度的复杂性,想要取得良好的治理效果实为不易。① 例如,农民工问题、人口老龄化问题、基层社会治理问题,以及收入分配差距扩大趋势尚未扭转等问题,都是领导干部们需要直面回应的现实矛盾。新形势需要新担当,新征程呼唤新作为。领导干部们必须充分提高认识社会的能力,为社会治理提出更加切实可行的现实方案,以对标新时代的要求。

有效实施社会治理之前,需要对社会面貌具有系统全面的认知,对某一社会问题具有精准的细节把握。这离不开调查研究的助力。领导干部只有视调查研究为察实情、出实招、办实事、求实效的重要依托,才能在身体力行中聚焦真实情况,进一步做到对社会矛盾心中有数,对各方诉求心里有底,并"在分析和研究中把零散的、粗浅的认识上升为系统的、深刻的认识,摸索事物的本质和规律"②,在此基础上加强创新社会治理,有效破解当前的突出社会问题。为此,广大领导干部应当有进入新时代、奋进新目标、续写新篇章的紧迫感与责任感,立足当前错综复杂的社会形势,在做出决策前一定要迈开步子丈量责任,准确把握时代变迁、社会发展、群众需求的脉搏,切不可偏听偏信、闭门造车,而要将调查研究作为推出政策决策的"定心丸"和履职尽责务求实效的"总抓手"。

(二)克服形式主义腐蚀,重整队伍建设,需要正视调查研究

在全面从严治党的新时代,搬掉"形式主义"这个绊脚石是首要任务。"形式主义实质是主观主义、功利主义,根源是政绩观错位、责任心缺失,用轰轰烈烈的形式代替了扎扎实实的落实,用光鲜亮丽的外表掩盖了矛盾和问题。"③ 形式主义指导下的工作犹如"镜中花""水中月",虽然看起来赏心悦目,实则却是自我麻痹与陶醉,这与中国共产党强调的实事求是的工作作风背道而驰。当前,我们领导干部队伍中形式主义、官僚主义的问题依然存在,甚至还随着时间推移衍生出了新表现,集中体现在以下几个方面:做工作拖拉低效,出现问题则欺上瞒下,召集会议讲排场、重"流程"等;错把"文件材料成堆"当政绩,误把"办公室里做工作"当智慧,只把"谄媚上级求满意"当正事,是当前队伍建设中某些领导干部存在的严重偏差;不仅自己"沉醉"于形式主义,甚至还时不时地将基层工作者拉入文山会海中。

对于如何破除形式主义、净化领导干部队伍,习近平总书记将深入调查研究作

---

① 洪向华:《领导干部治理能力十讲》,人民出版社2020年版,第48页。
② 徐功献、吴艳林:《习近平总书记关于调查研究重要论述的基础来源、主要内涵与时代价值》,载于《桂海论丛》2021年第4期,第10-17页。
③ 中共中央党史和文献研究院:《习近平关于力戒形式主义官僚主义重要论述选编》,中央文献出版社2020年版,第24页。

为主要抓手，提出"要靠深入调查研究下功夫解难题，靠贴近实际和贴近群众的务实举措抓落实"①，以保持党同人民群众的血肉联系。显然，调查研究作为领导干部的必备素养，已然成为新时代领导干部队伍建设的题中之义。调查研究虽为撕开形式主义这张假面具提供了突破口，但也要严防形式主义的侵蚀，力戒走形式、跑过场，以防加重基层负担。当前对领导干部的调查研究素养提出殷切期望，旨在破除过去部分领导干部的错误观念，如将调查研究视为参观、走过场、拉关系，从而遮蔽了其力求解决实际问题的内涵。领导干部应当认识到，做调查研究绝不是居高临下的作秀视察，或者是游览"经典路线"，而是躬身基层、轻车简从地走到万家灯火之中，有决心和毅力直面问题、解决问题。中国共产党是勇于自我革命的政党，因此它深知，中国特色社会主义事业想要在新时代绽放出更大光芒，需要淬炼干部队伍，要将调查研究能力作为鞭策广大领导干部务实为民的一把戒尺。

（三）把握国际社会形势，提升国际地位，需要强化调查研究

新中国成立以来，伴随着综合国力的提升，我国日益走近世界舞台中央。中国不再是国际秩序的被动接受者、跟随者，而是积极的参与者、建设者和引领者，为世界发展贡献出了中国方案。"一带一路"的共建倡议，为欧亚各国经济的深入合作、互联互通提供了更广阔的发展空间，推动形成了国际经济新格局。国际社会愈发重视中国声音，世界发展也逐渐烙上鲜明的中国印记。虽然取得了一系列的成就，但我国面临的世界局势依旧挑战重重，容不得半分懈怠。当今世界风云激荡，领土争端、网络安全、经济壁垒、大国博弈等仍考验着中国的发展能力，地缘政治风险攀升，不稳定性与不确定性更加突出。中国要想把握好国内外形势，在纷繁复杂的世界浪潮中行稳致远，广大领导干部们需要坚定不移地扎根现实，不断探索适合国情、民意的发展道路。

"世界又站在历史的十字路口。"② 当前中国处于百年未有之大变局，两者同步交织、相互激荡。而历史的车轮是在难题的攻克中滚滚向前的，为此领导干部要真刀真枪地锤炼自己解决问题的能力，以助推新征程。习近平总书记在中央党校中青年干部培训班开班仪式上强调，面对复杂形势和艰巨任务，我们要在危机中育先机、于变局中开新局，提高解决实际问题能力是年轻干部成长的必然要求。③ 因此，领导

---

① 《习近平在十九届中央纪委二次全会上发表重要讲话强调 全面贯彻落实党的十九大精神 以永远在路上的执着把从严治党引向深入》，载于《中国纪检监察》2018 年第 2 期，第 4-7 页。

② 习近平：《坚定信心 共克时艰 共建更加美好的世界》（2021 年 9 月 21 日），人民出版社 2021 年版，第 7 页。

③ 习近平：《年轻干部要提高解决实际问题能力 想干事能干事干成事》，载于《学习时报》2020 年 10 月 12 日，第 1 版。

干部要不断提高调查研究素养，用好调查研究这个"看家本领"，从而提升谋划工作、狠抓落实、解决实际问题的能力。只有运用调查研究，以问题导向推动调研成果转化，才能具体问题具体分析地对内把握中国发展脉搏、对外明晰国际发展格局，保持一贯的清醒头脑和政治定力，透察世界变局，在此基础上把党的各项事业不断推向前进。在世界局势风云变幻、国内外变局持续演进的情况下，领导干部必须坚持不懈地进行并加强调查研究，以不变应万变，走好新时代"赶考"之路，永葆"胸中有丘壑，立马振山河"的拼搏精神。

三 领导干部必备调查研究素养的时代性

（一）新时代需要调查研究深入认识社会，提升新时代认知水平

党的十八大以来，中国特色社会主义进入新时代，在改革全面发力、多点突破、纵深推进、以创新性实践取得标志性成果的同时，我国社会环境与结构也正发生着历史性、全局性和结构性的深刻变革。在社会矛盾上，我国社会的主要矛盾已经转变为人民日益增长的美好生活需要和不平衡不充分的发展之间的矛盾，标示了深刻变革后我国发展新的历史方位，反映了社会主要矛盾进入更新阶段、更高水平；在社会结构上，我国社会的城乡人口结构、职业结构、家庭结构、消费结构等都发生了新变化，反映出个体生存发展环境的蜕变；在社会矛盾风险方面，当前我国的社会利益格局日趋多元，社会不稳定因素增多，新风险新矛盾不断考验着党的领导治理能力；在社会存在形式上，网络社会的兴起将现实社会延伸至虚拟世界，创造出虚拟与现实并存的二元社会存在形式。这些状况造就了当今社会丰富多元性与不确定性并存的局面，为新时代的社会治理与建设提出了新挑战和新难题。在新时代社会环境日新月异的背景下，领导干部作为整个党员队伍中的"关键少数"，不仅要锤炼敢担当的铁肩膀，还必须练就能成事的真本领，"着力避免陷入少知而迷、不知而盲、无知而乱的困境"①，提升对社会的认知能力。调查研究作为我们党的优良传统与作风，在新时代下依旧是帮助领导干部们全面深入认识社会的必要途径。虽然人们常说在互联网络时代可以实现足不出户知天下，但这不代表领导干部端坐在电脑桌前就能制定出符合国情、党情和世情的正确决策。只有让调查研究的足迹遍布祖国的每个角落，才能既从宏观层面认识到社会运行的真实状态，又从微观层面感悟到新时代下不同个体的生存体验。社会发展得怎么样、人民生活得怎么样、社会发展中有什么阻碍与危机，这些亟待回答的问题，需要用脚步、眼睛、嘴巴、耳朵去切身感

---

① 全国干部培训教材编审指导委员会：《做好新形势下的群众工作》，党建读物出版社2015年版，第2页。

受后才能回答。因此，唯有在调查研究中，在宏观与微观的交织下生成的对新时代社会的整体认知中，才能为党的各项工作提供可靠的现实基础，让中国共产党牢牢把握时代脉搏，科学回答时代之问。

（二）新时代需要调查研究精准把握社会脉络，为新时代建设保驾护航

认识社会并非终点，新时代同样需要领导干部在面对复杂的形势、严峻的社会问题时，能够精准把握问题的本质和规律，找到问题的矛盾点和关键点，从而为下一步改造社会提供动力和方向。任何一种社会问题的机理构造都不是表面化、浅层次的，而是涉及多方利益、串联多种社会问题，因此，若仅就问题的局部简单粗暴地进行整治，很容易引发一系列未预结局，最终不但损害领导机关和领导干部的形象，而且会危及新时代中国的系列建设。因此，调查研究不能仅仅停留在"发现问题—解决问题"的简单逻辑中，还需要多层次、多方位地剖析问题，抽丝剥茧般抓住其矛盾点，继而有效施策。精准有效地制定政策、实施政策，不是单凭在办公室中遥控指挥、高谈阔论、光说不练就能得以实现，而是需要大量的实地调查研究作支撑。习近平总书记在吉林考察时指出："当今世界正经历百年未有之大变局，我国发展的内部条件和外部环境正在发生深刻复杂变化。我们要保持经济社会持续健康发展，必须深入研判、深入调查、科学决策。"[1] 只有通过深入细致的调查研究，才能紧扣生产生活实际，研究透彻事情的真相和全貌，精准把握社会脉络，抓住社会问题的症结。一旦"情况搞清楚了，就要坚持从实际出发谋划事业和工作，使想出来的点子、举措、方案符合实际情况，不好高骛远，不脱离实际"[2]，从而为新时代的各项建设保驾护航。

（三）新时代需要调查研究有效推进社会治理现代化，高质量实现新时代目标

对于调查研究，毛泽东认为："凡是忧愁没有办法的时候，就去调查研究，一经调查研究，办法就出来了，问题就解决了。"[3] 这一论断简明扼要地指出，调查研究就是以鲜明的问题导向为靶心。新时代党需要直面的任务与挑战，是在续写社会长期和谐稳定这一奇迹的同时，还要坚持在发展中保障和改善民生，加强社会建设，让改革发展成果更多更公平地惠及全体人民。为此，各级领导干部需要把人民幸福

---

[1] 《第一观察｜习近平为何突出强调这项"基本功"》，光明网，2020年8月7日。
[2] 中共中央文献研究室：《习近平关于全面从严治党论述摘编》，中央文献出版社2016年版，第165页。
[3] 中共中央文献研究室：《毛泽东文集（第八卷）》（1959年2月—1975年7月），人民出版社1999年版，第261页。

作为奋斗目标,作为一切工作的出发点和落脚点;在如何夯实社会治理基础,完善社会治理规则体系,改革社会中不合理及不协调的部分,稳步推进社会治理体系和治理能力现代化上下功夫。在我国当前社会中,经济发展与环境保护之间的关系问题,"蛋糕"做大与"蛋糕"分好的问题,公共资源的分配使用问题等,都是直接关系着社会民生的重大问题,亟待各级领导干部探实情谋良策,在凝心聚力持续提升社会治理效能上出实招,以谱写更加良好和谐友善的社会生态新篇章。在守正创新加快推动社会治理现代化的过程中,需要坚持完善党委领导、政府主导、社会协同、公众参与、法治保障的体制机制,以多方参与、共同合作激活动力,构筑共建共治共享的社会治理格局,有的放矢地增进民生福祉,持之以恒地强化社会保障,为新时代事业发展擘画蓝图。调查研究正是有效赋能社会治理、完善社会治理体系、助推社会治理现代化的驱动引擎。因此,领导干部需铸牢群众意识、搭建各方沟通桥梁、加固为民服务纽带,在细致的真调实研中听原汁原味民声、察原装原貌民情、访原原本本民意,发掘、掌握社会动态,为社会建设瞄准重点、指引方向;在探讨交流中,只有放下架子深入一线、沉下性子聚焦问题、挑起担子找准对策,才能坚定社会治理的正确方向,落实落细社会治理的各项任务,用情用心用力开展好各项群众工作,身体力行地把中央的各项大政方针贯彻到基层去,确保其落地见效。同时,社会建设并非一蹴而就,需不断地"求真务实促提升,总结反思做调节"。因此,在"治理抓在源头,风险止于苗头"的基础上,应将调查研究作为抓手来对政策决策跟踪反馈并对其执行效果进行评估,破除社会治理现代化中存在的弊端,协调各方面各层级利益诉求,健全社会治理体制,防止在政策执行和推进过程中出现层层加码、一刀切的"过火"举措,抑或慵懒躺平的"欠火"怠政情况,以搭建良好的社会治理框架、营造良好的环境氛围。

第二节 历史积淀:巧用善用调查研究的党史经验

中国共产党百年发展史就是一部以调查研究作为推进马克思主义中国化进程的重要抓手,不断进行理论创新、理论创造的历史。回望中国共产党百余年发展历程,调查研究为中国共产党的成长和中国社会建设做出了卓绝的贡献。调查研究作为贯穿中国共产党革命、建设与改革时期的重要决策方法,作为执政兴国的重要理念,在帮助中国共产党认清国情现状和解决现实问题的过程中起到了把方向、谋大局、定政策、促改革的作用。党的十八大以来,习近平总书记高度重视调查研究,多次强调要用好调查研究这一传家宝,练就做好各项工作的基本功。所谓"前事不忘,后事之师",要用实、用好这一传家宝,需梳理既往历史的脉络,从历史的启迪中更好地探寻前进方向。调查研究作为中国共产党百年来的光荣传统和优良作风,深深镌刻在党的辉煌历史中,需要我们去充分挖掘,内化于心、外化于行,进一步做好传承发扬工作。

新民主主义革命时期（1919—1949 年）

回望新民主主义革命时期，中国面临严峻急迫的国内外局势。如何找到适合中国国情的发展道路，实现中华民族自救自强，成为摆在全体中华儿女面前的关键问题。洋务运动以后，中国沦为各种方案、主义、政体百舸争流的试验场，一次次失败印证着封建帝制、君主立宪、民主共和在中国行不通、走不远的社会现实，而早已千疮百孔的中国实在不堪再次失败的社会试验。1921 年，南湖红船破浪开，开天辟地一声雷。中国共产党在成立之初，便结合现实国情提出并明确要让社会主义在中国大地扎根，救黎民于水火，挽民族于危亡。中国革命的面貌、中华民族的面貌、中国社会的面貌，由此焕然一新了。事实上，中国共产党决心引入马克思主义并选择了科学社会主义作为改造中国的"对症之方"，非但不是一拍脑袋的偶然决定，而是历经了漫长和反复的关于"社会主义是否适合于中国国情"这一问题的探索、分析、比较、推求、实践后的历史必然。梁启超等人认为中国经济落后、人民大多无知识，难以建立社会主义国家，而只能够通过资本主义的方法发展实业①；却视而不见之前在中国大地上以西方为范本进行的多次资本主义尝试已经宣告了的一个事实：在饱受帝国主义和封建主义压迫下的中国，试图建设资本主义社会无异于"镜中拈花""水中捞月"。而以李大钊、陈独秀等为代表的先进知识分子则在马克思主义的感召下，观察与分析中国社会存有的各种现象和问题，尖锐地指出资本主义救国方案不过是"空中楼阁"。中国不是没有阶级斗争和重重矛盾，事实恰恰相反，"中国无产阶级所受的悲惨，比欧美、日本的无产阶级所受的更甚"②。因此，只有进行社会革命才能改换面貌，只有社会主义才能救中国，只有中国共产党才能"挽狂澜于既倒，扶大厦之将倾"。

在此关键节点上，是否要沿着俄国人选择的社会主义具体道路前进，成了这一时期实现中华民族独立与解放的核心命题。毛泽东最先认识到，一味照搬照抄俄国经验和模式只会重蹈之前工农运动的覆辙，中国革命必须从中国的实际情况出发，探索适合国情的革命之路，走农村包围城市的革命斗争道路。历史与实践已然充分证明"走自己的路"——具体情况具体分析这一历史性抉择是完全正确的，而毛泽东正是秉持"马克思主义活的灵魂"的立场和高度，通过躬行践履调查研究，才能准确把握本国国情，清醒认识历史方位，实事求是地分析判断中国革命发展的客观规律；才能制定出符合国情的战略策略，以开拓进取、勇于创新的精神闯出一条前无

---

① 张神根：《开天辟地——中国共产党诞生纪实》，人民出版社 2021 年版，第 91 页。
② 汪信砚：《李达全集（第一卷）》，人民出版社 2016 年版，第 381 页。

古人的全新革命道路。1925—1927年，毛泽东集中在湖南韶山、湘潭、湘乡、衡山、醴陵、长沙等地进行社会调查，在此基础上撰写了《中国社会各阶级的分析》《湖南农民运动考察报告》等经典著作。《湖南农民运动考察报告》中展现的将座谈会作为了解民情、掌握民意、回应关切的重要渠道，更是拨亮了指路明灯，在启示、指导党的调查研究工作上发挥着不容小觑的作用。正是在长期身体力行的走访调查中，毛泽东冲破"城市中心论"模式的羁绊，坚定了走中国自己的革命道路之决心。1927年9月，在湖南省浏阳市文家市里仁学校前敌委员会会议中，毛泽东对在深走实看社会调查中获取的经验深度发酵、总结提炼，最终以事实为依据，赢得大多数前委成员的支持，随后便拉开著名的三湾改编的序幕，开始了创建井冈山革命根据地的斗争。①

拓展阅读

毛泽东与《湖南农民运动考察报告》

1927年，以湖南为中心的农民运动达到高潮。面对迅猛兴起的农民运动，部分国民党右派、帝国主义、封建势力污蔑其为"痞子运动"，党内以陈独秀为代表的一些右倾机会主义者也不愿承认农民是中国革命的中坚力量，甚至主张放弃农民群体。究竟应当持什么样的态度对待已经风起云涌的农民运动？这一难题鲜明地摆在中国共产党面前。为摸索答案，回应党内外种种责难，时任中共中央农委书记的毛泽东动身前往湖南湘潭、湘乡、衡山、醴陵、长沙等地，用整整32天踏遍700多公里的乡村道路，深入农村进行社会调查活动。用铁一般的事实说话，尖锐批驳了反革命论调，力证农民是革命先锋，为中国革命进一步指明方向。

在调查研究的过程中，毛泽东主要采用开座谈会和调查会的方式，对当地农民运动的发展脉络、人员组成、面貌改变等进行详细考察。当他回到韶山地区开展调查时，便亲身感受到此时的韶山经过农民运动的洗礼已经改头换面。农民运动以革命精神凝聚磅礴伟力，将一切束缚发展的封建势力罗网以迅猛之势冲决；女性地位在此过程中也显著提高，从前备受封建歧视的妇女们也能自主参与农会会议活动、自由进出祠堂等地。农会不仅带领农民揭起革命大旗，掀起暴风骤雨灭了地主乡绅的威风；还切实为

---

① 杨玉玲、刘志兵：《百年剪影——党史中的一百个重要抉择》，人民出版社2021年版，第30页。

民造福，组织农民固本强基增本领，以修坝、禁烟、办农民夜校等具体举措，把好事实事做到民众心坎上，在当地人民群众中相当有力量。不单是湘潭，湖南其他各区县也在农民运动波涛的洗刷下积累革新动能，呈现向上态势。毫不夸张地说，农民们自主联合完成了孙中山先生的国民革命四十余年未竟之事业。基于调查研究，毛泽东还认识到，农民并非代表着一个同质性的阶级整体，而是一个由革命态度异质性很强的富农、中农、贫农三种不同群体所组成的综合体，其中，贫农身上最是闪烁着坚强革命精神、坚定革命信念、积极革命态度、昂扬革命斗志，应当大力支持鼓励引导。在高度赞扬农民运动进步性之余，毛泽东也不否认外界对农会的指责中关于部分贫农领袖做法失之偏颇的说法。但经过深入系统的社会调查，他发现很多责难早已站不住脚。敢于直面问题、认真检视反思、勇于修正错误的贫民领袖不乏其人；有些地方乡风淳朴、秩序稳定，甚至达到牌赌禁绝、盗匪潜踪、路不拾遗、夜不闭户的境地。

毛泽东深入群众调研一线，探查湖南农民运动实况，以雄辩的事实和充足的论据来澄清和驳斥当时党内外对农民运动的种种怀疑叫嚣、荒唐谬论，勘破了应在农村中大力发展党的组织、支持农民革命运动的真理。这为之后毛泽东以高瞻远瞩的眼光成功开辟农村包围城市的革命道路，形成新民主主义革命理论的完整体系，奠定了坚实基础。

井冈山革命根据地是中国共产党建立的第一个革命根据地，是武装斗争的强力依托，是革命的摇篮。它的创建，点燃了工农武装割据的星星之火，照亮了中国革命未来的方向。选择井冈山以构建中国革命的大本营，这是革命实践中的重大步骤之一，也是经过充分社会调查研究后得到的结果。经济上，井冈山地区农业经济自给自足尚有富余；地理位置上，井冈山远离国民党统治中心且地处边界、管辖薄弱，革命力量有发展与回旋余地；从群众基础来看，那里曾孕育过党组织且当地的农民武装愿意同工农革命军联合。以毛泽东为主要代表的中国共产党人通过聚焦问题、科学调查，立足于对客观实际的充分把握、对事物发展规律的正确认识、对时代发展潮流的深刻洞察，将马克思主义基本原理与调之所得、研之所获的中国革命具体实际相结合，在那个风雨如磐、血雨腥风的峥嵘岁月，在中国革命危急的紧要关头，率领部队走上井冈山。自此，各地共产党人相继跟随毛泽东的脚步，走上了深入农村积聚力量、建立农村革命根据地的道路①，走向光明的胜利，革命的火种也开始激荡与燎原。以实事求是为标尺做好调查研究，是井冈山斗争的一条重要

---

① 本书编写组：《中国共产党100年奋斗历程》，人民出版社2021年版，第28页。

经验，也是党从胜利走向胜利的重要法宝之一。历史实践充分证明，只有注重实事求是，认真开展调查研究，才能激发事业发展生机活力、唤醒内生动力，才能在黑暗中冲破危机培育先机，才能从实际出发，于迷雾中蹚出一条崭新道路。

1928年，中国共产党第六次全国代表大会对大革命失败的经验教训进行系统总结，一定程度上纠正了"左"倾盲动错误，是针对党内当时存在的"左"倾急性病的一副清醒剂。然而，在工作重心放置问题上，在武装起义战略布局上，党的六大都仍未摆脱俄国革命"城市中心论"模式的桎梏，给我们党员的思想带来极大冲击，也给党的建设带来了许多新的问题。王明、博古等人未曾以群众为镜、拜群众为师，未曾植根中国社会实践开展调查研究，置世情、国情、党情的深刻变化于不顾，架空于国内形势，一味地垄断马克思主义解释权，机械地搬用苏联经验，僵化地执行共产国际指示。这种脱离实际，将马克思主义原封不动照抄在中国现实革命问题的答卷上，奉共产国际为圭臬的做法，很快就遭受现实的迎头痛击——红军第五次反"围剿"以失败告终。在吸取惨痛教训的过程中，党深切意识到仅仅依靠书本上的马克思主义基本原理是远远不够的，不能将自身建立在照搬照套条条框框上，必须重新回到实事求是的路线上，自主探求契合中国国情的革命道路。至此，毛泽东所提出的工农武装割据、农村包围城市的理论，也开始由党的局部方针设计向整体战略布局转变。

抗日战争时期，调查研究是党打破不利局势、夺取斗争胜利、完成肩负历史使命的重要保障。毛泽东在此期间积极提倡调查研究活动，提出其是转变党内"缺乏调查研究客观实际状况的浓厚空气"①作风的基础一环；强调只有掌握调查研究了解我、敌、友三方动态信息，方能推翻日本帝国主义及其走狗的统治。在毛泽东的号召下，1941年8月中共中央颁布了《关于调查研究的决定》，其中明确指出，在各中央局、中央分局、独立区域的区党委或省委，八路军、新四军的高级机关，各根据地高级政府，都要设立调查研究机关；同时，详略得当地一一列举了调查研究中收集材料的各类方法，掀起了全党尤其是党内领导干部调查研究的热潮。1942年，为监督检查各地各级调查研究贯彻落实情况，党中央又发布了《关于检查调查研究决定执行程度的通知》，体现了党中央大兴调查研究之风，并以之为突破口，在全党力挫主观主义、肃清教条主义的决心。

本次刀刃向内正视问题，真刀真枪整改落实，在党内推动调查研究深入开展卓有成效。广大领导干部在此过程中从新的高度意识到，要以调查研究碾碎主观主义、形式主义的牢笼，以与时俱进的实践品格领悟实事求是的精髓。张闻天作为中国共产党的早期重要领导人之一，率先垂范、躬行实践，响应中共中央号召，补调查研究

---

① 《毛泽东选集（第三卷）》，人民出版社1991年第2版，第796页。

之课，带领调研小组赴陕北、晋西北等地区进行考察。在历时一年多的"下马观花"后，他切身体会到：调查研究不仅是触摸真实社会生活的实践工具，还是拓宽视野、增长见识、深化认识的工作方法，更是关系党的成败和人民事业的重大问题。他还将自己调查研究中的所见所闻、所思所想、所悟所行，凝结在写给中共中央的总结报告《出发归来记》中，把调查研究提高到思想路线的高度来认识。在张闻天这样的楷模紧跟时代步伐、躬体力行的感召下，干部学习和调查研究蔚然成风，更多的领导干部获得了深刻的思想改造，明白了"面对大局、大势、大事，要胸怀群众，同人民群众想在一起、干在一起、站在一起；以调查研究筑牢发展基底，才能站得高、望得远、看得清"的道理，为中国共产党后续革命胜利打下牢固基础，也为一代代中国共产党人接续改革、建设提供了宝贵经验。中国共产党领导的新民主主义革命之所以能够成功，关键在于我们党是理论与实际两手抓的先进政党。而调查研究则在理论与实际间架设起民心相通的桥梁，为我们把握好这两朵"并蒂之花"指明了方向，成为中国共产党想人民所想、急人民所急的秘密武器。

二 社会主义革命与建设时期（1949—1978年）

社会主义革命与建设时期是成就与混乱并存的时期，中国共产党要从历史进程中汲取调查研究智慧就需要做到经验、教训两手抓，在经验中领略重视及做实调查研究所获的丰硕成果，在教训中反思忽略或虚应调查研究招致的消极后果。新中国成立后，毛泽东依然视调查研究为工作重心，经常前往全国各地视察、走访，了解基层人民的生活以及政策的施行状况。值得一提的是，人民公社的一哄而起并非因为调查研究断链，而是源于调查研究脱离实际造成的误导。1958年，毛泽东就曾深入各地农村，实地调查新型基层组织的实现形式。① 然而，当地一些领导干部报喜不报忧的"调演"，掩饰了真实问题、掩盖了突出矛盾，以至于让人误以为"形势一片大好"。之后（1958年8月）发布的《中共中央关于在农村建立人民公社问题的决议》，更是直接指出："看来，共产主义在我国的实现，已经不是什么遥远将来的事情了，我们应该积极地运用人民公社的形式，摸索出一条过渡到共产主义的具体途径。"② 而随着人民公社的推进，平均主义的弊端愈加突出，共产风、浮夸风也愈演愈烈，农业生产效率受到重挫。

---

① 罗平汉：《问路：毛泽东与1961年全党农村大调查》，人民出版社2019年版，第19-25页。
② 中共中央文献研究室：《建国以来重要文献选编（第十一册）》，中央文献出版社1995年版，第450页。

在觉察到人民公社所暴露出的问题后，毛泽东看完了下派人员的调查报告，随即抵达郑州亲自进行考察，又委派吴冷西、田家英前往河南两县调查研究，并特地交代他们调查时不要各级领导作陪，以便发现更多真情况、听到更多真心话。半个月的调查研究，让毛泽东逐步了解到"大跃进"与"人民公社"存在的错误与弊端，意识到必须遏制当前"左"倾思潮，并于1958年12月10日党的八届六中全会通过了《关于人民公社若干问题的决议》，提出规范化、制度化人民公社的管理，对人民公社运动"降温"。历经一系列纠正措施的涤荡后，总算刹住"共产风"，初步扭转了"左"倾势头。

面对20世纪50年代末出现的严峻形势，党中央出台"十二条"进行整风整社运动，反思后认为当时农村的困难局面很大程度上是由于决策同实际相脱离所导致，为此必须要大力提倡调查研究。① 毛泽东强调："这些年来，我们的同志调查研究工作不做了。要是不做调查研究工作，只凭想象和估计办事，我们的工作就没有基础。所以，请同志们回去后大兴调查研究之风，一切从实际出发，没有把握就不要下决心。"② 毛泽东也痛定思痛，深刻反省了新中国成立后自身在调查研究方面的不足。为此，1961年党的八届九中全会后，毛泽东便要求田家英等人带领调查组分赴浙江、湖南、广东三省农村实地考察；同时，他自己也南下济南、南京等地进行调查研究，并再次强调调查研究的重要性。

1961年初的中央工作会议（七千人大会）上，各地区小组针对当时的政治形势重点讨论并号召要加强调查研究，指出"大跃进"失败的重要原因在于缺乏认真的调查研究，做的一些调查研究也只是浮皮潦草地看报告、走马观花式踩点。有的领导干部虽然也下去做调查研究，脑子里却预设观点、先入为主，故而用自身想法去引导调研导向，只愿意听符合自己口味的话，不愿意听真实情况。③ 此次会议上，周恩来也对此发表了自己的意见："进行调查研究，必须实事求是。我们下去调查，必须对事物进行分析、综合和比较。"④ 而后，中共中央特地组织了一批调查组前往各地农村进行社会调查研究。他们与当地农民同吃同住同劳动，通过召开座谈会和走访调查等形式真心关怀群众疾苦、真诚倾听百姓呼声、真实了解农村情况，由此更加真切明白大兴调查研究的重要性、正确性和必要性，为中共中央扩大

---

① 罗平汉：《问路：毛泽东与1961年全党农村大调查》，人民出版社2019年版，第117页。
② 中共中央文献研究室：《毛泽东文集（第八卷）》（1959年2月—1975年7月），人民出版社1999年版，第233-234页。
③ 罗平汉：《问路：毛泽东与1961年全党农村大调查》，人民出版社2019年版，第170-171页。
④ 《周恩来选集（下卷）》，人民出版社1984年版，第313页。

的工作会议打下决定性基础。在此次大会上,毛泽东等同志以坦诚的态度、坚定的决心、严厉的自我批评,总结反思"大跃进"以来的经验教训,检视并清理实际工作中遗留的问题,探讨政策调整,以让实事求是在全党蔚然成风。

拓展阅读

胡乔木的湖南调查

1961年春,胡乔木为拟定《农村人民公社工作条例(草案)》,前往湖南长沙、湘潭、安化等地。其间,其女胡木英追随父亲开启乡村生活,进行调查研究。在湘潭的一次调查研究中,胡木英正从一农户家做完调查出门,看到一位从宁乡一路讨饭到湘潭的姑娘,询问之下得知,其父母皆因粮食短缺饥饿而亡,自己本想以采摘野菜为生却被队干部制止,她只好出来讨饭。知晓其遭遇后,胡木英虽也表示同情,但对其将要去往何方、未来如何规划等问题未曾细细关怀。在与父亲谈起此事后,胡木英受到了父亲的责备。胡乔木认为,不应仅停留在了解问题的层面,而更应该去解决问题,应当帮助这位姑娘找一个安身之处。后来,胡乔木在韶山调查、开展座谈会时,按照先党内后党外、先干部后群众的程序,全方位了解干部群众的工作生产生活情况。会上,公共食堂的有关问题被大家提及次数最多。为此,胡乔木要求各调查组分头行动,侧重调查公共食堂,抓好这个主要矛盾,实事求是地做调查、写报告。实地调研时,胡乔木深切感受到当地的群众对解散食堂的迫切希望,同时也觉察到部分干部存在遮掩瞒报问题。于是,在查阅当地大队的账簿明细中,通过对比相近年份大队的生产情况,胡乔木发现了公共食堂的系列问题。经过详细调查研究后,他认为,大多数公共食堂已然成为党群、干群关系的矛盾点,成为发展生产的障碍,解散是必然之举。紧接着,胡乔木便写信将情况如实汇报给毛泽东,毛泽东随即作出了先行解散韶山处公共食堂的指示,后来全国各地公共食堂相继解散,这一困扰群众良久的重要问题终于被铲除。

三 改革开放与社会主义现代化建设时期(1978—2012年)

1978年,党的十一届三中全会结束了十年内乱,对"文化大革命"和"左"

倾错误以及"两个凡是"的方针进行了批判反思。① 站在新的历史转折点上，此时的中国虽然恢复了实事求是的思想路线，却仍处于人们的思想被严重束缚、社会各业停滞不前的时期。下一步发展该何去何从？面对这一关键问题，以邓小平同志为主要代表的中国共产党人给出了答案，那就是走中国特色社会主义新道路，以改革开放来开启中国发展的新征程。这是中国进入社会主义事业发展新阶段的标志。而今看来，改革开放的决定是正确的，它极大地改善了中国人民的生活，让中国这条东方巨龙在世界舞台上重新腾飞。但改革开放战略并非头脑一热的随性之举，而是立足社会调查研究的必然选择。1978年9月，正值十一届三中全会召开前夕，邓小平——这位改革开放的总设计师着重在北方地区开展调查研究工作。邓小平先后前往本溪、大庆、哈尔滨、长春、沈阳、鞍山、唐山、天津等多个地区进行调查研究，走一路讲一路，形成了"北方谈话"。通过调研，他进一步认识到，"中国面临的最迫切的任务就是发展生产力"②，因此，全党的工作重心必须向经济建设转移。邓小平的视野并不拘泥于国内，除了扎牢国内省份调查研究之根基以外，他还奔赴日本、泰国、新加坡等国家考察研究。交流中，邓小平增进了对周边国家的了解；走访中，邓小平更是深刻认识到当时中国亟须变革图强的现实紧迫性，坚定了开启改革开放的决心和信心。与此同时，国务院副总理谷牧也对法国、瑞士、德国等西欧国家进行了考察。③ 调查研究于改革开放这一伟大决策而言，其意义之深远非一语可描摹，其作用之重大不可估量。

改革开放是前无古人的伟大创造，是史无前例的崭新事业。在既无历史经验可供借鉴，又不能亦步亦趋地效仿西方模式的情况下，稍有不慎，中国便会步入苏联的后尘。改革道路充满未知，其艰难险峻不言而喻。要成功闯出一条正确之路、强国之路、富民之路，必须得经历实践、认识、再实践、再认识的辩证推进过程。陈云将其生动概括为"摸着石头过河"，邓小平也始终把这一过程身体力行地贯彻到改革中去。"摸着石头过河"需要讲究方式方法、有的放矢，不能闭着眼睛漫无目的地乱摸一通，要秉持求真务实的工作作风去发现中国实际发展中的问题。也就是说，必须抓住关键问题摸索前行，继续保持调查研究的工作作风，深入了解改革开放过程中各地的实际情况，实时发现问题、纠正错误、总结经验、砥砺前行。正如邓小平所言，"只有调查研究，你心中才有数"，过河才不至于迷失了方向。1982年，中国共产党第十二次全国代表大会确定了到20世纪末实现全国工农业的年总

---

① 本书编写组：《中国共产党100年奋斗历程》，人民出版社2021年版，第135页。

② 刘杰、徐绿山：《邓小平和陈云在十一届三中全会前后》，中央文献出版社2009年版，第208页。

③ 陈述：《党史上的调查研究之风及其当代启示》，载于《人民论坛》2020年第18期，第86-90页。

产值翻两番等奋斗目标。一时间，党内党外群情高涨，"翻两番""奔小康"等战略目标究竟能否实现成为全党及全国人民热议的话题。带着对如何翻两番、怎样奔小康的沉甸甸的思考，邓小平号召领导干部们一定要认真调查研究，学习地方实际经验，深入了解情况，不让口号成为空想。① 调查研究方面，邓小平更是以身作则，在 1983 年开春就启程南下，直奔苏州、杭州、上海展开工作，下定决心要探究清楚"翻两番""奔小康"的目标是否实际、是否靠得住，打定主意要了解透彻改革开放开启后各地人民群众的生活有哪些改变。

改革开放以来，我国经济增长迅猛，但社会发展中长期累积的矛盾在 20 世纪 90 年代之初集中显现。尤其是在 1991 年苏联解体后，对改革开放的质疑、对四项基本原则的怀疑、对姓资姓社问题的争论，使中国的社会主义事业再次面临严峻挑战。在这个重要的历史关头，为回答好中国道路该向何处去的问题，邓小平依旧选择向调查研究要答案。于是，1992 年 1 月起，他踏上了南方之行的列车。本次南下，邓小平没有给沿途省份打招呼，更没有搞声势浩大的排场仪式，其专列悄无声息地经停了武昌、长沙后，最终抵达广东地区。视察深圳、珠海经济特区时，他重点走访了在改革开放中兴起的企业工厂，详细询问了其发展状况。通过一系列的调查走访，邓小平表示："改革开放胆子要大一些，敢于试验，不能像小脚女人一样。看准了的，就大胆地试，大胆地闯。"② 1992 年的这个春天，随万物迎来一轮新生的，还有中国的现代化建设。邓小平"南方谈话"，科学总结了自十一届三中全会以来党的实践经验，从根本上打通、破解了发展中的堵点和难题。"南方谈话"后，改革开放更是进入新高潮。而由此所阐发的一系列全新的思想，正是马克思主义与中国实际相结合的第二次伟大历史性飞跃的思想结晶——邓小平理论的重要组成部分，如若一双强有力的大手，为人们拨开思想上的迷雾，点亮前行道路上的明灯。

追根溯源，中国特色社会主义理论成果不断涌现、体系不断完备，都离不开调查研究的有力支撑。不只邓小平理论离不开调查研究所蕴含的丰富营养，"三个代表"重要思想的提出也离不开中央组织的 18 个调研小组对 22 个省份、地市的调研走访③，离不开江泽民在广东、江苏、浙江和上海地区的考察研究工作。"科学发展观"这个既顺应时代潮流又贴合中国国情的命题，其提出也还是离不开吹响在祖国大江南北的调查研究的号角。基于调查研究，胡锦涛也深刻认识到改革开放中存在的固

---

① 钟文：《改革开放的总设计师邓小平》，人民出版社 2008 年版，第 219 页。
② 习近平：《在纪念邓小平同志诞辰 110 周年座谈会上的讲话》（2014 年 8 月 20 日），人民出版社 2014 年版，第 16 页。
③ 陈述：《党史上的调查研究之风及其当代启示》，载于《人民论坛》2020 年第 18 期，第 86-90 页。

有问题和深层矛盾。2003年4月，胡锦涛的调研足迹遍及湛江、深圳、东莞、广州等地。考察途中，他深入港口码头、企业车间、城乡社区，了解当地的发展状况。同年8月及10月，他又先后在江西赣州、南昌，以及湖南湘潭、长沙、岳阳等地进行调查研究，以探索符合实际的发展思路。2013年，党的十六届三中全会召开，在前期调查研究的基础上，以人为本的科学发展观这一命题得以首次提出，为中国的平稳可持续发展提供了导向。

四 中国特色社会主义新时代（2012年至今）

随着时代发展，党的十八大以来，中国特色社会主义发展步入了新时代，面对坚持和发展怎样的中国特色社会主义、怎样坚持和发展中国特色社会主义的时代之问，形成了习近平新时代中国特色社会主义思想。习近平新时代中国特色社会主义思想与邓小平理论、"三个代表"重要思想、科学发展观之间一脉相承，继往开来地谱写了中国特色社会主义理论新篇章，是引领新时代中国共产党的思想航标和精神旗帜，也是全党深入调查研究的思想结晶。注重调查研究，正是形成这一思想的重要方法论根源。① 当前世界正在经历百年未有之大变局，习近平总书记曾反复强调："研究问题、制定政策、推进工作，刻舟求剑不行，闭门造车不行，异想天开更不行，必须进行全面深入的调查研究。"②

在本阶段，调查研究是一种大力提倡的工作方法，处处都有它的踪迹。2011年，习近平在中央党校秋季学期第二批入学学员开学典礼上强调，调查研究是关系党和人民事业得失成败的大问题。③ 2012年12月4日出台的《十八届中央政治局关于改进工作作风、密切联系群众的八项规定》中，首条就是调查研究，强调"要改进调查研究，到基层调研要深入了解真实情况、总结经验、研究问题、解决困难、指导工作，向群众学习"④。此外，无论是党中央的多份文件，还是习近平总书记的多次讲话，"调查研究"都居于重要位置，由此彰显出党中央将调查研究作为新时代中国共产党人应对国内外挑战和风险、进行科学决策之前提的决心。要把全党大兴调查研究之风抓落实并非易事，习近平总书记身先示范，践行调查研究工作"不仅

---

① 韩强、杜思睿：《中国共产党注重开展调查研究的历史探索与基本经验》，载于《学习与探索》2021年第8期，第9-18页。

② 中共中央宣传部：《习近平新时代中国特色社会主义思想学习纲要》，学习出版社2019年版，第249页。

③ 董振华：《坚持群众路线方法十讲》，人民出版社2013年版，第77-78页。

④ 宋艳丽：《学而时习之——读懂新时代的100个关键词》，人民出版社2018年版，第219页。

要'身入'基层,更要'心到'基层"①。早在基层工作时期,习近平就将调查研究落实到行动中,如在福建工作时他走遍了厦门市的村子,不单去发展得好、经济生活水平高的村子,更是去最偏远、最贫困落后的村子,在此基础上撰写调研报告并制定当地经济社会发展战略。党的十八大以来,打赢脱贫攻坚战,全面建成小康社会以实现人民对美好生活的向往,成为中国共产党的重要目标任务。想要实现这一目标,首要工作是正确认识和把握新时代社会主要矛盾的新变化,为此必须提高全党用好调查研究这个传家宝的能力。从黄土高坡到雪域高原,习近平总书记翻山沟、顶风雪,从西北边陲到云贵高原,总书记冒酷暑、踏泥泞,一路跋山涉水,走遍了全国14个集中连片的贫困地区。一串串坚实的足迹,连接昨天、今天和明天。为防止扶贫流于表面形式,总书记直接走到贫困户的家中去考察脱贫情况,同当地的基层干部进行"面对面"接触、"心连心"交流,听取脱贫经验和意见,真正身体力行地做到深入基层发现问题、解决问题。2013年11月,习近平总书记在对湖南省湘西州花垣县十八洞村进行调查时,走进百姓家中和他们一起计算家庭收支,还在村子的空地上直接召开群众座谈会,同人民群众直接坐在一起共同探讨脱贫致富的问题。正是在这里,习近平总书记首次提出了"精准扶贫"的理念。总书记以身作则地将实事求是和脱贫攻坚相结合,这也成了我党在脱贫攻坚历程上工作施策的重要遵循。党的十八大至党的十九届一中全会期间,习近平总书记纵横跨越中国版图,在基层考察50余次,累计151天;2020年,疫情防控的关键阶段,习近平总书记先后在北京、武汉、浙江、陕西、宁夏等地对当地的疫情常态化防控工作情况进行考察调研,深入基层一线,进行科学决策,对我国的疫情防控形势进行实际把握与控制,织密基层疫情防控网,避免给人民群众的生产生活带来沉重苦难。

党的二十大报告指出,从现在起,中国共产党的中心任务就是团结带领全国各族人民全面建成社会主义现代化强国、实现第二个百年奋斗目标,以中国式现代化全面推进中华民族伟大复兴。以此为例,我们不难发现:正是基于众多干部在基层的调研结果,才能做出关于我国中心任务目标的论断。2022年1月27日,党中央向各地区发出《关于对党的二十大报告议题征求意见的通知》,决定就党的二十大报告议题在党内一定范围组织讨论。其中,54个单位承担重点课题调研任务,围绕26个专题开展调研,形成80份调研报告,共计132.7万字。在3个月的连续深入调研中,64个课题组到各省(区、市)实地调研179批次;25个课题组对465个单位进行书面调研;10个课题组委托252个单位进行专题调研。各课题组共召开1501场座谈

---

① 习近平:《习近平撰文:"身入"基层更要"心到"基层》,载于《人民日报》2011年11月28日,第1版。

会、18 场视频座谈会，参会 19022 人次。课题组咨询访谈 1847 人次。一次次的调查、研究和论证，一次次将基层群众的深切期盼带回中央，让党的二十大报告更接地气、更代表人民群众，真正做到"调查研究要紧扣人民群众生产生活，紧扣经济社会发展实际，紧扣全面从严治党面临的现实问题，紧扣贯彻落实党的十九大精神需要解决的问题"①。习近平总书记在一次次真调实研中掌握了基层面貌，也引导越来越多的领导干部投身到调查研究当中，将调查研究作为谋事之基、成事之道，在调查研究中提高了工作本领。

在新时代建设中国特色社会主义的关口，调查研究被赋予了更多新的意义，成为领导干部们提升政治判断力、政治领悟力和政治执行力的重要方式方法。调查研究不仅被视为一种工作方法、决策方法，更是作为一种工作作风（特别是抵制形式主义、官僚主义等歪风邪气），作为中国共产党身为百年大党的初心与使命，注入每位党员领导干部的思想脉络和切实行动当中。过去，党的百年历史已经证明了，调查研究在帮助中国共产党保持清醒认知、走出危局困境、书写中国共产党光辉历程和伟大成就的必要性；如今，中国共产党站在了新百年的起点上，面对新情况、新任务和新挑战，更要牢牢把握调查研究这项中国共产党人的基本功，向着全面建成社会主义现代化强国的第二个百年奋斗目标大步迈进。在下一阶段中，调查研究也必将帮助中国巨轮朝向民族复兴方向乘风破浪。

第三节 理论基础：抓好抓牢调查研究的理论基石

在实际的调查研究中，如果只注重掌握具体的调查方法和技巧，而不注重调查研究的思想指导，便极易迷失调查研究方向，甚至会将其引入歧途。特别是对于领导干部来说，调查研究的目的在于更好地了解、深入群众生活，以有效解决问题、制定检验政策措施，指导社会实践，最终带领人民群众共同创造美好生活，促进社会全面高质量发展。任何社会活动，都离不开世界观和方法论的指导，调查研究这一伟大实践自然也不能例外。因而，领导干部在进行调查研究时出现科学理论缺位的情况，便如同航海失去了灯塔，调查研究就是迷失在汪洋大海中的巨轮，只能在海面上徘徊而不能带领着船客们安全抵达目的地，难以发挥好其应有效力。有鉴于此，在正式开启调查研究前，必先具备扎实的理论基础。只有抓好抓牢理论基石，才能蓄积动力、提供指引，体现调查研究的真正价值。

---

① 习近平：《在党的十九届一中全会上的讲话》（2017 年 10 月 25 日），载于《求是》2018 年第 1 期，第 3-8 页。

一 马克思主义认识论

马克思主义哲学是指导我们进行调查研究的思想武器、重要法宝和行动指南。马克思主义认识论（即辩证唯物主义认识论）将科学的实践观引入了认识论，它所包含的实事求是、辩证和群众等观点都同调查研究的内涵与要求相契合。可以说，马克思主义认识论同中国共产党"一切从实际出发""理论联系实际""在实践中检验真理和发展真理"的思想路线是一致的。调查研究，是马克思主义认识论批判形而上学的重要方法与武器，是马克思主义实践原则的体现。

具体来看，在马克思主义认识论维度上，调查研究的内涵与要求可概括为以下三方面。

第一，调查研究是突破形而上学认识论的重要方法。形而上学通常是一种以意识内在性原则为核心的知识论，它"是在一个概念的、逻辑的和反思的世界中对真理和本质性作先行的理解和把握"①，换句话说，此时它是一种认识先于实践的唯心主义论。以此观点看问题，人们易将自己的主观意志构想臆断成绝对客观原理来认识。而马克思的历史唯物主义正是要突破这种意识内在性原则，将实践从精神理论活动中挣脱出来，为实践活动赋予现实性和客观性，使之成为能动性与客观性相统一的活动。在马克思看来，人类生活世界中的一切矛盾都根源于实践，同时实践也是能够解决人类一切现实矛盾的方法和力量。② 对调查研究的强调，也正体现了马克思主义认识论中对形而上学的双重批判。辩证唯物主义认为，物质决定意识，这是它对哲学基本问题的科学回答，这也是在进行调查研究时所要秉持的基本态度。即，需要认识到一切理论都来源于实践，实践是理论产生和存在的根据和基础，理论并非高高在上，相反它深深扎根在现实生活实践中。这要求我们在进行调查研究时要尊重客观现实，坚持实事求是的观点，善于透过社会现象窥其本质，从客观事物的实际情况出发掌握其存在和发展的规律，避免静止僵化、片面盲目、浮光掠影、主观臆断地看待事物与开展调研。

第二，调查研究是连接自由与必然的桥梁。马克思主义认识论认为，自由与必然是一对相互矛盾的范畴。其中，自由是指对必然的认识以及对客观现实世界的改造，必然则是客观事物的本质与规律。两者是客观限制和主观意志的矛盾对立，但又互为彼此存在的条件。因为：一方面，人类的主观认识理解能力化为虚无就无所谓客观规律；另一方面，人类的主观认识能力也必须在改造自然和认识自然的过程

---

① 王淼:《马克思形而上学批判思想研究》，人民出版社2021年版，第53页。
② 王淼:《马克思形而上学批判思想研究》，人民出版社2021年版，第70页。

中存在与发展。对于如何实现自由与必然、感性认识与理性认识统一协调的问题，需要置于实践中加以解决，而调查研究就是连接两种认识的桥梁。① 调查研究作为人的实践活动的基本形式，很好地融贯了自由与必然。调查研究是受到真理尺度与价值尺度制约的，它既要符合客观实际，遵循事物发展规律，又要满足人们的价值需求。同时，调查研究通常正是为了正确认识客观世界以更好地改造世界。因此，通过调查研究这个中介，恰恰能够实现自由与必然的和谐统一，更好地促进人类社会的发展进步。马克思与恩格斯一系列思想精华的形成，与其调查研究经历息息相关。恩格斯与马克思基于社会调查研究中收集到的资料，分别在1839年和1843年发表了《伍珀河谷来信》和《摩泽尔记者的辩护》。在这两篇文章中，他们对底层人民的生活状况进行了调查，并借助详尽的调研事实资料，分别揭露了封建专制社会与资本主义社会的腐朽与压迫，也在调查中更加坚定了他们同广大无产阶级站在一起的决心和信心。不仅如此，马克思创作的《资本论》能深刻地揭示资本主义的本质和规律，离不开他1844—1883年近40年间对资本主义社会系统全面的调查研究；恩格斯撰写的《英国工人阶级状况》能够详尽描述英国无产阶级的悲惨命运，也离不开他两年调查研究中搜集的大量关于英国工人的生活条件、政治态度和斗争情况的一手材料。

第三，调查研究要坚持辩证法的思想。马克思主义中唯物辩证的思想，不仅让我们知道世界是客观存在的，还要求我们以普遍联系、发展、对立统一的眼光去看待世界。领导干部在进行调查研究时，只有充分运用唯物辩证法，才能辩证全面地去透过现象看本质。如在普遍联系的观点中，马克思主义认为，世界是普遍联系的，事物内部各要素之间也是普遍联系的，我们不能够孤立地去看待社会，而是要看到社会现象联系的多层次性和多方向性。具体而言，在进行调查研究时，需要根据事物之间联系的特性去选择合适的调查研究方法，尽可能透过事物外部的、非本质的、偶然的联系，去认识其内在的、本质性的联系。解决问题时，不能急于求成，奢望一蹴而就，切忌搞"一刀切"，而要有进度、有力度、有深度地细致剖析现象及落实推进工作。发展的观点，是指马克思主义强调事物矛盾的发展是渐进性的，是质变与量变、阶段性与飞跃性、前进性与曲折性的统一，要看到物质世界是时刻在运动中的。因此，要以一种动态变化的而非静止的眼光去进行调查研究。要将社会现象与问题置于历史脉络和时间场域中去分析理解，既要善于在调查研究中追根溯源，把握事物的来龙去脉，又要懂得未雨绸缪，研究事物运动变化过程中出现的新事物和新现象。坚持对立统一的观点，即在调查研究中要认识到，任何事物都是特殊性与

---

① 严书翰：《调查研究是重要的工作方法 更是马克思主义方法论——纪念毛泽东寻乌调查90周年》，载于《赣南师范大学学报》2021年第2期，第1-5页。

普遍性的统一体,都是矛盾的统一体。因而,既要抓住事物的普遍性规律,又要看到其有别于其他事物的一面;统筹主要矛盾和矛盾的主要方面的同时,兼顾次要矛盾与矛盾的次要方面。总之,只有在调查研究中顾全共性与个性、个体与整体、主观与客观、特殊与普遍,才能实现对调查对象的综合掌握。

二 毛泽东思想

毛泽东思想是马克思主义中国化的第一个理论成果,调查研究是毛泽东思想把握中国具体实际的工作方法。这与毛泽东善于利用调查研究为中国革命和建设服务的理念相关。在历届中共领导人中,毛泽东堪称调查研究的典范与先导。学习毛泽东思想,就必须学习其调查研究思想。

早在青年时期,毛泽东就展现出对调查研究的高度重视。只要一有空,他就会通过游学的方式去湖南省各县市进行调查研究,了解民情民意。在湖南省立第一师范学校学习期间,仅1917年至1918年,毛泽东就完成了三次重要的游学调查活动;其间,他分别对湖南长沙、宁乡、安化、益阳、浏阳、平江等多个县市进行了考察,与当地的农民共同生活、谈心。这三次游学调查,使得青年时期的毛泽东就对农民的生活状况和思想状况等有所了解,为他之后的革命思想打下基础。在共产党早期的革命过程中,毛泽东也充分利用调查研究的实践结果为中国革命服务。特别是在中国革命的低谷时期,调查研究成为毛泽东在面对革命道路选择难题时进行批判反思的重要武器,确保他能始终保持清醒头脑。1927年秋收起义后,面对前几次工农武装斗争的失利,他积极利用在井冈山的缓冲时间,围绕着根据地建设、武装斗争和革命道路等关系中国共产党前途命运的重要问题,展开了一系列社会调查研究。1927—1934年,通过对寻乌、长冈、才溪、永新等地多个乡村的调查,毛泽东总结撰写了《中国的红色政权为什么能够存在?》《寻乌调查》《井冈山的斗争》《星星之火,可以燎原》等文章,阐述了工农武装割据、以农村包围城市武装夺取政权的革命道路之理论。

在毛泽东看来,想要对自己的国家深入了解,就必须进行实地的调查研究。唯有调查研究,才能为制定中国革命和建设的路线、方针、政策打下坚实基础。这也是他成为党的中央领导核心后始终坚持践行的。具体来看,毛泽东思想中调查研究的思想有以下内容。

一是调查研究之后才有发言权。"没有调查,没有发言权"①,是毛泽东在《反对本本主义》一文中提出的经典观点。缺乏调查研究的发言,在毛泽东看来就是"闭着眼睛在那里瞎说,这是共产党员的耻辱"②,那些不重视调查研究的人是"一定要产生错办法和错主意"的。调查研究的长期缺失,会导致党内形式主义等歪风邪气抬头,即"离开实际调查就要产生唯心的阶级估量和唯心的工作指导,那末,它的结果,不是机会主义,便是盲动主义"③。毛泽东提出要将调查研究作为各种观点之先导,彰显了其对形式主义与主观主义作风的批判。他指出,形式主义是"单纯建立在'上级'观念上的",是"盲目地表面上完全无异议地执行上级的指示"④,这是阻碍中国共产党人前进的大山,要想推翻这座大山就必须将调查研究作为凿山之器,让一切结论在调查研究的基础上产生出来。对于未经调查研究、实践检验便得出的政策指引和观点立场,毛泽东一直秉持的是批判态度,这是毛泽东铭记中国共产党革命史曾有过的血泪教训的生动体现。只有时时进行调查研究,才能保证中国共产党不会被那些"具有一成不变的保守的形式的空洞乐观的头脑的同志们"⑤所误导而走上错路、歪路甚至绝路。需要时刻铭记:"共产党的正确而不动摇的斗争策略,决不是少数人坐在房子里能够产生的,它是要在群众的斗争过程中才能产生的,这就是说要在实际经验中才能产生。"⑥

二是调查研究的直接目的是解决问题。任何行动的实施都需要以一定目的为方向指引,调查研究作为一项社会行动,同样需要明确的目的和方向引领。毛泽东曾在《调查工作》中写道:"调查就象'十月怀胎',解决问题就象'一朝分娩'。调查就是解决问题。"⑦由此可明确,调查研究的直接目的就是解决现实问题。为实现这一目的,可能需要大量的调查研究作铺垫,但在毛泽东看来,这也比那些"饱食终日,坐在机关里面打瞌睡,从不肯伸只脚到社会群众中去调查调查"⑧以及面对问题就只喜欢说几句老生常谈的场面话的人要强。不同时期中国面临的问题呈现出不同特点,调查研究的方法与途径也随之与时俱进,但要坚持做到调查研究"跟着问题

---

① 中共中央文献研究室、中央档案馆:《建党以来重要文献选编(1921—1949)(第七册)》,中央文献出版社2011年版,第235页。

② 中共中央文献研究室、中央档案馆:《建党以来重要文献选编(1921—1949)(第七册)》,中央文献出版社2011年版,第235页。

③ 中共中央文献研究室、中央档案馆:《建党以来重要文献选编(1921—1949)(第七册)》,中央文献出版社2011年版,第237页。

④ 中共中央文献研究室、中央档案馆:《建党以来重要文献选编(1921—1949)(第七册)》,中央文献出版社2011年版,第237页。

⑤ 《毛泽东选集(第一卷)》,人民出版社1991年第2版,第115页。

⑥ 《毛泽东选集(第一卷)》,人民出版社1991年第2版,第115页。

⑦ 《毛泽东农村调查文集》,人民出版社1982年版,第3页。

⑧ 《毛泽东选集(第一卷)》,人民出版社1991年第2版,第116页。

走,奔着解决问题去"这一点不能变,让调查研究成为认识本国国情、改造中国社会、指导中国共产党实践的武器,发挥调查研究服务于现实的功能。

三是调查研究要重视方式方法。毛泽东不仅重视调查研究,号召党内同志将调查研究作为开辟工作新局面的方式方法,而且重视调查研究的方法性与系统性,即不仅要做调查研究,还要做正确的调查研究。他曾多次强调这样一句俗话:"走马看花不如驻马看花,驻马看花不如下马看花。"① 可见,在毛泽东心中,并非所有的调查研究都是有效的,一定要深入深刻地探究。

对于如何进行调查研究,毛泽东主要强调了三点:一是"眼睛向下",二是开调查会,三是调查三步法。"眼睛向下",是指领导干部在进行调查研究时,一定要保持恭谨温和的态度向人民群众请教学习,否则便无法得到人民群众的充分信任,更别提让他们说真话、吐实情。也就是说,"没有眼睛向下的兴趣和决心,是一辈子也不会真正懂得中国的事情的"。② 毛泽东自身就是一个鲜活的案例。在进行寻乌调查时,他坚持放下包袱、躬下身子,保持谦逊的态度向人民群众请教。正是这样,在与穷秀才、小官吏、破产商会会长进行真心实意、情真意切的沟通交流后,毛泽东知晓了当时中国监狱的腐败情形。为此,毛泽东才再三强调:"没有满腔的热忱,没有眼睛向下的决心,没有求知的渴望,没有放下臭架子、甘当小学生的精神,是一定不能做,也一定做不好的。"③

"开调查会"的方法,是毛泽东在革命年代进行调查研究常用的方法。他强调:"开调查会,是最简单易行又最忠实可靠的方法,我用这个方法得了很大的益处,这是比较什么大学还要高明的学校。"④ 这是因为,只有在讨论式的调查中,通过思想和经验的交流碰撞,才能摸索出同社会现实相符的结论及方针政策。对于如何开调查会,毛泽东在《反对本本主义》一文中,对调查技术进行了总结。比如,在选取调查会参会者时,需要是"能深切明了社会经济情况的人","和问题无关的人不必在座";在调查会开始前要确定调查纲目,"调查人按照纲目发问,会众口说",有疑问之处便进行辩论;开调查会的人数,需要"看调查人的能力"而确定,但至少需要三人,否则便失去了调查会的意义。⑤

毛泽东提出的"调查三步法",揭示了调查研究中认识客观事物的步骤规律。这

---

① 中共中央文献研究室:《毛泽东文集(第二卷)》(1937年8月—1942年12月),人民出版社1993年版,第124页。
② 《毛泽东选集(第三卷)》,人民出版社1991年第2版,第789-790页。
③ 《毛泽东选集(第三卷)》,人民出版社1991年第2版,第790页。
④ 中共中央文献研究室、中央档案馆:《建党以来重要文献选编(1921—1949)(第十八册)》,中央文献出版社2011年版,第184页。
⑤ 中共中央文献研究室、中央档案馆:《建党以来重要文献选编(1921—1949)(第七册)》,中央文献出版社2011年版,第241-243页。

三步分别是观察、分析和综合，贯穿于毛泽东调查研究的实践全过程之中。观察是调查研究的初级步骤，是指动用身体感官收集资料，看到客观事物大体轮廓，形成一般概念和初步认识，如获得某一调查地区的经济、文化、生态等方面的基本材料。在观察这一步骤中，我们获取的材料往往是混乱的、浅显的，必须对材料进行加工提纯，也就是分析这一步骤的主要工序。分析是一个再加工的过程，过滤掉材料中表层的、偶然的、非核心的部分，将复杂混乱的事物进行精细化的拆分组合，加以细致深入的研究。如果说分析更多的是注重对事物的局部挖掘，那么，综合这一步骤便是对事物的整体把握，即将分析得到的信息认识加以系统化整合，从而得到全局性的掌握。观察、分析和综合的步骤，并不是一蹴而就的，而是一个不断往复、反复深化的过程。只有把调查研究中的所得成果吃透嚼烂，才能让调查研究真正发挥其效用。

三　习近平新时代中国特色社会主义思想

习近平新时代中国特色社会主义思想中，调查研究是重要内容，它贯穿在治国理政的各个环节。而习近平新时代中国特色社会主义思想的提出，本身就是源于丰硕的调查研究成果。习近平立足新时代，不断丰富深化、发展创新党的调查研究思想，并将调查研究的地位提升到一个新高度，使之成为"关系党和人民事业得失成败的大问题"。具体来看，习近平的调查研究思想具有以下几方面要点。

一是调查研究要做到"五字诀"。时任浙江省委书记的习近平对调查研究总结出五个标准，分别是"求深、求实、求细、求准、求效"①。具体而言，指的是领导干部在调查研究时，必须要深入基层群众、听实话做实事、细致全面分析问题、善于找准主要矛盾、政策决策切实有效。这"五字诀"，精准部署了调查研究全过程的各项要求。总体来看，作为领导干部，念好"五字诀"，就是练好基本功，就是在调查研究时一定要保持求真务实的作风，既不好高骛远也不畏缩不前，走好党的群众路线，时时刻刻将实事求是牢记于心、付之于行。习近平曾多次特别强调，"全党同志一定要把实事求是贯穿到各项工作中去，经常、广泛、深入开展调查研究"②，要防止调查研究的"功能"化倾向，即演变成"出头露脸就是工作、就是政绩"③，而忘记调查研究的出发点是要掌握第一手材料，以便解决问题、制定贴合实际的政策举措。这"五字诀"是习近平总书记对新时代领导干部开展调查研究工作的具体要求，是

---

① 习近平：《之江新语》，浙江人民出版社 2007 年版，第 1 页。
② 习近平：《在纪念陈云同志诞辰 110 周年座谈会上的讲话》（2015 年 6 月 12 日），人民出版社 2015 年版，第 10 页。
③ 中共中央党史和文献研究院：《习近平关于力戒形式主义官僚主义重要论述选编》，中央文献出版社 2020 年版，第 85 页。

继承好、发扬好、传承好调查研究这一传家宝的生动实践。

二是将调查研究作为党的作风建设来抓。自党的十八大以来，以习近平同志为核心的党中央将狠抓党的作风建设作为重点任务。从"八项规定"，到反"四风"、"三严三实"，党的自我革命和自我净化逐步向纵深发展。习近平总书记以调查研究为破除"四风"问题的重要抓手，不论是形式主义的"知行不一、不求实效，文山会海、花拳绣腿"，还是官僚主义的"脱离实际、脱离群众，高高在上、漠视现实"[1]，都需要在调查研究中破除。"要靠深入调查研究下功夫解难题，靠贴近实际和贴近群众的务实举措抓落实"[2]，用扎实、切实、真实的调查研究，夯实党的作风形象，固实党的执政基础。否则，"就会像一座无形的墙把党和人民群众隔开，就会像一把无情的刀割断党同人民群众的血肉联系"[3]。习近平总书记多次强调，"作风建设永远在路上，永远没有休止符"[4]。而将调查研究融入作风建设、融入党性修养中，正是力求将实践同"整风"相结合，认识到"在调查研究中能不能、敢不敢实事求是，不只是认识水平问题，而且是党性问题"[5]。对调查研究认知的发展，既是对马克思主义认识论的坚守与创新，更是对中国共产党整体面貌的更新与发展。

三是调查研究要讲究方法。习近平总书记不仅重视开展调查研究，而且讲究如何正确深入开展调查研究。这也是习近平新时代中国特色社会主义思想中所强调的，调查研究不仅要做，还要做得扎实有效。要做怎样的调查研究呢？针对这一问题，习近平总书记的回答，建立在"不要做什么样的调查研究"的基础上。其一，不要做关起门来的调查研究，即不能只满足于在办公室内看材料、看汇报，拍脑袋做决策。其二，不要做蜻蜓点水式的调查研究，即防止做调查研究"只看'盆景式'典型，满足于听听、转转、看看，蜻蜓点水、浅尝辄止"[6]，只是做样子、走过场。其三，不要做"被调研"的调查研究，这是强调领导干部在进行调查研究时，应当"看一些没有准备的地方，搞一些不打招呼、不作安排的随机性调研"[7]，"去了就不要兴师动众，做到既能轻车简从，又能深入一些地方"[8]。其四，不要做结论为先的调查研究，即

---

[1] 习近平：《习近平谈治国理政（第一卷）》，外文出版社2018年第2版，第368-369页。

[2] 习近平：《全面贯彻落实党的十九大精神 永远在路上的执着把从严治党引向深入》，载于《人民日报》2018年1月12日，第1版。

[3] 中共中央党史和文献研究院：《习近平关于力戒形式主义官僚主义重要论述选编》，中央文献出版社2020年版，第25页。

[4] 中共中央文献研究室：《十八大以来重要文献选编（中）》，中央文献出版社2016年版，第99页。

[5] 习近平：《谈谈调查研究》，载于《学习时报》2011年11月21日，第1版。

[6] 习近平：《谈谈调查研究》，载于《学习时报》2011年11月21日，第1版。

[7] 习近平：《谈谈调查研究》，载于《学习时报》2011年11月21日，第1版。

[8] 中共中央党史和文献研究院：《习近平关于力戒形式主义官僚主义重要论述选编》，中央文献出版社2020年版，第84页。

"不能带着事先定的调子下去"①，切忌对上面只报喜不报忧、对下面安抚欺瞒，而应当尊重客观实际情况，做到不唯上、不空谈、不盲从。其五，不要做调而不研的调查研究，即不能只满足于写报告，而一定要有深入思考，把调查中获得的认识深刻化，用以解决现实问题。由此可以看到，在习近平新时代中国特色社会主义思想中，领导干部进行调查研究的方法是深入性、实效性、科学性与先进性的统一。既要"扑下身子、沉到一线，迈开步子、走出院子"②，坚持到群众中去，拜人民为师；也要统筹好调查研究的广泛性与针对性，见树又见林，在整体把握调查对象的同时突出重点，"忙在点子上、谋到关键处"③；还要做到与时俱进，将调查研究方法同现代科学技术相结合，"要适应新形势新情况特别是当今社会信息网络化的特点，进一步拓展调研渠道、丰富调研手段、创新调研方式"④，增强领导干部们利用数据处理提高工作本领的能力；更要将矛盾分析法贯通于调查研究，做到"点线面"相结合，注意透过现象看本质，在调查研究中"把大量和零碎的材料经过去粗取精、去伪存真、由此及彼、由表及里的思考、分析、综合，加以系统化、条理化，透过纷繁复杂的现象抓住事物的本质，找出它的内在规律，由感性认识上升为理性认识，在此基础上作出正确的决策"⑤，同时用发展的眼光去看待问题，紧紧围绕当前社会主要矛盾，展开调查研究。

四是调查研究的常态化制度保障。如何将调查研究作为领导干部的基本功、作为考察培养领导干部能力的要点，是习近平新时代中国特色社会主义思想的重要议题之一。要建设高素质、专业化的干部队伍，这是全面提高党的执政能力和领导水平的重要举措，体现了新时代对党员干部提出的新要求。其中，选拔好干部的标准之一就是具备调查研究的能力。习近平总书记将学会调查研究列为新时代年轻干部应当提高的七种本领之一，强调要"使调查研究真正成为各级领导干部自觉的经常性活动"⑥。同时，为使党的传家宝能够成功延续，需要构建制度化、规范化的保障，以推动调查研究在党内掀起一股积极向上的春风，解决领导干部本领恐慌的问题。以习近平同志为核心的党中央，为调查研究提供了重要决策调研论证制度、调研工作制度及联系点制度三层制度保障，分别对调查研究的程序、主体和对象进行了严格要求。重要决策调研论证制度，是纠正书斋里做学问、做决策的现象，让调查研究

---

① 习近平：《谈谈调查研究》，载于《学习时报》2011年11月21日，第1版。
② 习近平：《在党的十九届一中全会上的讲话》（2017年10月25日），载于《求是》2018年第1期，第3-8页。
③ 习近平：《干在实处 走在前列——推进浙江新发展的思考与实践》，中共中央党校出版社2006年版，第556页。
④ 习近平：《谈谈调查研究》，载于《学习时报》2011年11月21日，第1版。
⑤ 习近平：《谈谈调查研究》，载于《学习时报》2011年11月21日，第1版。
⑥ 习近平：《谈谈调查研究》，载于《学习时报》2011年11月21日，第1版。

贯穿决策的全过程,"应坚持做到不调研不决策、先调研后决策"①,利用调查研究防止和克服决策中的偏差和失误。领导机关与领导干部的调研工作制度,突出了领导干部应当做调查研究的先行者和领路人。在兼任中共中央党校校长期间,习近平总书记督促执行"省部级领导干部到基层调研每年不少于 30 天,市、县级领导干部不少于 60 天,领导干部要每年撰写 1 至 2 篇调研报告"②的规定,从全局高度准确把握工作。领导干部的联系点制度,是通过确定联系点,鼓励以蹲点调研、突击调研等方式密切党群关系,防范领导干部同人民群众相脱离的危险。

在基层工作时,习近平就将推动调查研究同党的各项决策相结合摆在重要位置。他强调:"对高级干部来说,能不能坚持群众观点?能不能接地气?要做到这一点,坚持调查研究是一种很重要的方式。"③ 调查研究始终在中国共产党的百年实践与发展中历久弥新,可以说,能不能做好调查研究,能不能将调查研究贯穿决策工作,能不能深入基层开展工作,已不单单是工作方法和工作能力的问题,已然是思想认识的问题,是党性修养的问题,更是关乎党的执政基础的问题。透过党的百年历程可以看到,我们不仅要于危机中时刻依靠调查研究寻找出路,更要在党、国家与民族的上升期时抓好调查研究工作,于变局中开新局。在新时代新征程上,"要在全党大兴调查研究之风,推动全党崇尚实干、力戒空谈、精准发力,让改革发展稳定各项任务落下去,让惠及百姓的各项工作实起来"④,如此方能书写出无愧于党、无愧于人民、无愧于时代的业绩,留下无悔的奋斗足迹。

四 社会调查方法论

对于人类活动和社会的研究,所能够采取的方式方法显然是多种多样的:哲学家诉诸思辨,去反思人类的存在意义;文学家诉诸文字,去记录、讽刺或歌颂社会百态;摄影家诉诸镜头,去捕捉拍摄人间烟火;而社会学家们很多时候所依靠的是社会调查。可以说,"假如没有社会学对社会进行真实甚至严苛的描述,社会将会比现在更糟糕"⑤。社会调查就是社会学揭露社会真实的手段与工具。社会调查既然被赋

---

① 习近平:《谈谈调查研究》,载于《学习时报》2011 年 11 月 21 日,第 1 版。
② 《关于推进学习型党组织建设的意见》,人民出版社 2010 年版,第 12 页。
③ 中共中央党史和文献研究院:《习近平关于力戒形式主义官僚主义重要论述选编》,中央文献出版社 2020 年版,第 84 页。
④ 中共中央党史和文献研究院,中央"不忘初心、牢记使命"主题教育领导小组办公室:《习近平关于"不忘初心、牢记使命"论述摘编》,党建读物出版社 2019 年版,第 220 页。
⑤ [法] 弗朗索瓦·迪贝:《社会学有什么用?》,陈艳译,外语教学与研究出版社 2013 年版,第 19 页。

予一种手段和一种方法的身份，便不同于随意性的观察，而具有自己的方法论体系。如果我们进行调查研究时不能掌握方法论，就不能对准不同的研究对象和研究问题选择合适的调查研究方法，也就难以有效深入地挖掘社会事实的本质内核。因此，领导干部在进行调查研究时，有必要筑牢这一理论基石。

调查研究作为社会科学中一种重要的研究方法，不可避免地受到社会科学方法论中实证主义和人文主义这两种范式的影响。而理解实证主义和人文主义之争，是了解调查研究方法论的必经之路。只有在比较交流的对话中，才能理解利用调查研究，才能获取观察社会世界的视野和参照框架，才能在真正的调查研究中妥善选择适合的具体调查研究方法。

（一）强调科学的实证主义方法论

实证主义方法论最早由"社会学之父"孔德提出，并由迪尔凯姆最先将其在实践中转化为调查研究活动。这种实证主义方法论，力求把自然科学中的方式方法植入社会研究中，研究社会事实，以探寻社会的普遍性规律。既然实证主义方法论是一种类科学的方法论，那么，其对于开展调查研究所秉持的态度和认知，同自然科学有一定相似性。具体来看，可以从以下方面进行理解。

首先，它将社会事实作为事物来看待。在实证主义方法论中，社会事实是研究的对象。这种社会事实，是外在于个人，却又对人产生强制性力量，且普遍存在于社会中的一系列行为方式、思维方式和感觉方式。[1] 例如，信仰体系、社会习俗和社会制度等，都是外在于个人存在的客观事实。社会事实是具体的、可见的，甚至是能够被测量的。[2] 由社会事实组成的社会，是不以人的意志为转移的客观存在。从这点上来看，自然规律与社会规律具有一致性，二者都具有不为人的意志所左右发展的客观性。因此，人类能像掌握自然界运行规律那般，实现对社会世界运行规律的把握。但这并非唾手可得，而是要求我们在进行社会调查研究时，秉持科学客观的态度看待社会世界，去认识与把握其构造、特性、规则等。

其次，它是对价值中立原则的坚守。在自然科学中，价值中立（价值无涉）是科学研究的基本假定。只有不带任何主观意志，才能捍卫自然科学结果的客观性。在实证主义方法论中，价值中立同样成为社会科学进行调查研究时应当树立的基本原则，即不带任何价值判断地揭示社会现象和社会行为的规律。这需要在调查研究时排除所有成见、感情介入以及个人的主观想象，从事实出发观察实际，以冷静客观

---

[1] 周晓虹：《社会科学方法论的若干问题》，载于《南京社会科学》2011年第6期，第1-7页。
[2] ［美］玛格丽特·波洛玛：《当代社会学理论》，孙立平译，华夏出版社1989年版，第4页。

的眼光去看待研究对象。立足于此种立场,观察法与实验法这类强调认识来源于对经验世界的观察的研究方法,便为实证主义方法论所推崇。

再次,它是重视整体的社会分析。实证主义社会学以研究社会事实和发掘社会运行规律为旨趣,人则被视为社会秩序的产物。在这种方法论倾向下,研究的重点是宏观整体层面的社会结构、社会秩序和社会功能,关注社会这个有机体系统是如何发展与运行的,是如何从病态向正常状态变迁的。譬如,当代中国社会中,实证主义方法论的调查研究可能更关注城乡体系的运行结构和模式,关注当前社会系统是如何对社会成员施加作用力,促使他们成为合格的社会成员或者是越轨者等等。总之,实证主义方法论强调整体性的社会分析,更为注重洞悉社会系统的状态。

最后,它是具体调查研究方法的客观科学性取向。由于实证主义方法论力求打造一种自然科学式的社会科学,在具体的研究方法上也呈现出向自然科学方法看齐的倾向。它推崇采用问卷调查、实验和观察等方式来进行社会调查研究,特别是通过数理统计等定量方法来完成命题的提出、假设与检验,以构造对社会具有解释力的精密理论。

(二)强调理解的人文主义方法论

不同于向自然科学靠拢的实证主义方法论对自然社会的推崇,人文主义或者说人道主义方法论更推崇人类社会的特殊性。人文主义方法论认为迪尔凯姆所推崇的客观社会事实并不存在,因为社会活动不可避免地受到人的主观意志的影响介入。人文主义方法论的代表人物是马克斯·韦伯,他推崇理解性的研究方法,强调对社会历史过程的认识,反对实证主义方法论将万千社会现象归结为简单的要素和规律的倾向。[①] 强调和突出人,是人文主义方法论的特色。与实证主义方法论竭力从研究中剥离人这一要素、仅看重从外部可观察到的客观性行为取向相异,人文主义方法论采取的是参与理解路径。展开来看,人文主义方法论可从以下方面进行理解。

首先,它是在理解中认识社会的。"理解"凝练了人文主义方法论的核心要点,要掌握人文主义方法论首先就要吃透"理解"一词。人文主义的"理解"与实证主义的"揭示"相对应,它包含的是一种人性关怀,强调社会生活的主观性和人的创造性。人文主义认为,独立于人的主观意识之外去空谈社会规律纯属子虚乌有。相反,理解社会行动的发生机理,就能够找出社会现象的规律,继而预测人的行为。针对如何在理解中认识社会的问题,人文主义方法论主张应当通过对社会环境和个人境

---

① 周晓虹:《社会科学方法论的若干问题》,载于《南京社会科学》2011年第6期,第1-7页。

遇的实地参与考察，来理解行动者的动机与处境，进而理解他们的行动逻辑，研究人对社会现象与社会行动所做出的解释和赋予的意义。对于社会制度和社会结构这类实证主义者眼中外在于个人而存在的事物，人文主义一定程度上虽认可其对人的强制性，但并不认为人完全受其操控。在人文主义者看来，社会制度的形成离不开人的建构，他们更关注人的互动如何建构、形塑社会世界。

其次，它注重事实与价值的统一。前文介绍了实证主义方法论对价值中立的主张，显然它力图在社会科学领域内将事实同价值相剥离。这一问题上，人文主义方法论也采取了不同路径——将价值关联引入社会调查研究当中。所谓价值关联，即允许事实和价值的联结。它主张，在调查研究中事实判断必然会与价值判断相融合，认为不可能存在中立的观察陈述，社会研究是不可能脱离主观因素的影响的，哪怕是自然科学都不是完全客观中立的[1]，因此，要正视研究中的价值性存在。

再次，它重视日常的微观事件。正如我们一直强调的，人文主义方法论主张借助对社会行动的理解，在互动中重视并发现社会是如何被建构的。因此，人文主义方法论多用于微观小群体层面的社会研究，而非宏观性的社会结构分析。与之相应，它注重捕捉日常生活中的细节事件。在人文主义方法论的视角下，那些平凡的、日常的、常识性的东西并非毫无价值的琐碎，而正是这些不起眼的社会行动里蕴含着丰富的价值与意义，可积聚成强大力量。人文主义方法论通过关注互动中的个人，有效弥补了实证主义方法论指导下的社会研究的空白与不足。

最后，从调查研究方法的参与理解性导向方面来理解。基于理解性导向，在具体的调查研究方法上，人文主义方法论通常选取参与观察、实地研究等浸入式田野调查。比如，通过与研究对象同吃同住，去体会他们的行为逻辑，去发现他们赋予社会现象、社会行动和社会制度的意义。通常而言，人文主义方法论是一种质性的研究方法。在中国共产党的调查研究经验中，人文主义方法论下的调查研究并不是少数，而且其对人性的强调、对人的活动的关注也同党的群众路线相吻合。

虽然实证主义方法论与人文主义方法论在多种理念路径上存在差异与分歧，但这并不意味着二者是非此即彼的对立关系，在进行调查研究时也不一定就要沿着某一条研究方法路径走到黑。事实上，在进行调查研究时，很多时候都会将实证主义和人文主义予以综合。例如，前面提到的价值中立原则就同价值关联相结合，被赋予了更加贴合社会科学研究特质的内涵。"价值"被视为调查研究者所持有的立场、喜好和态度等具有个人价值倾向的东西。这种价值倾向，通常会出现在进行实际调查研究之前，影响我们对研究课题和研究对象的选择，为此应当正视它的存在。但

---

[1] 周晓虹：《再论"价值中立"及其应用限度》，载于《学术月刊》2005年第8期，第49-55页。

一旦调查研究进入资料收集阶段，就应该摒弃研究者主观价值倾向的影响。全面客观地去收集客观事实，不能凭着自己的好恶去对某些事实视而不见或过分夸大，总之要避免用价值判断去代替事实判断。比如，在领导干部进行调查研究时，面对发现的实际存在的现象或问题，应当秉持客观科学的态度如实记录事实，而不能将自身的利益、好恶或者头脑中既定的想法等摆在优先位置，再去选择是否接受这一事实。只有这样，调查研究才能真正达到了解现实、服务现实、改造现实、推动社会进步的目的。

在本章节中，我们重点从调查研究的现实、历史和理论三个层面，对当前领导干部掌握调查研究的必要性和重要性进行一定的阐述。可以看到，在中国共产党的百年风雨兼程中，调查研究就像是一盏明灯，每每在重要关口帮助中国共产党点亮前行的路，帮助中华民族转危为安，帮助中国化险为夷。调查研究不仅是做好领导工作的一项基本功，更是融会贯通于党的群众工作、廉政建设和作风建设当中。全体领导干部要将学习实践调查研究作为践行初心与使命的必要途径，要同拍脑袋决策、拍胸脯表态、拍屁股走人的"三拍干部"做决裂，向接近现实、接近人民、接近生活的"三接干部"看齐，真正成为人民群众心中的优秀干部、中国共产党需要的真干部、国家民族骄傲的好干部。

小结

重视调查研究，是我们党做好领导工作的重要传家宝。同时，从时代呼唤、历史积淀和理论基础三个维度来看，调查研究也是领导干部的必备素养。

从时代呼唤的维度来看，领导干部的调查研究素养具有政治性、现实性和时代性。新时代领导干部的调查研究素养，对实现党和国家的目标、践行党和国家的方针政策、维护党的领导具有政治意义；对把握社会图景全貌、有效实施社会治理、克服形式主义腐蚀、重整队伍建设、把握国际社会形势、提升国际地位具有重要的现实价值；是深入认识社会、提升新时代认识水平，精准把握社会、为新时代建设保驾护航，有效推进社会治理现代化、高质量实现新时代目标的时代需要。

从历史积淀的维度来看，中国共产党百年发展史就是一部以调查研究作为推进马克思主义中国化进程的重要抓手，不断进行理论创新、理论创造的历史。回望中国共产党百余年发展历程，调查研究为中国共产党的成长和中国社会建设做出了卓绝的贡献。调查研究作为贯穿中国共产党革命、建设与改革时期的重要决策方法，作为执政兴国的重要理念，在帮助中国共产党认清国情现状，解决现实问题的过程中起到了把方向、谋大局、定政策、促改革的作用。

　　从理论基础的维度来看，在正式开启调查研究前，必先具备扎实的理论基础。只有深入理解马克思主义方法、毛泽东思想、习近平新时代中国特色社会主义思想及社会调查方法论，才能做好调查研究，为谋事成事打好基础。马克思主义认识论，同中国共产党一切从实际出发、理论联系实际、实事求是、在实践中检验真理和发展真理的思想路线是一致的。调查研究是马克思主义认识论批判形而上学的重要方法与武器，是马克思主义实践原则的体现。调查研究也是毛泽东思想把握中国具体实际的工作方法，这与毛泽东善于利用调查研究为中国革命和建设服务的理念相关。习近平立足新时代，不断丰富深化、发展创新党的调查研究思想，并将调查研究的地位提升到一个新高度，成为"关系党和人民事业得失成败的大问题"，指出调查研究要做到"求深、求实、求细、求准、求效"，讲究方法，建立常态化制度保障调查研究落到实处。调查研究在实证主义方法论和人文主义方法论两种范式影响下进行。实证主义方法论与人文主义方法论虽在多种理念路径上存在差异与分歧，但进行调查研究时，也可综合实证主义和人文主义，采用定性与定量相结合的方法。

第二章 问题导向：
领导干部调查研究的主题选择

习近平总书记强调："调查研究是做好领导工作的一项基本功，调查研究能力是领导干部整体素质和能力的一个组成部分。"[1] 不难看出，调查研究是做好工作的基本前提，是领导干部的必修课，是领导干部政策理论素养和工作能力水平的重要体现。只有掌握科学的工作方法、加强社会调查研究，才能准确把握我国经济社会发展的规律性及阶段性特点，坚定保持战略定力。有关调查研究的重要意义，第一章已有翔实论证，于此概不赘述。而要做好调查研究，前提之要便是做好调研的选题工作。

"领导干部加强学习，根本目的是增强工作本领、提高解决实际问题的水平。"[2] 这也就意味着，立足工作需要、依据实际情况、紧密结合问题、科学运用方法来谋划主题，是迈好调查研究第一步的关键。这与调查研究工作政治站位的高度和预期目标的达成息息相关，也实实在在地影响着调查研究工作的效果。换言之，调查研究中的主题选择，是领导干部政治能力、政治水平和政治格局的展现，是领导干部发现问题的敏锐性、把握问题的前瞻性、思考问题的深入性、解决问题的主动性的表现。万丈高楼平地起，打好基础最要紧。调查研究要筑得稳、扎得实，必须择优、选好、打牢调研主题这一地基。主题选择，作为领导干部调查研究的重中之重，是破解工作发展难题的"金钥匙"。因此，要将强烈的问题意识和鲜明的问题导向贯穿主题选择工作的始终，牢固树立以人民为中心的政治意识，践行群众路线，坚持把人民群众对美好生活的向往作为调查研究的最根本宗旨，把解决群众现实利益问题作为打开选题工作的突破口，以基层破冰、思想掸尘、问题导向来引领主题选择实现突破。

---

[1] 中共中央宣传部：《习近平总书记系列重要讲话读本》，学习出版社2014年版，第181页。
[2] 习近平：《在中央党校建校80周年庆祝大会暨2013年春季学期开学典礼上的讲话》（2013年3月1日），人民出版社2013年版，第10页。

第一节　领导干部调查研究主题选择的行动指南

我们党在长期实践的千锤百炼中，形成了形式多样、类型各异的调查研究。其中，以领域取向为分类标准，可划分为学术性调查研究和社会性调查研究。领导干部作为"领头雁"，要为人民群众把舵引航，不单要走出领导机关去深入实际、"身入"基层、心入群众，也要善于将不同种类的调查研究作为有力武器加以运用，从而全面认识客观世界、正确改造主观世界、增进同人民群众的感情、拓宽马克思主义中国化和大众化的途径。绝大多数领导干部的政治素养、关键能力和常态工作之呈现，是以实事求是为标尺做决策和以"钉钉子精神"抓落实，故而本书以领导干部的社会性调查研究为主要讨论对象。一般而言，领导干部的社会性调查研究，是指以发现社会问题、关注社会问题和解决社会问题为主要工作导向及工作目标，具有显著社会属性的调研活动。领导干部的社会性调查研究，主要包括基本情况调研、典型经验调研、新生事物调研、社情民意调研、决策性调研、督导性调研和突发性问题调研等类型。

一　顶天立地，扎实推进

新时代提出新任务，新使命呼唤新作为。要想迎接新挑战、把握新机遇、谋求新发展、实现新跨越，须臾离不开调查研究，而调查研究又片刻不能脱离其主题。"题好一半文。"领导干部于实际工作中选择调查研究主题要有鲜明的问题导向，这样才能谨防调查变成万物皆可往内装的信息之筐、研究变成万事皆宜眼中过的线索之针、调查研究变成失之靶心的泛泛而谈。具体而言，需把握以下两个基本方面。

一是要"顶天"，吃透上情。要准确理解、全面把握中央的方针政策和决策部署，吃透上级的指示精神，紧扣中心工作来精心拟题，切实做到思想统一、步调一致；要放眼大势、置身大局，在确保认识上有新提高、思想上有新拓展的基础上推进主题选择工作，主动对标新思想、高标准、新需求，从而实现工作上有新举措。将中央精神与地方实际相结合，聚焦加强政治建设、思想建设和作风建设的要求，观照工作特点，确定选题基础目录，擘画新时代发展蓝图。厚植"国之大者"、立党为公的胸襟，深刻领会重要决策意图，在本职工作与组织期望的有机结合点中选题，不折不扣地把党中央各项决策部署落到调研选题的实处。紧紧围绕中央精神的基本要求和政策措施，围绕解决党的建设面临的紧迫问题，咬定新发展机遇怎么"抓"、"碳达峰""碳中和"考题如何"破"、科技人才资源开发短板怎么"补"、生态保护屏障如何"筑"、农业现代化之路怎么"走"、统筹发展和安全怎么"办"等新时代重大问题不放松,把握调研方向,突出调研重点,明确调研主题。

二是要"立地",摸透下情。选题"少而精",调研"深而实"。选题瞄准群众需求靶心,统筹兼顾地方发展前景,是实现高水平高质量调查研究的活力之源,也是关乎事业成败得失的关键问题之一。在实践中,部分地方存在作风不够硬、"出发一车子、开会一屋子、发言念稿子"的形式主义调研,把调查研究搞成了走马观花、隔窗观景、蜻蜓点水的"走过场"。没有面对面地深入群众,就无法心贴心地消除隔膜,更别提实打实地为民办事。这种对群众诉求熟视无睹、对存在问题听之任之的行为,究其根本原因还是没有坚持问题导向。要下好调查研究先手棋、打好主动仗,须得脚踏实地地提高战略性科研选题能力。在规划调查研究选题方向上,要转变思想认识,将秉持服务领导、服务决策之目的,转化为怀揣服务基层、服务群众之信念;不打无准备之仗,针对自身业务范围突出重点找问题,多去社区园区、车间企业、田间地头找课题,制订调查研究方案、找准着力点,真情实感调查、切切实实研究,与群众一起查问题、找"病根",入基层一同寻对策、开良方。要在基层里埋下调查的种子,在民心上印下研究的痕迹,让调查研究于沃土中生根发芽、结出丰硕果实。如此,纲举才能目张,源浚才会流远,调查研究才会贴合民心、贴近实际、取得实效。

概而言之,"顶天立地"便是要在调研选题中体现顶层设计与基层智慧的相向统一。领导干部既要上能着天,学深、吃透中央意见,谋定大局和全局,把握重点与关键,亦要下能驻地,紧盯部门工作的重点、人民关注的热点,了解、共情群众需求。如此,方能扎实推进"让党中央放心、让人民群众满意"的调查研究之事业。

  坚持原则,稳中求进

"欲知平直,则必准绳;欲知方圆,则必规矩。"回顾中国共产党百年来的风雨兼程,回味中国共产党形成的精神谱系,"坚持原则"在其中为谱写雄美乐章保驾护航。对于各级领导干部而言,凡事都应讲原则。坚持原则,既是为人处世的根本、德才兼备的基础,又是讲纪律、守规矩的前哨,更是担当作为的必备素质。因此,领导干部在社会性调查研究中选择主题要坚持以下四个基本原则。

一是要坚持政治性原则。正所谓"执本而末自从",唯有坚守政治原则,才能提高政治站位、把准政治方向、站稳政治立场,不为乱花迷眼、浮云遮眼,达到"我自岿然不动"的政治定力,进而确保调查研究始终沿着正确航向破浪前行。在社会性调查研究中,领导干部要以坚定的政治原则强化政治责任担当,提高政治敏锐性和政治鉴别力,自觉练就一双政治慧眼,识别防范政治风险,敏锐洞察并鉴别社会经济、政治及思想文化等领域的各种现象,透过现象看清本质抓住根本问题;要善于从政治上观大势、谋大事,从错综复杂的矛盾关系中把握政治逻辑,在大局观和整体观下锚定主题以引领工作。在政治问题上保持头脑清醒,科学把握形势变化,明晰调查研究主题可能带来的社会政治后果,加强战略性、系统性和前瞻性研究谋划。

二是要坚持实事求是的原则。习近平总书记多次强调,调查研究要坚持实事求是的原则,调研工作务必求深、求实、求细、求准、求效。摸实情离不开调查研究,而调查研究离不开实事求是。只有接好地气,才能涵养爬坡过坎的底气。实事求是,求的不仅是实践活动规律,更是为人民服务的至善至美的精神底色,实事求是与为人民服务是不可割裂的有机整体。因此,在社会性调查研究过程中,领导干部自选题起便要贯彻好实事求是的思想路线,把实践和基层作为最大的课堂,把群众作为最好的老师,虚怀若谷地沉下去、转作风、守笃实、化难题、解民忧。各级领导干部要将实事求是落到实处作为调查研究选题的基本价值取向,立足国家紧迫需要和长远需求,以实事求是为标尺开展选题工作,选出真问题,研究真问题,最终真解决问题。其中,基础工作在于了解实际、掌握实情,即搞清楚"实事";研究关键在于"求是",解答好"是什么"的问题,摸透事物全貌、探求发展规律,绝不能避实就虚、回避矛盾、浅尝辄止、以偏概全。调查时,要善于多层次、全方位、广渠道地洞悉实际情况;研究时,要懂得以系统化、条理化的思考分析,将杂乱无章的琐碎材料去粗取精、去伪存真,在解决实质问题上下大功夫;要在脚踏实地、真抓实干的调查研究中弄明白"为什么",分析研究客观实际情况,创造性地把顶层设计转化为鲜活的基层实践,努力创造经得起实践、人民和历史检验的实绩。

三是要坚持科学性原则。调查研究的重要目的是科学决策。为提高决策科学化水平,领导干部应当将科学思维贯穿于调查研究的全过程。科学化的思维,就是要以辩证唯物主义哲学为根本思想武器,这是人们正确认识客观世界和改造客观世界的有效工具,为领导干部进行科学探索、科学选题、科学实践、科学调查、科学研究和科学决策提供了方法保证。科学思维在调查研究中的基本体现是以问题为导向去发现真相,寻其然并知其所以然,而非带着脑海里早已断定的结论去觅佐证,去"剪裁"调研对象。在选择调查研究主题时,领导干部须规避以个人主观臆想代替实践检验的主观主义和唯心主义的倾向,切勿让先入为主的桎梏束缚了手脚、困囿了判断。要用科学思维激发求真务实动能,以全面的、发展的、联系的、变化的眼光观察事物、看待事物,从辩证的、系统的角度分析问题、处理问题,注重理性地认识客观实际,厘清方向、找准症结、梳顺思路,形成规律性认识,并用以武装头脑、指导实践、推动工作。

四是要坚持可行性原则。调查研究是一项实践性很强的工作,其根本出发点和立足点是解决问题,因此,每一个主题的提出都需着重考虑到其可操作性,思忖其是否有与之相适应、相匹配的切实可行的操作办法和具体措施做保障,考量其操作办法是否可助力调查研究与改革实践落细落实,做到"一子落而满盘活"。这是考验领导干部能否胸怀全局进行战略谋划、驾驭复杂局面、处理复杂问题的重要考题。解决问题才是硬道理,领导干部要解放思想、创新思维,始终坚持理论联系实际的正确方法,从新角度、新视野来选择主题,研究破解新问题。要结合"上情",把握"下情",找准地方在发展格局中的"坐标",找准发展理念与调查研究的结合点,集聚多方智慧转化优势,选择主题,进而确保调查研究起好步、开好局,并在深度检视、深入调研中精耕实事求是的理念,形成有事实、有数据、有分析、有对策的调研报告,在不断解决问题中取得突破性成就,以硬能力和真本领托举担当、彰显作为、不辱使命。

 把握要求,辨明方向

领导干部在选择社会性调研主题时,还应注意以下三个基本要求。

第一,要有善于创新、敢于探索的勇气和魄力。习近平总书记曾多次强调调查研究要与时俱进,并深刻指出:"在运用我们党在长期实践中积累的有效方法的同时,要适应新形势新情况特别是当今社会信息网络化的特点,进一步拓展调研渠道、丰富调研手段、创新调研方式。"[①] 领导干部在选择调研主题时应以此为行动指南,清楚创新不是盲动,不是对原有工作的全盘否定,而是聚合多方面的关联信息,在梳理原有或前期调查性主题脉络走向的基础上,与新时代、新挑战、新矛盾融合创新。要注意的是,主题选择的创新须建立在前期深入的调查研究之上,只有紧密结合本地实际、社会实际和群众实际,才是主题创新、调研发展、制度机制及治理方法更上一层楼的要诀。这更需要领导干部在选择主题时具备敢为人先的胆量和锐意创新的勇气。不但要认真总结、吸取运用过去工作中的宝贵经验,面对可能发生的新情况、可能遇上的新问题,也要视野开阔、通观全局,有的放矢地在工作的难点问题上寻求新突破,在不断化解新题难题中开创主题选择工作的新局面,以新的勇气和魄力推动调研工作稳扎稳打向前走、取得新的成效。

第二,要有责任在肩、使命在心的正气和毅力。"责任重于泰山,事业任重道远。我们一定要始终与人民心心相印、与人民同甘共苦、与人民团结奋斗,夙夜在公,勤

---

① 习近平:《谈谈调查研究》,载于《学习时报》2011年1月21日,第1版。

勉工作，努力向历史、向人民交出一份合格的答卷。"① 诚如习近平总书记所言，当代共产党人所开创、擘画的新时代，正是练就领导干部为党和人民尽责的硬肩膀、锤炼党性践行初心之时，每一名领导干部都要有全心全意为人民服务的担当精神和责任意识。在调查研究选择主题时，领导干部也应汲取奋进力量，用实干奉献扛起责任担当，以"时时放心不下"的责任感和人民至上的赤子情怀，抓住群众急难愁盼的重点问题、改革发展中的难点问题、政策执行中的堵点问题，直面矛盾、敢于较真、勇于亮剑；紧紧围绕抓大事、谋全局的原则，把调研选题与服务人民和凝聚共识有机结合起来，紧扣实际把实现好和维护好人民群众最迫切、最现实的利益问题作为选题的主攻方向；在其位、谋其政、担其责，领会上级精神、吃透现状，确保选题充分体现党委、政府的决策部署以及人民群众的民生诉求，忠诚履责、为民奉献。

第三，要有辨明方位、前瞻未来的锐气和眼力。"凡事预则立，不预则废。"这里的"预"，不是无根之木、无源之水，也并非空中楼阁、海市蜃楼，而是立足于历史和现实、着眼于未来和长远的逻辑推演；是一种以战略眼光审视大势和大局，透过形形色色的社会现象认清机遇和挑战，准确分析不利环境和有利条件，从更深层次揭示和把握经济规律，从短期波动中探究长期趋势的前瞻性。只有练就"草摇叶响知鹿过，松风一起知虎来，一叶易色而知天下秋"的前瞻能力，才能系统谋划、未雨绸缪、趋利避害，赢得发展的主动权。在推进主题选择工作时，领导干部同样也要立于高站位、科学研判形势、谋划大格局，在谋定而后动中不断解决矛盾、不断推动事业向前发展。"只有当着还没有出现大量的明显的东西的时候，当桅杆顶刚刚露出的时候，就能看出这是要发展成为大量普遍的东西，并能掌握住它，这才叫领导。"② 要将主题建立在科学洞察时代潮流和分析历史演变机理的基础上，建立在逻辑推演和准确预见社会运行、经济发展大势的基础上，建立在目标导向与问题导向辩证统一的基础上，这是提高调查研究科学化水平的内在要求，对于把调研工作的政治优势转化为治理效能也至关重要。

四 根除顽疾，回归本真

领导干部在社会调研的主题选择上，还应克服以下三类现象。

一是"无的放矢"现象。毛泽东在《中国革命战争的战略问题》中提出"伤其十指，不如断其一指"，比喻处理工作、解决问题一定要聚焦。在调研选题中，同样也

---

① 中共中央文献研究室：《论群众路线——主要论述摘编》，中央文献出版社2013年版，第120页。

② 金冲及：《毛泽东传（1893—1949）》，中央文献出版社2004年版，第491页。

要有直奔问题去、瞄准症结改的韧劲。换言之，领导干部调查研究的选题必须紧扣现实工作需要，出发点是为党委、政府工作提供所需的对策建议，落脚点是解决经济社会中的具体问题。若是盲目选题，大而全、广而泛，"贪大求全""面面俱到""眉毛胡子一把抓"，便会与中心工作脱节甚至不合拍。不但如此，宏观空洞、笼统模糊、界限不明、华而不实的选题，往往针对性不强、难以驾驭切入，甚至会出现题目大而正文小的情况，最终导致调研沦为隔靴搔痒、浮于表面的无用功，解决不了实际问题。主题的选取应依托中心工作、围绕工作大局，并密切结合自身分管领域的工作和当地的实际情况，真正把群众的呼声当作第一信号，力求调研题目能够回应最广大人民群众的期待，在思考中不断积蓄动能、不断深化完善选题，确保精准选题引领下的调查研究定位精准、有的放矢、切中肯綮，具有"靶向性"，便于操作，能取实效。

二是"趋之若鹜"现象。一些领导干部将调研视为"一阵风"，一结束就"万事大吉"，于是在主题选择上对社会高质量发展的难点堵点、平时关注度不够却可能影响全局的疑点冷点视若无睹，一味追求热点、追新现象，从不揆诸现实，一窝蜂地"打卡"、赶热潮，最后形成选题盲点，进入"只见树木，不见森林"的误区。调研是为了了解情况、解决问题、推动工作，如同古诗说的"一语不能践，万卷徒空虚"那样，这种跟风现象和虚假繁荣与调查研究的初衷完全背道而驰，不仅很难了解到实情，是否能够推动工作也要打个问号，还会沦为彻彻底底的形式主义，最终酿成同类项目扎堆、社会资源浪费的恶果。事实上，领导干部应善于从"热门"选题中找"冷门"，从"冷门"选题中寻找"热点"，以解决实际民生问题为立足点；要有坐冷板凳的决心，肯下苦功夫，大胆打破选题"冷门"，从聚焦政策热点、跟风于一隅到心怀"国之大者"全景展现，从广度和深度两个层面进行思维的延伸，而不是趋之若鹜、浮夸作秀式迎合当下的热点话题；求真务实才是硬功夫，要沉到基层一线去、走到人民心中去，让高品质调研主题涌现，让调研的价值归位。

三是"老生常谈"现象。党的十八大以来，调研新风劲吹，与此同时，"马后炮"的潮尾选题现象也有冒头的。没有无缘无故的"老生常谈"，有的是为了"给上级留下好印象"——认为跟随经典选题步调总是不会错，有的是为了应付考核，总体上，都是习惯规定动作、做触手可及之事，形式主义大于实际意义。在选题时，把心思花在契合"经典路线"而非贴合群众路线上，罔顾与时俱进的民众诉求与现代化建设、改革速度。这样的调查研究，不仅无法作为"解难利器"发挥科学决策、防止失误的功效，反而沦为徒有其名的形式主义变种，脱离群众形成不良示范，污染了当地政治生态。优质的调研选题，并非简单摘取"低垂之果"的老生常谈，而是要让主题成为推动社会发展和保障人民幸福的"马前卒"；要在成功经验引领下，充分肯定先进主题的同时，确保主题与经济社会发展水平相适应，将目光聚焦在人民群众的现实需要上，不断破除各种利益的藩篱，不断面对各类思潮的冲击，提高调查研究的针对性和时效性，唯实求真地啃下"难啃的骨头"。

求真务实是调研选题的前提，主题不能只从单一维度衡量，应该充分考虑适配性、实用性等多方面，宁缺毋滥，对伪调研坚决说"不"。纵使社会节奏再快，调研"快餐"吃不得，调研"捷径"走不得。调研主题不仅要紧扣现实工作需要，还要开阔视野，在实践中加以验证，让行动得以发声。

第二节 领导干部调查研究主题选择的修炼法则

调查研究主题的选择，是调查研究的前置条件。领导干部在调查研究中选择何种主题，是个人以社会性调查研究来履职行权的第一道程序。调查研究主题的选择，关系着第一手资料的掌握，关系着个人工作的质量和效率。不管是讨论决定重大事项，还是表决通过重大决议，事先选择某个主题来开展专题调研已成为固定做法。要通过深入细致的调研，来准确找到主题选择的切入口，以做到"讲内行话、办内行事"。另外，领导干部开展调研，要以调查研究主题为起点，通过调研成果强化研判利用。这里的关键是领导干部要掌握调研主题选择的基本功，集中力量运用好基本功，对主题进行一项一项分解、一个一个突破，与现实工作要实现无缝对接，使自己的调研成果能真正服务于实际工作，确保调研成果有效。

一 找准切入口

领导干部需要在实际工作中找准调研主题选择的切入口，集中精力以这些切入口为突破点来打开调查研究的局面。领导干部调查研究的主题选择，有以下八类切入口。①

第一个切入口是选择党政重点，做前瞻式调研。领导干部所在的部门在每个时期开展调查研究，都是为了更好地做好重点工作。因此，在开展调查研究选择主题时，要紧紧围绕部门重点工作，实现为重点工作服务。而以重点工作为切入口的调查研究需具备前瞻性，这是由调查研究的预期目的所决定的。领导干部为重点工作进行调查研究是为了超前一步，为后续工作积累前期资料；切忌成为"马后炮"，否则，调研主题不但失去了调研的意义，还会造成资源浪费。做好前瞻式调研，重要的是领导干部选择的主题要具备一种超前的对客观事物及现象本来面目的认识和事物

---

① 赵汝周：《找准深度调查研究的切入点》，载于《学习时报》2011年12月5日，第15版。

发展趋势的预测性。当前，打造全面促进乡村振兴的社会政策体系、加快农业农村现代化等方面的调研，便体现了目标导向与问题导向的辩证统一，具有一定的超前性。调研成果可为党政领导干部重点工作的决策和科学管理提供参考依据。调研主题要具有前瞻性，要求领导干部具有敏锐的政治洞察能力，能把握整个部门运作和社会发展的基本规律；个人要有超前意识，目光长远，具有一定的战略眼光；要进一步解放思想，培养创新思维，具有开拓的精神；要勤于捕捉各种信息，从而激发灵感，拓展思路。

第二个切入口是把准经济社会"亮点"，做典型性调研。就如何因地制宜打造优势产业、彻底斩除穷根、保障经济社会发展的可持续性这一脱贫攻坚战中普遍性难题来说，河北省张家口市跳出了"就扶贫抓扶贫"的思维，以脱贫攻坚统揽社会发展全局，发挥自然资源、优质资源优势，充分调动各种配套资源，做大做强优势产业。其中，张北县相关政府部门联合当地开展项目的新能源企业，在诸多领域进行了深入探索：不仅搭建起村级电站、地面集中式光伏扶贫电站、参股光伏电站，还构筑了企业捐赠股权（利润）的"四位一体"能源产业扶贫体系；不但为新能源产业助力乡村振兴树立标杆、做出示范，也为其他地区如何健全完善脱贫防贫长效机制、筑牢乡村振兴基础提供借鉴。这是富有特色并且经得起实践检验的鲜活案例，具有重要指导意义，能以点带面发挥示范性功能，激发奋进新时代的强大力量，为推动社会发展添砖加瓦。领导干部要找准经济社会工作中的"亮点"并以此作为调研主题的着力点，在解剖、分析、归纳此类典型事例的过程中，提炼出足以指导全面工作的经验举措。在现实工作中，领导干部要认真开展典型调研，把典型调研的成果转化为促进部门重点工作高质量全面开展的实际举措，给予部门工作人员现实启示和成功经验。在选择典型事例作为调研主题的切入口时，应做到以下五点：① 强化问题意识，择取的典型应面向实实在在的问题，才会取得真真切切的效果；② 树立时代意识，用深邃的历史眼光把握其代表性，确保提炼的经验不但能讲述昨天、解读今天，还能为分析和判断明天提供参考；③ 增强战略意识，以宽广的国际视野衡量其先进性，紧密跟踪创造性实践，廓清困扰和束缚实践发展的思想迷雾；④ 重视可操作性，挖掘教育性典型，在具体经验中能提炼出可付诸实践的长效之策；⑤ 注意可复制性，保障典型案例"试验田"所培育的经验"种子"能成功播撒到全国其他区域。

第三个切入口是围绕领导决策重心，抓好主动调研。领导干部开展调查研究，根本目的是为科学决策服务。而科学决策对信息的要求较高，只有高质量、高水平调研获得的信息，才能保证决策具有科学性、合理性和操作性。要确保调查研究主题能凸显决策重心，就得做好以下几方面工作：要认真学习党的路线和方针政策、法律法规和有关业务知识，提高政策水平和业务能力；要根据党委、政府当前的中心工作及工作需求设计调研题目，对于专题较强的调研课题，还应征求相关方面的专家学者意见；选题的着眼点要高，要把目光放在总揽全局、事关大局的问题上；领导干部要有主动服务的意识和高度负责的态度，调研报告要做到观点正确、论述集中、重点突出、内容充实、材料真实、结构严谨、层次分明、结论准确、分析问题深刻，对策建议要具有针对性、实用性和可操作性。

第四个切入口是找准社会"热点"，深化多层次调研。前文虽提及过在选题时应杜绝对热点缺乏理智、猛进失控的趋之若鹜，却并不是"一刀切"地苛求领导干部见热点便绕道行，而是指在热点面前应当多一分冷静的思考，理性认清形势后准确研判。若社会各界热切讨论的焦点话题是群众关注的热点，那么，领导干部在对实际情况有科学认知的基础上，则可以瞄准将其作为调查研究工作选题的着力点。例如，适老化改造、环境治理、乡村振兴、不同群体就业难的结构性问题、职业教育变革、基本医疗保障制度等，都是当前群众关心、社会关注、亟待解决的热点敏感问题。为避免决策过程中的偏差性、盲目性和片面性，领导干部要开展多层次的社会性调研。多层次调研，一要保证调研范围面向多层次、多方面，二要发动社会各界多层次、多方面人员参与调研。调研的层次不同，以及不同层次调研人员的参与，都会产生不同的结果。因此，领导干部要精心选择调研主题，适当突出社会热点，搞好多层次调研。要搞好多层次调研，就要树立三个观点。一是全面观点。要面向社会广泛调查，反复对比、归纳、综合、分析，防止一叶障目、以偏概全。二是联系的观点。领导干部要认识到，社会热点问题产生于复杂的社会系统之中，有其复杂的根源。要认识这个根源，就要用联系的观点看待问题、分析问题、认识问题、解决问题，不能孤立地就热点问题的表象妄下结论。三是发展的观点。热点问题随着时间的推移和形势的变化，也会朝着一定的方向发展，要么朝着良性方向发展，要么朝恶性方向发展。因此，我们在做这类调查研究时，要用发展的观点选择调研主题，使调研主题的发展结果都在意料之中，使各种复杂的问题都能得到预期的答案。

第五个切入口是破解工作难点，力行深层次调研。部门工作的难点是工作的突破口，如果将其攻破，整个工作中的问题就会迎刃而解，取得事半功倍的效果。因此，领导干部要高度重视工作难点的深层次调研，选择它作为调研的主题。在调研主题选择的过程中，须抓住难点不放、深入实际、深入核心、层层解剖。在选择调研主题之时要做好吃苦的准备，因为难点问题往往需要动脑筋、费工夫。领导干部要敢于将难点问题作为调研主题。难点情况复杂，调研难度大，领导干部要敢于接触它，并在调研中找出解决的方法。

第六个切入口是关注社会焦点，做好跟踪调研。社会焦点是人们普遍关注的问题，集中反映在某些部门不依法行政、不照章办事等方面。这类问题虽涉及的部门不多，但影响范围很广，事关党的形象和干群关系。因此，这类调查深受群众的关注。领导干部要大力提倡这类调查,特别要突出"跟踪"二字,也就是说,第一次调查所反映出的问题,还要再进行第二次、第三次调查,以检查群众所反映的问题是否得到纠正。跟踪调查研究,可以使群众普遍反映的问题及时得到全面解决。要做好跟踪调查,须善于观察社会各类现象,善于将听到、看到、观察到的信息集中起来综合思考,分析跟踪调查的焦点问题的实质。

第七个切入口是要破解工作弱点,做实专题调研。工作弱点是指工作中存在的薄弱环节,即我们常说的"落后"对象。领导干部要将这类现象作为调研的切入口,通过调查研究找出存在问题的根本原因,使存在的问题得到解决。做好这类调查研究,须确立辩证唯物主义观点,用一分为二的观点去看待、分析事物。通过专题调查研究,可以找出落后的根本原因,从而改变落后的现状。

第八个切入口是突破自身短板,开展集中调研。"木桶原理"中短板是决定整个木桶容量大小的关键因素,而调研中短板则是主题切入的重要着力点。2020年9月—11月,贵州省黔东南苗族侗族自治州为提升基层党组织组织力,坚持"既是调研也是督战"的原则,采取"上下联动查、群策群力研、集中短板帮"的调研方式破解难题,围绕基层党组织主体责任落实、党支部标准化规范化建设、软弱涣散村党组织整顿等十个方面,共33项具体指标,先后深入县、乡、村开展实地调研,收集意见、建议1092个,现场帮助解决问题181个,限时督促整改问题28个,切实为接续推进乡村振兴提供坚强组织保障。① 在实践中,领导干部应围绕中心工作和重点任务,充分了解现状与需求,及时找出工作中的薄弱环节,组织开展针对性的集中调研,掌握和收集"带露珠、冒热气"的第一手资料;努力将自身短板锻铸成选题长板、转变为发展跳板,将集中调研作为推动决策落地、深入基层察实情的生动注脚。

二 铸牢基本功

主题是调研的"定盘星",选好主题是精准开展调研工作的前提。领导干部只有铸牢基本功,选好、选准主题,才能在需要显山露水的时候发挥关键性作用,才能为高质量调研把脉定向。因此,领导干部调查研究的主题选择应把握好以下四类基本功,从而挑重担、扛重责,为调查研究奠定坚实基础。

一是政治站位的基本功。缺乏政治方向的选题,即使做得再扎实,都是"无根的"、徒劳无功的。如果政治站位不坚定,方向就可能产生偏差,调查研究也就南辕

---

① 陈军:《贵州黔东南州157支调研组走进乡村 解剖麻雀补短板》,载于《中国组织人事报》2020年11月10日,第3版。

新时代领导干部调查研究方法

北辙，不能解决现实问题。因此，调查研究的主题选择首要的是提高政治站位，增强政治敏锐性和政治鉴别力，确保政治站位坚定。始终同党中央保持高度一致，始终与上级和本级党委保持一致。唯有不断提高政治站位，调查研究才能破除旧的思维定式和工作模式，明确问题的难点所在，为开展调查研究找准方向。换句话说，领导干部要在任何地点、任何情况下，对调查研究主题的选择始终坚持政治信仰不变、政治立场不摇、政治方向不偏，始终做到对党忠诚。①

二是坚持问题导向的基本功。在选择主题的过程中，要从去伪存真到思路创新，要让选择的主题真正用到实处。习近平总书记强调指出："从目前领导干部开展调查研究的实际情况看，有调查不够的问题，也有研究不够的问题，而后一个问题可能更突出。"② 领导干部在选择调研主题时要奔着问题去，哪方面问题突出就聚焦哪方面，问题出在哪个环节就重点调研哪个环节。重点结合实际情况，具体问题具体分析，做到去粗取精、由表及里，有针对性地制订破题之举、应对之策。

三是身体力行的基本功。调查研究的主题选择是一项实践活动，根本出发点在于选择科学合理的主题。而单纯靠会议和文件延续调研主题工作的生命力，是行不通的。领导干部在选择调研主题的过程中，不仅要"身入"，更要"心入"。为此，领导干部要及时了解群众所思、所想、所需、所求，放下架子、扑下身子，走田间地埂、查车站码头、蹲街道社区、访乡村百姓，同群众深入沟通交流；倾听心声了解疾苦，既听顺耳话也听逆耳言，既总结经验也研究问题，确保找准需要的调研主题，从而做到有的放矢。

四是作风扎实的基本功。调查研究的主题选择，是一个"从群众中来，到群众中去"、不断"发现问题、分析问题、解决问题"的过程。领导干部对调研主题的选择，如果缺乏扎实的工作作风，就很难取得实质性成效。作风不扎实，调查研究的主题选择就很容易"走过场"，蜻蜓点水，从而沦为典型的"形式主义"；作风不过硬，调查研究的主题选择就容易好高骛远、急功近利，以至于看不到客观世界的复杂性和人民群众需求的变化性。要有扎实的工作作风，领导干部在主题选择上就要树立与时俱进的工作作风，既尽力而为又量力而行。通过选择科学合理的调研主题，做利于党和人民的事业，解决好基层困难事、群众烦心事，让调查研究的主题选择成为调查研究好的开头。

---

① 习近平：《年轻干部要提高解决实际问题能力 想干事能干事干成事》，载于《学习时报》2020年10月12日，第1版。

② 习近平：《学习和掌握正确的调查研究方法》，载于《新湘评论》2012年第10期，第33-34页。

第三节 领导干部调查研究主题选择的方法技巧

领导干部对调查研究主题的选择，从根本上来说，体现了一种工作的艺术和工作的技巧。领导干部在调查研究主题选择的过程中要掌握方法和策略，而不是盲目地进行调研主题的选择。调研主题的选择，之所以要运用一些方法和策略，是因为此项工作并不是拍脑袋就能决定的。唯有通过一些方法，领导干部才能正确地进行调研主题选择，明确调研主题的方向，把握调研主题的机会。

 溯本逐源，融会贯通

领导干部可以从以下三个来源选择调查研究主题。

一是从比较中选题。这是指领导干部将已经出现的调研课题进行排队比较，根据工作目标和工作要求来确定自己的调研课题。领导干部应善于从自己所从事的工作实际出发，善于在比较鉴别中拓展自己与他人相比的独特之处，从而写出有用的调查报告。

二是超前选题。领导干部须对已经出现的苗头性问题或在局部露头但可能影响全局的问题进行调查，这种方法具有一定的预见性。领导干部要保持如履薄冰的警惕，注意把握事物发展的蛛丝马迹，以敏锐的洞察力及时对已经出现的状况做出分析，并进行发展趋势的正确判断。

三是系列选题。领导干部可以围绕宏观课题，放开思维缰绳，以发展和联系的观点从不同侧面和不同角度切入，从而得到相关的一系列课题。系列选题又可分为两种情况：一种是纵系列选题，即从事物发展的内涵出发，按照事物发展的内在联系形成的大小系列调研专题；另一种是横系列选题，即通过事物发展的外延的自然分类而形成的大小系列调研专题。

 用对方法，事半功倍

领导干部还可以按照以下四个方法选择调查研究主题。

一是贴近法。领导干部要贴近工作的中心，从服务和服从于工作决策的需要出发选择课题。具体来说，领导干部要贴近三个方面来选择调研主题。一方面，贴近上级。领导干部选题应紧贴上级党委、政府的意见及决策，并在深入调查研究后形成报告。报告或针对现状提出对策建议，或解剖典型总结经验教训，总之需要触及党委、政府关注的问题。另一方面，贴近基层。让调研在基层磨炼中闪光，包括了解基层实际情况如何，工作中有哪些经验、有哪些突出问题，并思考其解决思路和办法等等。领导干部只有贴近基层实际选题，开展调查研究时才能拿得出有针对性的调查报告。最后，贴近前沿形势。它包括三层含义：其一，要贴近工作的前沿，围绕党委、政府某个时期的重点问题进行选题，适时开展调研，为决策提供指导性意见；其二，要贴近社会生活的前沿，围绕一些初见端倪、带有方向性和倾向性的问题进行选题，超前开展调研，为决策提供预警性建议；其三，要贴近时代的前沿，围绕新科技和新知识进行选题，探索性地开展调研，为决策提供启示性参考。

二是小题大做法。领导干部选择调研主题要从小处入手，关键在于选题的立意。要学会集中突破一点，把问题写深写透，从而挖掘出事物的本质内涵，用小题目做出大文章。领导干部按小题大"做"的方法选题，要把握好高度、窄度和深度。高度，即立意高。大处着眼，把调研主题放到宏观和全局的高度，放到社会经济发展的战略高度，以小题反映大内容。但是，高度是建立在实事求是基础上的高，不是生拉硬扯、人为拔高。窄度，即选题入口窄，要易于找出展开选题的最佳突破口，能集中笔墨论深、谈透。入口过宽，要求的材料就多些，结构复杂，难以驾驭和展开。深度，即挖掘深。围绕主题，集中笔墨深入展开，能透彻地揭示生活的本质，准确反映问题，把"小题"后面的深刻原理挖出来。小题大做中的"小题"是形式，"大做"是目的。运用小题大"做"的方法，切忌小题小做、就事论事，看不到小题后面的大文章。

三是捕捉法。大量的调查报告选题，其实就存在于工作和生活之中，但不是现成的。这就要求领导干部要多留心多留意，多观察多思考，从实际工作和生活中捕捉选题。首先，可以从党委、政府的重要文件中捕捉。从集中反映党委、政府一个时期或一个阶段的工作中心和重点中，如年初工作要点、年末工作总结、重大决策和部署等，领导干部可筛选、提炼出对决策有价值的选题。其次，从上级领导的言论和批示中捕捉。领导干部可以从上级领导在会议上的讲话、在检查工作时的谈话、对重要问题的指示等集中反映领导的所思、所想、所虑中，捕捉时效性强、价值大的信息作为调研的选题。再者，从交流中捕捉。领导干部要从上级领导与别人的交流谈话中接受启示，整理、提炼出选题。领导干部可以在交流的方法上下功夫：① 碰题中找灵感，领导干部在向上级领导请示、汇报时，或者与同事协商沟通时，通过沟通交流碰出"火花"，碰出思路，碰出选题；② 排题中找选题，吃透上情、了解下情，研究两情的结合点，排出有价值的选题；③ 研题中找思路，领导干部可以通过外出参观考察和参加研讨会等形式，相互交流启发来选题。

四是另辟蹊径法。一些地方的重点工作，往往都是按上级的部署要求来安排的，而现实中的问题又比较集中，因此，在调查报告的选题上常具有较大的趋同性，缺乏新意。现实生活中的新情况、新问题和新矛盾不断涌现，调查报告的选题也应常选常新，另辟蹊径注重"特"。"特"就是特色，是某事物区别于其他事物的鲜明特点，如明显的优势、独特的做法、工作中的亮点等都是一个地方的特色。调查报告的选题要选他人所未选，挖掘出他人没有发现或尚未选择过的课题，选择那些能够反映新情况、新矛盾、新对策、新事物的新课题。领导干部如何做到选题"特"？一在观念"特"，领导干部可以用创新的思维方式挖掘发现新课题。二在角度"特"。角度是观察事物和思考问题的方位，每一个事物都有多个侧面，选择最佳侧面，既能最大限度地反映事物的本质，又能避众不落俗套。领导干部要善于从不同角度观察和思考问题，从共性的问题中挖掘出独特的某个问题，同中求异、推陈出新。三在善于比较。领导干部要学会自我比较，在自己所列的众多课题中比较出哪一个选题更新，更有个性和特色；领导干部还可以横向比较，多浏览报刊和网络上的相关文章，看某一选题他人是否已研究过，研究到了什么程度，在比较中选题。

 技巧助力，如虎添翼

领导干部调查研究的主题选择，主要有以下四个方面的技巧。

一是要有明确的目标导向。领导干部要学会先简单地确定调查研究的范围，不要简单地把范围当题目，也不要马上选择具体的题目，要审慎地思考后再确定选题。要做到这一点，领导干部就要"眼观六路，耳听八方"，尽可能多收集资料，充分掌握已有的调研成果；通过了解问题的已有研究，去发现他人调研不充分或尚未发现的新东西，然后结合自己掌握的情况，来选择具体题目。

二是便于较快出调研成果。比如，围绕一个大课题做系列调研，就要选择上手快、收效快的题目，但要注意将这类题目做深和做透。特别是针对现实问题的，研究要快，出调研成果也要快。在选择调研题目时，要确保其能在可控的时间范围内出成果，不能执着于那些时间不可控或过多占用时间的课题，也就是尽量规避会影响自己正常工作的题目。若领导干部不可避免地需要选择某个存在时间不可控隐患的调研选题，那么，就尽可能从细微处着手调研，或是实施长时段调研以拉长调研的时间线。

三是选题时不要"锁在深闺"。若不考虑党委、政府和人民群众最需要什么，那么，调研成果往往不会引起上级领导的重视和有效满足人民群众的期待，就会有悖于时宜。换句话来说，领导干部在选择调研主题时，要注意选上级领导及人民群众近期最迫切希望解决的问题。

四是选题要侧重于对策性或研究性，而不是总结性或情况反映式的。比如，针对蔬菜供应紧张问题，领导干部可以拟一个"关于蔬菜紧张问题的情况调查"的题目来进行情况反映。这份调研报告的内容，只需涉及紧张到什么程度，供应品种情况怎样、缺多少，蔬菜运输情况怎么样，并提出一些行政性措施与建议就可以了。但如此选择的调研题目，从社会效应上看显然不足。你若选择"蔬菜供需情况分析与对策"这样的题目，调研不仅要弄清蔬菜短缺的情况，还要弄清是什么原因造成短缺——是生产环节的问题还是流通环节的问题。若是蔬菜生产环节的问题，就要弄清问题是出在政策上还是具体工作上；若是蔬菜流通环节的问题，就要弄清到底是运输问题还是利润分配问题。如此调研，才能满足上级领导和人民群众的期待，才会产生一个好的效果。

此外，调查研究主题选择还有其他一些小技巧。比如，选择超前性的题目要合时宜，不可过度超前，也不可超出领导干部自身的职责。再比如，领导干部在选择苗头类题目时，要注意对处于萌芽状态的事物进行辨别，确定它是"苗"还是"草"，重点理解其性质和发展方向。

第四节　领导干部调查研究主题选择的认识误区

我们不要认为调查研究是多么"高大上"的东西，对于领导干部来说，调查研究无非就是三种情况：一是下基层调研，二是开会座谈交流，三是在办公室看材料。往往有的人一想到调查研究，就会陷入先入为主的误区，认为调查研究就是下基层调研，实际上这种认识是不准确的，开会交流和阅研材料都是调查研究的重要方式。

领导干部调查研究的主题选择，要具有科学性和艺术性。我们开展调查研究，不同的人有不同的方式，但是，其中蕴含的思想方法和工作方法是大体相同的，而且调查研究本身也有规律性。因此，领导干部在选择调查研究主题时，要把握调查研究的规律性特征，善于运用有效的调查研究方法，以解决实际问题为导向，还要特别注意避免以下四个方面的认识误区。

主题选择的形式与内容误区

调查研究中主题选择的形式与内容方面的问题，表面上看是对调查研究重要性认识不足、对调研方法掌握不够，但归根结底是党性不强、宗旨观念淡漠所致。调查研究主题形式与内容选择的误区，主要体现在以下五个方面。

（1）走秀式调研，应付了事。在主题选择上，身到心不到，热衷于形式，无问于结果。例如，刻意打造精品路线，搞"验证式"调研，或只是"走马观花式"调研。

这种调研，只能流于形式，并不能深入，最终导致资源浪费，也消耗了人民群众的积极性。

（2）功利性调研，趁机谋利。将调研变为捞取"政治资本"的方式，歪曲了调查研究的本质，将工作重心从了解地方情况变为扩大"朋友圈"。此种调研，问题在于动机不纯，借调研之名行方便之实，调研走访变成了接待旅游，加重了地方的工作压力。

（3）居高临下式调研，炫耀摆谱。在调研中没有摸清摆正自己的位置，将调查研究变成上级巡视，借此将自己摆在高人一等的位置，随意指挥要求，只希望听到他人的夸赞。这种位置错误的调研，会导致不能准确看到、正确认识地方的真实情况，而是仅凭自己的主观臆想妄加推测，做不到实事求是。

（4）稀里糊涂式调研，不懂不会。调查研究是一门讲方法、有技巧的学问，如果没有一定的知识积累，也会导致下了地方不知从何入手，有了材料不知从何整理，只能简单堆砌素材而不能进行科学分析。这种问不到重点、抓不到实处的调研，往往缺乏看问题、抓症结的敏感性，最终导致事倍功半。

（5）烂尾式调研，有始无终。调查研究本身就包含两方面，即了解情况的调查与分析情况的研究。而烂尾式调研，往往就是只调查不研究，只能看到问题却不提炼问题、分析问题、解决问题，只能做到心中有数却做不到手中有实招，极大降低了调查研究的实用性。

 主题选择的本质和实效误区

领导干部选择主题进行调研，是了解问题的最佳渠道，也是在实践中锻炼和提升自身能力的重要方式。用好调查研究，是为了服务决策、解决问题。因此，调研选题要认清调研的本质，不要徒有虚表。好的调查研究主题，有助于我们深入生活，推动工作；还有助于我们找到问题的症结及其解决办法，使调查研究的价值得以充分展现。无论是从理论的角度，还是从实践的角度来看，合适的选题都有助于提高调查研究效能。

好的调研主题，不仅能在源头活水处蓄足调研的精准性和实效性，还能为其提供艺术性滋养。毋庸置疑，调查研究是一门以马克思主义认识论为理论基础的科学。与此同时，它也是一种艺术，是一种以马克思主义方法论为指导，在把握时与势的实践中厚植根与魂、探索破与立的艺术。开展调查研究时，主导群体和调查对象的不同，或许会导致方式上呈现差异，但其思想方法和工作方法皆是大同小异。这也就意味着，调查研究是一项有特点的规律性工作。故而在调研主题选择过程中，各级领导干部也应听需求、瞄问题、探规律。只有看清问题"蚂蚁"、把准规律"河流"，才能有效抓到成果"活鱼"。要在把握规律、尊重规律、遵循规律的基础上，让重视调研选题之"重视"跳出纸面、落到地面，直面现实矛盾和问题做具体分析，进而推动调研工作出实绩、奏实效，通过高质量调查研究来破解新时代的高质量发展难题。在选题这一节点上，要紧抓亮点、紧盯难点、找准重点、打通堵点，以保障调研工作落地生根。换句话说，领导干部在调查研究主题的选择上，要避免陷入"虚而无用"的误区。调查研究的目的是找问题、想办法，主要应用于服务决策。过去，有些调查研究的主题较大，涉及范围较广，拟定的对策往往"大而空"，以致基层无法操作，"虚而无用"。因此，领导干部选择调查研究主题时，只有深入基层、深入群众，才能彻底改变给人留下的"虚而无用"的传统印象，也才能最终提出行之有效的解决办法。

　　领导干部在调查研究的主题选择上，容易陷入"千篇一律"的误区。过去，不少领导干部在调查研究选题时，为了图方便，都爱往工作做得好、经验较多、干群关系好的地方去。"扎堆调研"的现象普遍存在，给基层造成了较大的负担，有些地方一天接待无数个单位下来调研，基层"苦不堪言"。调查者最后形成的调研报告往往相互借用、"千篇一律"，没有什么参考价值。部分领导干部带着情绪，在基层随便找几个点走走看看，"敷衍了事"。不仅无法发现问题，更谈不上解决问题；不仅给基层造成了负担，更损害了领导干部在群众心中的形象。因此，各级领导干部要把调查研究当作本职工作，始终保持"文经我手无差错，事交我办请放心"的工作态度，在主题选择上做文章，转变调查研究的方式方法，深入基层、深入群众。只有这样，群众才愿意说真话，领导干部才能掌握"第一手资料"，从而真正发现问题并"精准施策"，进而改变调研报告"千篇一律"的现象。

三　主题选择的"热问题热思考"误区

　　各级领导干部作为党和人民事业发展的引领者、带头人，不能一味地追求热点，要在"热潮"中冷静思考，坚持用好调查研究这个传家宝；要不断提升对客观事物由表及里、由此及彼的研究能力，深入基层、深入实践、深入群众，不断激发干事创业的原动力。

　　（1）要避免在调查研究主题选择上强调"摊派"。坚持什么标准、按照什么程序、选择什么主题，是做好调查研究工作的首要环节。但是，近年来，在选调研主题时出现了"摊派"现象。这个问题源于过多地考虑单位眼前工作的需要，缺乏对未来工作需求的通盘考虑。有的领导干部对调查研究主题把关不严、滥竽充数，过分注重个人意愿，对调查研究的主题未曾严格审核，更没有按照上级规定的要求来确定主题；有的领导干部以工作离不开为由，没有选择真正需要调研的主题，担心会影响本单位的工作，而是应付性地选择一个调研主题。

（2）要避免在选题上陷入"虚调"。这个问题源于，调研者并未做好投身什么样的实践、增长什么样的才干的心理准备。有的调研选题虽好，但无平台、无抓手，以致调研者有劲无处使，有想法难作为，甚至产生被"边缘化"的感觉；有的选题是上级的指示，调研者不敢得罪、不敢怠慢，于是把调研主题放在"贵宾"的位置，象征性地安排一点调研，或者在调研中将自己定位为"看客"或"配角"，并没有真正去调研。有时，"虚浮症"也产生于一种矛盾心理：一方面，感觉到自己对某个选题了解不多，不熟悉情况，需要进行调研；另一方面，对调研的主题没有信心，加之缺乏基层工作经验，怕把调研搞砸了，因此，不敢真正去调研，而只是安排一些辅助性、临时性和琐碎性的工作来表示已经开展过调研，所做之事与调研的主题关联不大。此外，个别领导干部认为调研主题的选择"有讲究"，对调研的主题定位不准确，把调研主题的作用片面定位为"拉关系""跑关系"；试图通过调研来熟络人际关系，要办事就让下属去跑，把调研当成交际手段等现象也并不少见。长此以往，双脚便容易"踩空"，头脑就会"发空"，问题也免不了"抓空"，最终调查研究的效果自然就大打折扣。

（3）要避免到基层"做客"。一个领导干部成长的快慢，很大程度上取决于其参与调查实践的广度和深度。但是，部分领导干部对自己定位不准，因此，在选择主题时出现了角色偏离的现象。有的以"过客"自居，以旁观者和局外人的身份在岸上观望，充当"观察员"，沉溺于应付之中，满足于敷衍被动地开展工作，"当一天和尚撞一天钟"。有的在调研主题的选择上瞻前顾后，认为自己选择的调研主题虽好，但在基层调研的时候自己只是"客人"而不是"主人"。有的将调研主题定位为火车后面的"挂车"，跑得快慢任凭"车头"带动，在调研主题选择上缩手缩脚，甚至担心若选择过大的主题会在后续的调研中应付不了复杂局面，干砸了影响今后"前程"。在主题选择上，眼高手低也是较为普遍的情况。有的领导干部自认为文化水平较高、会说会写会办事、有心有力有干劲，虽然选择了某个调研主题，但心沉不下基层、眼瞧不起基层干部、话说不进群众百姓，琐碎的事务不愿做，复杂的事情不会做。

（4）要避免主题选择的"镀金"倾向。调查研究是锻炼领导干部的一个重要手段，但跟晋升没有必然的联系。个别领导干部把调研选题工作拿来当"跳板"，对调查研究的认识有偏差，存在"调查研究＝镀金＝提拔"的错误思想，简单地认为"做好了调查研究主题的选择，就能做好调查研究"。在这种功利心理的影响下，调查研究不是为了丰富阅历，而是为了增加升迁筹码、为日后被提拔重用做铺垫；把调查研究主题选择当成一种形式，以致最后只知道调查研究，忘了为什么调查研究。此外，在主题选择上，急功近利、急于求成的心态也需要摒弃。这类心态具体表现在：对基层调研了解不足，热衷于轰轰烈烈摆花架子，搞短期行为、做表面文章，急于选个"时髦"的调查研究主题来做几件容易出彩的事情，以证明自己的能力和水平；甚至幻想调研的好处，自我设计晋升路线图、制订升迁时间表。心态决定状态，状态决定成败，心浮气躁难以练就真本领。若领导干部在调查研究主题选择上带着太强的个人"目的性"和"功利性"，那么，调查研究就没有意义了。

四 主题选择的"真假"误区

有的领导干部在主题选择时，忽略对全局调研部署，未能将点与面相结合，陷入预先假定的调查研究的"真假"误区。

（1）要避免调查研究本身就是实事求是的假定。部分领导干部认为，调研选定了主题就等于实事求是。甚至不少领导干部下意识地认为，调查研究选题工作本身就是调查研究的代表，就是实事求是的体现，就是转变作风的表征，是绝对的好方法、好形式。这显然不符合辩证唯物主义。调研者要用实事求是的态度对待调研主题的选择，否则，调研不但不能发现事实，反而可能导致更严重、更难以改正的谬误；又因为这种谬误来自亲眼所见、亲历所得，而不是道听途说和他人诱导，所以当事人必会坚持调研的结论，不撞南墙不回头，甚至撞了南墙也不回头。因此，在选择调研主题时，求实态度尤为重要。调查研究，特别是选题工作，的确是转变作风的良好开端，但因受到调研者自身的制约，依然可能存在作风问题，同样可能犯形式主义和官僚主义的错误。

（2）要避免在调研主题的选择上没有主见，不能一看到或听到什么就相信什么。有些领导干部在调研主题选择时，听到什么信什么，看到什么信什么；甚至将调研主题的选择交给下级安排，自己没有真正参与进去，没有思考为什么选择这个主题、这个主题是否适合调研，没有质疑，也没有印证。调查研究要去伪存真。个别领导干部在调研主题选择中的"伪"，来自客观和主观两个方面：客观上的"伪"，源自事物尤其是复杂事物本身；主观上的"伪"，则与人为因素有关。在党风不够端正的地方和部门，应付上级调研的人为因素一般都很重。不仅可疑的对象有人为因素，可信的对象也可能有人为因素，甚至是更为严重的人为因素。

（3）要避免在主题选择上采取有组织、有预报的明察式调研。调研的主题由下属拟定，调研的具体对象基本由下级单位建议确定，调研全程有地方领导干部陪同。这一现象在现实中很典型，但问题在于，这种由下属帮忙选定主题的调研，会使得真正的问题被埋藏、难见天日。换句话说，领导干部在进行主题选择时如果不亲力亲为，就难以同群众和其他持不同意见的领导干部单独接触，也难以听到不同的声音。下属在帮领导进行调研主题选择时，虽然对领导毕恭毕敬，但事实上调研的主导权往往并不在领导手上。比如，当领导干部想要调研某地扶贫情况时，有些下级单位一定会挑选当地的扶贫先进典型予以展示。由此可见，我们习以为常的调研主题选择存在不足，需要改进和创新。

小结

　　调查研究是我们党的优良传统，也是我们做好工作的现实需要。毛泽东同志曾深刻指出，"没有调查，没有发言权"，"不做正确的调查同样没有发言权"。习近平同志也一直高度重视调查研究，强调"要在全党大兴调查研究之风，推动全党崇尚实干、力戒空谈、精准发力"，要求调查研究时"身入"更要"心到"。领导干部想要更好地履行职责、开展工作，就要在调查研究上下功夫，首先要善于做好调查研究中的主题选择。本章主要讨论了领导干部调查研究主题选择的基本原则和基本要求、调查研究主题选择的切入口和基本功、调查研究主题选择的主要方法和主要技巧以及调查研究主题选择常见的认识误区。

　　领导干部在调查研究中做正确的主题选择，重在准确把握客观实际。人的认识难免有片面之处，克服片面认识，需要领导干部在选择调查研究主题时倾听各方意见，既听顺耳话，也听逆耳言。彭真同志曾以"八面树敌"来形容解决问题的过程：不但要看好的、有利的方面，还要有意识地从反面考虑，看到不利的方面，充分研究各种不同意见是否有道理。① 只有这样，领导干部才能真正把情况弄清、把症结找准、把思路理顺、把工作抓实；也只有这样，调查研究才是求真务实的，才是有价值、有意义的。领导干部要做正确的调查研究主题选择，就要不断提高领导干部的认识水平和能力素质。

　　调查研究主题的选择，是一个了解情况的过程。在实际工作中，领导干部真正搞清楚本地区本部门本单位的实际情况，搞清楚影响改革发展稳定的突出问题，真正及时了解人民群众的所思所盼，多层次、多方位、多渠道深入调查了解情况，才能做到"耳聪目明、心中有数"，才能贴紧实际选择好的调研主题。

　　调查研究主题的选择，是一个联系群众、为民办事的过程。领导干部所做的一切工作都是为了人民。领导干部在调查研究主题选择的工作中热情高，有闯劲，但要切记，调查研究主题的选择要"身入"更要"心到"。"深入基层、深入实际、深入群众"，说起来简单，实际工作中可能会遇到很多"意想不到"的困难。只有脚踏实地，持之以恒，才能了解群众在想什么、盼什么，最需要我们党委、政府干什么。要在调查研究主题选择中真心

---

① 史全伟：《彭真：决定问题要"八面树敌"》，载于《共产党员》2010年第9期，第55页。

实意地与群众交朋友、拉家常,通过面对面交流,直接了解基层干部群众的所想、所急、所盼。只有通过"从群众中来、到群众中去"的调查研究主题选择,各项决策和工作部署才能集中民智、体现民意、反映民情。

领导干部要提升调查研究主题选择的能力,就要着力坚持问题导向。坚持问题导向的目的,就是要解决问题。只有坚持问题导向,才能在调查研究中有目的性和针对性,才能在实际中不偏不倚。领导干部要获得基层经验,得到解决实际问题的方法,就不能拘泥于个人主观因素和片面认识。在开展调查研究主题选择时不能缺少核心意识,否则无法抓住事件的中心,对问题的本质和规律把握不准,对解决问题的思路和措施研究不细,往往事倍功半。因此,领导干部在调查研究主题选择上只有坚持问题导向,才能做到从客观实际出发,透过现象认清本质,也才能在调查研究中提出问题、分析问题、研究问题、解决问题。提升调查研究主题选择的能力,要着力坚持深入基层。只有坚持深入基层,才能全面了解情况,掌握最真实、最客观的情况。新时代的领导干部是党和国家联系、服务人民群众的桥梁和纽带,年轻干部更要通过选择调查研究主题来发挥好自身优势,主动深入基层、深入群众,沉下身子、放下架子,认真开展好调查研究,察民情、解民忧、惠民生,为推动工作、解决问题提供好的参考和办法,切实做到权为民所用、心为民所系、利为民所谋。

了解情况、掌握规律、解决问题是领导干部调查研究主题选择的目的所在,而关注创新、关注民生、关注改革则是领导干部调查研究主题选择必须牢牢把握的重点。领导干部在调查研究主题选择上要落实创新、检验创新。领导干部在主题选择时,要到基层开展调查研究,要关注创新、支持创新、鼓励创新、推动创新,让创新思想和创新成果在基层落地生根。民生是治国之本、理政之基、为官之要;关注民生、重视民生、保障和改善民生,是党和政府一切工作的出发点或落脚点;领导干部开展调查研究主题的选择,更是一次关注民生、保障和改善民生的生动实践,必须想群众之所想、急群众之所急、解群众之所忧,让群众有更多的获得感和幸福感。领导干部选择什么样的调查研究主题,不仅仅是领导干部的选择,也代表着党和人民的历史选择。关注改革、支持改革、参与改革,也是各级各地领导干部在调查研究主题选择上应当牢牢把握的重要方面。

第三章 粮草先行：调查准备工作

正如前两章所反复提及的，调查研究要坚持实事求是的原则。这就要求领导干部要采取正确的方式方法，掌握全面系统的材料。如果说决策前一定要开展调查研究工作，那么，调查研究之前开展相关文献和材料的搜集与阅读工作也是必不可少的。有学者将文献和相关材料的搜集这一调查准备工作视为"预调研"，"预调研"的主要工作就是尽可能全面、广泛地查阅文献[①]；还有学者将查阅文献视为调查的基础和前导，认为其本身就是一种研究方法——"文献调查法"[②]；现代社会调查方法论，则把社会研究过程中前期所做的这种重要工作称为"文献回顾"。本章将从搜集文献和材料、选择调研课题、设计调研方案三个方面着手，具体介绍如何"粮草"先行。此外，"测量"和"操作化"是定量研究问卷设计的核心。"测量"和"操作化"的工作，也应在正式调研之前完成。

第一节 文献和材料的搜集与处理

领导干部的调查研究需要大量搜集与选题相关的各种资料，主要包括文件、文稿、书籍、报刊、录音、录像等。"调查侧重于发现信息，研究侧重于分析信息。"[③]熟悉、掌握相关文献和材料，是开始调查研究之前必要的准备工作。领导干部调查研究与学术调查研究在文献资料搜集的目的上有何不同？我们可以从哪些方面去搜集文献和材料？如何阅读和梳理分析文献资料？搜集、阅读、分析文献与材料有什么具体步骤？下面从文献和材料搜集的目的、已有研究文献的类型及其阅读分析三个方面进行介绍。

---

① 廉思：《如何有效开展调查研究》，人民日报出版社2019年版，第70页。
② 朱大富：《调查研究——领导干部的基本功》，江西人民出版社2015年版，第119页。
③ 本书编写组：《调查研究小全书：领导干部调查研究能力提升与调研报告写作规范》，中国言实出版社2014年版，第124页。

一 文献和材料搜集的目的及意义

首先，查阅文献的首要目的是，运用思想资源回应实践问题。这就要求实时跟进国内外最新调研成果进展，使领导干部立于历时与共时两个维度上统观全局以获取新的灵感，利用文献辨清研究方向，在自身与经典文献之间架起一座跨越时空间距、文化间距、语言间距、思维间距和科学范式间距的会通之桥。系统的文献回顾，不仅有助于研究者较为全面地了解本领域的研究状况和已有的研究成果，还能为研究者提供可供参考的研究思路和研究方法，并为研究结果提供背景资料。围绕调研聚焦的问题和领域，尽可能搜集直接相关的文献和资料，能够帮助调研人员了解借鉴前人研究成果中的有用成分，避免犯前人的错误，也是有效拓展研究者在该领域知识的广度和深度的最快方式。毛泽东曾说："有了学问，好比站在山上，可以看到很远很多东西。没有学问，如在暗沟里走路，摸索不着，那会苦煞人。"① 领导干部开展的调查研究，不是为了脱离党和政府需要去单纯求证现有的某个观点、某项政策如何正确，而是为了调查了解、分析研究客观实际的真相和全貌。即不求高论，但求管用。② 在这个过程中，阅读文献是一个至关重要的环节，其目的在于发现信息、大量占有资料、占有信息。调查研究是一系列创造性思维的整合，在此过程中，若是手里缺少信息资料，就无法正常开展研究。

其次，查阅文献有助于兼顾选题和研究的科学性与政治性。调查研究是一项能够把理论与实践紧密联系、能够提高决策水平的科学工作方法。习近平总书记曾说："我们还必须适应经济社会发展变化的新情况，善于运用科学的调查方法，综合运用经济学、社会学、信息论、系统论、控制论等多学科理论，为正确决策提供全面、详实、可靠的信息和数据。"③ 这不仅揭示出调查研究作为科学之法的战略必需性，而且指明了理论为调查研究科学性提供的有力保障。而查阅文献，则是强化理论武装、夯实理论基础，进而把科学调研贯穿至正确领导全过程的必由之路。此外，在调查研究中，须统筹兼顾科学性与政治性。以选题价值为标准，调研可以分为理论和应用两种类型。与党和政府工作相关的调研多属于应用型调研，这种调研更关注如何

---

① 中共中央宣传部理论局：《论学习——重要论述摘编》，学习出版社2009年版，第1页。
② 本书编写组：《调查研究小全书：领导干部调查研究能力提升与调研报告写作规范》，中国言实出版社2014年版，第124页。
③ 习近平：《干在实处 走在前列——推进浙江新发展的思考与实践》，中共中央党校出版社2006年版，第537页。

有效地解决现实社会问题，多为决策性研究，服务于政府决策需求①，从而使各项政策、措施的出台更符合客观规律，更加有生命力和针对性。如本书第二章所重点论述的，领导干部的调查研究选题与学术性质的调研有所不同。一方面，领导干部的调查研究选题首先需要保证其政治性，即要从体现政治、体现党的领导等政治角度去选题和调研，而不是单纯从学术角度或群众角度看问题。②另一方面，领导干部的调查研究选题还要兼顾科学性。要在把牢政治方向之舵的同时，联系实际把握住问题内在的本质规律，否则，仅站在政治角度进行思考，而对形势任务认不清、对问题难度不了解，就会将工作推至"假大空"的泥淖。因此，平衡好选题与研究科学性、政治性的关系是做好调查研究的应有之举，而文献资料的掌握则有助于实现科学性与政治性二者之间的有机统一。查阅文献和梳理资料，有助于领导干部找准平衡点，增强各项政策和措施的科学性，站在政治高度战略谋划、宏观把握、科学运作。

最后，查阅文献还有助于调查者跳出自我设定的"预设"，尽可能客观、全面地思考问题。"调查研究切忌掉入一些概念和想象的陷阱中，更不要被那些以讹传讹的标签误导。"③自带框框、预设结论，不仅会蒙蔽调查者的眼睛、堵塞调查者的耳朵，使得调查研究浮在表面、悬在空中，还会贻误科学制定决策的最佳时机，助长伪调研之类的歪风。然而，人的认识难免有片面之处，调查者往往难以检身自省、抛开预设。如何克服虚浮、避免把调研桎梏在片面认知内，成为领导干部深入调查研究时不得不直面的问题。这时，领导干部如果能在浩瀚如烟的文献中了解各方意见、总结先进经验、研究突出问题，便能焕发自省力量，走出自己的知识储备和理论框架。既要在深入基层中摸实情，也要结合文献全方位了解情况；既要听得到"肺腑之言"，也要听得出"难言之隐"；既要走"经典路线"，更要"不走寻常路"，走出自我设定。要从世界观和方法论上看问题，从根子上切入、向大处着眼、在小处着手，在文献中汲取前人经验，拨开思维迷雾、拓宽视野，透视错综复杂事态下的内部规律；要在文献上留痕、在干事上留心眼，真正将细致了解基层一线实际情况与深入研究文献结合起来，以期做到决策时耳聪目明、心中有数。

已有研究文献的类型

文献是人类知识的结晶，是人类认识世界的重要途径，也是人类积累知识的重

---

① 廉思：《如何有效开展调查研究》，人民日报出版社2019年版，第39页。
② 郑佳节：《调查研究》，中国人事出版社2020年版，第22页。
③ 廉思：《如何有效开展调查研究》，人民日报出版社2019年版，第31页。

要宝库。一般来说，文献须具备三个基本要素：一是一定的知识内容；二是一定的物质载体；三是一定的记录手段，包括所有与研究对象有关的信息形式。简言之，文献是通过一定记录手段，记录在一定物质载体上的知识。从物质载体看，文献就是用一定记录手段记录下知识内容的一切物质。

文献的内涵，随社会的发展进步而不断发生变化。传统意义上的文献，是指具有历史价值的图书资料，如历史文献、医学文献等；当今信息社会的文献之意，则扩展为关于研究现象理论和事实的重要记载。

与作为研究方法的文献类型（即广义的文献，参见本书第八章有关"文献的类型"的描述）不同，调查前所要查阅文献的类型，更多的是狭义的文献。调查前查阅文献的目的，是了解与调研主题相关领域的研究现状，为调查研究的展开寻找出路、拓宽思路，跳出自说自话的局限。学术研究类型的调研报告，通常还要对搜集到的这类文献进行述评，即相关文献研究综述。根据媒介形式的不同，这种狭义的文献主要分为以下几种较为常见的类型。

（1）著作类文献。即图书，主要来自图书馆，具有品种多、数量大、范围广的特点，通常能给研究者提供相对全面的研究背景和理论。

（2）学术期刊类文献。即学术论文，是文献查阅中最主要的内容。从广义上来讲，期刊可以分为非正式期刊和正式期刊两种。非正式期刊，是指通过行政部门审核并领取"内部报刊准印证"以作为行业内部交流的期刊。非正式期刊一般只限于行业内交流，不公开发行，但也是合法期刊的一种。正式期刊，是由国家新闻出版署与国家科学技术委员会在商定的数额内审批，并编入国内统一连续出版物号。正式期刊的办刊申请比较严格，要有一定的办刊实力，且有独立的办刊方针。学术期刊上的论文，通常在纸质刊物上刊登的同时，其电子版也被收录在各类论文数据库中。电子版学术论文数据库中，中文论文文献可以通过中国知网（CNKI）查找，这个数据库现在已经收录了国内绝大部分学术期刊所发表的论文；外文论文可以通过专门的论文数据库查找，如JSTOR数据库等。

（3）报纸类文献。能用作研究参考的报纸类文献，多以新闻和新闻评论内容为主，承载的研究信息及时、通俗、受众面广。

（4）会议文献，包括会前、会中和会后三种。其中，会后文献包含会议录、汇编、论文集、报告、学术讨论会报告、会议专刊等，专业性强，并且能较全面、迅速地反映某一技术领域或学科发展的水平、动态和趋势。

（5）学位论文文献，分为学士论文、硕士论文和博士论文三种。其中，博士论文的理论性和系统性较强，具有一定的深度和创造性。其他类型的文献，还包括标准文献、专利文献、技术档案、科技报告和电子文献等。

事实上，研究方式不同，需要搜集的文献和信息材料也有所区别。比如，访谈资料的前期准备，是深度访谈的重中之重。访谈前需要搜集的前期资料，可分为微观、中观和宏观三个层面。微观层面的信息，包括被访者的个体信息和家庭信息等；中观层面的信息，包括被访者所处的群体、地域、行业等；宏观层面的信息，包括与访谈问题相关的宏观政策、全局状况、趋势变化等。①

 三 文献和材料的阅读分析

调查前的文献阅读分析，被称为"预分析"。与到"现场"的调查研究相异，文献分析研究更多是在"书桌"前完成的。对文献资料要有综合分析能力："综合分析"之"综合"，是指将文献的各组成要素、各个部分、各属性，以一定的内在逻辑联合成一个具有某种一般特征的统一整体；"综合分析"之"分析"，是指将文献整体分解成较简单的若干组成部分，然后找出这些部分的本质属性和彼此之间的关系。总体而言，综合分析是指将文献视为多层次、多方面、多阶段甚至多领域相互联系的有机统一体来统筹把握，周密细致地分析各部分和各要素，并将其内在联系的要素归结起来加以整体把握。作为"预分析"的文献综述，需具备综合性、客观性和科学性。因此，在搜集、分析文献资料时，要坚持做到不唯上、不唯众、不唯书、不唯己的"四不"原则。即不迎合上级机关或领导的意图，不被已有的结论或过时的老框框左右，不随大流为大多数人不符合客观实际的看法左右，不将自己的主观意识强加于客观事物。②"要在深入分析思考上下功夫，去粗取精、去伪存真，由此及彼、由表及里，找到事物的本质和规律，找到解决问题的办法。"③

搜集好文献资料后，需展开初步的阅读分析，这也是"预分析"最关键的步骤。不仅需要耐心和细致，更需要敏锐和效率。文献资料的搜集与整理分析应该交错进行，可以一边搜集、一边整理、一边分析，如此反复，直到调查研究所需要的文献资料能充分支撑研究的开展和报告的撰写。文献阅读和梳理分析要紧紧围绕调研主题，紧扣调研主题的需要。否则，注意力就会或被千头万绪的信息干扰，或被繁杂的资料淹没，无法有效聚焦，以致失去敏锐的洞察力。那么，如何围绕主题展开文献梳理就成了关键议题，具体可从以下三个方面着手。

---

① 廉思：《如何有效开展调查研究》，人民日报出版社2019年版，第162页。
② 本书编写组：《调查研究小全书：领导干部调查研究能力提升与调研报告写作规范》，中国言实出版社2014年版，第124页。
③ 习近平：《努力成为可堪大用能担重任的栋梁之才》，载于《求知》2022年第2期，第4-10页。

一是梳理"已知"和"未知"。即通过梳理文献，回答下列问题：在本研究关注的领域里，先前的研究已经做了哪些方面的工作？得出了哪些跟本研究主题相关的基本结论？还有哪些方面是没有被关注或研究不足的？

二是梳理"共同点"和"差异点"。即通过梳理文献，思考先前的研究与本研究关注的特定研究领域的各个层面环节有哪些共同的关注点？还有哪些领域层面环节关注不够，也是本研究需要重点分析的？

三是梳理"误区"和"不足"。即通过梳理文献，了解因为条件或背景的变化，存在哪些需要在本研究中廓清的"误区"，摸清还有哪些需要在本研究中加强的薄弱环节。

总之，作为研究方法的文献研究有很多优点，概括而言，就是"省时、省钱、省力"①。相比于实地调查，以文献研究为搜集资料的方式，既省钱又省时，特别是在研究那些无法接触到的调查对象时，文献几乎是最保险的渠道。

在领导干部的调查研究中，可以按照以下四个步骤去全面掌握文献材料②：第一步，搜集零散的、不系统的资料，包括有关理论、政策法规、决策信息、背景材料和工具书等；第二步，阅读材料，即在正式的调研开展之前尽可能多阅读一些材料，以开阔视野、丰富头脑；第三步，摘录笔记，即在阅读中把自己认为重要的材料摘录下来并注明出处，以便后续研究和写作有据可查，也保证了材料的可靠性；第四步，保管材料，即不管是电子资料还是文本资料，在搜集、阅读和摘记之后要妥善保存，并做好标记和档案整理，以便需要时能方便快捷地查阅。

第二节　选择调研课题

选择调研课题是调查准备阶段最重要的工作，它决定着调研工作的总方向和总水平，对整个调研工作的成败有决定性意义。正如第二章所述，一切研究都是从问题出发的，问题意识应当贯穿调查研究始终。其中，提出问题、选择好的研究问题，又比解决问题更重要。选题是求知求真、扬起调研之帆、盯准创新靶向、点燃担当之责的重要体现。选好题、选准题，问题也就解决了一半。

---

① 廉思：《如何有效开展调查研究》，人民日报出版社2019年版，第71页。
② 郑佳节：《调查研究》，中国人事出版社2020年版，第36-37页。

调查研究选题的途径

在社会生活中、在各门学科中、在实践工作中存在大量可供选择的课题,因此,研究选题有多种来源、多条途径。领导干部所做的调查研究选题与社会科学研究选题的来源或途径有所不同,主要有以下四个途径。①

一是从领导的战略意图中确定选题。上级领导敢于直面经济社会发展和党的建设实践中重要的、复杂的、疑难的问题,其思考大多与经济社会管理的方方面面息息相关。因此,学会与其"换位思考",不断提高战略思维能力,有助于从党的大政方针、政策法规的高度找到有研究价值的真问题。如此选题而形成的调研报告,更有助于明确主攻方向,协同一致行动,整合政策与行动资源,进一步促进选题落实。多站在领导的高度,从指导工作的角度出发,去找方向、找依据、定思路;紧紧围绕自身单位的实际情况,始终保持如履薄冰的谨慎和见叶知秋的敏锐,体会有关的文件或指示中所蕴含的领导意图,用心记录、理清脉络,善于从中提炼出问题。问题精挑细选,同时"投石问路""抛砖引玉",列出简单的提纲和框架,送交上级领导审阅并积极向其反映情况,沿着领导的思路深入分析研究,捕捉领导思想释放出的信息和火花,总结梳理共性认识、归纳规律性的思想,不断深入挖掘,并找到合适的选题。

二是从中心工作中确定选题。牢牢抓住中心工作这个牛鼻子,结合工作实践驰而不息地谋划选题思路。党和政府在一定时期内都有若干中心工作,既是关系全局的工作,也是领导干部十分关心的工作。中心工作的开展,总会遇到一些新情况和新问题,如果不对此细致调研、搞清楚来龙去脉、做出适时调整,就有可能影响中心工作的进展。因此,围绕中心工作提炼选题,有助于见微知著,从而洞察和抓住有新意、有价值的问题。同时,还要对中心工作予以开展前、进程中及开展后的全过程跟进,将各个阶段中的问题放到宏观大局和整体过程中去研究思考。只有锚定好中心工作,才能选好题、起好步、开好局。

三是直接从群众反映中确定选题。"知屋漏者在宇下,知政失者在草野。"群众如知春江水暖的鸭,最能感受到关系党和国家事业兴衰的问题及其发生发展程度。因此,通过调查研究,领导干部可以了解群众在想什么、盼什么、欢迎什么、反对什么、一段时间里议论的热点是什么,及时掌握社情民意,把握住群众最关心的关键问题,进而从中选出调研课题。同时,也要看到群众的看法和意见受限于他们所处

---

① 本书编写组:《调查研究小全书:领导干部调查研究能力提升与调研报告写作规范》,中国言实出版社2014年版,第22-23页。

新时代领导干部调查研究方法

的地位和认知角度，难免存在偏颇和片面，要善于从中提炼出具有代表性、倾向性和苗头性的情况和问题。

四是从原始信息中确定选题。原始信息，是指基层上报的各种工作总结、调研报告、情况汇报等材料。本章前述文献和材料的搜集就包括原始信息，搜集文献和材料与选题有时候可以同步进行。原始信息看似杂乱无章，能提供的信息价值不大，但是，来自基层鲜活的生活、鲜活的思想、鲜活的实践，才正是选题的重要来源。调研者需要有敏锐的洞察力，从原始信息中进一步挖掘新信息的线索，进而确定调研选题。

总之，领导干部的调研，主要是从党委和政府的中心工作中找选题，从群众和基层的普遍关切中找选题，从暂时被忽略而又事关今后全局的要点中找选题。与此相应，选题可以主动与被动相结合。比如，有的地方采取"党委出题、（民主）党派调研、政府采纳、部门落实"的方法，就是一个好的经验；有的地方由政协或统战部门出题，各民主党派派人参加，也是一个行之有效的方法。①

二 选题应注意的问题

选题是调研工作沿着正确方向展开的前提和关键。如果选题不当，就会导致人力、物力、财力和时间的浪费。为此，应注意以下几个方面的问题。

一是时刻站在领导（或建议的接受者）的角度思考问题。② "身在兵位，胸为帅谋"，是领导干部调查研究不同于学术调查研究的最重要特征。领导干部走出办公室调研，就是普通一兵；坐在办公桌前想问题、提思路、提建议，就是"帅"，即把自己换位思考成领导，而不是普通的旁观者。如此，调研报告的选题是及时的、重要的，提出的解决办法是有针对性、可操作性的，调研成果也才更有价值。

二是调研选题要突出重点。领导干部的调查研究，要服务于当前的中心工作或未来的重要工作，要把中心工作和重大问题摆在首要位置，抓住事关全局的关键问题，集中力量进行专题调研。领导干部的调查研究属于相对高层次的调研，目的是抓住各级党委和政府各项工作中存在的主要矛盾，解决重大问题。因而，在这里必须"精耕细作"，不能有"广种薄收"的想法。否则，会导致调研成果变成干扰信息，影响重大问题的发现和重大决策的提出。

---

① 郑佳节：《调查研究》，中国人事出版社 2020 年版，第 23-24 页。
② 本书编写组：《调查研究小全书：领导干部调查研究能力提升与调研报告写作规范》，中国言实出版社 2014 年版，第 23 页。

三是选题要汲取众智。领导干部的调研选题也是一种决策,一人拍板可能无法有效突破思维惯性,致使研究的问题与实际情况存在差距和偏颇。选题设想提出后,可以通过各种渠道搜集不同意见,从各方面补充、完善选题。如此,选题才更能在理论上站得住、操作上行得通、实践时抓得实。事实上,这种确定选题时征求意见的做法,本身也是调研,是"预调研"中的"预调研"。

第三节　调查设计

调查设计是指对整个研究工作进行规划,制订出探索特定社会现象或事物的具体策略,包括确定研究的最佳途径、选择恰当的研究方法以及制订详细的操作步骤和研究方案等内容。调查设计是调查研究中的行动纲领,对调研工作的顺利有序进行具有重要的指导作用。一项调研任务确立后,接下来的工作并不是马上深入社会生活实际去搜集资料,而是通过调查设计拿出一个总体规划或调查方案,使得调查研究有目的、有计划、有组织地进行。

一、调查设计方案的主要内容

调查设计方案,通常包括以下七个方面的内容。①

（一）明确调查的目的和意义

调查的目的,是指这次调研要解决什么问题（哪些是主要问题,哪些是次要问题）,解决到什么程度（是要供领导决策参考,还是要提出具体的对策建议）。

调查的意义,旨在说明开展这次调研的缘由,以及此次调研能为推动具体工作带来哪些效果等。

（二）明确调查内容和工具

调查内容是调研的核心,通常通过调查指标反映出来。因此,调研内容的设计又决定了使用什么样的调研工具,以及通过调研工具体现哪些具体指标。也就是说,调查中的问卷设计和访谈座谈等调查方法的实施,是由调研内容决定的。设计调研内容,需要把握四个原则。一是要服务于调研目的。二是要主次分明,把握主要矛

---

① 廉思：《如何有效开展调查研究》,人民日报出版社2019年版,第54-67页。

盾，突出重点，避免内容设计的大而空。三是调研内容设计要有针对性。同一个调研主题，不同调研对象，要使用不同的内容设计；同一调研对象，不同调研主题，也应有不同的内容设计。不同类型调研内容的侧重点不同，描述性调研内容侧重关注基本面，解释性调研内容侧重关注背后的深层次原因，故而二者的内容设计也不甚相同。四是调研内容设计应预先设想调研成果的内容。预期的调研成果应是在调研内容的基础上进行设计的，调研内容的设计则要根据调研关注的主要议题展开，如此才能达到全面、有效地使用调研资料的目的。此外，从调研成果的表现上看，不同调研报告之间还有着严谨的逻辑关系，例如，各个专题报告之间是平行关系，专题报告是总报告的支撑，总报告与分报告之间是总体与部分的关系，而分报告与专题报告之间则不一定有对应关系。

（三）界定调查对象

调查对象是指实施实地调研的基本单位和数量，可以是人，也可以是户，还可以是部门或地区。界定调查对象，不仅要对调查对象的基本特征所有了解，还要对调查对象做出详细的说明和界定，否则会导致研究的泛化和不确定。只有把调查对象界定清楚了，我们才能在调查区域的选择上有明确的方向，从而保证调查区域以及在调查区域内选择到的调查对象（也就是调查样本）具有可靠的代表性。与调查对象相关的还有一个概念——研究对象，在现代社会调查方法论中被称为"分析单位"，是指在一项社会研究中被研究的人或事物。"分析单位"有五种主要类型，包括个人、群体、组织、社区和社会产品。调查对象与分析单位的区别在于，调查对象是研究者搜集资料时所直接询问的对象，而分析单位是一项社会研究所研究的对象。至于研究的内容或主题，则体现的是分析单位的属性或特征。特别要指出的是，在以个人为分析单位的调研中，调查对象和研究对象（即分析单位）是一致的，但两者不一致的情形也许更多。①

（四）选择调研方法

调研方法是实现调研目的的工具。研究者在进行调查设计时，应遵循方便、经济、科学、可行的原则，选择契合研究需要的研究方式。研究方式要契合研究的需要，主要是指适合研究的问题、研究对象的性质与规模、研究所要达到的目标等。现代社会研究方法论归纳了四种基本的社会研究方式，即调查研究、实验研究、利用文献的定量研究和实地研究。② 领导干部的调查研究方法中，使用较多的是调查研究

---

① 风笑天：《社会研究方法（第六版）》，中国人民大学出版社2022年版，第28页。
② 风笑天：《社会研究方法（第六版）》，中国人民大学出版社2022年版，第251-252页。

方法和实地研究方法两种。调查研究的方法，主要采用自填式问卷或结构式访问的形式来搜集、量化资料；实地研究的方法，通常以参与观察和个案研究的形式搜集资料。在具体方法和技术上，领导干部的调研方法又可以分为两大类，即定性的方法和定量的方法，两者在功能、回答或解决的问题、数据搜集方式等方面有明显区别。常用的定性方法，主要有深度访谈、焦点团体座谈、实地观察等，主要用于发掘事物的深层次原因。特别是在研究特殊群体和敏感复杂的社会心理问题时，定性方法搜集的资料更有助于把握客观实际，提出独创性观点和建议。定性方法对调查者个人的专业素养和研究经验要求较高，不同的人做同样的研究可能其结果相差很大，因此，难以保障研究结果的可靠性和有效性。常用的定量方法，主要是统计调查方法。这种方法有一套规范的程序，包括抽样、问卷和统计分析三个基本元素。其优点主要表现为研究内容的广泛性、资料获取的及时性、描述的全面性和概括性、实际应用的普遍性等。其缺点也很明显，就是难以获得深入的信息，容易忽略具体的社会过程和人们的深层次动机，同时，也不适用于对唯一发生的现象进行因果性分析。[①] 最后，需要指出的是，无论是定量方法，还是定性方法，都无法回答或解释一项研究中所有的问题，两者不是非此即彼的，而是互为补充、互相支持的，可以结合起来使用，这样就可以搜集到更加丰富立体的资料。

（五）确定调研组织分工

一项较大规模的调查研究项目，往往涉及多个部门或多个个体间的分工协作，需要通过明确的分工来确定整个研究过程中每个部门或个人的职责和责任，使之相互协作配合来共同完成调研任务。调研的组织分工，涉及调查研究的组织形式、领导和工作人员构成及其职责分工，可能还会涉及挑选与培训调查员。一个完整的调查设计方案，必须对上述内容给出具体说明。

（六）确定调研时间进度

一项调查研究项目，从定下题目到提交报告，总会有时间上的限定或要求。为了在规定时间内完成课题研究，保质保量顺利达到既定研究目标，调查设计方案应对整个调研过程中的时间分配和进度进行安排。给每个阶段都分配合适的时间，特别是给研究设计和准备阶段多安排一些时间，正所谓"磨刀不误砍柴工"；给自己控制进度程度小的阶段也可以多安排一些时间；同时，在总期限的框架内，留出一定的时间余地，以应付可能出现的意外。

---

① 廉思：《如何有效开展调查研究》，人民日报出版社2019年版，第62页。

（七）确定经费预算和后勤保障

经费预算也是调查设计方案必须认真考虑的内容。特别是政府提供经费的项目，预算方案要符合财务规定，要在经费预算中列出调查人员差旅费、交通费、劳务费、专家咨询费、办公用品费、印刷费、会议费、版面费等具体用途，以及相应数目。调查的后勤保障，则主要是指对调查工具、技术设备以及资料整理与分析工具等做出具体安排。

总之，以上七个方面涵盖了调查方案设计的主要内容，但其具体形式和要求应视不同课题性质而有所调整。

二 调查方案设计的主要原则

设计调查方案时，应遵循以下原则。[①]

（一）实用性原则

调查方案设计的实用性原则，是指调查方案必须从调研课题实际需要和调查者的主客观条件出发，慎重设计调查方案。比如，调查人员数量、调查时间和经费，很大程度上决定了调查对象数量和调查地域范围。再比如，复杂的、难度较大的调查研究，会对调查人员的理论水平和调查能力提出更高要求，否则调查方案将难以落实。

（二）时效性原则

调查方案设计的时效性原则，是指调查方案必须充分考虑一项调研的时间限制。所有的调查研究，都应有一个具体的调研时间进度安排和任务截止日期。在一些应用型课题研究中，因其社会价值恰恰体现在自身所具备的前瞻性上，故有着更高的时效性要求。如果课题研究时间过长，情况已经发生变化，研究成果的价值就会大打折扣。

（三）经济性原则

调查方案设计的经济性原则，是指设计方案应以"必须和够用"为原则，力争以最少的人、财、物和时间的投入，取得最大的调研效果，力求避免资源浪费。

---

① 廉思：《如何有效开展调查研究》，人民日报出版社2019年版，第67-69页。

比如，能够通过文献资料解决的问题，就不要再投入人力和财力去做现场调查；靠抽样调查就能获得想要的信息，就不要去做普查；能就地取材，就不要舍近求远。

（四）系统性原则

调查方案设计的系统性原则，要求设计的方案是完整的、逻辑严密的。调查研究中涉及的所有环节及其具体步骤、方法，都应有详细的规划说明；每个环节或步骤之间，都需要统筹兼顾、前后衔接，使其有机整合、融为一体。

（五）弹性原则

调查方案设计的弹性原则，是指方案的设计要有一定的弹性，特别是时间安排、人员组成等要有一定的机动性和灵活性，能根据调查过程中的具体情况进行适当调整；同时，还要尽可能全面地考虑可能出现的困难和问题，并提出相应的预防方案和解决办法。另外，在一些重大、复杂的研究课题中，往往需要设计出若干备选方案，在"计划赶不上变化"的时候，弹性设计方案就可以起到意想不到的作用。

最后，还要指出的是，调查方案设计是对搜集资料阶段工作所做的计划和整体安排。一个好的调查设计方案，能帮助调查者深入一线，对问题涉及的方方面面开展全面深入的调查。这个过程是调查研究的第一步，是认识事物的初级阶段。如果调查研究不够深入，或搜集到的信息不够全面，都会造成后面的研究过程无从下手，或得出片面的结论，也就很难解决实际问题。而下一阶段的研究过程，则是一个更高级的过程，主要是对调查阶段所获取的资料进行分析、综合、比较、抽象、概括和判断的过程。因此，调查方案设计虽然主要针对的是资料搜集工作，但要以研究过程的需要为目标，要将调查过程和研究过程水乳交融一般结合起来。好的调查方案设计，要把"调查中有研究，研究中有调查"作为一个高标准来追求。这样做出来的调查设计方案，会将调查过程变成一个"调查—研究—再调查—再研究"的往复过程，会推动研究者尽可能深入地了解事物的本质特征和内在联系，从而得出对事物现象发生发展规律的客观科学认识。根据这样的调查设计方案展开的调查，在调查全部结束时，积累的理性认识基本上就可以形成一个完整的调查报告雏形。

第四节 测量与操作化

领导干部如果使用定量研究方法搜集第一手资料,测量就成为整个研究最重要的基础之一。调查研究的资料搜集和研究成果质量,都直接与测量的质量紧密相连。

一 测量的定义与层次

领导干部的调查研究,如果涉及搜集第一手定量研究资料,就必然涉及如何对社会现象进行测量的问题。日常生活中,人们经常使用测量,还发明了许多专门的测量仪器,规定了特定的测量程序,创造了许多规范的测量方法等。比如,使用米尺和磅秤,测量物体的长短、轻重、大小等;使用温度计,测量体温、水温等;使用显微镜,测量人体血液中的红白细胞数量等。这些测量通常广泛应用于自然科学领域,测量手段、工具和方法相对十分成熟。但是,对社会现象的测量,就相对要落后一些。形成这种状况的原因是多方面的,其中一个重要原因是,社会现象都建立在人及其活动的基础上。故而,对人及其社会行为的测量,与对自然现象的测量很不同。下面将对现代社会科学研究方法论中的测量概念及其内涵进行简要介绍。

(一)测量的定义及其构成要素

在社会科学研究中,所谓测量,是指根据一定的法则,将某种物体或现象所具有的属性或特征,用数字或符号表示出来的过程。在社会研究中,测量不仅可以对事物的属性做出定量的说明(即确定特定属性的水平),同时,它也能对事物的属性做出定性的说明(即确定特定属性的类别);后者往往在社会研究中更为常见。

我们可以从测量的构成要素入手,更好地理解测量的概念与内涵。构成测量的要素,主要有以下四个方面。①

一是测量客体,即测量的对象。它所对应的是"测量谁"的问题。在社会研究中,测量客体是我们要用数字和符号来进行表达、解释和说明的对象,常见的测量客体包括个人、社会群体、社会组织和社区等。

---

① 风笑天:《社会研究方法(第六版)》,中国人民大学出版社2022年版,第78-79页。

二是测量内容,即测量客体的某种属性或特征。它所对应的是"测量什么"的问题。社会研究中的各种测量客体就是我们需要测量的对象,但我们所测量的并不是对象本身,而是其某种属性或特征。比如,测量个人的行为和态度,测量群体与组织的规模、结构和管理模式,测量社区的范围、人口密度和人际关系等。

三是测量法则,即用数字和符号表达事物各种属性或特征的操作规则。它所对应的是"怎么测"的问题。比如,社会研究中测量人们的收入水平,"将被研究者工资单上的应发金额数加上每月奖金发放统计表上他所得的奖金数额",就是一种测量方法。社会研究中的测量法则,要比自然科学中的测量复杂得多,往往对同一个测量对象有不同的测量法则。比如,"收入"的测量法则,也可以根据研究者面对的实际情况做出具体的定义。

四是测量结果,即数字和符号。它所对应的是"如何表示"的问题。社会研究中的测量结果,很多是用数字表示的,如被研究者的年龄和收入水平、被研究家庭的人口数、被研究组织的规模等。测量结果也可以用文字表示,比如:被研究者的性别用"男、女"表示;被研究者的婚姻状况用"未婚、已婚、离异、丧偶"表示;被研究者对是否愿意到长者食堂就餐的态度用"愿意、不愿意"表示。当然,为了定量分析的方便,用文字表示的测量结果,在统计分析时也都会转换成数字。与数字表达的结果不同,文字表示的统计结果即使是转换为数字,转换后的数字也并不具备加减乘数的算术运算功能,只是作为不同类别的代号进行频数和频率统计。

(二)测量的层次

1951年,美国学者斯蒂文斯创立了被广泛采用的测量层次分类法。他将测量层次分为以下四种,用来描述社会研究中涉及的各种现象所具有的不同性质和特征。①

1. 定类测量

定类测量,也称为类别测量或定名测量。它是测量层次中最低的一种。定类测量在本质上是一种分类体系,即将研究对象的不同属性或特征加以区分,分别用不同的名称或符号表示,确定其类别。社会研究中,对诸如被研究者的性别、职业、婚姻状况、宗教信仰、民族、居住地等特征的测量,都属于定类层次的测量。对研究对象某个特征定类测量给出的结果,表示被研究者分别属于或不属于其中某一类别。比如,将被研究者的性别特征测量结果划分为男性和女性,那么,不同的被研究者就只能属于男性类别,或只能属于女性类别。

---

① 风笑天:《社会研究方法(第六版)》,中国人民大学出版社2022年版,第80-82页。

对被研究者某一特征进行定类测量,应把握定类测量具有的四个属性:一是穷尽性,即我们要对所测量的每一个对象的各种可能情况都包罗无遗;二是互斥性,即对测量对象某一属性所分的类别要相互排斥,互不交叉重叠;三是对称性,即甲对乙的关系就是乙对甲的关系,换句话说,如果甲与乙同类,则乙也一定与甲同类;四是传递性,即如果甲与乙同类,而乙与丙同类,那么,甲一定与丙也同类。

定类测量是四种测量层次中最常用、最基本但也是最重要的一种。这是因为分类是测量最低限度的操作,其他三种测量都建立在分类的基础上。社会研究中,大量的变量都是定类变量,因此,准确、科学的分类就成为社会研究者展开研究必须具备的一项基本功。

2. 定序测量

定序测量,也称为等级测量或顺序测量。定序测量是按某种特征或标准将对象区分为强度、程度或等级不同的序列。与定类测量相比,定序测量不仅区分了事物或现象的类别,还区分了事物或现象在高低、大小、先后、强弱等序列上的差异。定序测量的数学特征是大于或小于($>$或$<$),比定类测量高一个层次,因此,其统计分析得到的信息比定类测量要更多。

定序测量有三个属性:一是对称性,即与定类测量一样具有区分同类或不同类的功能;二是不对称性,如不对称的大于关系,当甲$>$乙时,就不会有乙$>$甲;三是传递性,当甲$>$乙、乙$>$丙时,就有甲$>$丙。

举个定序测量的例子。在测量人们的文化程度时,可以将其从低到高排列成"文盲与半文盲""小学""初中""高中""大专""大学及以上"这样的等级。在实际统计分析中,这种高低类别和序列常常通过赋值成数字,比如,用数字"1"表示"文盲与半文盲",用"2""3""4""5""6"来依次表示其他类别。但是,这里的数字并不具有数学运算的功能和意义,只是一种单纯表示"大""小"的符号。在社会研究中,测量人们对某一事物或现象的态度也常用定序测量,可以将人们的态度强弱排列成"很满意""比较满意""一般""不太满意""很不满意"这样的等级。另外,研究者在统计分析时,也常将这种定序测量变量当作定距测量变量类使用。

3. 定距测量

定距测量,也称为等距测量或区间测量。定距测量是在将社会现象或事物区分为不同的类别、不同的等级的基础上,进一步确定它们之间不同等级的间隔距离和数量差别。与定类测量和定序测量相比,定距测量不仅分类并区分哪一类的等级较高,还能说明这一等级比那一等级高出多少单位。定距测量的数学特征是测量结果相互之间可以进行数学加减运算,因此,定距测量结果得到的信息又比定类测量和定序测量多。另外,定距测量的值可以为"0",但定距测量得到的"0"不具备数学中"0"的含义和功能。比如,测量气温为0摄氏度,但并不是表示"没有温度",而只是表示气温达到了水的"冰点温度"。因此,定距测量中的"0",是一个特定的数值。

举个定距测量的例子。测量年龄时,我们经常在调查问卷中询问:"请问您是哪一年出生的?_____年。"回答者填答的数字越大,表示年龄越小;而且根据其填写的数字,就可以算出他们各自的年龄及彼此间的年龄差。例如,回答者甲填"1980年",回答者乙填"1963年",那么,甲和乙的年龄差距就是"1980－1963＝17年(岁)"。在这个例子中,我们不仅了解到乙比甲的年龄大(定序测量的测量结果),还了解到乙比甲大出17岁(定距测量的测量结果)。

4. 定比测量

定比测量,也称为等比测量或比例测量。定比测量除了具有上述三种测量的全部性质之外,还有一个绝对的零点(有实际意义的零点)。定比测量的数学特征就是,测量所得的数据,既能进行加减运算,又能进行乘除运算。比如,测量收入时,测得甲的收入为8000元,乙的收入为4000元,那么8000/4000＝2,由此可以说,甲的收入是乙的两倍(或乙的收入是甲的1/2);若测得丙的收入是0,就意味着丙没有任何收入来源。是否有实际意义的零点(绝对零点)存在,就是定比测量与定距测量的唯一区别。

以上四种测量,层次由低到高,高层次测量具有低层次测量的所有功能,即它既可以测量低层次测量可以测得的内容,也可以测量低层次测量所无法测量的内容。同时,高层次的测量还可以降级,在做统计分析时作为低层次测量来处理。因此,在对社会现象进行测量时,有一个很重要的规则,即尽可能进行高层次测量。也就是说,对事物和现象能进行定距测量与定比测量的,就不要只用定序测量甚至定类测量。因为高层次测量包含更多信息,高层次测量的结果很容易转化为低层次测量的结果;反之,则不行。

掌握测量层次,最重要、最关键的是明确不同测量层次具有不同的数学性质(见表3-1)。正因为不同层次的测量结果具备不同的数学性质,所以可以采取不同的统计方法对测量结果进行统计分析。

表3-1 四种测量层次的数学特征比较

数学特征	定类测量	定序测量	定距测量	定比测量
类别区分（＝、≠）	有	有	有	有
次序区分（＞、＜）		有	有	有

新时代领导干部调查研究方法

续表

数学特征	定类测量	定序测量	定距测量	定比测量
距离区分（＋、－）			有	有
比例区分（×、÷）				有

  概念的操作化

社会研究中所要测量的变量，许多都是十分抽象的概念，如幸福感、地位、资源等。这些抽象的概念，在社会生活中看不见、摸不着，研究者要对其进行测量，必须先对抽象的概念进行操作化处理。操作化是社会研究特别是定量研究中最困难、最为关键的步骤之一。下面具体介绍操作化的含义、作用和方法。

（一）操作化的含义与作用

所谓操作化，就是将抽象的概念转化为可观察的具体指标的过程。① 比如，对于在大陆的台商来说，"社会适应"是一个抽象概念，但若转化为"事业伙伴或事业上经常往来对象中是否有大陆人""本地最熟悉的五个朋友中是否有大陆人""参加过大陆哪些社团组织""日常生活/工作中遇到问题的商量或求助对象""参与当地朋友婚丧嫁娶活动、慈善募捐活动、投资管理工作，以及当地行政机关、企事业单位工作的意愿程度"等问题，就能在现实生活中观察到，也就可以测量了。

操作化在社会研究中的作用，主要体现在以下两个方面：一方面，通过操作化，研究者头脑中的各种概念和意识，变成了可以在普通人日常社会生活中观察、看见的现象和事物；另一方面，操作化是定量取向的社会研究中的重要环节，尤其是在解释性的定量研究中，没有操作化就无法对任何有关社会现实的理论假设进行检验。

总而言之，操作化是社会研究从理论到现实、由抽象到具体的桥梁和纽带，是联结理论思维天空与经验研究大地的关键手段。操作化的目的，就是要把我们无法得到的有关社会结构、制度或过程，以及有关人们行为、思想和特征的内在事实，用足以代表它们的外在事物来替换，以便通过后者来研究前者。

---

① 风笑天：《社会研究方法（第六版）》，中国人民大学出版社2022年版，第84页。

（二）操作化的方法

在现代社会调查方法论中，概念的操作化有一套程序化的工具。从宏观层面来看，这种操作化的过程主要包括两个方面的工作：一是澄清与界定概念；二是发展测量指标。

1. 澄清与界定概念

领导干部开展调查研究，通常都是围绕调研主题搜集资料，其中调研主题一般由概念组织而成。如果概念的定义不明确，人们对其外延的理解就会因人而异。如果不同的人用同一个概念表达不同的含义，那么，交流就无法进行下去，这个概念也就成了无用之物。因此，研究者需要对概念进行澄清和界定，这样接下来的资料搜集工作就有了一个明确的指导性框架，最后资料的分析工作也就有了一致性和可比性。

澄清和界定一个概念，首先要弄清楚概念定义的范围。一项具体的调查研究使用的概念，可以参考其他研究者对这一概念所下的定义，但最重要的还是要看具体的研究环境中研究者将如何使用。在了解这一概念的各种不同定义及其大致范围以后，便可以对这些定义进行分类。比如，研究者在一项对大陆台商社会适应的研究中发现，不同的人对"大陆台商"概念外延的理解并不相同。总的来说，"大陆台商"包括四种类型：① 以投资者身份移居大陆的"台商"（又称"台商企业主"）；② 来大陆工作的台籍人士（台派干部，简称"台干"）；③ 来大陆投资、工作的台籍人士配偶；④ 来大陆投资的台商个体户。与"大陆台商"概念类似的，还有在大陆居住的"大陆台湾同胞"这个概念。"大陆台湾同胞"的外延比"大陆台商"更广，除了"大陆台商"以外，还包括"台劳"（台籍劳工）、"台漂"（漂流在大陆的台籍无业人士）和"台生"（台籍学生）。[①]

其次，在弄清楚概念定义范围后，给出一个定义。研究者可以直接采用一个现成的定义，即从别人的相关研究中确定一个符合自己研究需要的定义；也可以在现有的定义基础上，自己创造出一个新的定义。至于选择哪种方式定义，应以研究者在具体社会研究中的实际需要为标准，重点考虑最适合研究目的的定义方式。

比如，在有关"大陆台商社会适应"的研究中，首先对"社会适应"这一概念进行了澄清。作者指出，围绕"移民适应"这一研究主题，不同学者根据研究的需要提出不同的概念来描述其研究内容，如社会适应、社会融合、社会融入等。在此基础上，研究者提出了自己的社会适应研究框架，主要包括三个方面的内涵：① 大陆台

[①] 严志兰：《大陆台商社会适应与社会认同研究：基于福建的田野调查》，社会科学文献出版社2014年版，第24-26页。

商社会适应的三个不同层面，即经济层面、文化层面和社会层面；② 认同是大陆台商社会适应过程中普遍会碰到的一个心理问题；③ 建构社会关系网络是大陆台商社会适应过程中普遍使用的策略。

2. 发展测量指标

澄清与界定概念，相当于划定了概念内涵的具体范围，但这只是完成了操作化第一步。操作化的第二步，是将概念转化成能具体观察和测量的事物，也就是寻找与这些内涵相对应的经验指标。其具体做法又可分为以下两步。

（1）列出概念的维度。一个抽象的概念，往往对应现实生活中一组复杂的现象，而不仅仅只对应一个单纯的、可直接观察到的现象。一个概念对应的复杂现象，就是概念的不同维度或甚至是其反面表现。我们在界定概念的同时，指出概念所具有的维度，对于概念的操作化、概念测量指标的选择以及综合理论的思考和分析，都是十分有用的。比如，测量"大陆台商社会适应"，就要先列出这一概念的维度，研究者将其区分为经济层面的适应、生活层面的适应和社会层面的适应三个维度。

（2）建立测量指标。在不同的研究情境中，不同的概念建立测量指标的难度不一样，有的简单，有的复杂。总的来说，发展概念的测量指标有两种方式。一是寻找和利用前人已有的指标。特别是已经发展成熟的研究领域，如在测量人格、智商、态度等方面时，一般都有一套量表且具备特定的指标，并经过多次运用和修改，有较好的适用性，不仅可为大家所用，而且有利于社会知识的形成和积累。二是研究者通过实地观察和无结构访谈等方式发展出测量概念的指标。研究者在初步搜集资料的过程中，特别是在与被研究者中的关键人物进行深度访谈时，能够获得比较符合实际的信息。这些信息，能帮助研究者从被研究者角度看待事物，了解被研究群体的所思所想及其思考问题的方式，由此帮助研究者发展出适合自己研究需要的概念测量指标。

比如，研究者在有关"大陆台商社会适应"的研究中，通过调查问卷和深度访谈，建立起"大陆台商社会适应"的测量指标。研究者的实证研究，通过两个指标测量台商经济层面的实际情况，即受金融危机影响的程度以及近几年在大陆的事业发展情况；从四个方面了解台商生活层面的适应，即居住安排、日常生活安排、日常生活感受和生涯规划，其中，运用目前居住地点的环境和居住社区的类型两个指标来测量居住安排；从三个方面了解台商社会层面的适应，即人际交往与社团参与、社会支持网、社会交往倾向，其中，通过"事业伙伴或事业上经常往来对象中是否有大陆同胞""本地最熟悉的5个朋友中是否有大陆同胞""参加过大陆哪些社团组织"三个指标来测量人际交往与社团参与。

最后，还需要对测量的指标选择做以下几点说明。

第一，并不是所有的抽象概念都能轻易在具体现象中找到其所对应的指标，有的概念甚至不可能找到。

第二，一个抽象概念的操作性定义并不能完全取代这个概念，我们不能因此否认社会科学研究的正当性、科学性和必要性。

第三，一个抽象概念的操作化，往往在具体方法和测量指标方面存在多种不同选择。这也就是说，对同一个概念的测量，可能会存在不同的测量指标。

第四，同一概念的不同操作化结果，存在好坏优劣之分。而判断一个操作化结果的优劣，应以其在反映概念内涵的准确性和涵盖性上的程度作为评价标准。唯一的、绝对准确的、绝对完善的操作化指标，是不存在的。

第五，操作化方式及其所产生的测量指标，密切关系到该项具体的社会研究所产生的结果，不仅与研究结果的具体内容息息相关，还会影响到研究结果的优劣。

 测量工具：量表

量表是社会研究概念测量里一个十分有用的工具，常常在问卷调查中以复合测量的形式出现。量表测量的结果，可以将多项指标概括为一个分数，因而可以有效地缩减资料数量，并区分人们在这些概念或态度上的程度差别。社会研究中常用的量表有三种类型，即总加量表、李克特量表和语义差异量表。①

（一）总加量表

总加量表由一组反映人们对事物的态度或看法的陈述构成，回答者分别对这些陈述发表看法，表示同意或不同意，并进行计分。然后，将回答者的全部陈述上的得分加起来，就得到了他的态度得分。

如表3-2，测量人们对单身主义的看法，它由11个陈述句构成，每一陈述句后有两种答案：回答"同意"者，计1分；回答"不同意"者，计0分。这11句陈述所表达态度的方向与计分的方向应保持一致，但陈述句2和陈述句9与其他陈述句的方向相反，计分的方法就应该与其他8句相反，即回答"同意"者计0分、回答"不同意"者计1分。回答者将这11个陈述得分相加，就得到他在这一问题上的态度的总得分。回答者得分越高，表明他越倾向于反对单身主义。

---

① 风笑天：《社会研究方法（第六版）》，中国人民大学出版社2022年版，第90-94页。

表 3-2　关于单身主义的总加量表

您是否同意下列说法，请在合适的回答栏"□"中打"√"

提问项目	同意	不同意
－1. 单身与社会文化有关	□	□
＋2. 单身可以受他人牵绊	□	□
－3. 单身可能增加政府的养老负担	□	□
－4. 单身倾向的人幸福感低	□	□
－5. 单身倾向的人有心理问题	□	□
－6. 单身存在身体健康方面的问题	□	□
－7. 单身是男女比例失衡的后果	□	□
－8. 单身辜负父母的意愿	□	□
＋9. 单身是追求自由的生活方式	□	□
－10. 单身与经济压力有关	□	□
－11. 单身是对前一段恋情的纪念	□	□

（二）李克特量表

李克特量表可以说是总加量表的一种特定形式，它是由美国社会心理学家李克特于 1932 年在原有总加量表的基础上改进而成的，也是目前社会研究中用得最多的一种量表形式。李克特量表也由一组对事物的态度或看法的陈述组成。与总加量表不同的是，李克特量表的回答被划分为"非常满意""比较满意""一般""不满意""很不满意"五类，或类似这样的回答。答案类型由两类增加到五类，人们在态度上的差别就能更清楚地反映出来。

如表 3-3，11 句陈述所代表的农户对社会建设的满意度倾向是不同的。对于农户的满意度，我们按以下方式计分：5＝非常满意，4＝比较满意，3＝一般，2＝不满意，1＝很不满意。回答者对这 11 句陈述的得分加总，就得到他对社会建设满意度的总得分。得分越高，表明农户对社会建设的满意度越高。

表 3-3　农户对社会建设满意度调查表①

对于如下问题，您是什么态度，请在合适的回答栏"□"中打"√"

问题	非常满意	比较满意	一般	不满意	很不满意
1. 您对您所在区域的道路建设是否满意？	□	□	□	□	□
2. 您对现在的公共出行方便程度是否满意？	□	□	□	□	□

---

① 牛亚琼、杨清、姜梅：《乡村振兴视角下张掖市农户对乡村建设满意度的调查分析》，载于《生产力研究》2020 年第 8 期，第 66-69 页。

续表

问题	非常满意	比较满意	一般	不满意	很不满意
3. 您对您现在居住的房屋是否满意？	□	□	□	□	□
4. 您对您所在区域的医疗保险制度是否满意？	□	□	□	□	□
5. 您对您所在区域的最低生活保障制度是否满意？	□	□	□	□	□
6. 您对您所在区域的养老保险制度是否满意？	□	□	□	□	□
7. 您对您所在区域的便民设施是否满意？	□	□	□	□	□
8. 您对您所在区域的交通安全状况是否满意？	□	□	□	□	□
9. 您对您所在区域的社会治安管理水平是否满意？	□	□	□	□	□
10. 您对您所在区域的农民工技能培训是否满意？	□	□	□	□	□
11. 您对您所在区域的防灾设施置办程度是否满意？	□	□	□	□	□

（三）语义差异量表

语义差异量表也称为语义分化量表，最初是美国心理学家 C. 奥斯古德等人在自己的研究中使用，主要用来研究概念对于不同的人具有的不同含义。语义差异量表的形式，由处于两端的两组意义相反的形容词构成，每一对反义形容词中间分为 7 个等级。无异议登记的分数，从左到右分别为 1、2、3、4、5、6、7，或由研究者自定义计分。被测量的概念或事物放在量表的两端，回答者根据自己的感觉在相应的数字上画记号。研究者通过计算回答者标记的记号所代表分数的总和，来研究人们对某一概念或事物的看法或态度。如表 3-4，通过语义差异量表测量大学生对农民工的印象，使用的 6 组形容词能够考查调查对象对研究对象的感觉和态度上的各种要素或维度。

表 3-4　大学生对农民工印象的语义差异量表[①]

下面有几组对农民工进行描述的词汇，请根据您心目中认为的符合程度，在 1 到 7 之间进行选择并在相应的数字上打"√"

吝啬	1	2	3	4	5	6	7	大方
时尚	1	2	3	4	5	6	7	土气
干净	1	2	3	4	5	6	7	肮脏
穷困	1	2	3	4	5	6	7	富裕
聪明	1	2	3	4	5	6	7	笨拙
排外	1	2	3	4	5	6	7	接纳

---

① 王丽丽：《大学生对农民工刻板印象的实验研究》，南京师范大学 2011 年硕士学位论文，第 40 页。

四 测量的信度和效度

测量的信度和效度，是评价测量工具的两个主要方面，主要回答以下两个基本问题：测量所得的数据或资料是否与人们感兴趣的特征相关？测量所得的结果是否正是人们所希望得到的东西？进一步来说，这种测量的时间、地点及操作者发生改变时，测量的结果是否也会发生改变。

测量的信度即可靠性，是指采用同样的方法对同一对象重复进行测量时所得结果的一致程度。比如，用同一支温度计测量某人的体温，如果测了几次都得到相同的结果，说明温度计测体温的信度很高；反之，信度则很低，或者说这一测量工具不可信。在结构化与标准化程度较高的测量中，信度主要受系统误差的影响，系统误差越大，信度越低。造成系统误差的主要因素，包括调查对象、调查者、调查内容、调查环境和时间等。例如，调查对象是否耐心、认真，是否受情绪波动影响；调查者是否按照规定程序和标准展开调查，是否有意无意对调查对象施加影响，是否认真记录等。在非结构式和非标准化的调查中，信度还受到调查者的主观因素的影响，如个人偏见、思维定式、观察角度、世界观及价值观等。①

测量的效度即有效度或准确度，是指测量工具或测量手段测出所要测量的变量的准确程度，或者说能准确、真实地度量事物属性的程度。效度越高，测量结果越能显示所要测量的对象的真正特征。比如，用普通的尺子测量碎纸屑的长度，虽然工具可信，但测量出来的结果可能不具备效度，因为普通尺子的刻度值太大，无法精确反映碎纸屑的长度；这时，使用游标卡尺来测量才是较好的选择。研究者要特别注意测量工具的测量效度，如使用调查问卷搜集资料，在设计问卷和量表时，就要审慎考虑调查项目和内容，使其最大限度地符合研究中所使用概念的真正含义。增加调查问卷设计的信度和效度，通常包括以下几种方法：借助座谈会和访谈法验证；对问题本身进行信度和效度的考察；加大样本数量；编写测谎题等。

信度与效度之间，存在着既相互联系又相互制约的关系。一般说来，缺乏信度的测量，肯定也是无效度的测量；但具有很高信度的测量，并不意味着也是高效度的测量。研究者在追求信度时，往往会在一定程度上损害或降低测量的效度；反之，当研究者努力提高研究的效度时，其测量的信度同样也会受到影响。

最后，要指出的是，信度和效度是评价与选择测量指标的重要参考。越是在准确性和一致性上程度高的方法和指标，就越是好的方法，也就意味着测量指标的质量越高。

---

① 廉思：《如何有效开展调查研究》，人民日报出版社2019年版，第152页。

小结

本章从四个方面介绍了领导干部的调查研究在准备阶段应该做好的工作或注意事项。

第一，搜集文献与材料是领导干部调查研究准备工作的重要内容，是一种"预调研"。文献与材料是开展任何一项调查研究的粮草。高效、全面、系统地查阅文献和搜集材料，能帮助研究者科学选题，跳出研究中的偏见和自我预设，保证调研的创新性。根据不同的标准，文献分为不同类型。文献的阅读分析，更多是在"书桌"前完成的。文献分析可以遵照一定的步骤，但更需要具备综合分析能力。可以从三个方面展开文献梳理分析，即梳理研究主题中的"已知"和"未知"、"共同点"和"差异点"、"误区"和"不足"。

第二，选择调研课题是调查研究准备阶段需要做的最重要的工作。领导干部的调查选题有四个常见途径，即领导意图、党和政府的中心工作、群众强烈反映的问题和原始信息材料。同时，选题还要注意站在领导的角度思考问题、突出重点、汲取众智，避免选题不当导致人力、物力、财力和时间的浪费。

第三，调查设计是调查研究中的行动纲领，对于调研工作的顺利有序进行具有重要的指导作用。调查设计方案通常包括以下七个方面的内容：明确调查的目的和意义；明确调查的内容和工具；界定调查对象；选择调研方法；确定调研组织分工；确定调研时间进度；确定经费预算和后勤保障。一项好的调查设计，应遵循实用性、时效性、经济性、系统性和弹性原则。

第四，在使用定量研究方法搜集资料的调查研究中，测量是整个研究最重要的基础之一。掌握好测量工具，首先要准确理解和把握测量的含义与层次。其次，对变量的测量要通过操作化完成。操作化的过程，主要包括两个方面的工作：一是澄清与界定概念；二是发展测量指标。量表是社会研究概念测量里一个十分有用的工具，常常在问卷调查中以复合测量的形式出现。比较常用的量表，主要有总加量表、李克特量表和语义差异量表。最后，测量的信度和效度是评价与选择测量工具的重要参考。

第四章 众里寻他：调查对象的抽取选择

在圆满完成准备工作之后，就正式进入了调查阶段。其间，要想全面、精准地把握调查情况，首先需要明确调查对象。如果调查对象选择错误，那么后续调研可能步步皆错。按照调查对象的不同，调查研究可以分为全面调查（普查）、抽样调查、典型调查、重点调查和个案调查五种类型。调查研究类型不同，所选取的调查对象也不一样。选好调查对象，其实不易。"众里寻他"要遵循原则、按照程序、讲究方法，只有如此，才会"蓦然回首"，调查对象就在"灯火阑珊处"。

第一节 全面调查对象的确定

全面调查，又称普查，是对较大范围的地区或部门中的每一个对象都进行调查，其主要目的在于取得总体现象比较全面系统的总量指标。它强调调查对象的全面性，即调查对象一个都不能少，常用于行政统计工作中，如人口普查、经济普查、工业普查等。全面调查可以全面、准确地了解总体的一般特征，从整体上把握总体的现状与趋势，为领导干部的决策做好摸底工作；但是，调查内容缺乏深度，调查工作量大，调查成本比较高。普查对象均被纳入调查范围，但要确保普查对象一个都不能少，要确保普查对象信息的准确性，还要确保普查对象主动配合调查工作。由此可见，全面调查对象的确定，要讲原则、讲方法、讲程序。下面具体介绍确定全面调查对象的原则、方法和程序。

一 确定原则

全面调查是将总体都作为调查对象，确定的原则是一个都不能少、基本信息不能缺、统一指标不能乱。

（一）一个都不能少

调查对象的全部单位无一例外，都需要进行全面、客观的调查。比如，第一次全国水利普查对象，包含河流、湖泊、区间流域、水文站和水位站、水库、水电站、水闸、泵站、堤防、引调水工程、农村供水工程、塘坝、窖（池）、取水口、地表水水源地、入河湖排污口、治理保护河段及湖泊、公共供水企业、工业企业、建筑业和第三产业单位、水利单位、灌区、机电供水井、民用井、矿泉水井、地热水井、地下水水源地共27个普查对象。

（二）基本信息不能缺

基本信息是我们了解调查对象的基本情况，是进行下一步调查的前提，因此，基本信息不可或缺。比如，对于个体来说，其基本信息包括姓名、年龄、学历、婚姻状态、户籍所在地、职业、收入等；与此对应，人口普查登记的主要内容包括姓名、居民身份证号码、性别、年龄、民族、受教育程度、行业、职业、迁移流动、婚姻生育、死亡、住房情况等。又比如，在第一次全国水利普查中，要分级分类和全面清查江河湖泊等的情况：首先，将清查对象的分类标准设置为"按普查内容分类""按空间布置特征分类"；其次，将普查内容分为河湖基本情况普查、水利工程基本情况普查、河湖开发治理保护情况普查、行业能力建设普查、灌区专项普查、地下水取水井专项普查，而空间布置特征则分为点状对象、线状对象、面状对象；最后，根据以上分类，具体对水库、水闸、泵站、堤防、引调水工程、农村供水工程、塘坝、窖（池）、取水口、地表水水源地、入河湖排污口、治理保护河段及湖泊等清查对象而言，主要清查它们的名称、位置、规模、管理单位及隶属关系等情况。

（三）统一指标不能乱

在调查中，常出现以下一些问题：相同指标名称，口径不一样；相同口径，指标名称不一样；指标、口径描述不清晰等。针对上述情况，需要先解决统一指标的问题，全国统一制定的普查方案，采用统一的普查口径和质量控制标准。例如，河湖基本情况普查应采取全国统一提取河湖名录及水系特征等指标，各级普查机构清查、核对河流流域边界及基本特征，填报如下指标：河流和湖泊的名称、河源和河口的位置、水文站和水位站、河流的水文特征、湖泊的形态特征等。具体来说，统一指标先要做到以下几点。

1. 指标命名统一且规范，遵循简洁明了、清晰易懂的原则

例如，全国水利普查将主要指标统一命名为"普查内容""空间布置特征"。

2. 指标分级管理

在一项调查中，可能会有众多指标，这需要我们对主要指标做进一步的划分。比如，遵循在地原则。全国水利普查的所有普查对象，一律按"在地原则"进行清查，即按照地域原则，不论管理权属、行业内外，均由县级水利普查机构负责清查登记。按普查对象特点和县域内行政分区情况划定清查分区，普查员按清查分区进行地毯式清查，确保普查对象不重不漏。

3. 指标具有操作性

设定的普查指标，必须是易操作、数据易获得、可计量的。在全国水利普查调查江河湖泊基本情况时，其指标可设定为名称、地理位置、长度面积等，这些都是可以度量的。

二 确定方法

普查抽取方式是全面的、整体的，工作量庞大，主要包括两种方法：一种是组织专门的普查机构，另一种是制定普查表。

（一）组织专门的普查机构

选取组织专门的普查机构，委派普查员对总体各单位进行普查。比如，全国人口普查就是组织专门的普查机构负责普查。由国务院成立全国人口普查领导小组，负责普查组织实施重大问题的研究和决策。地方各级人民政府设立相应的普查领导小组及其办公室，领导和组织实施本区域内的普查工作。地方普查领导小组，包含省（自治区、直辖市）、市（州）、县（区、旗）、乡镇、村共五级。村民委员会和居民委员会设立人口普查小组，协助街道办事处和乡镇政府动员与组织社会力量，做好本区域内的普查工作。普查指导员和普查员，可以从国家机关、社会团体、企业事业单位借调，也可以从村民委员会、居民委员会或者社会招聘。

（二）制定统一的普查表

制定统一的普查表，由各单位、普查对象或普查员根据已有资料进行填报。立

足当下的新时代和新形势,可以充分利用互联网技术的优势,探索普查新做法,避免挨家挨户地逐一调查导致耗费资源。调查对象可选择自行填报并在线上递交表格,也可由普查员分别到各单位进行观察填报。因此,丰富拓展数据采集方式,提高普查信息化水平,不仅能减轻普查员的工作负担、提升其工作效率,还能贴合普查对象不愿被过多打扰的需求,更能构筑普查数据安全保障的屏障。比如,第七次全国人口普查数据采集原则上采用电子化的方式,即由普查员使用电子采集设备入户询问、当场填报,或由普查对象通过互联网自主填报。公民未能主动填报的,由普查员再去入户登记。这既节省了由普查员逐户上门、逐个询问、逐字登记的人工成本和时间成本,也确保了普查数据的安全、保密、可靠。而根据不同的普查对象和普查内容,第七次全国人口普查主要包括以下四种普查表:一是第七次全国人口普查短表,包含反映人口基本状况的项目,由全部住户(不包括港澳台居民和外籍人员)填报;二是第七次全国人口普查长表,包括所有短表项目,以及人口的经济活动、婚姻生育及住房等情况,在全部住户中抽取 10% 的住户(不包括港澳台居民和外籍人员)填报;三是第七次全国人口普查港澳台居民和外籍人员普查表,包括反映人口基本状况的项目,以及入境目的、居住时间、身份或国籍、就业情况等项目,由在境内居住的港澳台居民和外籍人员填报;四是第七次全国人口普查死亡人口调查表,包括死亡人口的基本信息,由 2019 年 11 月 1 日至 2020 年 10 月 31 日期间有死亡人口的住户填报。

 三 确定程序

确定全面调查的对象,要遵循以下程序:界定普查对象;开展普查宣传;确定实施方法;核实普查质量。

(一)界定普查对象

界定普查对象,首先要界定清楚普查对象的内涵与外延,特别要界定清晰全面调查对象的时间边界和空间边界。比如,全国人口普查对象是指普查标准时点在中华人民共和国境内的自然人以及在中华人民共和国境外但未定居的中国公民,不包括在中华人民共和国境内短期停留的境外人员。第七次全国人口普查就严格遵守了标准时点和空间边界:以 2020 年 11 月 1 日零时为标准时点,在此时点之后出生或死亡的人口,便不属于普查对象;在我国境内的外籍华人等,也均不属于人口普查对象。因此,对于调查对象要严格按照概念标准进行界定。

(二)开展普查宣传

各级宣传部门和普查机构应制订宣传工作方案,深入开展普查宣传。各级宣传部门应组织协调新闻媒体及有关部门,通过报刊、广播、电视、互联网、手机和户外广告等多种渠道,充分利用微博、微信、短视频等新媒体传播手段,宣传普查的重大意义、政策规定和工作要求,积极营造良好的普查氛围。各级普查机构要组织开展形式多样的宣传活动,动员社会各界支持、参与普查。

(三)确定实施方法

普查的具体实施可以有不同的方法,通常采用以下两种。① 逐级普查。即组织专门的普查机构,逐级布置调查任务,下发统一的调查表格和要求,采取统一计划、统一时间、统一行动的方式,由专门的普查员对调查范围内的各单位全面地、有针对性地进行调查登记,然后逐级上报。这种方法所需时间较长。例如,我国人口普查就是采用这种方式。② 快速普查。即由组织普查工作的最高领导机关直接把普查任务布置到基层单位,各基层单位根据已有资料调查统计后,将结果直接报送组织普查工作的最高领导机关进行汇总。整个过程常常越过一切中介部门,布置任务和报送资料主要采用通信工具,使资料传递时间大大缩短。这种方法速度快,但要求普查内容简单。例如,1956年上半年进行的全国钢材快速普查、1982年全国共产党员人数普查,都是采用这种方法。

(四)核实普查质量

普查员入户登记,根据统一的普查表,录入数据,进行比对复查。普查实行严格的质量控制制度,建立健全普查数据质量追溯和问责机制,确保普查数据可核查、可追溯、可问责。由于普查涉及的对象多、范围广,因此需要开展事后质量抽查。比如,第二次全国经济用水普查对象初步确立之后,一般还要对用水大户进行补充。又比如,为了避免遗漏普查对象,全国经济普查要做好核查、对比、分析,核查社团法人的单位数与民政部门提供的单位数是否一致、机关事业法人的单位数与编制部门提供的单位数是否一致、企业数与税务部门提供的单位数是否一致、有营业执照的个体经营户数与工商管理部门提供的户数是否一致,仔细比对各类调查对象与第二次经济普查的单位数等,并认真分析其存在差别的原因。

第二节 抽样调查对象的选择

抽样调查是实现"由部分认识整体"的调查方法。它通过科学的技术和程序抽取一定样本，并把样本的结果推论到全体调查对象。相比于全面调查，抽样调查可以节省大量的人力、物力、财力和时间。抽样调查之所以能够"窥一斑而见全豹"，是因为豹的"一斑"就是这个样本所具有的代表性，而运用社会统计学原理，通过样本便可以了解"全豹"这个总体。由此可见，选择样本至关重要，而抽样则是其中的关键环节。

一　抽样的两大方法

为什么要抽样？第一，对于某些不可能进行全面调查但又需要了解其全面情况的社会现象和社会问题，必须采用抽样方法。比如，对于新的社会阶层而言，它的规模虽然不大，但分布比较散，因此很难对这个群体进行全面调查。第二，虽然可以对某些社会现象和社会问题进行全面调查，但成本太高，而抽样调查可以节省成本。第三，抽样是对社会现象和社会问题进行总体、科学估计与判断的方法。当然，抽取的样本必须具有代表性，而样本的代表性取决于抽样方法的科学性和合理性。抽样方法可分为概率抽样和非概率抽样两种。这两种方法，遵循不同逻辑，各有优劣。

（一）概率抽样

概率抽样，又称随机抽样，其最大的特点在于"随机性"。何为随机？就是每个单位或调查对象都有同等机会被抽中。常见的随机抽样方式，主要包括简单随机抽样、等距抽样、分层抽样、整群抽样和多阶段抽样。

1. 简单随机抽样

简单随机抽样，是指按照随机原则直接从总体中抽取 n 个单位作为样本。采用简单随机抽样的前提，是必须事先确定总体范围，并对总体的各个单位进行编号，形成明确的抽样框。然后，根据随机数分布来抽取样本。如果总体单位数不大，总体的详细资料易获取，可以采用简单随机抽样；反之，则不提倡运用简单随机抽样。比如，研究某省会城市流动人口的归属感问题。该城市流动人口规模较大，分布结构较复杂，对总体单位进行编号的难度很大，因此，不宜采用简单随机抽样，而建议采用分层或整群抽样方法。

2. 等距抽样

等距抽样，又称系统抽样，是先将总体单位按某一标志顺序排列，然后依照固定的间隔顺序抽取样本单位。比如，要调查湖南省市级青年之家的建设情况，抽取 7 个地级市作为样本。首先，将湖南省 14 个市（州）按照经济总量进行排序，号码为 1 至 14。接着，从序号 1 开始抽样，固定间隔为 2，则被抽取的号码分别为 1、3、5、7、9、11、13，那么，这 7 个号码所代表的市（州）就是要抽取的样本。

3. 分层抽样

分层抽样，又称类型抽样，是按照不同的属性或特点将一个总体划分为多个子群体，然后在这些具有不同属性的子群体中进行抽样，再将抽取出来的个体进行汇总作为总体的样本。分层抽样又分为分类定比抽样和分类异比抽样。分类定比抽样，是按照各类型在总体中所占比例来进行类型内的抽样，如对某地区企业青年员工情况进行的调查。假设该地区有国有企业 1000 家、集体企业 600 家、外资企业 400 家、私营企业 2000 家，共计 4000 家。如果抽样样本为 1000，那么，按照分类定比抽样，应当抽取各类企业的数量分别为：国有企业 1000×25％（家），集体企业 1000×15％（家），外资企业 1000×10％（家），私营企业 1000×50％（家）。即在 1000 家国有企业中随机抽取 250 家，在 600 家集体企业中随机抽取 150 家，在 400 家外资企业中随机抽取 100 家，在 2000 家私营企业中随机抽取 500 家进行调查，一共 1000 家。如果某个类型所包含的个案数在总体中所占比例太小，那么，就要适当加大该类型在样本中的比重。例如，研究某街道社区居民的政治信任情况，假设某街道有 10 个社区，在每个社区中随机抽取 500 名居民进行问卷调查，这就是分类异比抽样。

4. 整群抽样

整群抽样，又称聚类抽样，是将一个总体分成若干个子群体，然后在这些子群体中随机抽取，被抽中的子群体就可以作为一个样本。整群抽样与分层抽样都是划分许多组，但遵循的逻辑不同。分层抽样划分成组是缩小总体，使总体的变异减少，组与组之间的差异尽可能大，而组内差异尽可能小，是同质的组；整群抽样则是扩大总体，群与群之间的差异尽可能小，群内差异应尽可能大，是异质的群。一般而言，整群抽样的误差较大，但对于某些具有特殊结构的总体来说，整群抽样操作简单且具有较高的精准度。当总体结构各个群之间的结构相似，差异性不大，可以采用整群抽样。比如，研究新冠疫情下新业态从业青年的社会心态问题，可以根据行业划分群，进行整群抽样。

综上所述，我们可以对简单随机抽样、等距抽样、分层抽样和整群抽样四种抽样方法进行简要的比较分析，详见表 4-1。

表 4-1　四种基本概率抽样方法的比较分析

比较点	简单随机抽样	等距抽样	分层抽样	整群抽样
共性	（1）抽样过程中，每个个体被抽到的可能性相等； （2）每次抽出个体后不再将它放回，即不放回抽样； （3）依据的是大数法则，可以从抽样推断总体			
个性	从总体中逐个抽取	将总体均分为几部分，按预先制订的规则在各部分抽取	将总体分成几层，分层进行抽取	将总体分成若干群，对随机抽取的若干个群中的每个样本进行抽取
联系	一切抽样的基础	在起始部分采用简单抽样	在所有层中采用简单抽样或等距抽样	在抽取群时采用简单抽样或系统抽样
适用范围	总体个数较少	总体个数较多	总体由差异明显的几部分组成	总体内部结构不掌握
何时使用	单位已经确定，容易找到	单位已排序或可以按序找到	有关特征已找到或可辨认	单位数量很大或范围不明确
如何抽样	抓阄或随机数表法	每隔几个抽取一个	先将总体分成层，然后从每层中随机抽取样本	先将总体分成群，然后随机抽取群，对抽中群中的所有样本进行调查
代表性	高	较高	最高	最低

资料来源：廉思，《如何有效开展调查研究》，人民日报出版社 2019 年版，第 95 页。

5. 多阶段抽样

多阶段抽样，又称多级概率抽样，是分阶段从总体中抽样的方法。多阶段抽样适用于规模大、内部结构复杂且分布广的总体，可以结合分层抽样、整群抽样和等距抽样等抽样方法综合进行。第一步，先将总体按照一定的规则划分成若干个抽样单位，成为一阶段抽样；第二步，再把抽中的一阶段抽样单位分成若干个更小的二阶段抽样；第三步，将抽中的二阶段抽样单位再细分成三阶段抽样单位等。这样就形成了一个多阶段抽样。比如，调查某省人口健康情况，我们可以以市（州）为一阶段抽样框，从中抽取一部分市（州）；然后，将抽中的市（州）作为二阶段抽样框，并以县为单位进行抽样；最后，抽中的县作为三阶段抽样框并从中抽取乡镇，被抽中的乡镇人口总和即为样本。

（二）非概率抽样

在实际调查过程中，按照调查者的主观经验和主观判断选取样本，这种抽样方式就是非概率抽样。与概率抽样相比，非概率抽样的代表性差，难以从样本推论总体。常见的非概率抽样方式有四种，即偶遇抽样、判断抽样、配额抽样和滚雪球抽样。

1. 偶遇抽样

偶遇抽样，又称方便抽样，是指调查者根据自己的"方便"，将在特定时间和地点偶然遇到的对象作为样本。这种方法简单、成本较低、偶然性大，但样本的代表性较差。比如，为了研究新时代青年的婚育焦虑问题，在学校、商场、公园、电影院等公共场所，随便选取一些年轻的学生、顾客、行人或观众作为样本进行问卷调查。

2. 判断抽样

判断抽样，又称主观抽样，是调查者根据已有经验来选取样本的方法。它具有很大的随意性，比较适用于总体范围较小、总体单位之间差异较大且调查者对总体比较熟悉的调查。比如，研究农村宅基地改革问题，我们可以选择支持和反对农村宅基地改革的两类人进行调查。这样可以将"偏离平均水平"作为调查对象，有助于进行比较分析，探寻农村宅基地改革的阻力和动力。

3. 配额抽样

配额抽样，也称定额抽样，是指调查者把总体按照一定标准分类，确定分类的样本比重，在配额内抽样。与分层抽样看似相似，但其实不同，分层抽样是按随机原则在层内抽取样本，而配额抽样是调查者在配额内主观选定样本。配额抽样适用于调查者比较、了解总体特征的情形。比如，为调查农民幸福感问题，在有 2000 名居民的某农村社区中，要按配额抽样的方法抽取 1000 人的样本。那么，配额抽样的实施步骤是怎样的呢？首先，确定分层标准，即性别（男性、女性）、社区区域分布（东部、中部、西部）；其次，计算性别比例和区域分布比例，男性 42％、女性 58％、东部 60％、中部 29％、西部 11％；再次，根据上述比例决定样本单位在各子群中的配额，男性 42 人、女性 58 人，东部 60 人、中部 29 人、西部 11 人；最后，在各子群中抽取样本。

4. 滚雪球抽样

滚雪球抽样，是指以少量样本为基础，逐渐扩大样本，就如同滚雪球一般。滚雪球抽样适用于调查者对总体不甚了解的情况，主要针对小众且分布稀疏的群体，通常在探索性调查研究中加以使用。比如，研究新的社会阶层人士的政治参与问题。我们一开始缺乏对新的社会阶层人士总体信息的了解，无法随机抽样。此时，可以想办法找到若干个新的社会阶层人士进行调查，然后通过他们认识其他新的社会阶层人士，调查者再去调查。依次类推，抽取的样本便越来越多。

 抽样的基本程序

（一）界定总体

界定总体，是根据研究课题的要求，把调查对象的范围确定下来，从而确定抽样样本的对象。应当注意的是，调查总体与研究总体是两个概念。前者是调查中实际抽取样本的集合体，后者是理论上界定的所有研究单位的集合体。在实际抽样的操作过程中，样本是从调查总体中抽取的。例如，如果我们要在某城市进行一项新的社会阶层人士对中国特色社会主义道路认同状况的抽样调查，这里的研究总体是新的社会阶层人士，调查总体是某城市新的社会阶层人士。那么，首先要对总体进行界定，新的社会阶层人士是指新经济组织、新社会组织中的党外知识分子，是改革开放后快速成长起来的新群体。本次调查的总体是该城市的四大群体，即私营企业与外资企业的管理人员和技术人员、社会群团组织从业人员、自由职业人员和新媒体从业人员，而不符合上述界定的社会群体则被排除在总体之外。

（二）制定抽样框

抽样框是指从总体选取样本的一个框架，表现为总体全部单位的名册和名单。制定抽样框的任务，就是依据已经明确的总体范围，收集总体中全部抽样单位的名单，对名单进行统一编号，以建立供抽样使用的抽样框。当然，制定抽样框不是随意地将样本放入"框"中，而是按照某原则对每一个符合总体界定的对象进行编号，形成准确、无误、完整的总体花名册。例如，如果我们要在某县进行一项贫困户对精准扶贫政策的满意度的抽样调查。如何制定抽样框？首先，收集全县贫困户名册；其次，按一定的顺序将名册上的贫困户统一编号；最后，形成一份完整、无重复、无遗漏的贫困户总体成员名单，即抽样框。

（三）选择抽样方法

调查者根据研究目的和要求，选择不同的抽样方法。具体而言，要视总体的规模和结构特征而定。规模小、结构单一、同质强的总体，适合采用简单随机抽样和等距抽样，如调查某城市街头青年；规模大、结构复杂、异质性强的总体，则适合采用分层抽样，如调查某城市白领阶层；而规模大、结构复杂但类别界限模糊、地域分布广的总体，则适合采用整群抽样和多阶段抽样，如调查某城市流动青年。

（四）确定抽样方案

在抽样框确定后，我们根据总体的同质性程度和调查实际情况，综合考量抽样的科学性和成本，选择不同的抽样方案。以"农户对精准扶贫政策的满意度分析"调研为例，假如某县有20个乡，每乡有10个村民委员会，每个村民委员会有10个自然村，每个自然村有50户，现要采用多阶段随机抽样方法对该县按户做1%的抽样调查，共抽取样本1000户。首先，确立样本单位是农户。然后，采取不同抽样方法，分四个阶段抽取样本：第一阶段抽样，由县抽乡，根据经济发展程度或人口比重等指标，采用分层随机抽样法从20个乡中抽取3个乡；第二阶段抽样，由乡抽村委会，将3个乡的村委会制成抽样框，采用等距随机抽样法抽取10个村委会；第三阶段抽样，由村委会抽自然村，采用整群随机抽样法抽取20个自然村；第四阶段抽样，由自然村抽户，采用简单随机抽样法抽取1000户。

（五）确立实际抽取的样本

在确定了抽样方案后，要根据不同抽样方案的差异性以及评估所要求的目的性，结合调查议题的实际性，确定实际抽取的样本，并确保其最具经济性、实际性和代表性。例如，在一个镇上抽取3000名共青团员往届大学毕业生进行调查。若这是一个人口较少的镇，且通过民政局等单位比较容易得到全镇共青团员往届大学毕业生的名单，那么，可以事先从这份名单中进行抽取。

（六）抽样样本评估

样本规模和各个小样本确定之后，并不代表抽样就结束了。为保证样本的高质量，在其确立之后，需要对各个样本进行评估，确定样本是否真的具有代表性，以防存在样本偏差现象。可以通过统计学的方法，科学地评估样本的代表性。将可得到的反映总体中某些重要特征及其分布的资料与样本同类指标的资料进行对比，若二者之间的差别很小，则可认为样本的质量较高、代表性较大。比如，根据家庭收入/年、家庭支出/年两个指标来评估样本的质量，如果在两个指标上样本与总体相差不大（见表4-2），则意味着样本的质量尚可。

表 4-2　满意精准扶贫政策的农户所占比例（%）

类型	金额	总体（10000 户）	样本（1000 户）
家庭收入/年	4.5 万元以上	68.0	64.0
	4.5 万元以下	32.0	36.0
家庭支出/年	2.5 万元以上	62.0	62.0
	2.5 万元以下	38.0	38.0

资料来源：2020 年某省厅级课题"农户对精准扶贫政策的满意度分析"。

 抽样规模的确定

确定样本容量，是抽样调查中一个非常重要的问题。样本容量过小，会影响样本的代表性，使抽样误差增大而降低了统计推断的精确性；而样本容量过大，虽然减小了抽样误差，但可能会增大过失误差，而且可能无意义地增加经费开支。

抽取的样本要有一定的规模，那么，到底要抽取多大的样本？习近平总书记曾多次提倡这样几个"跑遍"：当县委书记一定要跑遍所有的村，当地（市）委书记一定要跑遍所有的乡镇，当省委书记一定要跑遍所有的县市区。中国社会是一个多元化的社会，结构不平衡，差异性大，因此，要掌握尽可能多的情况，从大量个体中找到一般规律。习近平总书记是这么说的，也是这么做的。在正定，他跑遍了每一个村；在宁德，他到任 3 个月就走遍了 9 个县，后来又跑遍了绝大部分乡镇；到任浙江后，他用一年多时间跑遍了全省 90 个县市区；在上海仅 7 个月，他就跑遍了全市 19 个区县；到中央工作后，他的足迹已遍及 32 个省（区、市）。在实际调查中，在有效控制成本下，我们要尽可能抽取多的样本。"既要调查机关，又要调查基层；既要调查干部，又要调查群众；既要解剖典型，又要了解全局；既要到工作局面好和先进的地方去总结经验，又要到困难较多、情况复杂、矛盾尖锐的地方去研究问题。"①

在实际抽样中，我们要避免两种错误。一是认为样本越大越好。有人认为，3000 个样本比 1500 个样本好。然而，若这 3000 个样本不是按照随机原则抽取的，那就不如按照随机原则抽取的 1500 个样本。相较而言，后者更能准确反映总体。二是坚持随机原则但样本量不追求足够大。样本单位数 n 足够大，以保证样本指标在概率上收敛于总体指标。根据有关研究经验，小型调查样本规模为 100～300 个，中型调查样本规模为 300～1000 个，大型调查样本规模为 1000～2500 个。在实际调查中，我

---

① 中共中央宣传部：《习近平总书记系列重要讲话读本》，学习出版社 2014 年版，第 182 页。

们可能更多地选用非随机调查。但要注意一个问题,即非随机调查只能作为一个个案进行研究,不能推论到总体。这一点在撰写调查报告时一定要注意。

第三节 典型调查对象的选择

典型调查,是从调查总体中选择一个或几个具有代表性的单位作为典型,进行非全面而深入的调查。毛泽东将典型调查形象地比喻为"解剖麻雀"。"麻雀虽小,五脏俱全","解剖麻雀"可以从个别到一般、从个性到共性,从而找到普遍性规律。典型调查是领导干部常用的有效的调研方法,通过少量典型来反映和把握全局,做到以小见大、一叶知秋。领导干部要想解决问题,就得做典型调查,而选择好典型决定了典型调查的成效。因此,调查者要明确典型是什么、如何选择典型。

一、调查对象要"典型"

典型调查,必须选好典型。"解剖麻雀"不是把所有"麻雀"都一一解剖,而是从"麻雀群"中选对、选好"麻雀",重点解剖几只典型的"麻雀"。因此,领导干部在典型调查中一定要精心挑选"麻雀",以确保"麻雀"的典型意义。

(一)"典型"的意义

很多时候,调查对象并非"韩信用兵,多多益善"。调查对象要有典型性。在调查某个重大问题之时,因为时间、财力和人力的限制,领导干部如果抓住了典型,就抓住了重大问题的主要矛盾和矛盾的主要方面,就抓住了重大问题的本质。毛泽东在一次指导调研的讲话中说:"有同志要问:'十样事物,我调查了九样,只有一样没有调查,有没有发言权?'我以为如果你调查的九样都是一些次要的东西,把主要的东西都丢掉了,那末,仍旧是没有发言权。"① 因此,通过选取典型,可以进行广度和深度的挖掘,由此及彼,从特殊性上升至普遍性,从而揭示调研问题的本质和规律。而且,选取典型在获得最大效率和效果的同时,还可以节约人力、物力和财力等成本。

---

① 中共中央文献研究室:《毛泽东文集(第二卷)》(1937年8月—1942年12月),人民出版社1993年版,第382页。

（二）"典型"的指向

什么是典型？"典型"是指调查对象具有代表性，通过典型可推论全面。根据不同调查问题的标准，"典型"的划分和指向也不一。如果调查农业的某个问题，就可以按照地域来分，如毛泽东曾言，"全国了解两个乡，南方一个，北方一个，对中国的农村就有一个基本概念了"；如果调查工业问题，就可以按照行业来分，亦如毛泽东所言，"工业不同，要分行业。比如煤矿、冶金、机械等，各了解一个厂矿就差不多了"。①

二 选择"典型"的原则

明确了调查对象"典型"的要求后，如何选择典型则是下一步工作。选择典型，要讲原则。具体而言，要遵循以下四大原则。

（一）分类原则

选择典型，不是"眉毛胡子一把抓"，而是根据标准划分类别，在不同类别中选取典型。毛泽东曾说："调查的典型可以分为三种：一、先进的，二、中间的，三、落后的。如果能依据这种分类，每类调查两三个，即可知一般的情形了。"② 因此，选择典型，要遵循分类原则。具体而言，就是通过先进典型总结经验，从落后典型中解析问题，从中间典型中了解一般动态。比如，鞍钢集团公司曾组织党办、经理办等部门的 21 名同志调查鞍钢干群关系状况。鞍钢集团公司所属县团级企业有 100 多家，不可能对其一一做调查。他们选择有典型性的好、中、差三种类型的厂矿，每类调查两三个，然后写出了 1 万字的调查报告，并针对以权谋私等问题制订了若干措施，推动了廉政建设。③

（二）全面原则

选择典型，也不仅仅是选择"一个"，而是需要根据实际情况，从宏观角度出发，结合特殊性对象和普遍性对象进行选择。在此过程中，避免"一刀切"的方法有两

---

① 中共中央文献研究室：《毛泽东周恩来刘少奇朱德邓小平陈云论调查研究》，中央文献出版社 2006 年版，第 135 页。
② 《毛泽东农村调查文集》，人民出版社 1982 年版，第 27 页。
③ 于立志、刘崇顺：《新时代领导干部调查研究指南》，天津人民出版社 2019 年版，第 113 页。

新时代领导干部调查研究方法

个：一是要注意什么是特殊情况、什么是普遍情况，要根据调查目的做出选择，并分析选择的典型是否成熟；二是要注意站在全局考量典型的意义。为记录好、呈现好全面建成小康社会的伟大壮举，中宣部在全国范围内选择约一百个城市（直辖市、地级市、区、州、盟）、一千个县（县级市、区、旗）、一万个行政村，组织开展全面建成小康社会"百城千县万村"调研活动；从易地扶贫搬迁、产业扶贫、脱贫增收等方面，发现典型，总结定点村扶贫脱贫经验，建立巩固农村脱贫成果的长效机制。需要注意的是，选择"典型"不是选择"先进"，切不能把典型单位和先进单位混为一谈。

（三）定性与定量相结合原则

选择典型，要遵循定性分析与定量分析相结合的原则。如果单纯依靠定性分析，其认识往往不完整、不准确。可以通过一定的量化指标来衡量典型——从量上对调查对象进行分析，以提高分析的科学性和准确性。定性分析可以明确典型的内涵和本质，而定量分析则可以构建典型的具体指标，从微观层面去观察和衡量典型。在典型调查中，应根据客观尺度或可测定的具体指标，将典型划分成各种类型。如果发现典型没有选准，没有代表性，则应及时更换典型单位。①

（四）价值中立原则

不可否认，"典型"的选择，与调查者的主观判断、知识构成、已有经验和价值取向等息息相关。但是，选择典型不可随意而为，而需要尊重客观规律，实事求是，并遵守价值中立原则。因此，调查者在选择典型时，要保持客观态度，不带偏见，要深刻认识"典型"的意义，不被事物的假象迷惑。在典型调查过程中，调查者绝不能主观臆断地去"削足适履"，硬造典型。

 选择"典型"的方法

方法不对，努力白费；方法找对，事半功倍。典型调查适用于调查总体同质性较强的情形。选对了典型，就可以通过少数的典型推论调查对象总体，就可以找准调查问题的规律；选错了典型，则难免出现方向偏差，在解决调查问题上跑偏走样，造成事与愿违甚至南辕北辙的后果。那么，典型究竟该如何选择呢？针对此问题，调查者必须遵循科学的程序，采用科学的方法。

---

① 于立志、刘崇顺：《新时代领导干部调查研究指南》，天津人民出版社2019年版，第114页。

（一）从日常工作中选择"典型"

典型其实就藏在日常工作中，我们要善于从身边的日常工作去发现典型、选取典型。日常工作的具体要求和具体做法，调查者看得见、摸得着，是能够深刻感知的。因此，调查者应注重在日常工作中多挖掘、常思考，进而选择好典型。比如，许多地方为打赢脱贫攻坚战，立足实际情况，全力以赴、凝心聚力，并最终走出了一条符合自己的扶贫道路。故而在日常扶贫工作中，领导干部就可依据工作经验和亲身体验，选择脱贫攻坚做得好的典型，大力推广其成功经验。

（二）从基层一线中选择"典型"

典型调查就是为了总结经验。经验从何而来？"纸上调研"终觉浅，绝知此事要躬行。典型，不是坐在办公室等来的，也不是在书本里和别人的调研报告里找来的，而是沉下身子从基层实践得来的。领导干部要选择好典型，就应该眼睛向下看，多到基层走一走，深入基层、深入群众，主动从基层中发现问题、总结经验，注重在基层选择典型，只有这样的典型才具有代表性。革命年代和建设时期，毛泽东常常选取基层一线典型开展调研，通过基层典型调查发现其背后的本质所在。领导干部深入基层，与典型对象直接交流和对话，可以有效地掌握全面情况。

（三）从问题线索中选择"典型"

调查的起点，往往源于问题的存在。典型调查是要解决问题，是解答问题从何而来、为何产生的重要渠道。而从问题线索中选择典型，加强对问题线索的综合分析与研判，理解问题线索的内容并弄清楚问题的实质，进而对典型做出预判，是典型调查乃至纾难解困、提高工作质效不可或缺的驱动器。因此，要坚持问题导向，要围绕工作中遇到的问题和难题，去精心选择典型。简而言之，就是要带着问题去选择典型，如调查市域社会治理现代化存在的问题和短板等。第七次全国人口普查数据显示，我国城镇化率已达 63.89%，社会形态由乡村型社会转向城市主导型社会。新时代背景下，基层社会治理面临多重困境，亟须从市域层面破解。因此，市域社会治理及其现代化是新时代亟待研究与探索的重大理论课题和实践命题。实现国家治理体系和治理能力现代化，市域社会治理是关键一环和重要领域。因此，从治理理念、治理主体和治理方式等方面选择市域社会治理典型，是重中之重。在治理理念上，一些地方对市域社会治理的内涵和外延把握不够准确，将"市域社会治理"拓展为"市域治理"，将经济、文化和生态建设等内容都纳入进来，进而发生"小马拉大车"现象；在治理主体上，多方主体参与市域社会治理的内生动力还不足、制度安排不够完善、作用发挥不够充分，导致强大合力还没有真正形成；在治理方式上，对市域社会治理规律的认识和把握不够，存在碎片治理和被动治理等问题。

四 选择"典型"的步骤

典型调查中的"麻雀"不会自动"飞入"，而是需要调查者遵循原则、讲究方法、按照步骤一步一个脚印地认真挑选。具体来说，选择典型应按照以下几个步骤进行。

（一）做好充分准备

选择典型，不能打无准备之仗，而要精心准备。典型调查要求搜集大量的第一手资料，搞清所调查的典型的各方面情况，系统、细致地解剖。在选择典型之前，需全面了解调查对象的基本情况，系统梳理调查问题清单，对调查问题的背景、现状与趋势有一个整体性认识，从而对"典型"的标准做到心中有数、有的放矢。例如，为认清并获取中国农村和小城市经济状况的"样本"，毛泽东选择了寻乌，从最细微之处摸清寻乌的底数，进而掌握了城市商业及分配土地的各种情况。

（二）制订调查方案

选择"典型"，需要在收集完资料后，对调查总体进行初步研究。通过查找资料、实地了解和开座谈会等方法，进一步了解调研对象，并结合第一手资料，制订完备的方案。1933年11月，为总结中央革命根据地农村苏维埃政权工作经验，毛泽东对长冈乡的政权建设、群众生活等19项工作做了详细的前期调查，不打无准备之仗，为中华苏维埃第二次全国代表大会的召开奠定了坚实的基础。方案是有效行动的前提，也是有效行动的"铠甲"，为行动"保驾护航"。在方案中应该说明调查的主题、目的、意义、重点部分和主要部分、具体的实施日程、注意事项、备选方案，分阶段、有计划地进行。拟订方案的时候应当注意：其一，突出与调研主题、调研重点有关的对象选择，对象要有针对性；其二，在备选对象中确定本次调查研究所要探索的典型对象，对如何深入调查才能引出研究所需要的答案应呈现深入的思考；其三，典型对象的界定必须清晰，界定的文字不要过于抽象、模糊；其四，在排列典型候选对象时，要注意与主题的相互关系。

（三）选择正确的"典型"

调研就是通过解剖对象，提出指导全局的意见和建议。选择正确的"典型"，是典型调查的关键。在探索建设苏维埃红色政权的实践中，在准备二苏大报告时，毛泽东之所以选择以兴国县长冈乡为范本，是因为在苏维埃政权背景下，其真正做到了：密切联系群众，充分发动和依靠群众；关心群众生活，把群众生活和革命战争紧密联系起来；把解决革命的工作方法和革命的工作任务问题紧密结合起来；等等。①这些做法，符合苏维埃政权建设的需求和需要。典型如果选择恰当，调查效能将大大提高。因此，调查者一定要深谙选择典型的方法，牢记"深"字诀，即深入基层、深入群众、深入问题，从中发现典型并选对典型。

（四）评估"典型"对象

　　选出典型对象，并不意味着选择工作就结束了，还需要进一步评估和验证其是否真的具有典型效应。为保证典型对象选择的全面、客观、无误，调查人员还需要深入典型对象的生态环境，进一步从多方系统收集资料予以验证。例如，通过走访与询问典型对象身边的朋友、家人、同学等了解情况，对典型对象生态系统中的权威人士进行访谈以收集资料，进一步佐证其"典型性"。兴国县以其在中央苏区时期的卓越贡献打响了自身的政治品牌，毛泽东曾欣然题写"模范兴国"四个大字，赠给参会的兴国县代表；1992年初，曾在中央苏区工作过的邓小平到南方视察时也说道："苏区的工作，兴国第一，瑞金第二。"② 中央领导人将兴国县视为模范典型而关爱有加，并非失之偏颇。在创建中央苏区近六年时间里，毛泽东曾七到兴国进行调研。在对兴国一次次发现问题、提出问题、解决问题、推行政策的调查研究中，毛泽东发现兴国不仅是全苏区合作社运动最普及的县、红军扩大规模最大的县、参军参战组织最完备的县，同时也是生产运动、教育工作、捐献军粮、推销公债的模范，在革命历史上记下了彪炳千秋的一页。因此，在七次调研结束后，1934年1月的第二次全国苏维埃代表大会上，毛泽东高度赞扬了兴国："他们把群众生活和革命战争联系起来了，他们把革命的工作方法问题和革命的工作任务问题同时解决了。他们是认真地在那里进行工作，他们是仔细地在那里解决问题，他们在革命面前是真正负起了责任，他们是革命战争的良好的组织者和领导者，他们又是群众生活的良好的组织者和领导者。"③

　　调研先进典型，有利于解剖"麻雀"，及时总结学习经验，找准工作的突破口和着力点；也利于各地相互交流，取长补短。调研有益，但仍须有度。地方工作能创出亮点、成为示范，本身就需要付出诸多时间和精力，倘若挤占基层过多精力用于被

---

　　① 中共中央文献研究室：《毛泽东文集（第一卷）》（1921年1月—1937年6月），人民出版社1993年版，第294-298页。

　　② 石仲泉：《毛泽东与兴国和长冈乡调查》，载于《党史文苑》2014年第1期，第10页。

　　③ 《毛泽东选集（第一卷）》，人民出版社1991年第2版，第140页。

调研，有可能会打乱该地原本的工作节奏与计划，甚至贻误干事创业的最佳时机。据了解，有的地方短短一个月时间有半个多月都在接待调研组，个别地方甚至一天之内要接待十多批调研人员。尤其是对于一些出"典型"的基层单位来说，自身本就人手不足，但还要接待各级各类调研组，以致在本不宽裕的条件下还要耗费大量的人力和精力，对正常工作造成了很大的影响。

第四节　重点调查对象的选择

重点调查是从总体中选择一部分重点单位进行调查，以此反映总体状况的一种非全面调查。何为重点单位呢？简而言之，就是调查对象比重最大的部分。从哲学上来说，就是主要矛盾或者矛盾的主要方面。重点调查抓住了"重点"，就是把握了事物的主要矛盾或矛盾的主要方面，就能找到解决问题的突破口和切入点。"拎衣要拎衣领子，牵牛要牵牛鼻子。"领导干部做好调查研究，要善于运用重点调查方法，通过重点调查牵住"牛鼻子"，从而精准施策、正确决策。

一　选择对象是"重点"

重点调查的关键，在于选对重点单位，其调查对象具有"重点"的意义。领导干部工作千头万绪，复杂多变，要善于抓住重点，在重点调查中善于抓住重点对象。

（一）"重点"是方向

从某种程度上而言，选择好了重点对象，就选对了方向。方向正确，事半功倍；方向偏离，渐行渐远。如果在重点调查中选错了调查对象，所选择的对象不是重点，那么，调查结论就会偏离正确的方向，工作的重点就会转移，事业的发展就会走弯路、走错路。为什么要重视和开展重点调查？因为重点调查能够抓住诸多工作的重点，把握工作的方向和规律。抓工作和抓问题，不能"眉毛胡子一把抓"，而是要抓住重点，抓住关键。

（二）"重点"比重大

重点之所以成为"重点"，就在于重点单位在数量占比上具有优势，在比重上"独占鳌头"。当若干个重点单位聚集在一起的时候，也能一定程度上反映调查的基本情况。重点对象和代表对象是有区分的，重点对象不能直接代替代表对象。重点对象一般是从数量占比来说的，多个重点单位调查可以反映总体数量上的基本情况，它可以让调查者对所调查的事物有一个比较基本的了解，但他无法代表其他单位；比如，湖南省的贫困地区主要分布在西部，在数量上占有较大比重，脱贫攻坚调研的重点对象应是上述地区。而代表对象，能直接反映调查结果，集合了各个单位的众多特点，是广泛调查单位的缩影；比如，调研某地区生态环境治理，调查重点对象应是该地区能源消耗大的企业及周边区域。

（三）"重点"易操作

重点单位，通常是指在调查总体中举足轻重，能够代表总体的情况、特征和主要发展变化趋势的样本单位。这些单位可能数目不多，但有代表性，能够反映调查对象总体的基本情况。重点对象数量占比大，容易量化操作，调查者在客观上容易将其选定。

二 选择"重点"的方法

在重点调查过程中，首先要明确重点对象，根据重点对象的特征，推论调查总体全局。如何选择重点？领导干部要通过深入基层、锚定问题和分析数据来把握重点，进而以点带面，实现重点调查的目的。

（一）深入基层把握"重点"

把握重点，必须深入实际、深入基层、深入群众，多层次、多方位、多渠道地调查了解情况。领导干部只要将基层跑遍、跑深、跑透了，调查研究的本领就会得到提高，把握重点的能力也就不断提升，重点调研便会做得更好。习近平曾指出："尽量多到基层去看，从一次看，可能时间短了些，但是积少成多，就会从量变到质变，就能把握住工作中存在的主要矛盾和问题。"①

（二）锚定问题把握"重点"

调查研究要紧扣人民群众生产生活，紧扣经济社会发展实际，紧扣全面从严治党面临的现实问题，紧扣贯彻落实党中央精神需要解决的问题。"深入研究影响和制约经济社会持续健康发展的突出问题，深入研究人民群众反映强烈的热点难点问

---

① 费强：《从"调研开局"到"调研开路"——中共浙江省委常委会求真务实纪实》，载于《瞭望新闻周刊》2004年第15期，第12-14页。

题，深入研究党的建设面临的重大理论和实际问题，深入研究事关改革发展稳定大局的重点问题，深入研究当今世界政治经济等领域的重大问题。"① 比如，为了探索推行"田长制"，全面整治耕地抛荒弃耕，就应当选择当地耕地抛荒弃耕最严重的地方作为重点调查对象，探寻原因，找到对策，将经验成效转化为长效机制。

（三）分析数据把握"重点"

重点调查对象，可以通过数据和指标来衡量。在重点调查中，我们要充分利用科技支撑，运用大数据分析"重点"在哪里，预测其可能转化到哪里。比如，在新冠疫情防控工作中，我们可以通过大数据分析疫情防控的重点区域和重点人群，进而科学设置封控区、管控区和防范区，从而因地制宜、因时而动、因势而谋地制定疫情防控政策。

三 选择"重点"的步骤

选择和明确重点，不是一蹴而就的，而是要遵循一定的程序和步骤。这体现出重点调查的科学性和程序性。

（一）掌握全局情况

选择重点，首先需要获取与调研主题有关的各个单位的基本信息。比如，所属行业、单位名称、单位占比情况、单位在整体中的排名情况等。"重点"是相对而言的，是全局中的重点，因此，在选择重点对象之前，一定要了解和把握全局。

（二）初选重点对象

确定重点对象，是一个比较的过程。首先，根据问题导向，从主观定义上判断重点对象。接着，根据全局情形和数据分析，从客观尺度上初选重点对象。根据调查主题相关对象的多寡，结合实际数据的收集情况，可以不采用抽样的方法，而是直接选取排名靠前的突出单位进行。以调查新业态从业青年的生计脆弱性问题为例，新业态从业青年分布广，而快递小哥、网络主播等群体是社会普遍较为关注的对象，且运用大数据能分析其规模，因此，可以初步确定此调查的重点对象。

---

① 中共中央宣传部：《习近平总书记系列重要讲话读本》，人民出版社2014年版，第182页。

（三）界定重点对象

在重点调查中，调查对象可以是群体、企业、行业或地区等。重点单位具体是什么，由调查目的和调查内容决定。确定了重点单位之后，要对其内涵及外延进行清晰界定。比如，调查疫情下经济下行的压力：从企业规模类型来看，重点单位是中小微企业；从企业行业性质而言，重点单位是旅游企业和外贸出口企业等。

第五节　个案调查对象的选择

个案调查是指选择某一具体调查对象，就某种社会现象或问题对其进行深入调查研究，以求解释现象、探求原因，最终解决问题。个案调查的调查对象，不一定是典型现象，而是个别现象。"个案"强调的是一个社会单位，而没有提及其代表性问题。我们不能通过个案调查得出"一般性"结论，也不能从"点"推论至"面"。因此，个案调查是一种探索性调查，可以发现问题，为解决"面"上的问题提供反思与借鉴。那么，个案调查中的"个案"如何选取呢？

 选择对象是"个案"

个案调查的对象是"个案"。一个社会单位的问题，均可以称之为"个案"，如一个人、一个家庭、一所学校、一个社区、一类社会问题、一系列社会现象等。

（一）个案的指向

个案调查对象的"个案"，可以指向某个人、某个社会组织、某个群体、某个社会现象或某个社会问题，等等。当调查者对研究总体不甚了解，或者研究总体常常处于变动之中，调查者可以通过选取个案，全面、深入地分析个案，进而探索研究总体可能呈现的特征或可能出现的问题。比如，为了了解精准扶贫政策的执行情况和效果，调查者选取 H 省 L 镇为研究对象，以 L 镇作为调查对象，从政策执行的视角探究乡镇政府精准扶贫政策执行是否到位的问题。① 当然，个案可能不止"一个"，根据调查研究的需要，个案调查对象可能是"多个"的"系列"个案。

---

① 田进、任闪闪：《乡镇政府精准扶贫政策的执行到位了吗？——基于 H 省 L 镇的个案调查》，载于《领导科学论坛》2017 年第 4 期，第 87-95 页。

（二）个案的类型

根据个案调查目的来划分，个案可以分为以下三种类型。一是诊断性个案。考察与观察特殊对象、特定问题、特定行为和特定现象等，根据个案的信息和状态，调查者"望闻问切"，对个案的问题进行诊断。二是指导性个案。广泛运用于领导干部工作中，比如，选择某区域作为个案，总结其生态治理、乡村振兴、推进共同富裕等方面的经验，然后，提炼该个案背后的条件机制和经验模式。三是探索性个案。发展不平衡是中国社会的重要特征，中国社会结构具有城乡不平衡和区域不平衡的特征，因此，公共政策在制定和执行之前均需选择个案进行试点试行。探索性个案，可以为大型研究、复制推广经验提供前期准备。

（三）个案的意义

个案调查，要与典型调查、重点调查区分开来，其调查对象不一定具有"典型"或"重点"的意义。那么，个案调查对象的意义又是什么？一是通过个案发现总体中的问题，为解决问题提供操作性策略和步骤。个案是总体中的个案，通过深入调查和全面了解个案，可以发现总体出现的苗头性问题。个案调查研究经常用于跟踪研究和探索性研究，是有效发现问题和深入研究问题的重要方法。比如，河北省是传统产业大省，其工业化处于中期发展阶段。同时，以"两高一资"为主体的产业结构，一直是河北省经济发展过程中一个难以逾越的障碍。面对这个难题与障碍，河北省总结多年发展经验认为：工业聚集区建设是破解这一难题的有效途径。通过个案调查，课题组可以深入了解河北省工业聚集区建设的现实状况，总结聚集区发展经验及分析现存的问题。① 二是以个案的具体实例，解释与验证某种观点或理论，为进一步证实理论假设提供依据。三是将个案的研究结论适度地推广至同类群体或某类现象，有助于对某类现象的归纳。

（四）个案的属性

虽然个案调查是对单一对象进行深入细致的调查的方法，但是，个案指向具有多元性，个案的属性则具有丰富性。而且，个案不是随随便便地选取，要根据其特征属性进行选择。首先，个案要与众不同，在某方面要具备显著的行为表现。比如，为了调查乡村振兴与脱贫攻坚的有效衔接，调查者可以选择在这方面取得一定成效的乡镇作为个案。其次，个案与其他个体不是孤立隔绝的，而是相互联系的。

---

① 安岩、赵经华、郝晓雅：《以工业聚集区推进经济发展方式转变的个案调查》，载于《经济纵横》2014年第7期，第72-76页。

因此，个案的相关信息是总体信息的组成部分，在一定程度上或多或少地反映了总体的某些特征和规律，但调查者不能以此推论至总体中去，否则会犯"以偏概全"的错误。

选择个案的原则和程序

个案调查中的"个案"不能随意选取，而要遵循一定的原则和程序，否则不能达到个案调查的目的和效果。

（一）选择个案的原则

选择个案要遵循以下两个原则。一是深入性。个案调查是就个案做深入、细致和全面的调查，需要收集个案的大量信息，调研周期比较长。在个案调查中，既可以对个案进行静态诊断，又可以对其开展动态跟踪；既可以研究个案的过往，又可以追逐个案的未来发展。比如，为了研究某少数民族文化仪式，保护和传承传统民族文化，调查者可以选择某少数民族聚居村作为个案，深入研究其历史脉络、现实状况及未来趋势。二是应用性。学术调查研究运用个案研究，是为了解释个案背后的理论意义，诠释个案是什么和为什么。领导干部开展个案研究，则强调问题导向，重点是解决个案背后反映的问题。比如，为了化解社会治理重心下移的阻力，调查者选择某个社区作为个案，了解这个社区治理的具体情况、存在问题及深层原因，进而提出改进举措，以便对症下药，其结果具有应用性。

（二）选择个案的程序

选择和确定个案，不能主观臆断，而要遵循科学方法和严谨程序办事。具体而言，第一，了解个案背后的问题。调查者要对个案调查的问题了然于胸，了解问题的背景，明确问题的性质，把握问题的关键，以问题为导向去选择个案。比如，针对"从传统'乡土中国'建设现代'美丽乡村'"课题，调查者要想选择好的个案，就要对从"乡土中国"到"美丽乡村"建设的背景、存在哪些动力和阻力等信息进行梳理与整理。第二，收集备选个案的信息。在确定个案之前，先选择备选个案，并收集备选个案的基本信息，进行比较分析。第三，初步把握个案的基本情况。调查者可以通过多种渠道了解个案的基本情况，为深入研究个案提供基础，并进一步论证个案的意义。第四，最终明确个案。根据调研目的，调查者综合考量调查的科学性、可行性、成本与收益等因素，最终确定个案及其数量，并制订个案调查方案。

三 选择个案的方法和技巧

在个案调查过程中,选择对的个案是基础性工作和初始工作。选择调查对象是一门艺术,在选择个案时,要讲方法、讲技巧。第一,在理论上做足功课。在调查研究中,领导干部要善于运用理论指导具体实践。选择"对"的、"好"的个案,需要从理论上回答为什么选择这些个案。比如,为了探索恩施州"美丽乡村"建设的基本做法,调查者选择了4个"个案",即春沟村、伍家台村、A村和舍米湖村。为什么选择这4个对象?调查者做了一定的理论准备:春沟村可以回答"农业科技+产业转型"问题,伍家台村可以回答"产业融合"问题,A村村民可以回答"居民的主观感受"问题,舍米湖村可以回答"传统文化传承与再造"问题。① 第二,在问题上精准研判。领导干部开展个案调查更加注重应用性,是奔着问题而去的。比如,农民参与乡村治理的广度和深度,是乡村治理现代化的重要课题。一些乡村创新治理方式,运用积分制推进乡村治理,但在此过程中,积分制存在指标设计较为狭窄、惩罚幅度和边界不清、福利激励受益群体趋向固化等缺陷。鉴于此,调查者选择和平村作为个案开展深入调查研究,从中发现了这个积分制试点村在推进乡村治理时存在的问题。② 第三,在主题上明确方向。调查者选择个案时,必须明确方向,瞄准主题和议题。比如,围绕如何合理有序地引导社会组织介入社区治理,从而促进社区公共事务的公共效益最大化这一主题,调查者选择了曾获得"全国科普示范社区""全国新的社会阶层人士统战工作实践创新基地第二批重大项目""'全国社区治理和服务创新实验区'示范社区""成都市平安示范社区"诸多荣誉的成都市培华社区作为个案。③ 以其为例,调查者提炼出打造共建共治共享的社区治理新格局,将社会组织的服务优势、专业优势和创新优势转化为基层治理优势的有效模式和方法,探索出创新党建引领社会组织参与社区治理的实践路径。第四,在更大范围里做出选择。调查者要根据调查研究总体的基本状况,先从总体中选择更多的备选个案,接着了解其历史发展脉络,然后进行比较权衡,最终确定个案。

---

① 谭志喜:《从"乡土中国"到"美丽乡村":我国民族地区乡村振兴的实践逻辑与路径调适——恩施州个案调查》,载于《广西民族研究》2021年第2期,第161-168页。

② 刘文婧、左停:《公众参与和福利激励:乡村治理积分制的运行逻辑与优化路径——基于和平村的个案调查》,载于《地方治理研究》2022年第2期,第53-80页。

③ 董小琴:《党建引领下的多元共治:社会组织统战工作与社区治理相结合的实践路径——基于成都市成华区培华社区个案调查》,载于《统战理论研究》2021年第6期,第35-39页。

小结

调查对象是指调查的总体范围，由性质相同的调查单位组成。不同调查类型，有着不同调查对象。在调研设计中，确定和界定调查对象是基础工作。本章归纳了五种调查类型选取调查对象的原则、程序、方法与技巧等。

第一，全面调查是将总体都作为调查对象，确定的原则是一个都不能少、基本信息不能缺、统一指标不能乱。全面调查对象的抽取方法有两种，一是组织专门的普查机构，二是制定普查表。确定全面调查对象，一定要清晰界定全面调查对象的时间边界和空间边界，让普查对象不能漏、不能错、不能重；一定要积极宣传，让普查对象主动参与；一定要核查全面调查质量，进行比对复查，让普查对象登记真实准确。

第二，抽样调查是调查者根据一定原则选择调查对象，选取样本的两大方法是概率抽样和非概率抽样。概率抽样，又称之为随机抽样，根据数理概率抽取调查对象，主要有简单随机抽样、等距抽样、分层抽样、整群抽样、多阶段抽样等几种方法。各种概率抽样方法在适用范围、具体条件和使用过程等方面具有差异性。非概率抽样是按照调查者的主观经验和主观判断确定调查对象，主要有偶遇抽样、判断抽样、配额抽样、滚雪球抽样等几种方法。概率抽样遵循大数法则，可以从抽样推断总体；而非概率抽样的代表性较差，难以从样本推论总体。抽样的基本程序，主要包括：界定总体；制定抽样框；选择抽样方法；确定抽样方案；确立实际抽取的样本；评估抽样样本。

第三，典型调查是从调查总体中选择一个或几个具有代表性的单位作为典型，进行非全面而深入的调查。"典型"是指调查对象具有代表性。选择典型，要遵循客观规律，遵循分类原则、全面原则、定性与定量相结合原则及价值中立原则。确定典型，调查者要从日常工作中选择，从基层一线中选择，从问题线索中选择。

第四，重点调查是从总体中选择一部分重点单位进行调查，以此反映总体状况的一种非全面调查。重点对象是指在数量占比上具有优势，在比重上"独占鳌头"，多个重点调查对象可以反映总体数量上的基本情况，但无法代表其他单位。调查者要深入基层、了解全局、锚定问题、分析数据，进而以点带面，抓住重点调查对象，牵住调查问题的"牛鼻子"。

第五，个案调查中的"个案"，指向一个社会单位（个人、家庭、群体、社会现象、社会问题等），不涉及代表性问题。调查者不能通过个案调查得出"一般性"结论,也不能从"点"推论至"面"。因此,个案调查是一种探索性调查,可以发现问题,为解决"面"上的问题提供反思与借鉴。个案也不止"一个",根据调查研究的需要,个案调查对象可能是"多个"或"系列"个案。选择和确定个案,调查者要在理论上做足功课,了解个案背后的理论问题;在问题上精准研判,以问题导向选择个案;在更大范围里做出选择,收集和比较备选个案的基本信息。

第五章　打磨金刚钻：调查问卷设计

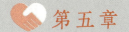

马克思的问卷调查

马克思重视通过问卷调查来搜集工人和工人运动的基础资料。1866年，他编制了《普通的劳动统计大纲》，制订的调查方案包括十余个项目：生产的名称；生产中从业人员的人数、年龄和性别；薪金和工资；劳动时间；用膳休息时间和工人的待遇；手工工场的状况和工作条件；职业总类；工作对工人生理状况的影响；道德条件与教育；生产状况等。① 1880年4月，他应法国工人运动领导人边·马隆的请求，在身体状况不佳的情况下，编制了《工人调查表》。调查表分四个部分，设计了近100个问题，涉及工人的工作小时、家庭收入、医疗条件、劳动状况、劳资关系等各个方面。其中，研究劳动条件的占45%，研究工人物质状况和法律地位的占35%，研究工人组织和合作组织的占20%。这份调查表"每个问题都很通俗具体，综合起来又极为详尽"，其科学性与严密性堪称社会调查问卷的范本。②

调查研究始终贯穿于中国共产党的百年奋斗历程。作为我们党的解难利器、制胜法宝，调查研究始终与时代发展同频共振，其具体方法也在与时俱进。一类可以归结为党的传统调研方法，包括"解剖麻雀"式的典型调查、实地观察法（如蹲点调研）、开调查会（如焦点小组式座谈会）等形式。受到人力、物力及时间的限制，老一辈无产阶级革命家较多地采用这类调研方式。由于其操作简便、以点带面、可信

---

① 严建：《马克思编制〈工人调查表〉前后》，载于《社会》1983年第1期，第11页。
② 转引自王礼鑫：《构建政策实践观念——中国共产党的调查研究方法概论》，人民出版社2020年版，第110页。

度较高，在当下依然具有强大的生命力。另一类则是现代调研方法，随着概率论的出现与信息技术的兴起，诸如随机抽样的问卷调查、电话调查、网络调查等现代调研方法应运而生；因其具有省时省力、匿名性高、便于量化分析等特质，在网格化管理、社会治安等领域得到广泛应用。

其中，问卷调查法是现代社会调查研究中最常用的资料收集方法。从学术概念的角度来说，问卷调查法是研究者通过控制式测量度量所研究的问题，进而收集到可靠资料的一种方法；问卷则是指以统计和调查为目的导向、采取设问方式表述问题的表格。于领导干部而言，问卷调查是改进工作和解决问题的有力抓手，是听民声、问民意、访民情、知民愿的有效手段，是摸清摸实、找准改对群众关注及反映强烈的突出问题的重要工序。而调查问卷作为调查工作的重要载体和方式路径，其设计的初衷则是让调查对象立于个人角度，"仁者见仁、智者见智"地客观回答对调查事项内容的直观感受和真实情况；如此一来，既可全面精准地刻画基层经济社会发展面貌，又能聚众力、汇众智、集众志为健全决策机制、出台制度规范构筑多维度参考。因此，如何编排问卷、设计问题，以便问准群众关注的问题、问深群众提出的建议，成了问卷调查乃至现代调查研究的关键所在。此外，领导干部还应牢记习近平总书记的教诲，将"学习、掌握和运用现代科学技术的调研方法""逐步把现代信息技术引入调研领域"等要求落到实处，了解掌握网络调查及其问卷设计方法，从而"进一步拓展调研渠道、丰富调研手段、创新调研方式"，更好地适应"新形势新情况特别是当今社会信息网络化的特点"。① 因此，本章将进入领导干部开展调查研究的核心技术部分。在阐述调查问卷及其设计重要性的基础上，回顾问卷的常见种类与一般结构；同时，结合具体案例，对问卷编制中问题的题型选择、提问方式、排列顺序、数量安排以及答案备选项的设计等关键环节进行模拟操练；最后，顺应网络社会发展的新形势，介绍了网络问卷的设计要点，并比较网络调查与传统纸质调查的优劣势，以便读者能够因地制宜地灵活使用这两种线上线下调查方法。

第一节 问卷设计的意义及基本步骤

时至今日，问卷法（又称为问卷调查法）已经成为调查研究中极为有用的一种方法，被广泛用于商业、政治、大众传媒、政府机构及学术研究领域。通过抽查或普查，以了解公众对发生的事件、周围环境及一些公众话题的观点和态度取向。通常，研究者将其所要研究的内容制成问题或量表，再以现场作答、邮寄或在网络移动端

---

① 习近平：《谈谈调查研究》，载于《学习时报》2011年11月21日，第1版。

填答的方式发放给相关人群，请其按照格式填答并予以回收，以此来收集用于统计分析的数据资料。可见，问卷是调查研究中用来获取数据信息的一种工具，在形式上主要表现为一份精心设计的问题表格。研究者借此来测量人们的行为、态度和社会特征，以及特定事务和现象的具体情况等。

美国著名社会学家艾尔·巴比曾如是说："问卷是社会调查的支柱。"[①] 而问卷的支柱性作用，就取决于问卷设计的好坏。鉴于问卷调查的不可逆性，问卷设计的好坏不仅直接影响所收集资料的有效性和准确性，还决定了调查结果所匹配的统计分析层次以及问卷回收率。从定量研究的流程来看，必定是"问卷调查在前，数据分析在后"。因此，就所收集资料的有效性而言，如果问卷设计得相对简单，受统计分析层次的影响，就只能对调查结果进行百分比、均值等描述类统计分析，而无法逾越到诸如回归分析等解释类统计应用。而就所收集资料的准确性而言，如果研究者对研究主题不熟悉，那么，在问卷设计时就很可能"离题千里"或者"驴唇不对马嘴"，如此得来的调查数据质量无疑是令人担忧的，所得的结论也容易遭到质疑。此外，就问卷的回收率而言，如果在问卷设计时无法充分调动调查对象的积极性甚至招致其厌烦，那么调查对象在填答时很容易出现敷衍式作答、中途弃答、拒答等现象，从而造成废卷过多、问卷回收率不尽如人意，最终将制约抽样规模、降低样本的代表性。由此可见，问卷设计必须先经过一些特定的步骤，最终才能形成正式的问卷。

在不断的研究和应用中，问卷设计形成了较为明确的操作步骤和方法。主流观点认为，探索性研究、设计问卷初稿、问卷的试测或专家讨论是问卷设计之路的三个必经节点。不过，也有学者考虑到概念的操作化和发展测量指标对于问卷设计的关键作用，倾向于将研究假设（或设想）作为问卷设计的第一步，并将测量与操作化纳入问卷设计中来。为避免赘述，有兴趣的读者可以到第三章中详细阅读关于概念的操作化和发展测量指标的内容。本章中问卷设计的主要步骤，与主流认知保持一致，遵循探索性研究、问卷初稿设计、问卷的试测与修改三大步骤而展开。

  探索性研究

由于每个人的经历、学识、兴趣爱好等各不相同，在某种程度上，我们都生活在自己的信息"茧房"之中。对于某些调研主题，必定存在着认识盲区。即使是我们所熟悉的领域，也牵涉到如何将抽象的调研主题转化为特定的概念（或研究假设），再将这些概念（或研究假设）进一步操作化为问卷中一个个具体的指标等问题。因此，

---

① 袁方、王汉生：《社会研究方法教程》，北京大学出版社1997年版，第231页。

探索性研究并不是问卷设计中可有可无的环节，而是发挥着帮助设计者形成初步认识、聚焦主题、预警调研中可能出现的风险等效用的重要步骤。

在实践中，探索性研究通常分为两步走。第一步，查阅相关文献，尽可能多地获取有关信息和资料，做到心中有底。正是在上述资料准备和理论思想准备的双重加持下，充分了解和全面把握所要研究的问题，并提出自己的研究假设。当然，此时的研究假设可能并不是十分完备，也许只是对"胸中沟壑"的大致勾勒或感性认识。第二步，深入基层，投石问路。探索性研究绝不能闭门造车，还需要到现场去听听"风声雨声"、感受"热腾腾的民生"。此时的问卷形式多以访谈提纲为主，研究者召集相关人员进行小型座谈会，选择少数典型代表进行个案访谈，甚至是以拉家常的形式进行交谈。这种非正式的形式，往往可以让受访者放松下来，以便于研究者获得更真实客观的想法，同时，也便于研究者设身处地地从受访者的视角审视问卷中是否存在含糊不清的问题，抑或思索自己设计的问题选项是否符合受访者的实际情况。毛泽东在农村调查时便深谙此道，在《反对本本主义》（原名《调查工作》）中曾深入探讨过（节选内容如下），放到如今依然具有较强的工作指导性。

拓展阅读

毛泽东论"调查的技术"

一、要开调查会作讨论式的调查

只有这样才能近于正确，才能抽出结论。那种不开调查会，不作讨论式的调查，只凭一个人讲他的经验的方法，是容易犯错误的。那种只随便问一下子，不提出中心问题在会议席上经过辩论的方法，是不能抽出近于正确的结论的。

二、调查会到些什么人？

要是能深切明了社会经济情况的人。以年龄说，老年人最好，因为他们有丰富的经验，不但懂得现状，而且明白因果。有斗争经验的青年人也要，因为他们有进步的思想，有锐利的观察。以职业说，工人也要，农民也要，商人也要，知识分子也要，有时兵士也要，流氓也要。自然，调查某个问题时，和那个问题无关的人不必在座，如调查商业时，工农学各业不必在座。

三、开调查会人多好还是人少好？

看调查人的指挥能力。那种善于指挥的，可以多到十几个人或者二十几个人。人多有人多的好处，就是在做统计时（如征询贫农占农民总数的百分之几），在做结论时（如征询土地分配平均分好还是差别分好），能得到比较正确的回答。自然人多也有人多的坏处，指挥能力欠缺的人会无法使会场得到安静。究竟人多人少，要依调查人的情况决定。但是至少需要三人，不然会囿于见闻，不符合真实情况。

四、要定调查纲目

纲目要事先准备，调查人按照纲目发问，会众口说。不明了的，有疑义的，提起辩论。所谓"调查纲目"，要有大纲，还要有细目，如"商业"是个大纲，"布匹"，"粮食"，"杂货"，"药材"都是细目，布匹下再分"洋布"，"土布"，"绸缎"各项细目。

五、要亲身出马

凡担负指导工作的人，从乡政府主席到全国中央政府主席，从大队长到总司令，从支部书记到总书记，一定都要亲身从事社会经济的实际调查，不能单靠书面报告，因为二者是两回事。

六、要深入

初次从事调查工作的人，要作一两回深入的调查工作，就是要了解一处地方（例如一个农村、一个城市），或者一个问题（例如粮食问题、货币问题）的底里。深切地了解一处地方或者一个问题了，往后调查别处地方、别个问题，便容易找到门路了。

七、要自己做记录

调查不但要自己当主席，适当地指挥调查会的到会人，而且要自己做记录，把调查的结果记下来。假手于人是不行的。

资料来源：节选自毛泽东《反对本本主义》第七部分"调查的技术"，《毛泽东选集（第一卷）》，人民出版社1991年第2版，第116-118页。

二 问卷初稿设计

经过前期的探索性工作之后，我们便可以着手问卷初稿的设计了。整体上来看，问卷初稿的设计，需要把握内容和形式两方面的工作：就问卷内容而言，需要明确研究锁定的问题及相应的答案备选项，同时根据研究主题和受访者特点，对题目数量、问题类型、书面提问方式、排列顺序等多项内容进行考量和设计；就问卷形式而言，则从研究需要、数据处理层次、应用场景等因素出发，明确问卷的结构，分别对标题、前言和指导语等进行专项设计。其中，问卷的内容设计至关重要，其是否具备合理性和科学性，将决定问卷能否有效地服务于调研。因此，我们将花更多的工夫来揣摩问卷的内容设计。

问卷初稿设计的具体流程，依次如下：

第一步，基于研究假设和所需资料的内在逻辑性，以思维导图的形式描绘出整个问卷的框架及各部分的先后顺序；

第二步，详细设计出问卷每个部分中的问题及答案备选项，并合理安排这些问题的顺序和形式；

第三步，根据受访者的阅读和填答习惯（如问题是否敏感、是否方便填答），检查问卷中的所有问题，并及时调整和补充；

第四步，从总体上修订和调整全部问题的表述形式、排列顺序、排版等，最终形成问卷初稿。

三 试用与修改

问卷初稿定稿后，还不能直接应用于正式调查，它必须经过试用这一环节的"查缺补漏"，不断改进后才能步入正式调查的阶段。正如前文所提及的，鉴于大规模问卷调查的不可逆性，问卷设计中的任何瑕疵均会直接影响结果分析、调查报告撰写等后继环节，造成"亡羊补牢"而"为时晚矣"的尴尬境地。因此，试用在整个问卷设计中不可或缺，切不可掉以轻心。目前，对于问卷初稿的评判使用，主要有以下两种方法。

一种是主观评价法。根据研究主题，联系相关领域的专家、研究人员以及具有代表性的受访者，请他们对定稿的问卷初稿进行分析评判，随后，根据他们的修改意见，对问卷中存在的问题进行必要的修改。当然，这种方法不仅应用于问卷初稿的测评，在国家领导人的"问计于民"中亦屡屡有所体现。譬如，在编制"十四五"规划期间，习近平总书记在中南海主持召开经济社会领域的专家座谈会，邀请林毅夫、樊纲、郑永年等9位国内各社科研究领域的知名专家代表，就"十四五"规划编制等提出意见和建议。这类方法的优点在于评价成本相对较低、快速高效，但其很大程度上依赖于研究者对这些专家、研究人员及代表人员的筛选能力与联络能力。

另一种是客观评价法。从正式调查的样本中选取小部分人，让他们来试用问卷初稿，从而发现问卷中可能存在的问题，以修改和调整形成定稿。检查和评判的标准，主要包括以下三个方面。① 有效回收率。如果剔除各种废卷后的回收率较低（如60%以下），则说明问卷设计存在较大的问题。它比回收率更能反映问卷初稿的质量，在某种程度上可视作问卷设计的总体评价。② 填答的完整性。填答不完整的问卷主要表现为：要么，受访者回避问卷中某几个特定的问题，不予作答；要么，受访者从问卷中的某道题开始"卡壳"，后续所有问题都处于"集体失声"的状态，留下大面积的空白问卷。此时，就一定要找出受访者弃答的原因，有针对性地调整问卷结构与内容。③ 填答的准确性。即侧重考查回收的问卷中是否存在受访者在内容方面"答非所问"，以及在形式方面"南辕北辙"的状况。如果是受访者"答非所问"，则应重新审视问卷中问题的表达是否准确、清晰，语义上是否存在模棱两可的情况。如果是答题形式的"南辕北辙"即填答方式的错误——例如，问卷中有清晰的提示语指明"第 2 题选择'否'的人请跳答至第 5 题"，结果第 2 题许多选择"否"的人依然填答了第 3 题和第 4 题——此时就要反思问卷中的指导语是否明确或问题形式是否过于复杂，集中从这两方面着手重新调整问卷。

此外，在实际社会生活中进行问卷初稿试用时，还需特别注意以下三方面。① 关于抽样方法和资料收集方法。试用时所采用的这些方法，尽量与正式调查保持一致。例如，在正式调查中拟用简单随机抽样的方法，那么，试用时就不宜采取滚雪球式的抽样方法。同理，正式调查采用自填问卷法，试用检验也应用自填问卷法；正式调查采用结构访问法，试用检验也应用结构访问法，便于研究者或调查员产生更贴近实际情况的反馈意见。② 试用检验时间的把握。调查对象完成问卷的具体时间，应包含思考问题和填答问题的时间。当试用调查问卷耗时较长时，应记录具体原因，作为进一步调整问卷的参考依据。③ 主观评价法与客观评价法的综合运用。我们可以根据研究需要和实际操作条件，将问卷试用、专家访谈、典型个案座谈等多种形式穿插使用，以便相互印证。

第二节　问卷的种类与结构

在实际生活中，大家接触到的调查问卷有长有短、五花八门。目所能及之处，有的问卷以数字和编码"当主角"，有的则是"文字写意派"，通篇以文字记录占主导。接下来，本节对常见的问卷类型进行划分，并就结构化问卷展开详细阐释。

　问卷的基本种类

（一）结构型问卷

结构型问卷，是指问卷中的问题排列有序，其中，每个问题的提问方式、措辞及其可供选择的答案选项，均遵循一致的内在逻辑性和显化的顺序性。这样的问卷，通常整齐划一，由研究者事先设计好问题，并列举几个可能的答案备选项和对应的编码等；受访者只需根据自身实际情况，在各种答案备选项中选择符合自己情况的答案就行了。通常，对于符合自己情况的答案，用符号"√"或画圈来表示。例如，对于受访者的文化程度，可以设计以下几种答案：① 初中及以下；② 高中或中专；③ 大专；④ 本科；⑤ 研究生及以上。

由于结构型问卷大多是非开放式的填答语境，受访者必须在设计的框架之内，从预先提供的若干备选答案中予以选择，故这种问卷也称之为"封闭型问卷"。其优势是，受访者填答速度较快，问卷的回收率和信度较高，所收集的数据便于后期的量化统计分析与比较。因而，它在大规模的调查中被经常使用，是调查问卷中的基本种类。封闭性问卷的局限性则在于，受访者有时不能真实而完整地表达自己的想法，预先设计的答案备选项不能涵盖受访者某些深入的、敏感的、个性化的态度观点。这时，可以联合运用其他类型的调查方法，做到优势互补、相得益彰。

（二）无结构型问卷

所谓"无结构"，是指相对于结构型问卷的封闭性框架而言，其结构更为松散。即问题的表达方式、提问顺序及措辞等，均没有硬性规定或预先设定，也没有提前编制任何答案选项，只是根据研究目的限定了调查的方向和内容。受访者可以根据自身情况自由作答，故亦称之为"开放式问卷"。无结构型问卷中的问题没有提供标准化的答案，因此，难以进行量化分析和对比分析是这类问卷调查的短板。但是，这类问卷的优点在于，能够让受访者较为充分地畅所欲言，从而挖掘出更多无法预先探知的丰富信息。当然，无结构型问卷调查方式对访谈技巧也提出了更高的要求。研究者此时扮演的就不仅仅是调查员的角色，而且还是集催化师、引导员、记录员等多重角色于一身的。在《寻乌调查》中（参见"拓展阅读"），毛泽东在对寻乌基本情况进行摸底了解的基础上，亲自准备和拟定调查纲目，既有大目，也有细目。共列出5个大目，每个大目之下又列出几个甚至十几个细目，在细目之下再列出作为讨论式调查的具体问题。比如，在细目"寻乌城"之下就列出多达25个具体问题。不难发现，这种更接近于访谈提纲的问卷，多用于探索性调查。

（三）半结构型问卷

顾名思义，半结构型问卷是指兼有结构型问卷和无结构型问卷两种形式的问卷。这种问卷把两种问卷的提问方式融为一体，充分发挥两者的长处，既便于进行量化统计，又可以得到一些有深度的研究资料。① 鉴于上述问卷的特点，我们可以根据不

---

① 于立志、刘崇顺：《新时代领导干部调查研究指南》，天津人民出版社2019年，第92页。

同的调查需要和调查情境予以综合运用。比如，结构型问卷适用于大规模调查，以便量化分析及跨群体比较；而无结构型问卷适用于个案或小样本。若从整个调研流程观之，可以先用无结构型问卷（或半结构型问卷）"打先锋"，作为正式调研前的准备工作；待到问卷设计"一锤定音"后，再在大范围的调查中启用结构型问卷，以便快速发放与回收问卷，以及进行后期的数据分析。当然，如果对调查结果没有量化分析的要求，或是对受访者的心理态度、社会行为特征需要深入挖掘时，无结构型（或半结构型）问卷亦不失为一种更优的选择。

拓展阅读

毛泽东在《寻乌调查》中的"调查提纲"

寻乌调查是一九三〇年五月四军到寻乌时做的，正是陂头会议（二月七日四军前委与赣西特委的联席会议）之后，汀州会议（六月四军前委与闽西特委的联席会议）之前，关于中国的富农问题我还没有全般了解的时候，同时我对于商业状况是完全的门外汉，因此下大力来做这个调查。在全部工作上帮助我组织这个调查的，是寻乌党的书记古柏同志（中学生，破产小地主，曾任小学教师、县革命委员会及县苏维埃主席，篁乡区人）。在材料上与我以大量供给的，是郭友梅（五十九岁，杂货店主，曾任县商会长，本城人）、范大明（五十一岁，贫农，县苏职员，城区人）、赵镜清（三十岁，中农，做过铸铁工，做过小商，陈炯明部下当过兵做到排长，现任县苏委员，双桥区人）、刘亮凡（二十七岁，县署钱粮兼征柜办事员，现任城郊乡苏维埃主席，城区人）四人，他们都是经常到调查会的。此外李大顺（二十八岁，贫农，曾任区苏委员）、刘茂哉（五十岁，老童生，开过赌场，做过小生意，原是小地主，降为贫民，曾任县革命委员会委员，现任区苏委员）两人，也供给了一部分材料，间或到我们的调查会。还有刘星五（四十六岁，农民，做过小生意，乡苏委员，城区人）、钟步赢（二十三岁，梅县师范生，区政府主席，石排下人）、陈倬云（三十九岁，自治研究所毕业，做过缝工，做过小生意，当过小学教师）、郭清如（六十二岁，秀才，赴过乡试，做过小学教师，城区人）四人，到过一二次调查会，稍微供给了一点材料。我们的调查会，就是我和以上十一个人开的，我做主席和记录。我们的会开了十多天，因为红军部队分在安远、寻乌、平远做发动群众的工作，故有时间给我们开调查会。

以下为根据《寻乌调查》原文整理出的调查提纲（节选）：

大目	细目
寻乌的商业	（一）门岭到梅县的生意 （二）安远到梅县的生意 （三）梅县到门岭的生意 （四）梅县到安远、信丰的生意 （五）惠州来货 （六）寻乌的出口货 （七）寻乌的重要市场 （八）寻乌城 （1）寻乌城是什么；（2）盐；（3）杂货；（4）油；（5）豆；（6）屠坊；（7）酒；（8）水货；（9）药材；（10）黄烟；（11）裁缝；（12）伞；（13）木器；（14）火店；（15）豆腐；（16）理发；（17）打铁；（18）爆竹；（19）打首饰；（20）打洋铁；（21）修钟表；（22）圩场生意；（23）娼妓；（24）同善社；（25）人口成分和他们在政治上的地位

寻乌的
旧有土地关系
	（一）农村人口成分
	（二）旧有田地分配
	（三）公共地主
	    A. 祖宗地主　B. 神道地主　C. 政治地主
	（四）个人地主
	    A. 大地主　B. 中地主　C. 大中地主对于生产的态度
	    D. 大中地主的政治思想　E. 小地主
	（五）富农
	（六）贫农
	（七）山林制度
	（八）剥削状况
	    A. 地租剥削
	    1. 见面分割制　2. 量租制　3. "禾头根下毛饭吃"
	    4. 批田　5. 批头、田信、田东饭　6. 谷纳、钱纳
	    7. 铁租、非铁租　8. "要衫裤着去捞"　9. 劳役
	    10. 土地买卖
	    B. 高利剥削
	    1. 钱利　2. 谷利　3. 油利　4. 卖奶子　5. 打会
	    C. 税捐剥削
	    1. 钱粮　2. 烟酒印花税　3. 屠宰税　4. 护商捐
	    5. 牛捐　6. 赌博捐　7. 财政局总收入　8. 派款借款
	（九）寻乌的文化

大目	细目
寻乌的土地斗争	（一）分配土地的方法 （二）山林分配问题 （三）池塘分配问题 （四）房屋分配问题 （五）分配土地的区域标准 （六）城郊游民要求分田 （七）每人得田数量及不足生活之补添 （八）留公田问题 （九）分配快慢 （十）一个"平"字 （十一）抵抗平田的人 （十二）原耕总合分配 （十三）暴动在莳田之后怎样处理土地 （十四）非农民是否分田 （十五）废债问题 （十六）土地税 （十七）土地斗争中的妇女

资料来源：《寻乌调查（1930年5月）》电子书，https://flbook.com.cn/c/whSX9JNmha/wx?from=timeline&isappinstalled=0。

 问卷的结构

虽然现实中的问卷有千千万，但往往"万变不离其宗"，封面信、指导语、具体问题及其备选项、编码等是其主要的构成部分。这里，主要聚焦介绍结构型问卷中的"结构"。

（一）封面信

在问卷的开头，除了确定问卷的名称标题之外，正文之前应设置封面信。封面信的作用是，向受访者说明此次调查的目的、大致调查的内容、调查者的身份、调查对象的选取以及问卷填写的方法等，以争取他们的支持和配合。封面信一般设置在问卷第一页的最上方（问卷标题之下），或者单独作为一页置于整个问卷之前；封面信的文字要简洁清晰、通俗易懂，字数控制在200字之内为宜，以便于受访者快速理解问卷调查的目的；语气要谦逊诚恳，目的是消除受访者的顾虑，让每一位受访者愿意参与调查。很大程度上，问卷调查是一种"人—纸"互动，特别是诸如通过邮寄问卷填答和网络调查这类没有调查员"在场"的情况，封面信在其间的作用更是不容小觑，它直接决定了问卷能否在开篇"第一眼"就留住受访者，使其正确作答并愿意返回问卷。以下是某市干部群体调查问卷的封面信的示例：

> 亲爱的同志，您好！
>
> 　　为了践行新时代党的组织路线，了解掌握我市干部队伍建设的现状，进一步建立完善干部队伍的常态化管理，市委组织部特开展专项调查。请您根据实际情况，在每题相应的选项中打"√"或填写相应内容。如无特别说明，每题只选择一个答案。本调查不用填写单位和姓名，调查结果只以统计数字出现，我们将按照《统计法》规定，严格保密。
>
> 　　感谢您的支持！
>
> 中共××市委组织部专项课题组
2018 年 7 月 2 日
>
> 总负责人：市委组织部组织三处　张科长
> 联系电话：××××××　　Email：××××××

具体来说，封面信主要涵盖以下几个方面的内容。

1. 称呼调查对象，并点明调查者的身份

这里的调查者，既可以是个人或单位，也可以是团队。如示例中的调查者，便是市委组织部牵头而组建的调研专家团队。这种身份介绍，既可以落款的形式出现，如示例中的"中共××市委组织部专项课题组"；也可直接在封面信中予以说明，即将上述落款则变通为封面信中的说明文字，如"我们是中共××市委组织部专项课题组的成员，目前正在开展一项干部队伍建设的专项调查"。需提醒的是，落款一定要客观具体，注明具体单位，不要含糊其词。试想下，如果选用"专项课题组"或"干部队伍建设专项课题组"，跟示例中的落款相比较，哪个更可信？当然，倘若能附上调查单位的地址、联系人、联络方式（电话号码、电子邮箱、微信等）就更佳，以消除受访者的疑虑，凸显调查的正式性和组织性，有利于调查的顺利推进。

2. 概括说明调查的大致内容

通常是用一两句话概括地交代调查的基本内容，如示例中的"了解掌握我市干部队伍建设的现状"。需要把握的是，这部分内容既不能含糊其词甚至故意欺骗受访者，也没必要长篇大论地展开阐述，毕竟受访者的注意力维持时间有限，而且后面问卷具体问题的填答才是重头戏，不宜分散受访者过多时间和精力。

3. 指明调查的目的和意义

为了调动受访者的积极性和责任心，该部分的阐述应注重兼顾现实意义和理论意义，必要时叙述重点可更倾向于问题解决、政策制定等实践层面。毕竟大多数领导干部所做的调查研究更注重实践性，而非"象牙塔"内的纯粹学术研究。比如，示例中解释了该项调查的意义在于"践行新时代党的组织路线"，调查目的是"进一步建立完善干部队伍的常态化管理"。

4. 交代受访者的选取方法，并承诺相关信息、调研结果的保密性

面对调查的邀请时，很多人的第一反应是："身边大有人在，为什么抽中的是我？""我的信息会被泄露吗？""领导看到我的回答，会不会影响不好？"此时，为了打消受访者的顾虑，在封面信中简明扼要地说明抽样方法的科学性，保证问题回答的低"个人识别性"、调查的匿名性以及隐私的保护性，就非常有必要。示例中，便是用"本调查不用填写单位和姓名，调查结果只以统计数字出现，我们将按照《统计法》规定，严格保密"这样的话语，来消除受访者的戒备，寻求其支持和配合。

5. 说明问卷的填答与回收方式，最后表示谢意

在后面将提到，由于问卷的题型包括单选题、多选题、矩阵题、表格题、排序题和比重题等多种形式，故有必要对填答的方法予以具体说明，从而减少人为填答的错误。示例是这样表述的："请您根据实际情况，在每题相应的选项中打'√'或填写相应内容。如无特别说明，每题只选择一个答案。"当然，若是网络问卷，则可以采取更灵活的方式，比如，除了在封面信中予以提醒，还可以在特定题型上设置对话弹窗，给予针对性的解释说明。

此外，由于大规模的线下问卷均由调查员负责回收，网络问卷则基本上实现了"答毕自动上传"，故目前需要在封面信中说明问卷回收方式的情况大多应用于纸质问卷邮寄这类调查方式。此处，只需约定回收问卷的时间、邮寄方式、联络方式等即可。譬如，"请于9月10日之前寄往×省×市×街道×路×号×室。邮编：×××。联系人：×××。电话：×××。接受寄件到付。"最后，在封面信的结尾处，一定要真诚地对受访者表示感谢。如果设有奖励（如实物小礼品、电子红包），也可以简单交代一下，以提高应答率。

（二）指导语

类似于产品的使用指南，指导语的作用在于指导受访者如何正确填答问卷，或是指导调查员如何正确使用问卷并完成调查工作。有的问卷由于该部分内容较少而并未设置专门的指导语，主要是在封面信中用一两句话交代，具体参见前文示例。而有些指导语较为复杂，通常以"填答说明"的形式出现在封面信之后、问卷正文之前，其作用是对填表的方式方法、要求和注意事项等予以总体的说明。示例如下：

填答说明

请在每个问题后找到适合自己情况的答案，并在对应的代码上打"√"；

如无特殊说明，均为单选题；

有些选项如无列出，请在"其他（请注明）_____"中填写；

问卷每页右侧的数字及短横线为计算机处理专用，你不必填写；

除了问卷要求跳答的问题外，不要遗漏任何题目，否则整个问卷无效；

当出现某些问题你可能从未思考过，或者感到不容易回答，请做出倾向性的选择；

答题过程中请勿与人交谈，或干扰他人答题。

针对某些较为复杂的问题，则以卷中指导语的形式给予特别的说明。譬如："如果选择'否'，请跳过第7—9题，直接从第10题开始填答"；"此处可多选"；"请按重要程度排序"；等等。在网络调查中，类似上述的卷中指导语，基本上可以通过对话机制的设置，实现对受访者答题的智能化指引。

（三）问题与答案备选项

这一部分是问卷设计的主体，相关内容将在本章第三节中进行详细的介绍。

（四）问卷编码及其他资料

编码就是指对问卷中的每个问题及受访者回答的结果分别赋予一个数字作为其代码。问卷的编码具有唯一性，它主要是为了便于计算机的量化处理。在实际调查中，主要采用预编码的形式，即问卷设计时就将编码一并设计好，一般出现在问卷每页的最右边。现在，问卷的编码也可以在统计软件的辅助下由计算机完成。以下为问卷编码及其说明的示例：

```
A1  您的性别：① 男   ② 女                          1 ____

A2  您的年龄：_____ 岁                            2~3 ____

A3  您的政治面貌：                                 4 ____
    ① 中共党员  ② 民主党派  ③ 共青团员  ④ 群众

A4  您每周工作的累计时间：_____ 小时              5~6 ____

A5  您的职务级别是：                               7 ____
    ① 正局级  ② 副局级  ③ 正处级  ④ 副处级
    ⑤ 正科级  ⑥ 副科级  ⑦ 科员及其他
```

变量代号	变量名称与说明	答案编码与说明
A1	性别	0—缺失，1—男，2—女
A2	年龄	0—缺失，两位数
A3	政治面貌	0—缺失，1—中共党员，2—民主党派，3—共青团员，4—群众
A4	每周工作时长	两位数
A5	职务级别	0—缺失，1—正局级，2—副局级，3—正处级，4—副处级，5—正科级，6—副科级，7—科员及其他

这里，除了问题A4之外，其余4道问题均以0作为缺失值，用来代表错选、漏选和未作答的情况。而问题A4考虑到出现"每周工作累计时长为0"时，则代表受访者目前为待业或全职在家的状况，因此，没有将0设为缺失值。对于"年龄"变量，按照人类一般寿命极限100岁来推算（对于极少数大于99岁者皆记为99岁），编码中给出了两栏，序号为2~3。问题A1、A3、A5这三道题都是单选题，且答案备选项的最大值均为个位数，故分别只给出一栏的宽度。

除了编码之外，有些问卷还会在封面印上问卷编号、调查员编号、审核员编号、调查日期、调查对象住所、调查对象配合情况等有关内容。[①]

---

① 风笑天：《社会研究方法（第六版）》，中国人民大学出版社2022年版，第163页。

新时代领导干部调查研究方法

第三节　问卷的编制

本节从问卷中常见的题型出发，运用大量案例，详细讨论具体问题的设计。同时，根据实际操作经验，对调查问题的提问方式、排列顺序、数量安排以及答案备选项的设计原则进行深入浅出的解说。

一　问卷中的常见题型

（一）填空题

一般是在问题后面留出一些空白（用括号或横线标识），让受访者在括号内或横线上填答。这类题型适用于填答内容较少的情况，填答的内容往往是数字类。

> A1　你的年龄是（　　　）岁。
> A2　你家里有（　　　）口人。
> A3　你每天花在家务上的时间大概有多久？＿＿＿＿分钟。

（二）是否题

这类题的答案只有肯定和否定两个备选项，受访者根据自身情况来二选一。是否题是民意测验中的高频题型，备选项简单明了，便于严格地将受访者进行分类比较。不过，从中获取的信息有限，不利于从客观存在的多个维度和不同层次掌握与深入分析受访者的表现。

> A1　你是中共党员吗？　　　　　　　　　　①是　　②否
> A2　你是否赞成末位淘汰制？　　　　　　　①是　　②否
> A3　你每晚是否睡够八小时？　　　　　　　①是　　②否

（三）选择题

这类题的答案备选项在两个以上，受访者根据自身情况，选择其中的一个答案或多个答案。根据问卷中问题限定选择答案的数量，选择题又可划分为单选题、多选题及排序题。问卷中的问题限定只能有一个答案的情况，谓之单选题；允许同时选择两个及以上答案的情况,则是多选题;而排序题可视为多选题的升级版,即要求同时选择两个及以上答案,并将选中的这些答案按照某种内在逻辑(如重要性或喜爱程度)进行排列。

> A1　您对本地区、本部门基层党组织发挥作用的总体评价(单选):
> ① 很好　② 较好　③ 一般　④ 不太好　⑤ 不好　⑥ 不了解
>
> A2　您对选人用人问题看法主要是根据(　　)(可多选)
> ① 亲身经历　② 听别人说的　③ 书报、电视等媒体
> ④ 互联网　⑤ 其他(请注明)_____
>
> A3　请您对以下择偶的考虑因素进行排序:(限选三项)
> 第一看重(　　);第二看重(　　);第三看重(　　)
> ① 外貌　② 人品　③ 个人能力　④ 年龄　⑤ 物质条件
> ⑥ 性格　⑦ 生活习惯　⑧ 学历　⑨ 其他_____

(四)表格题

为了节省问卷空间,同时更一目了然,将同一类型的若干问题集中在一起,共用一组答案,构成一个问题表格的表达方式。从外形上看,其跟矩阵相似,故又称之为矩阵题。

> 请您根据自身感受,对本单位干部管理的如下方面做出评价:(在对应的栏内打"√")
>
> | 干部管理方面 | ① 不满意 | ② 一般 | ③ 满意 |
> |---|---|---|---|
> | C3a 选拔任用机制 | | | |
> | C3b 管理监督机制 | | | |
> | C3c 考核评价机制 | | | |
> | C3d 激励保障机制 | | | |

需提醒的是,这类题型虽然使得问卷更加紧凑,但表格的行(或列)不宜设置过多,否则,很容易令填答者眼花缭乱,发生因看错行(或列)而选错的情况。而且,在一份问卷中,这类题型运用过多,也容易给填答者造成呆板、单调的印象。

（五）相倚问题

换位思考下，如果我们作为受访者，在填答问卷时，遇到"觉得自己不在调研之列""问题超纲"的情况，是否会瞬间产生放弃作答的念头？那么，作为问卷设计者，就要反思：这些问题是否适用于样本中的每一个调查对象？如果不适用，即这些问题只适合部分人群来回答，那么，我们就必须先设置过滤性问题将调查对象分流。以老人赡养情况的调查为例，面对"你是否有兄弟姐妹"这样的问题时，大部分农村的受访者会选择"是"；城市中的情况则可能正好相反，大部分受访者可能是独生子女而会选择"否"。由此可以推测：独生子女与非独生子女对于老人赡养的模式存在较大差异。若想进一步了解详情，则必须针对这两类人群设计不同的后续问题，以获取更多的信息。此时，便是相倚问题（后续性问题或附加式问题）发挥作用的时刻了。

相倚问题，指的是在前后两个（或多个）相连的问题中，受访者回答前一个问题的结果，决定了是否继续回答后一个（或多个）问题。通常，前一个问题会作为"过滤性问题"（或称为"识别性问题"）。具体做法是，对于只适合部分受访者的问题，可先设置一个过滤性问题，再对符合者提出新的附加性问题，与过滤性问题构成连续式答问；对于不符合者，附加性问题就无须回答了，可以跳到后面的问题继续作答。在问卷设计中，主要有以下两种表现形式：

> A5　你是否有兄弟姐妹？
> ① 有→有____个兄（弟）____个姐（妹）
> ② 否
>
> ---
>
> A5　你是否有兄弟姐妹？
> ① 有
> ② 否→请跳过问题 A6—A9，直接从 A10 回答

二　问卷的提问方式与答案备选项的设计原则

无论是问卷中的问题，还是答案备选项，皆为研究者与受访者之间重要的沟通桥梁与载体。总体上来看，提问与答案备选项设计所遵循的原则是简短明确、通俗易懂。具体操作时，问卷中的提问方式与答案备选项设计，需把握以下基本要求。

（一）用语力求准确、通俗易懂

问卷问题的用语，要避免生僻抽象的词语、过于专业化的术语以及非官方（正式）认定的概念或简称，以免使受访者对问卷的理解产生偏差，从而影响问卷填答的质量。如以下 A1 例所示，社会学学者和人口学学者对答案备选项中的家庭类型及其具体表现特征是较为了解的，而一般人则可能连"核心家庭""主干家庭"等为何物都不知，更无从答起。可见，这道问题设计的弊端在于，使用了过于抽象和专业化的概念。如果将其改为更接地气的说法，效果可能会截然不同。比如，改为"您家里几代人共同生活"，意思就简单明了得多。

> A1　您的家庭属于以下哪种类型？
> ① 单亲家庭　② 核心家庭　③ 主干家庭　④ 联合家庭
> ⑤ 其他（请注明）_____

（二）避免主观倾向性提问，避免暗示和诱导性提问

问卷设计的所有问题都应该基于事实，应以一种中立的态度客观地提问。如果问卷的问题表现出强烈的肯定或否定的倾向性，其对于受访者则无疑是一种心理暗示和诱导，极易造成受访者有意的迎合或无意识的顺从，从而隐藏自己的真实想法。如此得来的调查结果，其真实性可疑。如下示例中，我们从问题 A2 的提问方式就可以感知设计者对于该市反腐工作持肯定甚至褒扬的态度，字里行间给人造成一种既定事实的错觉与压迫感，仿佛受访者若不能跟问卷设计者持相同的点赞态度，便是不辨是非、不明事理。这种"被绑架"出来的调查结果，就不是真实客观的。此处，不妨转换为更中立的说法，即"对于我市的信访工作，一部分人认为做得不错，另一部分人认为只是在走形式，你认为如何"，这显然更有利于获得公正客观的评价。

> A2　绝大多数人觉得我市的信访工作做得不错，你认为如何？
> ① 很好　② 比较好　③ 一般　④ 较差　⑤ 很差

（三）避免"语义双关""模棱两可"的提问

在一个问题中，不能同时询问两件（或多件）事情，以免产生歧义。提问使用的语言，尽可能让调查对象一看就明白，切忌含糊不清。同时，提问也要防止把两个或两个以上问题合并为一个问题，使调查对象无所适从，难以瞄准目标并做出响应。

示例 A3 中,"你的父母上过大学吗"这个问题实际上同时包含了两个小问题:①"你的父亲上过大学吗?"②"你的母亲上过大学吗?"而对于那些父母只有一方上过大学的受访者,上述一题两问的方式便会使之无法回答。

> A3　你的父母上过大学吗?
> ①　上过　②　没上过

(四) 避免以否定形式提问

按照日常人际交流的习惯,人们倾向于肯定式的提问方式,而不习惯否定式的提问方式。某种程度上,否定式提问相当于在正常填答问卷过程中又加设了一道"阅读理解题"。不仅额外要求填答者耗费一定的精力完成从否定转为肯定式言语的表达转换,增加了填答的阻力;还可能在惯性思维的主导下,造成填答者的遗漏或误解,使得调查结果失真。示例 A4 中,"你是否不赞成老旧小区加装电梯"这个问题第一眼看起来就十分别扭,有违平常的表达习惯。在选择答案时,便可能因为误解而出现人为回答误差。谨慎的受访者,会先经过诸如"否定之否定等于肯定"的逻辑"打怪"之后,小心翼翼地确认自己想选的答案;马虎的受访者,则可能直接看漏了"不"字,将该题视为"是否赞成老旧小区加装电梯"来作答,由此得到的结果必定是南辕北辙。

> A4　你是否不赞成老旧小区加装电梯?
> ①　是　②　否　③　无所谓

(五) 答案备选项应具有穷尽性与互斥性

"穷尽性"是指答案备选项包括了所有可能的情况,不能有所遗漏。对于受访者而言,总有一个备选项贴合其自身的实际情况。示例 A5 中,"最近一个月,你常逛的网络购物平台是_____"这一问题的答案备选项尽管有 10 项之多,但也并非已穷尽,因为还有不少小众的网络购物平台并没有被囊括其中。此时有一个简单的办法,便可弥补上述不足,即在该题所有答案备选项的最后再增加一项"其他(请注明)_____",由受访者根据自身情况予以填写补充。

"互斥性"则是指答案备选项之间不能有所交叉重叠或相互包含。对于每一位受访者而言,最多只能有一个答案备选项适合他(或她)某方面的情况。在限定单选题的前提下,受访者如果觉得某一道问题的答案适合自己的不止一项,或者可以同时选择两个(或更多)答案,那么,该题的答案备选项就不是互斥的。如 A6 示例,在

"你的职业是什么"这一题的答案备选项中,"农民"与"农民工"、"商业人员"与"售货员"所指的概念均有所交叉和包含,因此,这题的答案备选项并不是互斥的。

> A5　最近一个月,你常逛的网络购物平台是_____?(单选题)
> ① 淘宝　② 京东　③ 拼多多　④ 唯品会　⑤ 苏宁易购
> ⑥ 抖音电商　⑦ 点淘　⑧ 快手电商　⑨ 真快乐　⑩ 考拉海购
>
> A6　你的职业是什么?
> ① 工人　② 农民　③ 干部　④ 商业人员　⑤ 医生　⑥ 售货员
> ⑦ 教师　⑧ 农民工　⑨ 个体户　⑩ 其他(请注明)_____

三　问题的数量与顺序

除了上述问题及其答案备选项的设计,问卷中问题的数量与排列顺序也是不可忽视的环节。通常,一份问卷的长短和其中问题的多少,受到研究目的、研究内容、样本性质、分析方法,以及所能占有的人力、物力、财力、时间等多重因素的影响,并无固定的标准。根据现有的实践经验,纸质问卷以 20 分钟内完成为宜,最长也不超过 30 分钟,而网络移动端问卷的填答时间还要设置得更短些。否则,容易引起受访者的厌烦或畏难情绪,进而影响填答质量和折损问卷回收率。当然,在各方面保障都较为充足的情况下,如允许较长的调查时间、多名调查员齐上阵、对每位受访者赠予小礼品,问卷长一点亦无妨。

此外,问卷中问题的排列是否得当,同样会影响问卷的填答质量和回收率。从方便受访者填答、便于后期资料分析的双重角度出发,问卷中的问题一般按照以下规则进行排列。

(一)先易后难,先熟悉后陌生

即把容易回答的问题放在前面,把复杂难答的问题放在后面;同时,揣摩受访者对话题的熟悉度,将受访者熟悉的问题前置,将他们感到较陌生的问题置后。这两条举措,都是为了给受访者营造一种轻松、友好的填答氛围,打消他们的顾虑,调动其参与的积极性,促进调查的顺利进行。

(二)先客观后主观,先封闭式问题后开放式问题

即先提出客观事实方面的问题(如行为),再询问主观方面的问题(如个人的态

度、意见和看法）。这是因为前者相对较容易作答，后者由于触及受访者内心深处不便袒露的心声而容易激发受访者的戒备和反感，导致其拒答问卷。同时，从题型来看，如果存在开放式问题，则应该将其放在封闭式问题之后，一般位于问卷的最后。由于开放式问题需要更多的时间用于思考和书写，故若其位于问卷的开头或中间，无异于横亘在通往康庄大道上的一座大山，令人望而却步，不利于其后面问题的继续作答。而且，退一步来看，即使受访者没有填答最后的开放式问题，我们依然可以从其前面已作答的封闭式问题中获取有用的信息。

（三）敏感性问题的"去敏感化"处理

对于一些诸如收入、情感经历、政治态度等问题，有可能使得受访者感到窘迫或引发受访者不愉快的回忆，但同时又因研究需要不得不调查相关问题，故在提问方式、设置方位、备选项设计等方面就需要更加巧妙地处理。

一般通过以下几种方式达到"去敏感化"或降低敏感程度的效果。第一种方式，在卷首语中设置保密性措辞。问卷的卷首语，应该明确说明问卷的用途，承诺不会泄露受访者的私人信息，使受访者乐意填写问卷。第二种方式，在敏感性问题中，通过提问方式的"伪装"，来化解这类问题所可能引发的尴尬和不适。这里，提问方式的"伪装"，又可以细分为释疑法、假定法、转移法和变换法。① 释疑法指的是在敏感问题的开头先额外撰写一段消除顾虑的文字，再切入主题。如问题A1所示，我们想考察受访者对于地方"主政官"的工作态度的评价，在此之前可以先附上宪法的相关规定，使受访者填答时更加"理直气壮"。假定法是先假设接下来询问的情况发生（但真实中不一定发生），再询问受访者的看法。如问题A2所示，研究者潜在地认为收费过高可能会影响受访者对于专业养老机构的选择，故假定一种理想状态来探究其对于专业机构养老的偏好。转移法是利用一种投射心理，借他人之口，引出某种现象，再请受访者做出判断与评价。如问题A3所示，如果直接询问"本单位在干部提拔任用方面是否存在'圈子现象'"，则很容易对受访者进行道德绑架，使其迫于群体压力而做出违心的回答。因此，以他人之口谈论此现象，更有利于受访者以"置身事外的旁观者"心态坦陈自己的真实想法。变换法则是通过委婉的说法降低问题的敏感度，以获得受访者的真实想法。如问题A4所示，这道题并没有直接询问"干部人事制度改革需要解决的突出问题是什么"，而是从"哪些需要加强"这样相对正能量、改进性建议的角度进行提问，从而使受访者打消"对号入座"的顾虑，最终得到更加接近受访者真实态度的回答。

---

① 廉思：《如何有效开展调查研究》，人民日报出版社2019年版，第137-139页。

> A1 宪法规定"中华人民共和国公民对于任何国家机关和国家工作人员，有提出批评和建议的权利"，您对您所在地方政府机关主要负责人的工作态度的看法是_____？
> ① 很负责 ② 较负责 ③ 不太负责 ④ 很不负责 ⑤ 不清楚
>
> A2 如果物质条件允许，您是否愿意到专业的养老机构养老？
> ① 愿意 ② 不愿意
>
> A3 有人说，本单位在干部提拔任用方面"圈子现象"比较普遍。您认可这种观点吗？
> ① 非常认可 ② 较认可 ③ 不太认可 ④ 非常不认可 ⑤ 说不清
>
> A4 您认为，干部人事制度改革中，下列哪些最需要加强？（至多选三项）
> ① 干部能上也能下
> ② 干部选拔提名的规范性
> ③ "一把手"权力的制约
> ④ 干部选拔的公开透明性
> ⑤ 允许优秀干部脱颖而出
> ⑥ 激励保障机制的健全
> ⑦ 干部人事制度改革措施要狠抓落实，争取达到预期效果
> ⑧ 考核干部的德才和工作实绩的标准化与科学性
> ⑨ 出台干部培养锻炼的具体措施
> ⑩ 其他（请注明）_____
> ⑪ 不了解

（四）问卷内容的"宏观"分类与集中

在问卷问题的布局上，除代表个人背景信息的问题外，应将其他问题按性质和类别相对集中，一类类地分别排列，而不要把不同性质或类别的问题混杂在一起。这样排列便于受访者有条不紊地回答问题，以免因为受访者回答问题的思路经常中断和来回跳动而影响调查质量。而关于个人背景信息的问题，则通常作为一个独立的部分，在问卷正文的开篇或尾章出现。如果调查的内容不涉及敏感性问题，并且在封面信中已做过相关"铺垫"（如保密承诺、统计结果的去个人化），那么，这部分问题最好置于卷首。不过，若个人背景信息部分中除姓名之外，还涉及其他的主要个人特征（如年龄、婚姻状况、收入、健康情况、宗教信仰），因上述信息也属于敏感内容，故不宜放在卷首，更适合放在卷尾。

拓展阅读

以下问卷中的问题有何不妥？

下列问题是从一些实际的社会调查问卷中收集而来的，它们是否有不妥当的地方？请你指出，并尝试修改。请注意，有的问题可能存在不止一处的失误。

A1　请问，您的收入属于以下哪种情况？
　① 1000 元以下　　　　　② 1000～2000 元
　③ 2000～3000 元　　　　④ 3000 元以上

A2　您最喜欢看哪种类型的电影（请选择一项）？
　① 喜剧片　　　　　　　② 爱情片
　③ 动漫　　　　　　　　④ 动作片
　⑤ 恐怖片

A3　您在目前这个岗位工作了多久？_____年

A4　您是否打算在年底完成干部在线学习和就近社区下沉任务？
　① 是　　　　　　　　　② 否

A5　您不认为那些被批评的同事应该得到同情吗？
　① 是的　　　　　　　　② 不是的

A6　群众公认且实绩突出的干部可以破格提拔，您不同意吗？
　① 是的，我不同意　　　② 不是的，我同意

A7　您的领导和同事谈论得最多的话题是：

	较多	不太多	很少
(1) 工作相关事宜	□	□	□
(2) 国家大事和社会问题	□	□	□
(3) 个人家庭、感情生活	□	□	□
(4) 明星八卦、文娱新闻	□	□	□

第四节 网络问卷设计概览

根据 2023 年中国互联网络信息中心发布的第 51 次《中国互联网络发展状况统计报告》显示，截至 2022 年 12 月，我国互联网普及率为 75.6%，网民规模已经达到 10.67 亿人，其中，网民使用手机上网的比例高达 99.8%。互联网应用范围和规模的扩展，为利用网络问卷收集数据提供了巨大的便利。

作为一种适应信息传播媒体变革的新型调查方式，网络调查应运而生。它是在互联网上针对特定问题进行的调查设计、收集资料和分析等活动，是社会调查方法在网络上的应用与发展，是传统调查方法与互联网相结合的产物。广义上，网络调查分为两类：一是以互联网为手段的调查；二是关于互联网使用情况的调查。而网络问卷调查，则是基于互联网技术手段，利用网页问卷、电子邮件问卷、手机移动终端等网络媒介通信手段，收集调查资料数据的调查方法，可以划归为第一类。目前，网络问卷调查方法因其时间和财务成本的低廉性、操作的便捷性、调查的即时性等特点，被越来越多的市场调查公司、民意调研机构、政府调查部门和学术研究机构所采用。同时，腾讯问卷、问卷星、问卷网等调查网站，累计使用人数均突破 1 亿人次，在应用市场中调查类 App 也多达数十款。

网络问卷调查与传统纸质问卷调查的比较

恰如"网络社会"是"现实社会"的延伸，网络问卷调查脱胎于传统纸质问卷调查，二者相辅相成、紧密相连。当代社会"移动互联网+"的发展大潮势不可挡，若不具备互联网的思维，社会调查就会裹足不前。随着科学技术的不断发展、各种科技设备的逐渐完善以及社会运行节奏的不断加快，网络问卷调查的使用趋于常态化。我们唯有通盘把握这两类调查的优势与局限，才能取长补短、融会贯通，保障调研之旅的顺利启航。这里，我们将从调查的组织实施、问卷呈现、数据收集与分析等环节着手，对网络问卷调查和传统纸质问卷调查进行简要的梳理与对比（见表 5-1）。

表 5-1 网络问卷调查与传统纸质问卷调查的差异

比较点	网络问卷调查	传统纸质问卷调查
成本	低	高
时效性	快	相对滞后，且需按部就班

续表

比较点	网络问卷调查	传统纸质问卷调查
便捷性	高	受限
匿名性/敏感问题接纳度	高	较高
问卷界面/呈现方式	双向互动式、多媒体智能化	单向维度、纸质
抽样方式	非概率抽样	概率抽样
回收率	高	中等
样本代表性	低,有条件时可修正	高
奖励方式	电子礼券、微信红包	实物礼品居多
资料处理方式	即时性、同步性	一环接一环
数据共享性	较高	有限
数据安全性	取决于身份识别技术、网络信息安全保障技术以及调查者的道德素养	取决于调查者的道德素养

(一) 调查组织实施上的差异

传统纸质问卷调查,通常在问卷定稿之后要开展大规模的印刷和制作工作,随后由专门的调查人员进行走访和调查,而对一些内容较为特殊的调查主题,还要进行邮寄或访谈等。这不仅要耗费颇多人力、物力、财力和时间等调查成本,还要面临调查广度不足和"入户难"的问题。而网络问卷调查,则主要基于移动互联网,以网络电子会议、电子邮件、网站网页、手机即时通信软件(如微信、QQ)等载体展开调查,因此,实现了调查问卷无纸化、调查时空不受限以及调查人员"极简化"(零派出或少派出)。此外,网络问卷调查还具有匿名性好、隐私保护性强的特点。于受访者而言,一方面可以完全自主地选择填答的时间与空间,没有来自调查员或督导员的"在场压力",受到的外界干扰少,在面对高敏感度的话题时也就更容易打开心扉、吐露实情;另一方面,网络问卷不会因为笔迹、调查地点或调查员因素而暴露资料,有利于提升信任度和问卷的回收率。

(二) 问卷呈现的差异

凭借声音、动画、视频等多媒体技术的使用和个性化网络手段的应用,网络调查问卷从问卷页面的布局、版式的设计、颜色的选择到指导语的私人定制,都实现了长足的进步。而传统纸质问卷,是依靠纸、笔这"两员大将"走天涯,很大程度上依赖于受访者阅读与理解的能力。除了因语言不通或阅读有障碍而必须由调查员亲自来"翻译"辅助填答，传统纸质问卷调查整体上是一种"人—纸"单向的沟通模式。若问卷过于冗长或文字晦涩难懂，就很容易引起受访者的厌倦，从而增加拒访或弃答的概率。而网络问卷调查的横空出世，则基于多媒体手段和智能化技术，实现了人机的双向互动。我们可以利用专门的调查网站或调查 App 设计出多媒体问卷，受访者则可以直观地通过文字、图形、影音等多种形式，做出选择和回答。此外，有些问卷的问题，可以通过设计弹窗或设置下拉菜单等填写方式实现"傻瓜式操作"，极大地提升工作效率，从而大大增强调查的互动性、趣味性和参与度。

（三）抽样与样本代表性的差异

进行一次传统的实地抽样调查，包含数个流程。比如，抽样框资料的收集以及抽样方法的确定，都需要付出大量的时间。因此，开展抽样调查往往周期较长，时效方面有一定的滞后性。但是，由于抽样调查根植于现代统计学而采取概率抽样，故其样本具有较高的代表性。相反，网络问卷调查在实践上则表现出调查时效性较强、样本代表性不足等特征。背后的原因在于，部分网络问卷调查者主要采用的是诸如偶遇抽样、滚雪球抽样、判断抽样、配额抽样等非概率抽样方式，除非能够预先获得某一组织内部成员名单（或建立样本库），否则就无法保证样本的代表性。这也就是为什么大部分网络问卷调查在数据分析时无法由样本的结论推论总体的原因。此外，为了吸引更多的人群参与调查，网络问卷调查往往会设置红包奖励，虽然这有利于提升问卷的回收率，但一定程度上也会产生为了红包而敷衍作答、扩散问卷、恶意填答等状况，从而进一步降低数据的准确性与抽样的科学性。

（四）数据收集与分析的差异

传统纸质问卷调查在调查完毕后，对纸质问卷进行整理、筛选、录入和汇总的工作量非常大，需要耗费大量的人力和物力，而且由于需要工作人员长时间进行输入，所以难免会产生人工误差。而网络问卷调查，则可以同时向多个目标调查对象发送大规模的问卷，并且针对部分调查对象未按时填答问卷的情况，调查者可以根据未完成的名单选择群发邮件或微信消息推送等方式提醒对方完成问卷，这样在问卷回收时就不需要调查员人工上门或电话催促。同时，基于相关技术，网络问卷调查能够将调查过程中最繁重也是最关键的信息采集、编码和录入工作，分配到众多网上用户的终端上完成，从而减少了数据录入过程中的遗漏与错误。同时，还可以设定程序进行无人值守和不间断接收调查填表，信息检验和信息处理由计算机自动完成；如果设置得当，几乎可以实现数据收集、数据清理及初级统计分析的同步进行和即时完成。

（五）数据共享与数据安全

数据是调查分析的灵魂。传统纸质问卷调查收集到的数据，往往只存储于研究者自己的终端之中，学者们的数据共享往往只能私下进行，程序烦琐，速度也较慢。而网络问卷调查的数据资料，则是直接存储于服务器云端。随着云端数据共享功能的不断完善，SDCS（科学数据云及其服务）模型的完善，调查者可以在任意位置使用各种终端获取原始问卷数据，充分发挥了云时代数据共联的优势，将各种数据信息最大可能地综合利用起来。大数据时代下，流动的、全面的数据交互成为常态，但与此相关的数据安全问题也日益凸显。在网络问卷调查中，数据安全若未能得到有效保障，重则直接导致调查失败，轻则出现用户重复答题、不符合条件的受访者闯入等影响调查质量的问题。因此，网络问卷调查得以实施的前提，就是要保证调查数据的安全性。[①] 身份识别技术和网络信息安全保障技术的进一步开发，将有效防止黑客盗取密码来干扰调查工作。此外，从事调查工作的人员还应注重提高自身的网络道德修养。比如，在用户身份被确认合法后，该用户应进行文件和数据操作权限的限制，以防止个人资料泄密，从而更好地保障用户隐私权。

二、网络问卷设计指南

在设计理念上，网络问卷与传统纸质问卷极为相似，都是围绕主题设置一系列问题或形成用于定性研究的访谈提纲，也可生成二者的混合体。同时，网络问卷与传统纸质问卷都需使用恰当的提问方式，确保语义表达清楚准确以消除理解偏误，避免诱导性提问以降低问题敏感度，并保证答案备选项的穷尽性与互斥性等。而网络问卷设计的精髓则在于，如何根据互联网和移动智能终端的设备特点，以及人们在网络平台与移动端的阅读习惯、操作行为等因素，打造以技术兼容性和操作方便性为主要原则的"友好反馈界面"[②]，尽量为受访者阅读、填答网络问卷提供便利。下面具体介绍网络问卷的设计要点。

第一，网络问卷的篇幅不宜过长，以免对问卷填答者施加过多压力，进而降低了问卷反馈率和应答质量。不同于传统纸质问卷自带的"静心作答"的仪式感，网络铸就了人们"短、快、鲜"的阅读习惯，受访者更偏爱短小精悍的网络问卷。

第二，网络问卷的翻页方式，需要符合填答者的阅读习惯和操作习惯。网络问卷

---

① 陆宏、吕正娟：《网络问卷调查的规划、设计与实施》，载于《现代教育技术》2011年第7期，第36页。

② 赵国栋、黄永中：《网络调查研究方法概论》，北京大学出版社2008年版，第229页。

调查中的内容呈现方式一般有两种，即滚动呈现和分页呈现。滚动呈现是将问卷中所有的问题都放在一个页面中显示，用户为了阅读问题和选择答案需要不时地上下垂直滚动，用户在页面的末端点击"提交"按钮，将答案发送到与网页链接的系统数据库中，这与邮寄一封纸质问卷的调查行为相似。分页呈现则是将问题分别显示在一个个带有"上一页""下一页""提交"按钮的单独页面，在回答下一个问题之前必须点击"下一页"按钮，这类似于采访式问卷调查。[①] 一般而言，当问卷中问题的数量较少时，可以采用分页呈现的方式，它将有助于提高用户的回复率；当采用滚动呈现时，一定要创建垂直滚动的方式，而避免水平滚动的方式。[②] 在移动智能终端，相对于分页设计，滚动设计可以加快完成的时间，减少填答中止率。因此，对于移动端网络问卷，尽量采用垂直滚动方式呈现问卷，尽量减少翻页方式对于调查对象阅读和填答的干扰。

第三，受制于移动端设备屏幕的限制，单个或一组问题不宜过长，题干、选项、勾选框最好一并呈现。否则，在有限的移动端屏幕中，无法呈现一个完整的问题及其答案备选项，进而增加了调查对象出现记忆偏差的风险。同时，为保证终端屏幕布局的清晰性、易读性和易操作性，尽可能多设计选择题，以方便填答者快速填答问卷，减少需要手动输入的填空题和简答题。要避免受访者必须长时间注视屏幕才能完成问卷填写的情况，以免调查对象产生厌倦感。如需设置开放型问题，应适当增加开放型问题应答框的大小，或是在题干中增加开放型问题重要性的说明或提示用户"须花时间仔细回答"，这样能够明显改善受访者对开放型问题的应答质量。

第四，优化操作界面布局，提升填答体验。将图文、影音等多媒体手段与文本内容相结合，拓展网络问卷调查的新空间，设计如可视化的多媒体问卷、个性化的邀请函等，积极推动网络问卷调查多元智能，以增加网络问卷的趣味性，提升调查的参与度。当出现需要向填答者解释说明的情况时，网络问卷调查无法像纸质问卷那般实施现场指导或过程监控，故可设置由用户（或系统）启动的对话机制，对可能导致理解偏差或填答错误的题目添加必要的填答提示，以即时解决填答中的疑问，协助用户正确理解题意，从而相应地提高其答案的可靠性，为问卷质量提供保障。此外，在技术层面上，还应该注意：① 正式填答之前，设置一些筛选或验证性问题，以避免同一对象多次填答或非研究对象进入，以确保数据的有效性与可靠性；② 设置"不允许 $n>$ 地址重复"，限制同一 IP 地址提交次数，避免重复提交；③ 对于篇幅较长的问卷，提供类似于草稿箱的临时保存设置；④ 能够支持多种平台和浏览器；⑤ 在调查完成提交后，自动跳转至感谢界面，对填答者致以诚挚的谢意。

---

① 陆宏、吕正娟：《网络问卷调查的规划、设计与实施》，载于《现代教育技术》2011 年第 7 期，第 34-37 页。

② Mavletova A, Couper M P. "Mobile Web Survey Design: Scrolling Versus Paging, SMS Versus E-mail Invitations", *Journal of Survey Statistics & Methodology*, 2014, No. 4, pp. 498-518.

拓展阅读

如何用"问卷星"制作问卷?

问卷星是一个专业的在线问卷调查、考试、测评、投票平台,提供人性化的在线设计问卷、采集数据、自定义报表、调查结果分析等系列服务。这里以问卷星为例,向读者具体展示网络问卷的设计步骤与流程。

一、问卷创建与导入

(1) 登录问卷星网址注册信息后,进入管理后台,点击"创建问卷"。

(2) 选择"调查"类,点击"创建"。

(3) 在空白对话框内,输入标题即问卷名称。

(4) 确定问卷名称后,可选择以下方式(免费)创建:① 立即创建,即在没有任何准备工作的情况下直接进入界面,自行设计问卷内容;② 从模板创建问卷,即根据自身研究的主题(或行业),选择网站内提供的成品问卷模板,点击"从模板创建问卷"进入,借鉴他人已有的相关问卷;③ 文本导入,即在前期已具备问卷初稿或定稿的情况下,选择"文本导入",进入后将已设计好的问卷文本以纯文本的形式粘贴于问卷文本栏中。

为了避免赘述,这里以"文本导入"的方式进入后继设计环节。

二、问卷的设置

1. 编辑问卷内容

点击"文本导入"后,在网页界面左栏内输入设计好的问卷文本,网页即刻在右栏内自动生成问卷格式。

其中,每道问卷题目默认为单选题,可以根据实际需要更改题型,如多选题、矩阵题、表格题、排序题和比重题等。

此外,还可以对每道题进行详细的设置,包括问题文本样式设置,以及插入视频、图片和超链接、增加选项、选项排列格式、问卷名称和说明等,最后完成编辑并确定预览。

2. 其他设置

常用的有答题权限设置、答题时间设置和密码设置。答题权限中提供了"是否交卷前预览问卷"的选项;答题时间包括开始时间和结束时间,根据实际需要可限定填答问卷的时间范围;密码设置则是通过设置问卷密码,并在发布试题时将密码告知被调查人群,以保证问卷人群的特定性,如被调查人群为公司员工、学校特定班级、微信公众平台关注人群、论坛网友等。安全及权限版块是个性化调查问卷的重要设置点,包括密码设置、公开级别和防重复填写等三部分。

三、调查问卷回收设置

问卷发布后选择回收问卷,回收问卷的方式包括链接与二维码、微信邀请、互填问卷、样本服务等。① 链接与二维码:网址自动生成问卷的地址和二维码图,使用者可将问卷的地址或二维码通过超链接或贴图的形式发布于论坛、微信公众平台和贴吧等;调查对象直接点击或手机扫描二维码,即可直接进入问卷页面进行选择答题。② 微信邀请:可设置是否微信填写、收集用户信息、限制填写次数、禁止发送朋友圈等限制选项。③ 互填问卷:通过提示"是否加入互填问卷",可通过网站内其他网友帮助填写问卷。④ 样本服务:是网站提供的一项增值服务,根据问卷要求可对问卷人群进行个性化限定,包括地区要求、性别要求、年龄要求、学历要求、行业要求等选项,通过个性化限定可保证问卷的准确性和可信度。

四、问卷结果分析

调查问卷结果在"分析与下载"一项中,包括分析下载、下载问卷、问卷来源分析和完成率分析等。"分析与下载"是结果统计的核心部分,以图表类型显示每个问题的答题情况,包括平均分、表格和表格条形图,表格条形图下又分为饼状、圆环、柱状、条形和折线可供选择显示。以图形的形式显示调查结果,使人一目了然,直观便捷。同时,还可下载 word 版统计结果和所有参与者 Excel 版答题情况汇总,Excel 表格还可直接进行 SPSS 统计学分析。

资料来源:

① 问卷星官网,https://www.wjx.cn/app/survey.aspx。

② 高欣、张建莉、茹小光等:《网络在线问卷调查设计与实现》,载于《网络安全技术与应用》2016年第11期,第73、75页。

小结

2023年3月，中共中央办公厅印发的《关于在全党大兴调查研究的工作方案》中强调："要坚持因地制宜，综合运用座谈访谈、随机走访、问卷调查、专家调查、抽样调查、统计分析等方式，充分运用互联网、大数据等现代信息技术开展调查研究，提高科学性和实效性。"伴随概率论的出现与信息技术的兴起，问卷调查无疑是新时代领导干部在新形势新情况下谋实效、求真招的一种重要手段，更是问计于民、问需于民的联结纽带。

作为问卷调查的主要载体，问卷是调查研究中用来获取数据信息的一种工具，在形式上主要表现为一份精心设计的问题表格，研究者借此来测量人们的行为、态度和社会特征，以及特定事务和现象的具体情况等。如今，问卷调查已经成为调查研究极为有用的工具，被广泛用于商业、政治、大众传媒、政府机构及学术研究领域。

"问卷是社会调查的支柱。"问卷设计的好坏，不仅直接影响所收集资料的准确性和有效性，还决定了调查结果所匹配的统计分析层次及问卷回收率。问卷设计必须经过探索性研究、设计问卷初稿、试测这三大步骤，最终才能形成正式的问卷。

在实际生活中，有的问卷是以数字和编码"当主角"，有的则是"文字写意派"，通篇以文字记录占主导。常见的问卷类型，包括结构型问卷、无结构型问卷和半结构型问卷。就结构型问卷而言，封面信、指导语、具体问题及其备选项、编码等，是其构成的主要部分。

在"问卷编制"部分，问卷中常见的题型，包括填空题、是否题、选择题、表格题和相倚问题。提问时，用语力求准确、通俗易懂，避免生僻抽象的词汇、过于专业化的术语以及非官方认定的概念或简称。同时，既要避免"语义双关""模棱两可"的情况，也要避免暗示和诱导性提问，还要避免以否定形式发问。此外，还要注意答案备选项的穷尽性与互斥性。在问题的数量与排序方面，遵循的基本原则包括：先易后难，先熟悉后陌生；先客观后主观，先封闭式问题后开放式问题；敏感性问题的"去敏感化"；问卷内容的"宏观"分类与集中等。

互联网应用范围和规模的扩展，为利用网络问卷搜集数据提供了巨大的便利。作为一种适应信息传播媒体变革的新型调查方式，网络问卷调查则是基于互联网技术手段，利用网页问卷、电子邮件问卷、手机移动终端等网络媒介通信手段收集调查资料数据的调查方法。网络问卷调查具有时间和财务成本的低廉性、操作的便捷性、调查的即时性等特点，因此，日益得到广泛应用。网络问卷调查和传统纸质问卷调查，在调查的组织实施、问卷呈现、抽样与样本代表性、数据收集与分析，以及数据共享与数据安全等方面，存在着各自的优劣势。在设计网络问卷时，应遵循以下原则：网络问卷的篇幅不宜过长；网络问卷的翻页方式需要符合填答者的阅读习惯和操作习惯；为了提升填答体验，要优化操作界面布局。

在"拓展阅读"部分，本章以问卷星为例，详细展示了网络问卷的设计步骤与流程。

第六章　寻求配合：问卷资料回收

案例导入

> 美国学者艾尔·巴比称问卷是社会调查的支柱，英国社会学家莫泽认为十项社会调查中就有九项是采用问卷进行的。[①] 问卷调查是习近平常用的调查研究方法之一。20世纪80年代初，刚刚出任正定县委书记的习近平，为了高效地获悉群众中存在的问题，避免层层推诿、部门间扯皮等现象，亲自带领县委办公室的同志到街头摆摊，跟群众面对面，搞民意问卷大调查，并运用非概率抽样中的"偶遇抽样法"完成问卷发放和收集，全程参与了面向行政管辖范围的问卷调研。1990年，习近平到福州任市委书记时，面向一万多名福州市民开展了大面积问卷调查活动，以全民讨论的方式对福州发展做出顶层设计，在此基础上形成福州市3年、8年、20年的发展战略规划，主持编制《福州市20年经济社会发展战略设想》。[②]

随着网络信息时代的到来，问卷资料回收方法也要与时俱进。习近平总书记指出："在运用我们党在长期实践中积累的有效方法的同时，要适应新形势新情况特别是当今社会信息网络化的特点，进一步拓展调研渠道、丰富调研手段、创新调研方式，学习、掌握和运用现代科学技术的调研方法，如问卷调查、统计调查、抽样调查、专家调查、网络调查等，并逐步把现代信息技术引入调研领域，提高调研的效率和科学性。"[③] 但是，这并不意味着新的调研方法可以替代传统调研方法，也不意味着调查研究就可以完全依托网上调研方式。正如习近平总书记所指出的："现在的交通通信手段越来越发达，获取信息的渠道越来越多，但都不能代替领导干部亲力亲

[①] 袁方、王汉生：《社会研究方法教程》，北京大学出版社1997年版，第231页。

[②] 邱然：《浅析习近平地方工作时期调研方法》，载于《理论视野》2020年第9期，第31-36页。

[③] 习近平：《谈谈调查研究》，载于《学习时报》2011年11月21日，第1版。

第六章　寻求配合：问卷资料回收

为的调查研究。因为直接与基层干部群众接触，面对面地了解情况和商讨问题，对领导干部在认识上和感受上所起的作用和间接听汇报、看材料是不同的。"① 但无论是传统的调查，还是网上调查研究，问卷回收率是调查者最关心的指标，回收率过低是很危险的信号，很可能导致研究结论的偏差和不可靠。②③ 寻求调查对象的配合，是提高问卷资料回收率的重要着力点。为此，有必要对问卷资料回收的方法和准则进行了解，并在此基础上控制好纸质问卷和电子问卷的回收，提升问卷回收率。

第一节　问卷资料回收的方法和准则

问卷资料回收是社会调查研究中的重要一环。领导干部需要掌握当前丰富多样的问卷资料回收方法和使用准则，并在此基础上做到灵活运用。因此，本节将详细介绍目前主要的问卷资料回收方法及其适用情况。

一　问卷资料回收的方法

问卷资料回收的方法有很多，风笑天教授将资料收集方法分为个别发送法、集中填答法、网络调查法、当面访问法、电话访问法和邮寄调查法。④ 本书借鉴其分类方法，对各类问卷资料回收方法的含义、特点以及领导干部在实际问卷资料回收中的应用进行介绍。

（一）个别发送法

个别发送法，是指调研人员将问卷编制好后，依据所抽取的样本，将问卷逐个发送到调查对象手中；同时，讲明调查的意义和要求，请他们合作填答，并约定好收取的时间、地点和方式。如果问卷较为简短，调查对象也愿意配合当场填答，可以当场将问卷填答完毕并立即回收。但在实际调查过程中，可能会因问卷的内容较多、调查对象的时间安排有一定冲突等原因，而无法立即收回。那么，双方可以约定一

---

① 习近平：《谈谈调查研究》，载于《学习时报》2011年11月21日，第1版。
② Brownlee K A. "A Note on the Effects of Non-resonse on Surveys", *Journal of the American Statistical Association*, 1975, 52 (227), pp.29-32.
③ Squire P. "Why the 1936 Literary Digest Poll Failed", *Public Opinion Quarterly*, 1988, pp.125-133.
④ 风笑天：《现代社会调查方法（第六版）》，华中科技大学出版社2021年版，第132页。

个时间期限，由调研人员上门取回问卷，或是告知参与者将问卷放至指定地点。一般情况下，当调查内容不涉及敏感问题或上下级关系，又或是匿名问卷时，可由某种行政组织系统代为发放和回收。该方法适用范围较广，无论是市场调查、民意调查、社会问题调查、社会生活状况调查，还是学术性研究，皆可加以运用。

1. 个别发送法回收问卷资料的优势

首先，调研人员与调查对象会有或多或少的接触，在这个过程中，调研人员能够就问卷内容向调查对象进行解释说明，调查对象有任何疑问也可以当场与调查对象进行沟通；其次，该方法给予了调查对象充足的时间来填答问卷，以便调查对象进行充分的思考和理解；最后，个别发送法直接将问卷发送到调查对象手中，并上门进行回收，在一定程度上保证了问卷的质量和回收率，也减轻了调查对象的负担。

2. 个别发送法回收问卷资料的不足

首先，个别发送法依赖调研人员——上门进行发放，调研人员的工作量较大。其次，个别发送法容易受到时空限制，应用范围没有网络调查、邮寄调查法那样广泛。比如，从空间上看，地理位置跨度越大，个别发送法问卷发放的难度就越大；从时间上来看，调研人员上门发放一般只在白天的工作时间进行。最后，由于受到调研人员的话语引导等外部因素的影响，个别发送法的问卷回收质量也得不到保证。

领导干部在实际运用时，除了要理清个别发送法的概念和特征，还需要根据调查对象的实际情况和调查目的来确定回收方式。当涉及隐私或上下级关系时，可以设置一个代收问卷点。举例来说，假设组织开展一项某机关单位成员对机关党委干部工作满意度的调查，如果采用个别发送法，就可以将问卷逐一发送到调查对象手中，让参与者填写完整后自行投入机关食堂门口专门设置的"问卷回收箱"内。又如，在采用个别发送法进行一项关于社区居民的生活状况调查时，调研人员将问卷一一发送到居民手中，可以等待居民当场填答完问卷后进行问卷回收，也可以将问卷置于居民处并约定两天后再上门回收填好的问卷。

（二）集中填答法

集中填答法，是指通过合适的方式将调查对象集中起来，每人发放一份问卷，由调研人员先统一讲解调研的主要目的、要求及问卷的填答方法等事项，再请调查对象当场填答问卷，待其填答完毕后，由调研人员将调查问卷统一回收的方法。根据问卷内容、集中人数及现场情况等，收回问卷可以采用投入问卷回收箱、按组别人工回收等方式，以消除集中填答法所带来的某些心理顾虑。

1. 集中填答法回收问卷资料的优势

相比于个别发送法，集中填答法节约了更多的时间成本、人力成本和财力成本。例如，我们要在规定的时间内对同一个社区内的党员进行 40 份的问卷调查。如果采用个别发送法，可能至少需要 3 名调研人员，根据抽取的样本资料，在社区内逐一上门发送问卷，而问卷发送的效率，还会受到天气、调查对象是否有空闲和时间等因素的影响。如果采用集中填答法，只需派出 1 名调研人员，根据样本信息提前安排好时间与地点并通知调查对象，调研人员统一讲解填写问卷的相关要求后便可当场发放问卷，待调查对象填写完成后便可进行回收。相比于邮寄调查法，集中填答法由于有调研人员在现场对问卷进行解释说明，并解答调查对象的疑问，所以错答和误答的现象会大大减少，这样能更好地保证问卷填答的质量与回收率。

2. 集中填答法回收问卷资料的不足

一方面，在实施过程中，调查对象难以集中。如此，集中填答法的优势便不复存在。比如，社区这类住宅集聚地，虽然人员在空间上较为集中，但在安排协商时，想让所有调查对象都有空闲的时间，或者找到能够容纳所有调查对象的场所，是不容易的。另一方面，集中填答法的"集中"，在一定程度上影响了问卷填答的真实性和有效性。这是因为调查对象被"集中"后，容易形成"团体压力"或"相互影响"，不利于表达内心真实的想法。尤其是在某些隐私性和敏感性较强的问题上，调查对象往往有所保留。

基于以上不足，领导干部在运用集中填答法回收问卷资料的实践过程中，要提前做好统筹安排等工作。例如，要想组织某小区 60 岁及以上老年人进行问卷调查，采用集中填答法的做法是：① 调研人员先与社区居委会的领导干部取得联系，并征求其同意与支持；② 通过社区居委会组织符合条件的老人进入社区活动中心，由调研人员对调查目的、内容及填答情况进行讲解，然后现场发放问卷请老人填答；③ 老人填答完问卷后，由调研人员现场回收或请老人统一放至前台的问卷回收箱中即可。

（三）网络调查法

网络调查法，是指调研人员利用网页问卷、电子邮件问卷、网上聊天室或会议室、电子公告板（BBS）等网络多媒体通信手段，来收集调查数据和访谈资料的一种新式调查方法。该方法是互联网技术不断发展进步的产物，广泛运用于网上民意调查、网上市场调查、网上敏感性问题调查、网络基础数据调查等。常见的网络调查方法，主要有电子邮件方式、网站（页）问卷调查方式、定向弹出窗口方式、全程跟踪方式和网上固定样本等。①

1. 网络调查法回收问卷资料的优势

首先，网络调查法省时、省力、省钱。调查对象可以随时随地进行问卷填答，无须大量调研人员参与其中（包括数据收集和数据录入），降低了人力成本。同时，采用"无纸化"问卷，还节省了打印资料的费用。其次，网络调查法是最不受时空限制的一种调查方式。调查范围十分广泛，调查对象可以来自全球各地。最后，网络调查法给予调查对象足够私密的空间，较大程度地保护了调查对象的隐私。线上填答问卷，排除了周边其他人员的干扰或压力，更易获得调查对象的真实感受。

2. 网络调查法回收问卷资料的缺点

首先，网络调查法需要借助一定的互联网平台，平台的稳定性和安全性影响着网络调查的效果。其次，网络调查法面临样本代表性问题，即可能存在抽取的样本无法代表总体的问题。当前，智能手机和计算机等设备并没有实现全覆盖，农村居民或一些老年群体在使用上还有一定的困难，从而导致样本的代表性经常受到质疑。最后，网络调查无法保证回收率。调查人员将网络电子问卷发送给调查对象后，只能等待对方在空闲时填答网络问卷，以致问卷回收周期很长。而且由于网络世界充斥着各种垃圾邮件、垃圾短信甚至诈骗信息，调查对象稍不留神就会将网络问卷视为无用信息甚至是有害信息，这样一来，以邮件或信息为载体的网络问卷便石沉大海、再无下文，应答率自然无法保障。另外，由于调查对象具有匿名性的特点，所以其填答问卷的规范无法限制。在自知调研人员无从知晓其真实身份，且没有调研人员"监督"的情况下，调查对象的责任意识相对减弱，自我控制水平降低，容易出现敷衍了事、不如实、不完善、乱答一气等违反调查规范的行为，继而无法确保问卷质量，最终会影响调查结果的真实性。

在电子问卷平台不断完善的背景下，网络调查法得到了广泛的运用。领导干部在运用网络调查法进行问卷资料回收时，要注意与具体的调查目的、调查对象的类型相结合。例如，领导干部想要调查社会公众对政府门户网站使用的满意度情况，就可以利用问卷星等平台。具体做法是：在问卷星弹窗首页，应解释调查的目的，并承诺保护调查对象的隐私，邀请公众参与调查；在问题表述上要确保简洁、清晰且易答，然后将系统自动生成的电子问卷地址，利用该调查网站提供的发送问卷向导、

---

① 李巍：《网络调查研究方法应用效果的实证研究》，山西师范大学 2009 年硕士学位论文，第 11-12 页。

问卷链接转发、申请推荐、互填问卷、邀请邮件等功能进行发送。调查对象只需通过点击问卷的链接地址即可进入问卷首页，参与调查。

（四）当面访问法

当面访问法是结构访问法的一种，它是指由经过培训的调研人员携带问卷分赴各个调查地点，按照调查方案和调查计划的要求，与所选择的调查对象进行访问和交谈，并按照问卷的要求记录调查对象的回答。在调研过程中，调研人员要注意严格遵守原则，严格依据调查问卷提出问题，并严格按照问卷中问题的顺序来提问；调研人员不能随意改变问题的顺序和提法，也不能随意对问题做出解释，答案的记录也应完全按问卷的要求和规定进行；通过以上严格的操作，尽可能让访谈体现出标准化。

1. 当面访问法回收问卷资料的优势

第一，采用当面访问法能够获得较高的问卷质量。在访问过程中，现场的调研人员，既可以对调查环境以及调查对象的表情和态度进行观察，又可以对调查对象回答问题的质量加以控制，因此，能大大提高调查资料的真实性和准确性，以保证问卷质量。第二，采用当面访问法能够获得更多问卷内容之外的信息。调研人员可以根据自身对调查对象的观察，来判断调查对象填答的态度和质量。比如，某些生活环境类的社会调查，可以根据调查对象所处的实际环境情况，辅助判断调查对象填答的质量。调研人员可以根据调查对象的衣着来了解其个人生活水平或品位，调查对象的神态和姿势等身体语言也能在一定程度上反映其心理状况等。调研人员可以根据对调查对象的观察，辨别其回答的真实性，对答案的信度和效度进行评估，甚至还可以挖掘答案背后更深层次的信息。第三，调查对象的适用范围比较广，既可以用于文化水平比较高的调查对象，也可以用于文化水平比较低的调查对象。当面访问法主要依赖于口头语言，而对调查对象在书面语言的阅读、理解和表达能力上要求较低，因此，其适用的调查对象范围十分广泛。

2. 当面访问法回收问卷资料的不足

第一，采用当面访问法需要耗费大量的人力、物力和财力。在正式实施调研前，需要安排组织大量的调研人员进行访前培训；在正式实施调研时，需要花费劳务费、餐补和交通补贴等一系列费用；在调研结束后，还需要安排一批人员进行数据录入等工作。第二，采用当面访问法需要耗费的时间较长，故调查周期长。当面访问法需要调研人员一对一地与调查对象进行访问填答，同时，还得配合调查对象的空闲时间。第三，当面访问法受外部因素的干扰较多。由于匿名性较差，面对不同的调研主题，调查对象所呈现出的信息可能与实际情况不一致，有时存在"表演型"回答，从而导致降低调查结果的真实可靠性。因此，对于一些涉及人们的隐私（如个人婚姻、私生活）、社会禁忌、人与人之间的利害关系等敏感性内容的调查研究来说，就难以采用当面访问法来收集资料。第四，当面访问法对调研人员的要求更高。与自填问卷法相比，当面访问法对调研人员的依赖性更高，调研人员对调查资料的质量、调查结果的质量影响更大。因此，调研人员必须要有比较高的访问技巧和比较强的应变能力，才能成功地完成访问。第五，调研人员与调查对象之间的互动，有时会影响到调查的结果。访问过程的双方，都是有知觉、有感情、有思想、有反应的人，因此，双方在访问过程中往往难以做到完全客观，这样就会导致一些访问偏差，影响到访问资料的质量和效果。

领导干部采用当面访问法进行问卷资料回收时，事前的准备工作一定要充分。例如，在使用当面访问法调查地方商户对政府部门相关工商管理的满意度和建议时，领导干部需要设计问卷、提前培训好调研人员、采用科学的抽样方法确定调查对象、采购物资等。正式开始问卷调查时，应该按照程序进行资料回收；问卷资料回收完成后，应根据问卷编码录入所回收的问卷数据。

（五）电话访问法

电话访问法，是在当面访问法基础上的延伸，是信息技术和电信业务应用于社会调查领域的结果，是一种在电话得到广泛普及的情况下于20世纪80年代在国外盛行起来的电信调查方法。从我国的情况来看，目前，我国固定电话和移动电话的普及率不断提高，尤其是城市中的电话普及率逐渐达到了发达国家的水平，因此，在我国城市中采用电话访问法收集调查资料已经成为现实。目前，电话访问法已成为社会调查中应用非常广泛的一种方法。在现代信息社会中，随着信息技术的进一步发展，电信业务的进一步开拓，电话访问法必将在社会调查领域取得越来越重要的地位，发挥越来越重要的作用。电话访问是指调研人员通过打电话与调查对象取得联系，通过电话对调查对象进行访问的方式。进行电话访问时，需要有一套"计算机辅助电话访问系统"（Computer Assisted Telephone Interviewing System，简称CATIS）的支持。在访问前，调研人员将设计好的电话访问问卷表按照计算机辅助电话访问系统的格式录入计算机，并设置好随机抽取电话号码的计算机程序；随后，调研人员按照设计好的问题，向随机自动拨号联系上的受访者提问；受访者回答后，调研人员将答案输入系统并进行保存。①

---

① 风笑天：《现代社会调查方法（第六版）》，华中科技大学出版社2021年版，第141页。

1. 电话访问法回收问卷资料的优势

第一，电话访问法回收问卷资料方便快捷，接通电话就可以直接回收问卷，获取可分析的数据。电话访问可以异地进行访谈，省去了调研人员登门调查的往返时间，每次调查只需很少的时间，因此，收集信息的速度非常快。特别是对于内容比较简单的调查，电话访问的效果更好。当调查对象是某些专业人员时，电话访问也往往更为合适。因为一般情况下，这些人不太愿意别人登门打扰，而对于一个 10 分钟的电话访问，对方也许会比较容易接受。第二，采用电话访问法回收问卷资料，调查时间与费用都比较经济。虽然需要花费一定的电话费用，但与人员（入户）访问相比，电话访问可以节省旅途时间以及交通住宿等差旅费用，总费用成本相对经济。第三，对受访者的控制上具有统一性，能确保回收问卷的质量。电话访问时，一般是从专门的电访室打电话，这样十分便于对调研人员进行监督和控制，从而使得电话访问的质量比当面访问更容易得到保证。采用电话访问法时，调研人员是按已拟好的标准问卷对受访者进行询问，大多数处于同一空间，询问过程中若出现如语气、语调等问题，监督员可以及时予以纠正，因此，资料的统一程度较高，也提高了问卷回收的质量。第四，电话访问法可覆盖面广。电话访问法的调查对象，不必集中在一个地方区域，可以分散在整个国家乃至国际的区域内抽样。凡是有电话的地方，均可以抽取电话访问对象。电话访问也可能访问到不易接触的调查对象，如某些高收入或是地位特殊的阶层。同时，电话访问还有较好的匿名性。电话访问是以电话等通信工具为沟通媒介，调研人员与调查对象不直接见面的访问方式。因此，调查对象在匿名的条件下，可以毫无顾虑地回答某些具有一定敏感性的问题和具有某种潜在"威胁性"的问题。

2. 电话访问法回收问卷资料的不足

首先，电话访问法对调研人员的要求极高。一方面，不同地区的语言不同，尤其是使用方言较多的地方，不利于调研人员清楚识别调查对象所表达的内容；另一方面，调研人员无法观察到调查对象的神态和表情等信息，当遇到一些突发问题时，则要求调研人员科学研判、及时应对。其次，电话访问法受时间因素的影响较大。一般而言，调查的时间不能太长，控制在 10 分钟以内比较合适。当调查内容较多、问题较为复杂、问卷较为复杂时，便不适合采用电话访问法，因为这些情况容易让调查对象产生厌烦的心理，不利于调查的顺利开展。访问时间的不充分，客观制约了电话访问所收集资料的广度与深度。最后，电话访问法的拒访率较高。当前，社会公众对于防范电信诈骗有了深入的认识，有的接听后发现是陌生人打来的电话，表示不愿配合或者直接挂断，部分群体更是干脆不接听陌生电话。

新时代领导干部调查研究方法

领导干部在采用电话访问法进行问卷资料回收时，可以与其他问卷资料回收法相结合。例如，某地社情民意调查中心利用计算机辅助电话访问系统进行调查，访问的主要内容包括群众普遍关注的就业、医疗、教育、环境保护、困难群体救助、文化生活、社会治安和干部作风八个方面。电话访问法遵循随机抽样原则，由计算机自动抽取电话号码并拨号。电话访问调查结束后，社情民意调查中心现场计算得分，并将得分结果作为评价市（区）工作情况、考核领导班子或领导干部的重要依据。同时，可以在每个市（区）采用随机抽样的方法，选择一定比例的居民进行当面访问。

（六）邮寄调查法

邮寄调查法是指调研人员通过邮局或其他快递公司将纸质问卷寄给调查对象，调查对象完成问卷后再将纸质问卷寄回给调研人员的方法。采用邮寄调查法回收问卷资料时，需要特别注意做好前期准备工作，包括写明回寄地址和收件人等信息，以便调查对象将纸质问卷顺利寄回。同时，为了让调查对象更好地了解调研目的和内容，可以附上参与调查的邀请信、知情同意书及问卷填答详细说明等内容。

1. 邮寄调查法回收问卷资料的优势

首先，邮寄调查法可以节约成本。相比于个别发送法和集中填答法，邮寄调查法依靠邮递/快递人员投递问卷，仅需要支付一笔邮寄/快递费，减少了餐费和劳务费等，能够大幅降低在调研过程中所耗费的人工成本和经济成本。其次，邮寄调查法消除了时空对调研的限制，能够使调研开展的范围更加广泛。随着现代快递行业的发展，邮寄调查法有了更加便利的条件。最后，邮寄调查法给予了调查对象足够的时间和空间进行填答，且不易受到外部因素的干扰。

2. 邮寄调查法回收问卷资料存在的困难

首先，采用邮寄调查法需要提前获取调查对象的个人信息，包括姓名、电话和家庭住址等，而获取这些个人信息存在一定的困难。没有完整的调查对象的名单信息，就无法进行初始发放，更无后续回收的部分。其次，邮寄调查法无法确认调查对象是否收到问卷。在实际的问卷邮寄过程中，问卷是否最终送到了目标调查对象的手中，并由其进行了真实有效的填答，都是未知数。最后，邮寄调查法无法保证问卷能在有效期限内回收到调研人员手中。由于给予调查对象的时间是灵活的，信件运输过程中也有不确定性因素和风险，许多主客观因素都会影响调查对象能否如期收到问卷以及是否会填写问卷，从而影响问卷的顺利回收。

随着网络技术的发展，领导干部在实践中使用邮寄调查法回收问卷的次数逐渐减少。尤其是一些对时效性要求高的小型民意调查，邮寄调查法不能很好地满足领导干部调查活动的需求。

高效回收问卷资料的方法准则

问卷资料回收的方法，影响着问卷回收率。在社会调查过程中，要高效回收问卷资料，必须坚守一定的准则。我们从准备充分、诚实守信、积极主动和同理心四个方面，介绍回收问卷资料时应恪守的准则。

（一）准备充分

在问卷资料回收前，准备要充分。首先，挑选和培训一线调研人员。选择好问卷资料回收方法后，还需要根据调研目的结合调查对象的特征进行综合考查，从而选取一批在语言和地域等方面符合本次调查需要的调研人员。同时，对一线调研人员进行全面培训，培训内容主要包括调研目的和内容、调研注意事项、访问程序等。其次，了解调查对象的基本信息。调研人员应该对调查对象的年龄、性别、职业和文化程度等基本情况有所了解，以便灵活地开展调查，提高资料回收率。最后，准备好调查所需要的其他物资。比如，每次开展调查前，调研人员要准备好调研所需要的证件、邀请信、知情同意书、问卷资料及小礼品等物资，以保证调查的顺利进行。

（二）诚实守信

人无信不立，业无信不兴。诚实守信是做人的基本准则。调研人员在开展调研项目时，尤其是使用个别发送法和当面访问法这类问卷回收方法，或是需要与调查对象多次反馈与对接问卷回收情况时，调研人员要格外注意诚实守信。比如，在调查开始前，调研人员应当向调查对象如实说明调研目的和内容，必要时签订知情同意书，不能隐瞒某些信息。若与调查对象约定了周一上午九点会上门回收问卷后，调研人员就必须提前在约定好的地点等候，切忌迟到。调研人员在与调查对象刚开始接触时就秉持诚实守信的准则，不仅能减轻调查对象的心理压力，而且有助于获取更真实有效的信息，有利于后续调查工作的顺利开展。总之，调研人员的诚实守信，是一个调研项目有序运转的重要润滑剂，能有效降低沟通成本，增进与调查对象的合作关系，提高调查效率。

（三）积极主动

在调研过程中，调研人员应充分调动自身的积极主动性。首先，在问卷正式发放前，调研人员要主动介绍自身身份、工作属性及调查目的。只有积极主动地向调查对象阐述本次调研目的，简洁明了地表明来意，承诺保护调查对象的隐私并获得其知情同意，才能给调查对象留下良好的第一印象，从而获取调查对象的理解与支持。其次，在调查过程中，调研人员要积极主动地与调查对象保持良好沟通。比如，当面访问时，调研人员要积极主动，会说、能说、敢问、善问，循循善诱、注重启发；用平实的语言、以真心真情与调查对象对话，使调查对象在明了调研目的的同时，愿意配合调研人员走进调研正题、反馈真实情况。在此过程中，调研人员也应认真听取并适时记录调查对象的想法，尽量避免中途打断调查对象讲话。最后，调研人员要把握好谈话的分寸，把控好调查的节奏。调查对象可能对有些话题比较感兴趣，想分享的信息非常多，但话题可能会偏离主线。这时，调研人员要合理、正确地引导，主动把谈话引向正题。

（四）同理心

同理心，是指个体设身处地地感受他人当前情绪的一种反应与想法。[1] 调研人员同样也需要坚持这种同理心驱动，提高自身亲和力，换位思考、推己及人、将心比心地去体会调查对象的感受，用诚意敲开调查对象的心门，拉近与调查对象的距离。在前期准备时，要求调研人员对调查对象的基本情况有大致的了解，也是为了让调研人员能够站在调查对象的角度思考问题。一方面，调研人员在问卷资料回收时，要考虑到调查对象的心理，给予调查对象一定的报酬。对于调查对象而言，有的人认为是在做社会贡献，有的人则希望自己的参与或付出能够得到一定的回报。因此，一方面，调研人员如果想要提高调查对象的参与积极性，可以使用少量现金或小礼品等方式给予激励；另一方面，调研人员要理解调查对象初始的防备心理，应该循序渐进地进行调查，避免操之过急。

第二节 纸质问卷回收

随着科学技术的发展，电子问卷得到广泛应用，其回收率也相对较高。但是，在某些方面，电子问卷仍然不能取代纸质问卷。下面将结合纸质问卷的本质内涵，介绍纸质问卷回收的特征、影响纸质问卷回收率的因素以及纸质问卷回收的质量控制。

---

[1] 徐瑞平、陈莹：《企业知识共享效果综合评估指标体系的建立》，载于《情报杂志》2005 年第 10 期，第 2-5 页。

一 纸质问卷回收的特征

为了更好地使用纸质问卷，提升纸质问卷的回收率，需要了解纸质问卷回收的特征。通过文献梳理和经验总结，可以发现，纸质问卷回收主要具有耗时长、成本高、对调研人员要求高、回收资料不易管理与保存等特征。

（一）耗时长

纸质问卷调查周期长，回收过程耗时比较长，具有历时性的特点。任何调查研究都需要投入一定的时间，领导干部在初步规划时就应该做好进度安排。尤其是纸质问卷的回收，由于要与调查对象一对一地对接，调研人员需要付出的时间更多。一方面，调研人员在整个调查研究期间需要与调研对象保持联系。对于问卷内容较为简短或者不需要耗费调查对象较长时间的调研，可以采用现场自填法完成问卷，经调研人员检查后可直接回收保存。但是，对于无法当场或一次性完成的纸质问卷，就需要格外注意后续回收的问题。整个调研期间，在征得调查对象同意后，调研人员可以通过电话或入户等方式，与调查对象保持密切联络，关注问卷填写进度，经常性地关心调查对象在填答问卷时有无疑难之处，从而提高问卷回收率。另一方面，在回收纸质问卷前，调研人员需要与调查对象确认合适的回收时间和方式。通常情况下，采用传统的邮寄调查法回收问卷资料时，受调研人员与调查对象之间沟通方式有限性的影响，会存在问卷回收率的问题。但随着网络技术的发展，调研人员与调查对象之间的沟通手段日益多样化，提高了两者之间的沟通效率。领导干部在回收纸质问卷前，可利用现代通信技术便捷地与调查对象进行信息确认，灵活安排问卷回收时间和方式。

（二）成本高

纸质问卷的回收，需要耗费大量的人力、物力成本。在纸质问卷回收过程中，需要投入的人力、物力成本，因调查对象的数量及其分布情况、问卷回收方式的不同而有所差异。相较电子问卷而言，纸质问卷在回收上需要投入更多的人力和物力。尤其是在调查对象数量大、分布较为分散的情况下，所耗费的成本更高。一方面，纸质问卷回收工作量之庞大，需要大量调研人员参与其中。纸质问卷回收期间，调研人员应全程监督、严格把控问卷回收质量。以当面填答纸质问卷的调查方式为例，在确认调查对象的范围后，调研人员需要前往指定地点进行调研，并且要提前对当地的地理位置和环境设施等做好功课；同时，为防止出现调查对象忽略问卷说明的情况，在正式填答前应有调研人员对其内容进行明确的解释说明，避免因理解偏差影响问卷质量。不难发现，整个过程将耗费高额的人力成本。另一方面，纸质问卷调查是调查机构印制纸质问卷，由调研人员对目标群体进行发放。纸质问卷调查通常需要调研人员深入现场，对抽取的调查对象进行实地调查并回收问卷，而调查对象往往分布在不同区域，因此，问卷回收时调研人员的差旅费、食宿费、劳务补助等都需要资金配置，对实体资源的需求较大。

（三）对调研人员要求更高

纸质问卷调查，在面对面的环境下，由调研人员指导并回收问卷。因此，调研人员自身的专业水平，在一定程度上也会影响所回收纸质问卷的质量。面对调查对象拒绝填答问卷、对调研目的和内容存在顾虑、填答中有疑问等情况，一线的调研人员能否消解调查对象的疑虑、能否合理地解答调查对象的问题，不仅可以反映调研人员的专业性程度，而且会影响问卷的回收率以及所回收问卷的质量。这意味着，调研人员需要具备较高的心理素质和专业素养。在纸质问卷调查中，调研人员或多或少会与调查对象进行接触。因此，调研人员的言行举止，都可能会直接影响调查对象的填答情况。身为调研人员，要能够灵活应对调研过程中的突发情况，掌握一定的沟通技巧，化被动为主动。另外，调研人员应该对调研项目内容谙熟于心，这不仅是调研人员在问卷填答指导与回收过程中应当做到的基本要求，更是其后续进行问卷数据录入与处理时要遵循的基本规范。调研人员只有做到将调研的目的、意义、所针对的问题及问卷题目设置等项目内容了然于胸，才能在准确解答调查对象的问题中提升调研质效。

（四）回收资料不易管理与保存

纸质问卷回收之后，面临着纸质资料不易管理与保存的问题。这一类问题在问卷资料使用过程中和使用完成后，显得尤为突出。一方面，纸质问卷使用期间，其数据管理难度大。比如，纸质问卷在数据录入时，无法像电子问卷那样直接、无误地导出数据为指定格式，而是要求调研人员手动录入。但是，在手动录入过程中，容易产生遗漏和偏误，因此，纸质问卷的数据质量便无法保证。随着数据管理软件的开发与应用，可利用的数据录入与管理软件日益增多。例如，EpiData、SAS、SPSS、Excel等都可以进行数据清理和管理，且都能在一定程度上提升纸质问卷回收利用的质量。另一方面，纸质问卷资料在使用完成后，要保留一定年限以存档备查。虽然每份问卷都有编码，但是，查阅时翻看起来并不方便。同时，保存大量的纸质问卷资料，需要占用一定的空间。

二 影响纸质问卷回收率的因素

调查的回收率,又称调查的应答率或回答率,是调查者实际调查的样本数与计划调查的样本数之比。① 换言之,就是社会调查过程中研究者成功完成调查询问的个案数占计划完成的样本总个案数的百分比。它代表着实际样本的大小,是反映抽样调查结果对总体的代表性程度的最终指标,决定并影响了调查样本的代表性。② 社会调查最基本的方法论意义,也在于此。但是,纸质问卷回收率有时难以保证,甚至所使用的调查方式、每一个调研环节、每一个调查对象、每一个调研人员都可能是影响回收率的关键因素。下面将从调查对象的范围、问卷调查的目的、问卷回收方法的选择以及调查对象的认知心理几个方面,来介绍影响纸质问卷回收率的重要因素。

(一)调查对象的范围

调查对象的规模大小与地理位置分布情况,是影响纸质问卷回收率的重要因素。一方面,从调查对象的规模大小来看,样本规模越大,调研需要投入的人力或时间越多。因而,领导干部要具备较好的组织协调能力,调配各部门、各环节、各调研区域的资源。调研项目内各方面的资源都是有限的,在实际运行时需要灵活调配,以达到效用最大化。另一方面,从调查对象的地理位置分布情况来看,空间分布的分散,在一定程度上加大了调研的难度和工作量。不仅需要调研人员与调查对象建立新的联系,还增加了后期回收问卷时的成本。同时,对于那些地理区域跨度非常大的调查对象,在初期做调研规划时,就需要首先考虑调研的可及性和可行性来划定纳入标准。大多数情况下,调查对象的规模越大、分布越分散,纸质问卷的回收难度就越大;相反,调查对象的规模越小、分布越集中,纸质问卷的回收难度就越小。因此,调研人员在制订实际项目计划时,就应充分考虑调查对象的规模大小和地理位置分布情况。

(二)问卷调查的目的

问卷调查的目的,是影响问卷回收率的重要因素之一。一方面,当研究目的和

---

① 风笑天:《浅谈当前抽样调查中的若干失误》,载于《天津社会科学》1987年第3期,第47-51页。

② 风笑天:《高回收率更好吗?——对调查回收率的另一种认识》,载于《社会学研究》2007年第3期,第121-135页。

调查内容牵涉较多的个人隐私等敏感性内容时，调查对象往往表现出犹疑、警惕甚至是抗拒的态度。当问卷调查不涉及敏感信息，而是与老百姓关注的问题相关时，调查对象则表现出配合、关注的态度，在问卷填答过程中能够真实地表达自己的想法和意见。这时，不仅回应率较高，而且回收的问卷质量也相对较高。另一方面，当社会调查的目的是进行大型的社情民意调查或经济调查时，如城乡居民住房状况与住房消费意向问卷调查、对领导干部的公众满意度调查等，纸质问卷的回收周期会较长，也会影响问卷回收率。此外，问卷中设置的多选题、等级评分、开放式问题，也影响着问卷回收率。因此，在实际进行问卷调查时，调研人员要根据自身的研究目的和研究内容，来确定研究方法和问卷回收方法。问卷调查的目的不同，所采取的调研技巧和方案也是不同的，切忌一味照搬。

（三）问卷回收方法的选择

采用不同的问卷回收方法，会影响问卷的回收率。常见的纸质问卷回收方法，主要有个别发送法、邮寄调查法、集中填答法和当面访问法等。将问卷回收方法进行对比后发现，当面访问法的问卷回收速度较快，但调查对象的拒访率较高；而个别发送法和集中填答法的回收率较高。总体而言，每种问卷回收方法都有利有弊，需要调研人员根据具体情况商定，以达到最佳的调查效果。一方面，调研人员要避免误用问卷回收方法。作为调研人员，应当在透彻了解与详细分析每种问卷回收方法的适用范围、特点、优势和劣势后，选择本项目适用的问卷回收方法。这既能提高问卷发放的效率，还能确保问卷回收的质量。另一方面，调研人员要接受问卷回收方法本身存在的弊端。虽然说好的方法是成功的一半，但切忌盲目追求高度理想化的问卷回收方法。问卷回收是一个操作性很强的过程，无论采用哪种回收方法，都有利有弊。作为调研人员，应当正视并接受某种问卷回收方法存在的缺点，根据实际情况采取多种方法相结合等方式来补齐短板、弥补缺陷、消解不足。

（四）调查对象的认知心理

在回收纸质问卷资料时，调查对象的认知心理也影响着问卷回收率。调查对象拒访、访员效应和社会期望偏差等现象都会引起误差，进而影响纸质问卷的回收质量。[①] 其中，拒访指的是合格的调查对象缺乏参与调查的意愿；访员效应，是指调查对象感知到的调研人员的社会阶层、宗教信仰及性别取向等，对调查对象回答某些问题产生的影响；社会期望偏差，指的是当询问的问题涉及社会普遍希望或不希望

---

① 左才：《认知心理学视角下社会调查中的无应答问题与解决方法》，载于《复旦学报（社会科学版）》2020年第2期，第145-155页。

的行为倾向时，调查对象往往倾向于隐藏真实情况或态度，不承认自己进行过社会不希望的行为或虚假报告自己做过社会希望的行为，使得关于某项行为发生频率或某个态度认可程度的调查结果出现系统性的偏差。① 因此，在调研时不能忽视调查对象的认知心理因素的重要性，应时刻关注调查对象的心理和态度，敏锐察觉调查对象的需求，并采取针对性的应对措施。另外，有实验研究发现，较低教育水平的群体，为了维护颜面以及不被调研人员认为自己很无知，更有可能在调查中营造观点，避免承认"不知道"。② 对于这类现象，可以适当暂缓调研节奏，策略性地给予调查对象尊重和肯定，采用某些方式降低调查对象的受访压力，或者通过不断追问和反复确认等方式来了解被隐藏的信息。作为专业的调研人员，需要对调查对象的心理有一定的了解，并能根据实际情况指导他们顺利完成一份合格的问卷，从而提高问卷回收率。

三 纸质问卷回收的质量控制

了解了纸质问卷回收的特征以及影响纸质问卷回收率的因素后，应当思考如何更好地控制纸质问卷回收的质量。通常而言，可以从调研主体、调查对象、奖励机制和调查方法的角度来提升纸质问卷回收的质量。

（一）提高调研人员的专业水平

调研人员的水平，直接影响着社会调查的质量和效率。想要提升纸质问卷回收的质量，必须提高调研人员的专业水平。一方面，问卷设计环节要求调研人员能够合理编排问卷，保证问卷内容设置具备科学性和可行性。从纸质问卷的设计上来看，首先要求问卷制定者能够根据调研内容清晰明确地进行概念化操作；其次，要求问卷制定者能够根据目标群体设置个性化问卷，满足不同人群的现实需求，如字体大小是否契合阅读习惯、语言是否通俗易懂等；最后，要求问卷整体简短连贯、内容全面生动、排版合理科学，即不仅题量要在调查对象可接受的范围内，而且题目编写应简明确切，促使调查对象可以顺畅完成填写。另一方面，实际数据收集环节要求调研人员能够机敏灵活地应对复杂多变的情况，尤其是在组织集中发放和回收或者

---

① Zerbe W J, Paulhus D L. "Socially Desirable Responding in Organizational Behavior: A Reconception", *Academy of Management Review*, 1987, 12 (2), pp. 250-264.

② Bishop G F, Oldendick R W, Tuchfarber A J, et al. "Pseudo-Opinions on Public Affairs", *Public Opinion Quarterly*, 1980 (44), pp. 198-209.

面对面的访问当中,对调研人员的综合能力要求更高。因此,在实际调研前,需要对调研人员进行培训并测试,以保障后续调研顺利开展。

(二)明确调查对象的范围

领导干部在回收纸质问卷的过程中,要注意明确调查对象的范围。一方面,要在判断好调查对象规模的基础上,具备较好的组织协调能力,能够调配各部门、各环节、各调研区域的资源。调研项目内各方面的资源都是有限的,在实际运行时需要灵活调配,达到效用最大化。另一方面,领导干部要考虑调查对象的地理分布情况。空间分布过于分散,在一定程度上会加大调研的难度和工作量。不仅需要调研人员与调查对象建立新的联系,还增加了后期回收问卷时的成本。同时,为防止调查对象的地域跨度过大,在初期做调研规划时,须从区域可及性和调研可行性两个维度着手进行纳入标准划定。为保证问卷回收质量,领导干部在实际项目计划制订时,就应充分考虑调查对象的规模大小与地域分布情况。

(三)保护调查对象的隐私信息

保护调查对象的隐私信息,是做调研要把握的一条基本原则。有研究表明,对调研人员的信任度以及对隐私的关注度,影响着调查对象的受访意愿。[1] 因此,在调研过程中,尽量少涉及调查对象的个人隐私信息,也是提高纸质问卷回收率的有效方法之一。一方面,调研人员要主动做好隐私保护说明,打消调查对象的顾虑。同时,做到非必要不主动询问调查对象的隐私信息。而在信息采集时个人登记所涉及的隐私,之后的分析等环节则以问卷编码形式来替代。实现对受访者隐私信息的模糊化,筑牢隐私信息保护墙,这不仅是对调查对象隐私权的保障,也在一定程度上搭建起了信任桥梁,拉近了调研人员与调查对象的距离,从而实现双方的良好沟通。另一方面,在问卷设计时,也应尽量避免设置包含调查对象的家庭住址、身份证号码和电话号码等个人信息在内的问题。若是研究实际需要,可以采用委婉、间接的方式获取相关信息。在具体实施当中,调研人员要保持真诚、谦虚的态度,并根据观察判断调查对象对隐私的容忍度,不宜询问得过深过细。只有调查对象在没有任何顾虑的情况下真实地表达自己,才能保证问卷填答的质量。

---

[1] 周桂林:《问卷调查拒访原因的实证研究》,载于《黑河学刊》2017年第6期,第180-182页。

（四）实施一定的奖励激励措施

实施奖励激励，是提高问卷调查回收率的重要因素。因此，根据项目经费保障情况，对调查对象和一线调研人员实施一定的奖励激励措施，能更好地保证问卷资料的回收率及质量。一方面，调查对象完成一份合格的问卷需要花费一定的时间和精力，因此，提供一定的物质奖励或误工费用，可以让调查对象排除后顾之忧，自愿参与到问卷调查活动中来，能更好地保证问卷回收率以及问卷回收资料的质量。对调查对象的奖励激励，可以是物质性的，也可以是非物质性的。物质性的奖励，包括给予小礼品、纪念品、少量现金等奖励激励形式；非物质性的奖励，也可以是多种形式，如给调查对象提供调研结果反馈。很多调研主题实际都与调查对象息息相关，因此，在大多数情况下，人们对自己所参与的调研结果还是十分感兴趣的。与物质奖励激励的直接刺激不同，非物质奖励激励主要激发的是调查对象的自豪感、价值感和参与感，并将其转化为内驱动力，从而点燃调查对象的积极性。因此，非物质奖励激励措施也是提升纸质问卷回收率及质量的有效方法。另一方面，一线调研人员的责任心和工作态度，会直接影响问卷资料的回收率及质量。因此，对调研人员进行奖励激励也很有必要。根据调研人员的工作量、工作成效以及项目本身的经费预算，可以给予调研人员相应的劳务费、餐费补贴、交通补贴等费用补助，这在一定程度上可以激发调研人员参与项目的积极性。此外，部分有招募大学生参与的调研项目，可以承诺给其提供参与该项目调研的实践活动证明材料。对调研人员和调查对象实施一定的奖励激励措施，不仅能够提高其项目参与的踊跃性，还有利于提升纸质问卷的回收率和质量。

（五）灵活运用问卷回收的方法

社会调查中，问卷资料回收的方法多种多样。作为调研人员，应该清楚了解各种具体的问卷资料回收方法的优势及适用情况，以便根据其适用范围灵活运用。首先，要事先根据问卷内容确定好问卷回收方法。比如，对于某些敏感性问题的问卷调查，不同的回收方法所得到的效果也有所不同。一般而言，由于调查对象存在心理顾虑，采用当面访问法的效果没有自填式问卷方法好。其次，要实事求是，根据具体情况调配各种资源。在大型的社会调查中，需要耗费的人力和物力较大，更要合理规划利用有限的资源。最后，要与当今先进的科学技术手段相结合。随着交通运输基础设施不断完善、移动通信技术快速发展、快递网络覆盖范围日趋广泛，调研人员与调查对象之间的交流沟通更加便利。例如，调研人员在与调查对象建立较强信任并征得其同意的情况下，可以利用手机等通信设备与调查对象取得后续联系，从而大大提高问卷回收的效率。同时，随着快递运输的便捷化与普遍化，采用邮寄调查法进行纸质问卷的发放与回收，也是一种有吸引力的方法。

第三节 电子问卷回收

在大数据、网络社会及抽样调查理论的推动下,问卷调查从最初的纸质问卷发展到网络问卷,再到最新的"移动互联网+"问卷。相较于传统的纸质问卷,电子问卷具有自己独特的应用方式,且在设计、调查与回收分析中都有着显著优势,呈现智能化和常态化的发展态势。① 为了提升电子问卷回收的质量,需要深入了解电子问卷回收的特征、影响电子问卷回收率的因素以及对电子问卷回收质量的控制。

一、电子问卷回收的特征

电子问卷回收异于纸质问卷,在具体的社会调查应用中,调研人员需要在理解电子问卷回收特征的基础上,提升电子问卷回收的质量和效果。归纳起来,电子问卷回收主要具有五个特征,即快捷性、低成本、可追溯性、人力误差小以及问卷形式更加丰富。

(一)快捷性

电子问卷回收过程较为快捷,反馈较为及时。借助网络技术,问卷回收速度大大提升。电子问卷在发放、填答和收集等环节都节省了大量的时间,能够让调研人员及时获得数据,并且回收时不受时空限制。一方面,电子问卷回收可及时获得数据。调查对象在填写完电子问卷后,点击完成并提交,数据便立即上传到云端。问卷的收集、审核和录入可同时进行,提高了调查研究效率,缩短了整个调查周期。另一方面,电子问卷不受时空限制。电子问卷借助计算机技术,让调查对象能够随时随地接收问卷并进行填答,减少了时空限制导致的无应答现象。电子问卷的快捷性,大大提高了调研开展的效率,减少了调研人员的工作量,弥补了纸质问卷回收过程中的缺陷。

(二)低成本

电子问卷回收具有低成本的特点。调查研究的经费和人力都是有限的,其中,

---

① 董海军、耿宇:《移动互联网+问卷的应用特点与发展》,载于《晋阳学刊》2018年第3期,第104-110页。

调研人员的劳务费、交通补贴、餐补及物资采购等，都是不小的开支。相较于纸质问卷，电子问卷回收时各方资源的消耗大大降低。一方面，电子问卷回收过程需要的调研人员更少。相比于回收纸质问卷，一个调研人员可以回收更多的电子问卷，调研人员的工作效率大幅提升。即使是大型的社会调查，需要的调研人员也无须太多。而且，最后回收上来的问卷，也不需要安排人员进行数据录入，直接从网络平台导出数据即可。另一方面，电子问卷回收过程所需要的费用更少。调研人员无须与调查对象进行面对面的接触便可完成问卷回收，因此，节省了调研人员的劳务费和补贴等开支。同时，电子问卷无须像纸质问卷调查一样将所有的问卷资料打印出来，无纸化也节省了调研成本。

（三）可追溯性

电子问卷回收具有可追溯性。调研人员可以在后台查看 IP 地址、提交时间和提交次数等辅助信息，以此了解问卷的回收情况。一方面，电子问卷一经提交，数据就会留存记录，并上传平台；通过这些回收的后台信息，调研人员可以随时监控问卷回收情况，从而进行数量统计和进度预估等工作。因此，电子问卷回收的数据，能够长时间保存并达到共享，可以追根溯源。另一方面，当有需要时，调研人员可以根据电子问卷回收的后台信息，找到调查对象进行数据核对等工作。当然，这个过程对计算机的依赖程度较深，调研人员要时刻谨防网络病毒等攻击电子问卷回收平台。建议在使用计算机回收电子问卷时，要做好系统维护与监控等工作。在电子问卷回收完成后，所有数据应当及时导出并另存，以防网络平台的不确定性风险。

（四）人为误差小

电子问卷具有人为误差小的特性，主要有两个方面的原因：一是计算机代替了原本的手工录入；二是电子问卷的匿名性好，调查对象有更充裕的自行填答时间和空间，其填答内容的真实性有所保障。传统纸质问卷回收后，需要调研人员手动录入数据，而数据录入时可能存在录入误差，电子问卷则避免了这样的误差。当采用个别发送法、集中填答法和当面访问法等回收纸质问卷时，其他调查对象或调研人员的言行，或多或少会对调查对象有干扰。而电子问卷则给调查对象提供了相对私密的填答环境和充足的思考时间，让调查对象在没有顾虑的情况下，可根据个人情况灵活安排答卷时间，其真实地表达自己的想法。

（五）问卷形式更加丰富

电子问卷可以采用的形式，比纸质问卷更加丰富。一方面，电子问卷可以借助新媒体手段，在问卷中增加更美观、更新潮的设计，包括配图、动画特效、音乐和视频等。既可以吸引调查对象参与其中，又能直观地向调查对象呈现问卷内容。另一方面，通过将计算机程序技术与问卷设计相结合，实现交互式问卷设计。比如，可以根据调查对象前期填答问卷的情况或已有的问卷统计分析结果，动态调整后续问卷的调查内容，进行自动跳答，或自动辨别调查对象的输入错误并给出相应的提示内容等。①

二 影响电子问卷回收率的因素

调研人员在线上制作电子问卷，通过分享链接/二维码等方式发放问卷，其平台后台会自动回收问卷，并显示回收样本量。电子问卷或许会流传于论坛和微信群等之间，其回收率也受到诸多因素的影响。具体而言，影响电子问卷回收率的因素，主要包括调查方案的整体设计、网络环境的安全性、网民整体的参与素质以及奖励激励机制的设立。

（一）调查方案的整体设计

调查方案的整体设计情况，影响着电子问卷的回收率，包括电子问卷的设计、调查样本规模的确定、抽样方式的选择、发放渠道的选择以及突发事件应对等方面。首先，在电子问卷的设计层面，应从界面友好、视觉效果、操作简单和易于传播等几个维度进行充分考虑。问卷封面会给调查对象留下第一印象，影响着调查对象填答的兴趣；可通过在封面添加鲜明的机构 logo 以凸显问卷专业性，设置相得益彰的问卷背景，激发调查对象的填写兴趣。同时，除了要考虑问卷的内容、长度和敏感性等传统调查问卷设计的基本规范外，应遵循恰当的网络规范，把握好细节。此外，不同的研究主题，不同的调查群体，在问卷内容安排上是否应该体现差异性等问题，也应纳入考虑范畴。其次是调查样本规模的确定。电子问卷受时空限制小，因此适用于大规模的问卷调查。但是，具体实施时，需要考虑样本选取的代表性问题，样本如果无法代表总体，则会影响到整体的回收质量。再次是抽样方式的选择。抽样方式影响着调查对象的确定，在实际方式选择上，应当根据调查目的和具体实际进行确定。最后，在调查方案制订时，发放渠道的选择，以及突发事件应急方案的准备充分程度等情况，都可能会影响电子问卷回收率。QQ 群、微信群、论坛等都可能成为电子问卷发放的渠道，但一般来说，专业性较高或相关性较大的渠道，其问卷回收率相对较高。在调查过程中，如果出现调查问卷的题目不适用、调查对象无应答率高、

---

① 曾五一、林飞：《网络时代话网络调查》，载于《中国统计》2002 年第 5 期，第 16-17 页。

电子问卷调查系统瘫痪等情况时，就要做出及时的调整与应对。总的来说，调查方案是做好电子问卷回收的基础。完备的调查方案，能够促进电子问卷回收的顺利开展。

（二）网络环境的安全性

电子问卷是互联网技术不断发展进步下的时代产物，并在现实社会调查中也得到了越来越广泛的应用。但是，当前网络环境的安全性是影响电子问卷回收率的重要因素，主要体现在网民对网络信息的信任程度、网络调查系统平台的稳定性和对用户隐私的保护程度。首先，从网民的角度来看，多数网民认为网络信息真假难辨、隐私泄露暗箭难防，网络环境的诚信土壤管理基础相对薄弱。随着信息社会的快速发展，以网络诈骗为代表的新型网络犯罪高发频发，侵蚀着网络空间的诚信根基，且由于反诈宣传教育多元强化，安全意识和防范意识深入人心，所以电子问卷回收时遭受的拒访与无应答等情况增多。其次，网络调查系统平台的稳定性，决定了调研人员后台的实时监控效果，也深刻影响着电子问卷的回收率。电子问卷回收过程对网络调查系统平台的依赖程度较大，如果调查平台出现问题，则所有的数据回收将停滞，甚至记录会全部被清除。最后，网络调查系统平台对调查对象所填写隐私内容的保护程度，也会对电子问卷的回收率产生影响。有研究表明，调查对象对于调研人员所做的信息保密性承诺的认可度比较低，调研人员的隐私政策并不能让调查对象减少其对个人信息的保密程度。[1] 电子问卷能实现信息共享，方便快捷的同时，也意味着信息将被暴露在网络环境中，其潜在的隐患随之增加。因此，安全的网络环境能更好地保护个人隐私，提高电子问卷的回收率。

（三）网民整体的参与素质

网民整体的参与素质影响着电子问卷的回收率，主要体现在网民对电子问卷的认知程度、接纳程度和应对态度等方面。首先，是网民对电子问卷的认知程度。调查对象的认知程度不一，对同一题项理解不一，容易导致答题误差。尤其是在调查对象的教育程度相差较大时，所表现出来的误差水平会更大。其次，是网民对电子问卷的接纳程度。若调查对象对电子问卷的接纳程度普遍不高，便会出现问卷回收率低的情况；当调查对象对电子问卷内容的接纳度高时，后续的问卷回收及问卷质量都有了一定的保障；当调查对象对电子问卷内容表现出排斥时，则会影响问卷填答的质量，甚至会出现调查对象直接拒访或者无应答现象。最后，是网民在正式填答

---

[1] 方佳明、邵培基、粟婕等：《基于网络的问卷调查回复率影响因素实证研究》，载于《管理评论》2006年第10期，第12-17页。

电子问卷时的应对态度。有的网民应对电子问卷调查，能够保持良好的心态，认为这是一种社会参与和社会贡献；有的网民则认为这项调查与己无关，于是保持冷漠、敷衍的应对方式。调查对象倘若敷衍了事，如答题时故意答错题、犯逻辑错误、漏答等，就会大大影响调查问卷回收的质量。其中，部分逻辑错误等问题能够通过数据清理环节予以识别与处理，但是，类似调查对象不愿真实表达自己观点的问题，则是很难发现与处理的。因此，网民整体的参与素质会影响电子问卷的回收率。

（四）奖励激励机制的设立

在纸质问卷回收时我们强调过奖励激励机制的重要性，电子问卷回收过程同样需要注意奖励激励机制的设立。Göritz发现，物质激励在提升电子问卷调查参与上具有显著效果。① 物质激励在电子问卷调查的回复保持率上也有显著的提升效果，人们不管是因为什么原因一旦开始参加调查，如果存在物质激励，他们将更倾向于完成调查，而不是中途放弃。② 在纸质问卷回收时，以实物小礼品或少量现金等形式作为奖励激励较为常见，并且操作起来比较便捷。但是，电子问卷调查无法直接接触到调查对象，因此，像纸质问卷调查一样采用实物激励是比较困难的。在电子问卷回收中，经常采用非货币奖励激励机制，如采用可赎回的积分点或优惠券的方式等。除了激励方式的选择，奖励激励时间点的确认也很重要。有研究表明，在电子问卷调查中，事前激励对调查对象参与积极性的提升作用显著高于事后激励。③ 原因可能在于，在电子问卷回收中，调查对象期望获得的价值要比最终真实获得的价值对其行为的影响更大。因此，可以看出，奖励激励机制的有无及其设立方式的选取，对调查对象参与电子问卷调查的行为有重要影响。同时，电子问卷回收的奖励激励机制的设计思路，应当与纸质问卷区别开来。

三 电子问卷回收的质量控制

了解了电子问卷回收的特征和影响电子问卷回收率的因素后，应当思考如何更好地控制电子问卷回收的质量。通常而言，可以从制订科学合理的调查方案、提供稳定的平台技术保障、提升网民整体的参与素质以及建立相适应的奖励激励机制的角度，来提升电子问卷资料回收的质量。

---

① Göritz A S. "Incentives in Web Studies: Methodological Issues and a Review", *International Journal of Internet Science*, 2006, 1 (1), pp. 58-70.

② 方佳明：《网络调查中激励的有效性：基于荟萃分析的结果》，载于《管理评论》2013年第2期，第79-87页。

③ Downes-Le Guin T, Janowitz P, Stone R. "Use of Pre-Incentives in an Internet Survey", *Journal of Online Research*, 2002, 1 (1), pp. 1-7.

（一）制订科学合理的调查方案

电子问卷回收质量受调查方案整体设计多方面的影响，在设计初期，应该制订科学合理的调查方案，以指导电子问卷回收全过程。首先，在电子问卷设计环节，封面设计应该简洁且有吸引力，问卷排版应当布局合理清晰，问卷内容应当科学有效。利用先进软件或问卷平台制作问卷时，应当结合实际主题及调研主体特性，制作出吸引眼球的问卷。同时，在问卷内容的设计上，应当充分考虑调查对象填答的耐心程度以及愿意投入的时间，在此基础上确定电子问卷的长度和问题深度，尤其要注意开放题和多选题等问题的设计。其次，要明确调查对象的范围。电子问卷调查利用的是虚拟网络空间，因此，问卷传播速度快、范围广。在此过程中，要严格把控调查对象的填答真实性和有效性，尽量避免代答及一人多次填答等现象。此外，对于调查对象涉及非网民的情况，可以采用混合的问卷调查方式，弥补采用单一电子问卷或纸质问卷的不足。最后，要制订突发事件应急方案，遇到突发情况，能及时调整、灵活应对。在方案制订时，应当充分考虑在技术、调查主体和调查内容方面可能存在的风险与不足，做好预防准备工作。在实际调研过程中，应及时反思，学习已有经验，灵活调整方案。

（二）提供稳定的平台技术保障

电子问卷回收区别于纸质问卷回收之处，在于它可以依靠功能强大的网络平台来进行。因此，选择一个合适的网站或服务商来提供稳定的平台技术保障，是必要的。这不仅能够减小调查数据丢失的风险，还有助于提高电子问卷调查的可信度。首先，选择合适的平台。目前，就国内而言，如搜狐、网易、新浪、中国教育和科研网等门户网站都是访问率较高、较为稳定的站点，比较适合担当此类角色。[1] 其次，要加强身份识别技术和网络信息安全保障技术。由于电子调查自身的特点，安全性问题需要格外重视。不仅要完善调查对象的实名认证工作，数据管理人员还应当重视保障调查对象的隐私权，比如，设置文件和数据操作权限的限制，以防个人资料泄密。最后，调研人员要提高数据清理和数据分析的技术能力。电子问卷回收无应答率较高，如何高效清理数据并分析出有用结果，是对调研人员的一种考验。当电子问卷调查的数据结果中存在某些数据误差，可以用一些数据修正技术来弥补，

---

[1] 陆宏、吕正娟：《网络问卷调查的规划、设计与实施》，载于《现代教育技术》2011年第7期，第34-37页。

如进行参考调查（背景调查）以及对数据误差进行"清洗"和修正，进而可对估计结果进行校正，提高估计结果的准确度。①

（三）提升网民整体的参与素质

当前，网民对待网络的态度千差万别，这也导致网络调查在实施过程中总会出现无应答和故意填报虚假信息等问题。因此，提升网民整体的参与素质刻不容缓。一方面，要提升网民的认知水平。对于不会使用智能平台的网民，要积极进行教育指导，不断扩大网民总体规模。当前，也存在现有网民不善于使用电子问卷平台的现象。因此，公众应当增强对社会调查研究的重视，不断提升对社会调查研究的认识。同时，也要加强对电子问卷调查的宣传力度，从常用平台介绍到如何使用等方面，全方位推广科普电子问卷。这既达到了宣传普及电子问卷的作用，也将为电子问卷调查的实际应用提供便利。另一方面，网民要保持积极的应对态度。对于现有网民对电子调查不接纳、不信任的现象，网络调查平台开发者和使用者需要积极听取网民意见，进行改进，做到让网民满意。作为网民，需要看到网络调查平台的日渐完善，在实际生活中既要提高警惕维护自身权益，也应当在确保安全的情况下积极配合调研人员开展项目，为科研做出一份贡献。

（四）建立相适应的奖励激励机制

电子问卷回收时，应当结合电子问卷、网民和网络环境等多方面的特征，建立相适应的奖励激励机制。主要包括两方面的措施：一是实施非货币形式的奖励激励方式；二是采用事后奖励激励方式。从物质奖励激励形态的角度看，提倡使用非货币奖励激励形式。货币激励在纸质问卷回收中被认为是一种具有显著效用的奖励激励形式②，但是，由于在网络中对每个调查对象给予现金奖励存在困难，所以推荐使用非货币激励形式。比如，让调查对象在开始填答前或者填答完成提交后获得抽奖机会。借助当前支付平台的丰富性和便捷性，利用微信、支付宝和电子缴费系统等平台，给调查对象发放电子消费券或积分等，以增加调查对象参与的积极性。从奖励激励发放的时间点看，建议采用事后奖励激励方式。虽然事前奖励激励能够在一定程度上激发调查对象心中的责任感，但由于电子问卷调查的不可控性，在事前进行奖励激励仍无法确保调查对象完成电子问卷。而采用事后奖励激励方式，则在一定

---

① 樊茗玥：《网络调查数据质量控制研究》，江苏大学 2011 年博士学位论文，第 133 页。
② Helgeson J G, Voss K E, Terpening W D. "Determinants of Mail-Survey Response: Survey Design Factors and Respondent Factors", *Psychology & Marketing*, 2002, 19（3），pp. 303-328.

程度上能够提升调查问卷回收的完成度。同时，当调查对象没有完成问卷时，所投入的奖励激励也不会流失，能够较好地控制成本。

拓展阅读

第十八次全国国民阅读调查[①]

自1999年起，由中国新闻出版研究院组织实施的全国国民阅读调查，已持续开展了18次。第十八次全国国民阅读调查，从2020年8月开始全面启动，9月开展样本城市抽样工作，9—12月同步开展问卷采集和问卷复核工作，2020年11月至2021年4月开展数据处理、数据加权和数据分析工作。此次调查仍严格遵循"同口径、可比性"原则，继续沿用4套问卷进行全年龄段人口的调查。对未成年人的3个年龄段（0—8周岁、9—13周岁、14—17周岁），分别采用3套不同的问卷进行访问。本次调查采用网络在线调查和电话调查方式，在167个城市进行样本采集，覆盖我国30个省、自治区、直辖市。调查的有效样本量为46083个，其中，成年人样本占到总样本量的74.8%，18周岁以下未成年人样本占到总样本量的25.2%，而城乡样本比例为3.3∶1。样本回收后，根据第六次全国人口普查公报的数据，对样本进行加权，并运用SPSS社会学统计软件进行分析。

第七次全国人口普查数据分析[②]

2020年第七次人口普查，全国省、市、县、乡、村级共组建67.9万个人口普查机构，选聘700多万名普查人员。从2020年11月1日到12月10日，各级人口普查机构和广大普查人员积极克服新冠疫情影响，对全国所有家庭和人口进行了全面普查，顺利完成了普查登记和数据汇总。2021年5月11日，国家统计局公布了第七次全国人口普查数据。与过去历次人口普查相比，此次人口普查具有鲜明的特征。一是在普查技术手段方面进行了改进。全面采用电子化数据采集方式，实时直接上报数据，首次实现普查对象通过扫描二维码进行自主填报，提高了普查工作质量和效率。

---

① 中国新闻出版研究院全国国民阅读调查课题组：《第十八次全国国民阅读调查主要发现》，载于《出版发行研究》2021年第4期，第19-24页。

② 梁海艳：《中国人口的新特征、新趋势与思考——基于2020年第七次全国人口普查公报数据的分析》，载于《曲靖师范学院学报》2021年第4期，第97-103页。

二是在很大程度上保证了普查数据的质量。在 31 个省（自治区、直辖市）中随机抽取 141 个县的 3.2 万户进行了事后质量抽查，结果显示只有 0.05％的漏登率，普查结果真实可靠。第三、四、五、六、七次人口普查的漏登率分别 0.1％、0.1％、1.8％、0.1％、0.1％，国际上一般把漏登率是否超过 3％作为衡量普查质量高低的一个标准。①

小结

本章主要介绍了问卷资料回收的方法和准则，并在此基础上来探讨寻求调查对象的配合，并对如何控制好纸质问卷和电子问卷的回收以提升问卷回收率也做了详细阐述。在开展社会调查时，调研人员需要把握个别发送法、集中填答法、邮寄调查法、网络调查法、当面访问法和电话访问法等问卷资料回收方法的优势和劣势（见表 6-1），并在问卷资料回收过程中树立准备充分、诚实守信、积极主动和同理心的准则。同时，在纸质问卷和电子问卷回收的过程中，要结合问卷回收的特征及影响因素，建立提升问卷回收质量的途径。以上介绍的各类方式方法，不应当被生搬硬套到社会调查中。调研人员需要结合调研活动开展的具体实际，并在调研过程中不断总结经验，建立属于自身调研的一套经验方法。

表 6-1 问卷回收方法汇总表

问卷回收方法	定义	优势	劣势
个别发送法	调研人员将问卷逐个发送到调查对象手中，同时讲明调查的意义和要求	面对面沟通；一定程度上保证了问卷的质量和回收率等	工作量较大；容易受到时空限制等
集中填答法	将调查对象集中，请调查对象当场填答问卷，并当场回收问卷	节约时间、人力和财力成本；一定程度上消解了调查对象的疑虑等	调查对象难以集中；问卷填答的效果受影响等

---

① 粟裕：《关于"七普"7 大关键疑问 封面新闻对话中国人口学会会长翟振武》（2021 年 5 月 13 日），https：//www.360kuai.com/pc/9b62cf3f704bea854? cota＝3＆kuai_so＝1＆tj_url＝so_vip＆sign＝360_7bc3b157＆refer_scene＝so_55。

续表

问卷回收方法	定义	优势	劣势
网络调查法	调研人员利用网络多媒体通信手段，来收集调查数据和访谈资料	省时、省力、省钱；最不受时空限制；给了调查对象私密的空间等	受平台影响；样本代表性问题；无法确保问卷质量等
当面访问法	调研人员与调查对象进行交谈，并按照问卷的要求记录调查对象的回答	问卷质量较高；能够获得更多问卷内容之外的信息等	耗费人力、物力和财力；时间较长；受外部因素影响较多等
电话访问法	调研人员通过打电话的方式对调查对象进行访问	直接获取可分析的数据；省时；便于对调研人员的指导和监督等	对调研人员要求高；无法观察到调查对象的神态和表情等
邮寄调查法	通过邮局将纸质问卷寄给调查对象，调查对象完成问卷后再将纸质问卷寄回	消除时空对调研的限制；给予调查对象足够的时间和空间等	无法确认调查对象是否收到问卷；无法确保问卷回收等

第七章 明察细访：
领导干部如何访谈与观察

对于领导干部来说，个人的时间和精力有限，即使花再多的时间亲力亲为，也难免有其局限性，难以保证调查研究的对象有足够的广泛性和代表性。要解决这个矛盾，就要遵循调查研究的特点和规律，掌握科学的调查研究方法，加强调查研究的深入性。访谈法和观察法是领导干部开展调查最常用的两种方法，也是践行"深、实、细、准、效"调研要求的管用办法。其中，访谈法可分为个别访谈和集体访谈（座谈会），观察法可分为参与式观察和非参与式观察。访谈法和观察法多用于典型调查、重点调查及个案调查中，通过"明察细访"获取更加真实有效的信息。因此，领导干部在深入基层走访、考察时，更应该熟练掌握这两种方法，并以之为指引，群策群力开展"解剖麻雀"式调研、访谈调研和蹲点调研，在细致调研上做突破，在深度调研上做文章，为群众问题把脉开方。本章主要介绍"解剖麻雀"式调研、访谈调研和蹲点调研。

第一节 如何做好"解剖麻雀"式调研

典型调查就是"解剖麻雀"，是指通过对具有代表性的个别事物进行调查研究，探索其内在规律，从中概括总结一般性结论。毛泽东曾指出："要从个别问题深入，深入解剖一个麻雀，了解一处地方或一个问题。"[1] 习近平强调："深入开展调查研究，解剖麻雀，发现典型，真正把群众面临的问题发现出来，把群众的意见反映上来，把群众创造的经验总结出来。"[2] 可见，"解剖麻雀"遵循的是从个别到一般、从

---

[1] 中共中央文献研究室：《毛泽东文集（第八卷）》（1959年2月—1975年7月），人民出版社1999年版，第260页。

[2] 参见：习近平总书记在2019年春季学期中央党校（国家行政学院）中青年干部培训班开班式上的重要讲话，2019年3月1日。

特殊到普遍、从个性到共性的逻辑。领导干部要活学活用"解剖麻雀"法，推进各项工作。

 "解剖麻雀"式调研的优点与局限

"解剖麻雀"式调研，要在总体中选择具有典型意义的"麻雀"作为调查对象。"麻雀"越具有典型性和代表性，就越能反映总体的情况，就越能抓住调查问题的主要矛盾和主要特征。因此，典型调查是一种系统的、深入的、解剖式的调查方法，它的优点很明显，但也有一定的局限性。

（一）"解剖麻雀"式调研的主要优点

"解剖麻雀"式调研，是能深入第一线、真正沉下去的调查方法，其优点主要表现在以下三个方面。第一，抓住了典型，就找到了解决全局问题的办法。老一辈革命家任弼时善于典型调查，是"解剖麻雀"的高手。1947年9月，《中国土地法大纲》颁布之后，各解放区形成了一个空前规模的土地改革高潮。与此同时，一股"左"倾错误思潮却开始悄然蔓延，衍生出了系列问题。而任弼时敏锐抓住山西省兴县蔡家崖，开展典型调查，深入分析了这只"麻雀"，发现了土地改革的核心问题，研究了各解放区土地改革的经验教训，并提出了改进措施。正是通过"解剖麻雀"进行科学分析，任弼时将自己的判断与结论奠定在不可动摇的基础上。毛泽东对此赞誉有加，说任弼时抓住了一个典型，解决了全国性问题。第二，直接面对面的调查，能获取真实可靠的第一手资料。通过下沉一线，与基层面对面，运用典型窥见全貌，透过表面抓住本质，情况一目了然、真实可靠。第三，调查单位数量少，范围小，成本低。调查者集中时间和力量，对典型的"麻雀"进行深入调查，解释全局的特征、趋势和规律，能够为领导决策提供分量重、价值大的调研报告。

（二）"解剖麻雀"式调研的局限性

"解剖麻雀"式调研也有局限性，主要体现在以下三个方面。一是研究结果易出现偏差。"解剖麻雀"式调研往往缺乏严密谨慎、明确固定的程序，其调查对象的典型性无确切标准、难以判断，故而典型的选择主要受调查者的主观意志和知识结构等影响，研究结果容易侧重于一隅，出现以偏概全的倾向。二是研究结论难以大范围推广。"解剖麻雀"属于"挖井式"调查，有深度，但缺乏广度。总体与典型间依然存在差异，从典型推论总体具有不确定性，故而"解剖麻雀"式调研的结果在应用范围上具有局限性。三是信度相对较低。任何典型不仅包含一般的共性，也包含特殊的个性。因此，针对同一个现象或问题，选取的典型不同，所得的结果、推导的结论、提炼的经验之间往往存在较低的一致性。

"解剖麻雀"式调研的步骤与方法

1931年，毛泽东提出："我们的口号是：一，不做调查没有发言权。二，不做正确的调查同样没有发言权。"① "解剖麻雀"同样讲究一定的方式方法，具体来看，"解剖麻雀"式调研的步骤和方法如下。

（一）细心摸底"麻雀"群

在"解剖麻雀"之前，先来个一般情况的摸底，即要对调查问题和总体情况进行摸底。根据调研目的，简要地调查一番总体情况，然后划分出好、中、差三种类型，做到对"麻雀"心中有数，进而确保在确定典型和选择"麻雀"时尽可能避免主观随意性。比如，要了解一个单位的党员队伍状况，就必须先对这个单位党内的情况有所了解，诸如有多少个党支部、多少名党员等，了解其构成及分布情况，然后按照发展水平层次划定先进的、中间的、落后的调查单位，并根据分类分别找有代表性的调查对象进行调查，即可掌握这个单位党员队伍的大体情况。

（二）沉心选取"麻雀"

找到"麻雀"群之后，就要选取"麻雀"。领导干部只有从日常工作、基层一线、问题线索中"发现麻雀""选取麻雀"，才能"解剖麻雀"。一是强化问题意识，在日常工作中多反思，从工作短板和不足中选取"麻雀"。"麻雀"是工作中遇到的难题和困境，但有些"麻雀"具有隐蔽性，领导干部要善于观察，注重培养发现问题的敏锐性，练就善于发现"麻雀"的"火眼金睛"。通过纵向对比上级要求和下级需求，横向对比先进地区和先进单位，来发掘问题，从中发现"麻雀"。二是走出办公室，深入基层和群众，从基层一线中发现"麻雀"。只有深入基层，才能找到急需解决的问题，才能真正逮住"麻雀"。如果只在办公室里看材料、闭门造车，就难以选取具有代表性和实际意义的"麻雀"。不沉下身子到基层去寻找"麻雀"，"麻雀"是不会主动飞到办公室来的。唯有迈开步子、走出院子，到车间码头，到田间地头，到群众身边，方能看到"麻雀"。三是抓主要矛盾和矛盾的主要方面，在众多矛盾中选对"麻雀"，重点解剖。牵牛要牵牛鼻子，不能"眉毛胡子一把抓"。只有正确抓住主要矛盾和矛盾的主要方面，才能更好地抓住问题和解决问题。

---

① 《毛泽东选集（第一卷）》，人民出版社1991年第2版，第118页。

（三）精心指导"麻雀"

"麻雀"选择好之后，不要急于解剖，而要培育和指导，让"麻雀"长大，让典型成熟成型。否则，"没等花开就想摘果"，典型可能失去了"典型"的意义。因此，调查者要多去"工作联系点"单位或"试点"单位，了解情况、总结经验、精心指导，经常性地交流和沟通，帮助其总结、归纳、提炼经验，对初步形成的经验材料进行修改与充实，使其成形。

（四）耐心解剖"麻雀"

"解剖麻雀"，是个功夫活，没有两把刷子，难以达到"庖丁解牛"的境界。以双辽市新时代文明实践工作为例。第一步，全面了解"麻雀"。先要了解新时代文明实践工作的全局状况、结构特征、典型意义和具体特征，只有对"麻雀"的"五脏六腑"了然于胸，才好动手解剖。第二步，系统"解剖麻雀"。从点到线，再从线到面，系统地解剖麻雀。双辽市针对新时代文明实践体系建设进行系统解剖，选择积极性较高、工作进展较快的王奔镇进行特色亮点打造，形成示范效应。第三步，定点"解剖麻雀"。双辽市围绕群众需求，建立了新时代文明实践中心线上网络平台，各乡镇（街）分别有各自的平台端口，实现由群众点单，平台统单、制单，志愿者接单，最后由群众评单的"订单式"服务模式，把准群众思想脉搏，掌握第一手资料，把"菜单"做准做实，形成长效化、常态化运行模式。第四步，定向"解剖麻雀"。立足问题和群众需求，构筑新时代文明实践中心、融媒体中心联动宣传体系，积极探索志愿服务促进中心的深度融合，利用 App 和微信公众号等多种形式，广泛征求基层群众对于志愿服务的意见和建议，适时调整服务项目和形式，更好地推进志愿服务的精准化。目前，双辽市已通过平台完成近千条文明实践订单。第五步，对标"解剖麻雀"。双辽市于 2020 年年初启动了结对共建工作，依托新时代文明实践所（站），各级文明单位立足本单位优势，与结对行政村开展了理论政策宣讲、帮扶助力、文体风尚、共建美丽乡村等各类文明实践活动。①

（五）用心重生"麻雀"

解剖麻雀是为了让"麻雀"重新飞起来，让典型"活"起来。即通过典型发现普遍意义，总结提炼经验，进而复制推广。习近平在 2011 年《谈谈调查研究》中指出："调查结束后一定要进行深入细致的思考，进行一番交换、比较、反复的工作，把零

---

① 侯川：《用"解剖麻雀"工作法推进新时代文明实践工作》，载于《新长征》2020 年第 11 期，第 18-19 页。

散的认识系统化，把粗浅的认识深刻化，直至找到事物的本质规律，找到解决问题的正确办法。""解剖麻雀"之后，要进行深入研究，总结规律，让"麻雀"重生。特别是政策研究部门，不仅要重调查，也要重研究。唯有善于在调查的基础上进行研究，"抓点"时善于管窥全豹，"跑面"中才能够做到见微知著。

三 "解剖麻雀"式调研的策略与技巧

（一）坚持问题导向

调查就是为了解决问题。"解剖麻雀"式调研的首要目的，同样是解决问题与推进决策。检验"解剖麻雀"的成效如何，不是看调查时间长短，也不是看调查报告，而是看运用"解剖麻雀"的方法是否能够发现问题、解决问题、发现典型、推广典型。2019年4月16日，习近平总书记在重庆市的调研，就是问题导向的"解剖麻雀"：聚焦一个主题——脱贫攻坚；解剖一只"麻雀"——重庆市石柱土家族自治县中益乡华溪村；解决一类问题——"两不愁三保障"突出问题。通过"解剖麻雀"，可以抓住问题的本质和核心，为解决同类问题提供思路和依据。

（二）坚持经验导向

"解剖麻雀"式调研的第二个目的，是提炼经验，复制推广。新民主主义革命时期，江西省兴国县当时在军资供给、粮款供应、教育工作和政治建设等方面有着突出贡献和成果。周恩来曾在一次扩大红军的群众大会上夸赞道：中国外国不如兴国，南京北京不如瑞金。因此，兴国县对当时苏区建设具有极大的模范意义和推广意义。再比如，为了探索社会组织参与社区垃圾分类的经验模式，有研究者以上海爱芬环保科技咨询服务中心（以下简称"爱芬环保"）作为典型对象，通过非参与观察，梳理出一套可复制推广的"爱芬模式"，为社会组织参与社区垃圾分类提供了高复制推广度的经验。①

（三）坚持抓住典型

"解剖麻雀"式调研的第三个目的，是抓住典型，将共性寓于个性之中，揭示事物与工作的本质和规律，进而以点带面，推动工作。2020年4月，习近平总书记在

---

① 李健、李春艳：《政策介入、社区类型与社会组织行动策略——基于上海爱芬环保参与社区垃圾分类案例的历时观察》，载于《上海大学学报（社会科学版）》2021年第5期，第68-78页。

陕西平利县老县镇调研,在锦屏社区、镇卫生院、中心小学和茶园考察当地脱贫攻坚等情况。在决战决胜之年,习近平总书记再次回到陕西,其背后意蕴着决战决胜脱贫攻坚的大战略。这次调研是奔着解剖陕西平利县老县镇这只"麻雀"而去,为聚焦决战决胜脱贫攻坚的四个主题而行。① 考察一个社区,即锦屏社区,其背后的深意是调研就业扶贫。锦屏社区安置了老县镇 11 个村的 1346 户高山危住户、地灾户和贫困户,共 4173 人。扶贫最关键的是要解决搬迁人口的就业问题,实现生存资源接续、社会关系重构和生计能力提升。② 考察一所卫生院,其背后的深意是调研健康扶贫。悠悠民生,健康最大。没有全民健康,就没有全面小康。③ 考察一所小学,其背后的深意是调研教育扶贫。扶贫必扶智,治贫先治愚。脱贫致富不仅要注意富口袋,更要注意富脑袋。西部地区要彻底拔掉穷根,必须把教育作为管长远的事业抓好。④ 考察一座茶园,其背后的深意是调研产业扶贫。茶叶是平利县的一张名片。平利在唐代就被列为全国八大茶区之一,乾隆年间平利三里垭毛尖成为贡茶。习近平总书记在考察了位于平利县女娲凤凰茶业现代示范园区后,嘱咐道"因茶致富,因茶兴业,把茶叶这个产业做好"。谆谆嘱咐寄托着殷殷期望,习近平总书记以调研典型、"解剖麻雀"的方式指导茶园实践,指引扶贫方向。谋定当下,为开新局、谋新篇、启新程铸强引擎。产业扶贫是脱贫攻坚工作的"重头戏",也是催生贫困地区"造血"机能的重要动力源。抓住了产业发展,也就打通了脱贫工作发展的脉络,为贫困地区脱贫赋能。截至 2020 年,平利县有茶园 20 万亩,茶饮产业年产值超过了 10 亿元。

第二节 如何做好访谈调研

访谈法是指调查者有计划、有目的地通过与调查对象进行口头交流获取资料的方法,也是领导干部常用的调查方法。访谈法自古有之,根据不同的标准,划分出不同的类别。按访谈者的地位来划分,可分为下访、上访和互访;按访问活动的公开性来划分,可分为明察和暗访;按访问的媒介方式来划分,可分为当面访谈、电话访谈和网络访谈;按一次被访问的人数来划分,可分为个别访谈和集体访谈;按访谈过程的控制程度来划分,可分为结构式访谈和非结构式访谈。不同的访谈类型,特点不一,要求不同,技巧各异。本节主要介绍个别访谈和集体访谈。

  个别访谈的主要环节及其技巧

个别访谈是一对一的访问,是访问者对每一个受访者进行单独访问。访谈调查的过程,是领导干部与群众密切联系、直接对话、相互沟通、交流信息的过程。通过访谈，领导干部能倾听群众的呼声，及时了解方针政策的落实情况；通过受访，群众能感受党和政府的关怀，及时反馈相关要求和意见。个别访谈的过程，主要包括前期准备、接近受访者、提出问题、倾听回答、进一步追问、结束访谈和记录访谈等环节。个别访谈要达到预期效果，访问者应在各个环节中掌握与运用各种技巧。这里着重分享前期准备、接近受访者、提出问题、追问问题、结束访谈五个环节。

（一）前期准备

领导干部进入现场，与受访者进行面对面交流互动，必须做好访谈的准备工作。为了听到真实的信息，访问者要让自己与受访者及现场环境相适应、相协调，尽可能不要干扰和影响受访者的正常生活和工作，让受访者在一种平等、舒适、自然的氛围中接受访问。这一环节的技巧，主要包括以下四个方面。

1. 注意着装

着装要符合礼仪规范，要注意受访对象的心理感受，以示对受访者的尊重。着装背后，是调查的态度。毛泽东就经常以"竹杖芒鞋轻胜马"的姿态走进调研，他穿起蓝布长衫，蹬起草鞋，穿街过巷，访商店、进农家。领导干部下基层调研，访谈对象是基层同志或老百姓，如果西装革履，受访者就会感到双方的身份差异，可能导致二者出现隔阂。领导干部下基层调研访谈，要避免让受访者反感。着装要注意以下五个方面：一是着装要朴素，不要穿奢侈品牌；二是衣服要整洁；三是鞋子要合脚，与衣服要协调；四是不佩戴挂件和饰品；五是不携带贵重物品。

2. 配好设备

为了更好地获取受访者的信息，在个别访谈过程中要准备好以下设备：一是携带本子和笔，方便访谈记录；二是携带录音笔，当然，使用之前要征求受访者的同意；三是携带相机，以便对相关资料进行图像记录；四是携带礼物，以回报受访者；五是携带电池，并检查录音笔与相机的电池和内存容量，以防在访谈中发生意外。

3. 掌握信息

访谈法与日常生活中的聊天不同，它具有明确的目的性、程序性和系统性。关于访谈前准备和掌握信息的重要性，我们举个案例。尤金·莱昂斯是美联社经验丰富的记者，他曾经对斯大林进行过一次深访。事先约定只能深访两分钟，但两分钟以后，斯大林并没有结束谈话的意思，而当场莱昂斯却提不出更多有准备的问题。他事后说："我在斯大林的办公室尽管待了近两个小时，但使我一辈子后悔的是，当时没有趁机提出富有意义的问题来。"另一次，莱昂斯深访伊朗前国王巴列维，约定只能谈五个书面提出的问题,几分钟就谈完了,而此时巴列维兴致正浓,等待继续提问,莱昂斯也没有准备更多的问题。事后,莱昂斯懊恼地说:"我当时就在国王的办公室发下庄严的誓愿,今后哪怕约定我只有几分钟的深访,我若不事先准备好供一两个小时谈话的问题,便决不再来到世界伟人的面前。"①

为了减少访谈中的无效问题,避免访谈过程中陷入尴尬局面,为了更加深入地发现问题,提高受访者的接受度,领导干部在访谈之前,要准备和掌握以下信息:一是受访者的年龄、性别、职业、受教育程度和家庭信息等微观层面的信息;二是受访者所处的群体、地域和行业等中观层面的信息;三是访问题目所涉及的政策、现状及趋势等宏观层面的信息。

4. 准备提纲

一次有效的个别访谈,必须准备好一份访谈提纲。毛泽东在《反对本本主义》中指出,要定调查纲目。"纲目要事先准备,调查人按照纲目发问,会众口说……所谓'调查纲目',要有大纲,还要有细目,如'商业'是个大纲,'布匹'、'粮食'、'杂货'、'药材'都是细目,布匹下再分'洋布'、'土布'、'绸缎'各项细目。"② 美国哥伦比亚广播公司60分钟节目主持人华莱士,曾给自己定了一个规矩,至少要准备好30～40个问题,再去做深度访谈。访谈要预先准备调查提纲,而且提纲要细致。比如,为了深入了解资本主义社会,马克思经常到工人住宅区调查,对工人们进行个人访谈。1866年,马克思亲自编制了包括十多个项目的调查大纲,涉及工人生活的方方面面,非常翔实。③

(二)接近受访者

访谈准备工作做好后,领导干部进入个别访谈的开端,即接近受访者。在此调查阶段,领导干部切忌以"钦差大臣"自居,对受访者颐指气使、吆来喝去,而要尊重受访者,展示亲民形象,以平等友好的态度去接近受访者,建立融洽的访谈氛围,消除受访者不必要的顾虑。首先,访问者向受访者问好,做自我介绍,也可以出示介绍信或者相关身份证明;其次,访问者向受访者说明来访目的,并强调此次调查的重要性,请受访者予以支持与配合;接着,告知受访者的确定原则和过程,并郑重承诺对接下来的访谈内容及相关信息予以保密。

接近受访者时,要注意细节和技巧。一是称呼要恰当。如果称呼搞错了,就会闹

---

① 廉思:《如何有效开展调查研究》,人民日报出版社2019年版,第161页。
② 《毛泽东选集(第一卷)》,人民出版社1991年第2版,第117页。
③ 于立志、刘崇顺:《新时代领导干部调查研究指南》,天津人民出版社2019年版,第13页。

笑话，甚至引起受访者的反感，进而影响访谈的进行。比如，如果访谈对象是一位年长的男性，就可以这样打招呼："大爷，您好！""您老高寿？"接着，可以自然地夸一句："您老身体不错，很精神！"熟悉之后，称呼可以加上姓氏，如"李大爷"。二是口吻要平和。自我介绍、说明来访目的等，表达要平等和气，切勿以高高在上的命令式口吻进行交流。三是礼仪要到位。举止言行要自然，尊重受访者及其家人，尊重当地的风俗习惯。

（三）提出问题

提出问题是个别访谈中最重要的环节。领导干部可以根据访谈提纲提问，也可以根据调查目的和访谈过程的实际情况随机应变提问。在访谈过程中，提问要注意一些细节。具体而言，在提问的过程中，要注意以下几个方面。一是注意提问的方式。提问切记不要简单生硬，要考虑问题的性质和特点，以及受访者的实际情况等。提问的方式灵活多样，可以开门见山，也可以投石问路；可以顺水推舟，也可以逆水而上；可以层层深入，也可以一杆到底；可以循循善诱，也可以随机应变；等等。二是注意提问的语言。语言要通俗易懂、简单明了，让受访者听得明白。具体而言，提问的语言要通俗化、口语化和地方化，避免使用学术术语、书面语言和官场话语。比如，"你对社会资本在阶层晋升中的作用有什么看法"，受访者听后会不知所措，无从开口。领导干部如果准备好当地一两句常见的方言，就能更好地与受访者建立亲密关系，拉近访问者与受访者的距离。此外，倾向性诱导问题不要提。

最好的访谈是怎样的？是访问者和受访者处于聊天的自然状态。倘若双方是在安排下进行的"一问一答"，那么，访谈效果并非最佳。因此，提问是一门艺术，是讲究技巧的。提问环节的技巧，主要有以下四个方面。

1. 暖场之后再进入正题

个别访谈时，可以先暖暖场，如唠唠嗑、谈谈家常，再进入正题。比如，研究者就新业态青年劳资关系、权益保障开展访谈。如果一上来，访问者就单刀直入，谈及劳资关系和权益保障问题，那么，受访者就会产生警惕心理甚至反感。此时，访问者可以从新业态青年的业余爱好和流动经历等问题入手，在聊天过程中，让受访者感到访问者关心他们，让受访者感受到真诚。只有如此，受访者才会打开"话匣子"，访问者才会获得大量的、可信的资料。总体而言，访问者提问要遵循先易后难，先问"生活"，再问"思想"；先问"成长经历"，再问"认识形成"；先问"基本情况"，再问"深层问题"；先问"问题表现"，再问"具体原因"。

2. 虚拟场景提问

在个别访谈过程中，有时候受访者对访问者的问题无感，如同"陌生人"，不知道从何答起，访谈进而陷入尴尬局面。究其缘由，是因为访问者没有交代清楚调研的背景，或者问题表达过于抽象化。面对此情形，访问者要将抽象的问题放置在具体化场景里，让受访者在情境中认知问题，从而给出具体答案。比如，调查主题是"新业态从业青年的生计脆弱性"，在个别访谈中，可以虚拟场景提问："如果人社厅开展免费的网络主播相关技能培训，你会报名参加吗？"又比如，要了解社区居民对集体维权行动的态度，就可以虚拟具体小区居民集体维权行动的场景，听听受访者的评价和说法。

3. 随机应变提问

在个别访谈过程中，受访者可能被"问题"难住或愣住，需要进一步思考才能回答。此时，访问者要随机应变，注意受访者的微表情。如果受访者皱眉，出现吞吞吐吐、不想答、不会答或不能答的情形，访问者就要调整问题的表述，慢慢引导受访者的情绪和节奏，让其尽快进入访谈之中。比如，调查"外来人口的社会融入"问题，当访问者问及"你怎么描述外来人口"，受访者可能不知道怎么说，访谈可能出现"静止"画面。这时，访问者可以这样引导："如果用几个词形容外来人口，如勤奋、节约之类的词，你会怎么形容外来人口？为什么？"这种随机应变提问，可以打破访谈冷场的局面。

4. 转移主体提问

在个别访谈过程中，一些"敏感问题"可能会使受访者受到惊吓，引起受访者的警惕或反感。因此，受访者要么应付式回答，给出虚假信息；要么保持沉默，未能传递信息。比如，直接提问"你怎么评价你们的村委会主任"，受访者可能不好回答；如果转移主体提问"你认为别人是怎么评价你们的村委会主任的"，这样的提问就委婉些，更容易让受访者接受和回答。又比如，在"社会福利院家庭寄养评估"调研中，访问者问寄养家庭成员"你如何评价社会福利院的工作"，受访者一般给予肯定性回答；但转移主体提问，"如果总分 100 分，有人给社会福利院打 90 分，你怎么看？如果同意，扣掉的 10 分具体表现在哪些方面"，这样提问就可以更深入地了解寄养家庭与社会福利院的关系。

总之，个别访谈的提问，要注意问题的内容和形式。《经济日报》原总编辑艾丰曾经提出，个别访谈有六个"不要提"。一是不要提太大的问题。不要企图"一口吃个大胖子"，要讲究逻辑，递进式提问。二是不要提过多的外行问题。一点不提是难以做到的，但要争取少提。三是不要提暗示性的问题。即不要强加于人，不要给人竖根"杆",让对方"顺杆爬"。四是不要提过于轻率的问题。毫无意义和目的地卖弄技巧,会导致提出轻率的问题。五是不要提太"硬"的问题。就一般情况、一般对象和一般记者而言,直率不等于生硬。六是不要提审问式的问题。要善于引导,在交谈中发问,在发问中交谈。①

(四)追问问题

在个别访谈中,追问比提问更关键更重要。因此,访问者要具有敏锐的观察力和反应力。而且,追问问题要从严谨的逻辑出发,层层递进,由表及里,由此及彼,从浅到深。个别访谈是深度访谈,可以深层次获取更多信息,追问环节的质量决定了访谈的深度和开放性。在个别访谈过程中,访问者应该根据受访者的表述,沿着受访者的思维逻辑,随机应变地提出问题。当然,受访者可能在访谈过程中"绕弯子"甚至"一行白鹭上青天",以致访问过程不受控,此时,访问者不可直接打断受访者,而是要不露声色地通过追问转换话题。比如,访问者可以承上启下地追问,"是呀,刚才你说得很好。不过,我还是不太明白……",进而转向访谈主题。不过,追问问题不宜过多,否则,受访者被追问多了或急了,会产生逆反心理和厌烦情绪。

法拉奇采访谈邓小平时,就展现出了高超的追问技巧。②

  法拉奇:四个现代化将使外国资本进入中国,这样不可避免地引起私人投资问题。这是否会在中国形成资本主义?

  邓小平:归根到底,我们的建设方针还是毛主席过去制定的自力更生为主、争取外援为辅的方针。不管怎样开放,不管外资进来多少,它占的份额还是很小的,影响不了我们社会主义的公有制。吸收外国资金、外国技术,甚至包括外国在中国建厂,可以作为我们发展社会主义社会生产力的补充。当然,会带来一些资本主义的腐朽的东西。我们意识到了这个问题,但这不可怕。

  法拉奇:那么,你是否认为资本主义并不是都是坏的?

  邓小平:要弄清什么是资本主义。资本主义要比封建主义优越。有些东西并不能说是资本主义的。比如说:技术问题是科学,生产管理是科学,在任何社会,对任何国家都是有用的。我们学习先进的技术、先进的科学、先进的管理来为社会主义服务,而这些东西本身并没有阶级性。

  法拉奇:我记得几年前,你谈到农村自留地时说过,人是需要一些个人利益来从事生产的,这是否意味着共产主义本身也要讨论呢?

---

① 廉思:《如何有效开展调查研究》,人民日报出版社2019年版,第185-186页。
② 廉思:《如何有效开展调查研究》,人民日报出版社2019年版,第183-184页。

邓小平：按照马克思说的，社会主义是共产主义第一个阶段，这是一个很长的历史阶段，必须实行按劳分配，必须把国家、集体和个人利益结合起来，才能调动积极性，才能发展社会主义的生产。共产主义的高级阶段，生产力高度发达，实行各尽所能、按需分配，将更多地承认个人利益、满足个人需要。

（五）结束访谈

到了一定时间后，访谈结束，访问者要向受访者表示感谢。结束访谈，要注意以下几点。一是适可而止。每次访谈时间不宜过长，一般是2小时左右。如果延迟访谈时间，必须尊重受访者的意愿和意见。受访者要上班了、要下地了、要吃饭了、要休息了，就应当及时结束访谈。当然，受访者家里来了客人，或者发生了突发事件，此时也应当马上结束访谈。二是善始善终。访谈结束后，访问者真诚感谢受访者对调查工作的支持和配合。比如，访问者可以表示："时间也不早了，非常感谢你对我们这次调查工作的配合。今后可能还要打扰你，到时再联系你。"三是做好记录。访谈要自己做记录。自己做记录，可以更深入地掌握第一手情况，及时发现问题。自己动手记录和看别人总结好的书面报告是两回事。访谈结束后，访问者应尽快整理访谈记录，将访谈的要点、疑点、易忘点和感受点进行梳理。

拓展阅读

个别访谈参考实例

某市新生代农民工城市融入个别访谈的主要流程[①]

为深入研究某市新生代农民工的生活状况和城市融入问题，研究者采用了个别访谈的调研方法，访谈全过程和具体使用的技巧如下。

一、访谈流程

（一）寻找被访者

本次调研发放8000份调查问卷，现已经全部回收。根据问卷填答后留下的联系方式，课题组整理出284个潜在受访者，包括其问卷编号、姓名和联系方式。确定受访者的步骤，如表7-1所示。

每位访谈员随机分配20个潜在被访者，每位访谈员要发挥主观能动性，从这20个潜在被访者中确定接受访谈的被访者。根据潜在被访者所留下的信息，有以下几种操作模式（步骤），如表7-1所示。

---

① 廉思：《如何有效开展调查研究》，人民日报出版社2019年版，第194-198页。

表 7-1 确定受访者的步骤

潜在被访者联系方式	步骤1	步骤2	步骤3	步骤4
手机号码与微信	微信联络/聊天	电话联络	见面访谈	电话或微信补充完善
手机号码与微信	电话联络	微信联络/聊天	见面访谈	电话或微信补充完善
手机号码	电话联络	要微信/见面访谈		电话或微信补充完善
微信	微信联络/聊天	要电话/见面访谈		电话或微信补充完善

访谈员也可以采用滚雪球的方法确定受访者，如访谈员 A 在采访新生代农民工 B 时，B 又推荐了符合访谈的 C（C 是新生代农民工），此时也可以对 C 进行访谈。以此滚雪球的办法，也可以从 C 到 D。但有一个原则，为了保障样本的代表性，同一个单位的被访者人数不能超过 2 个。

（二）约定时间和地点

当确定好被访者后，要约定时间和地点，保证访谈的连续性。

（1）访谈时间：尽量以方便被访者为主，且在被访者感到心情愉悦的时候，如下班和休息日。

（2）访谈地点：使被访者感到安全和舒适，可以较为自由地表现自己的地方。

（三）访谈准备

（1）问卷和记录单准备：本次被访者是从问卷填答者当中挑选出来的，因此，首先需要对被访者的回答有基本的把握，并从中发现值得深入发掘的问题；如果被访者事先没有填答过问卷，则可以根据问卷内容和访谈提纲对被访者做全方位的访谈；同时，要携带访谈记录单。

（2）工具准备：携带纸笔以方便访谈记录；尽可能携带录音笔，在征求被访者认可的情况下，可以对谈话内容进行录音，以便于日后的资料分析与整理；携带相机，以便合影和对其工作单位等进行图像记录；携带礼物，以回报被访者。

（3）形象准备：访谈的衣着装扮应得体，不宜与所访谈群体脱离太远，以免造成不利的首因效应和距离感，难以打开访谈局面。

（四）实施访谈

此过程中，要做以下五个方面的工作：一是进行访谈记录，为撰写访谈报告奠定基础；二是要注意观察被访者的工作环境和基本生活状态；三是要注意尊重、引导和扣题等访谈技巧；四是访谈结束时要给被访者礼物；五是访谈工作结束后要填写访谈记录单，并尽可能向指定邮箱发送两张及以上的访谈照片（包括访谈后与被访者的合影、访谈环境等），所发送访谈照片命名为"访谈员姓名＋时间＋访谈地点"（访谈地点精确到街道）。

二、访谈记录

（1）现场记录：简要地记录下被访者的内容和要点，整理时可作为线索。

（2）事后补记：在没有访谈录音的情况下，应及时以事后回忆的方法将被访者的情况尽量补记完整；在补记过程中，不要以自己的主观想象代替对方的思路，要尽量记录原话，少做概括性的记录，以免掺入主观成分。

（3）录音整理：有录音的访谈，则需要边听录音边整理出访谈员与被访者所讲的内容；其原则也是尽量将我们可能会分析的细节，以及那些重要信息的原话完完整整地记录下来，并将其感叹句、情绪表情（如笑、哭、困惑）和一些重要的身体姿势也记录下来。

三、访谈技巧

本次深度访谈是半结构式访谈，访谈提纲将研究的主要内容列出。主要内容是方向性的描述，比较宽泛，目的是鼓励被访者说出他们的经历与观点，为我们提供一个没有被过滤的他们自己理解事情的方式，以便我们在接下来的访谈中进行追问。具体、深度、生动而细节的信息，需要通过访谈员的追问和探测得来。访谈提纲中会将追问的关键点列出，具体如何问，应根据被访者具体的回答而定。

（1）与被访者建立信任关系。向被访者说明访谈目的和调查内容，争取对方的认同和支持，与其建立起一种相互信任与相互理解的关系。同时，访谈员应该向受访者做出明确的保密承诺，保证对方提供的信息不外露。如果报告中需要引用受访者提供的资料，访谈员要隐匿所有的人名和地名。访谈员应尽量做到真诚坦率，以消除对方的疑虑。

（2）访谈前，需对被访者和访谈环境进行观察，根据对方特征寻找其可能感兴趣的话题。访谈可以从闲聊开始，避免以敏感性和隐私性的话题为开端。

（3）录音和照相，要征得被访者同意。

（4）闲聊之后，进入访谈的主题。可以按照访谈提纲的顺序进行，也可以随着被访者的回答随机应变地更改提问的顺序。

新时代领导干部调查研究方法

（5）要有礼貌地耐心倾听，不时地使用"嗯""对""明白"等语言信息，或者用点头、目光、表情和手势等非语言信息，来鼓励对方继续谈下去。

（6）保持客观、中立的态度，不应有倾向性或诱导性的任何表示。对于被访者的回答，不宜做出肯定或否定的评价，更不应去迎合或企图说服对方，而只能做出一些中性的反应。

（7）避免使用专业术语，应该将其转化为被访者比较容易回答的语言。

（8）避免使用只能回答"是""否"的问题。如"你觉得你的同事喜欢你吗"，更好的表述是"你能描述一下你在这儿工作时与同事的关系吗"，这样则可以获得更加丰富的答案。

（9）要进行追问。根据被访者的表述，沿着被访者的逻辑，不断提出各种问题，直至信息饱和。追问还应避免被访者的跑题，注意随时将其拉回到访谈的正轨上来。

四、基本要求

（1）每位访谈员从提供的潜在被访者中确定4人进行访谈；在完成访谈2名提供的被访者的基础上，鼓励访谈员根据实际情况，采用滚雪球的方法，联系新的被访对象，进行深度访谈；自主联络的被访者，不宜超过2人。

（2）在课题组提供的访谈提纲的基础上，每位访谈员完成4场个案访谈，并撰写访谈报告。

（3）每场个案访谈尽量控制在3个小时之内，访谈结束后须撰写一篇6000字以上的访谈报告。

（4）时间要求。7月1日—8月31日，60天时间内，每位访谈员根据实际需要自行安排访谈，自行控制进度；在8月31日晚12点前，将访谈稿和录音提交至邮箱，访谈稿和录音文件命名格式为"访谈员姓名＋时间＋访谈地点"（访谈地点精确到街道）。

集体访谈的主要环节及其技巧

集体访谈，即座谈会，是领导干部开展调查的常用方法。相比个别访谈，集体访谈成本低、效率高、弹性大。集体访谈的过程，主要包括以下几个环节。

（一）座谈会准备环节

开好座谈会，要做好充分的准备。这一环节的工作，主要包括：准备提纲；选择参与人员；确定主持人；做好后勤保障。

1. 准备提纲

在座谈会之前，调查者要设计座谈提纲。提纲内容要聚焦座谈会主题和调研议题，提纲问题应具有开放性和讨论性。提纲问题的数量不宜过多，一般在 12 个左右，当然，问题的数量不需要恪守提纲要求，可以根据座谈会现场情况随机调整。

2. 选择参与人员

参与座谈会的人员，是重要信息提供者。针对调研目的和调研议题，参与人员要具有代表性和话语权。因此，选择参与人员要严格把关，确保在有限的时间、有限的参与人员的情况下获取更多的有效信息。一是参与人员的数量。参与人员的数量，对座谈会的质量具有重要影响。参与人员过多容易分散话题，导致讨论容易偏离主题且部分参与者无法参与讨论，因此，参与者数量上的增加并不能使有效信息增多。当然，参与人员过少也不行，会影响资料收集的广度和变异性。总之，座谈会人员不宜过多，也不宜过少，一般而言，参与人员为 8~10 人。比如，调研新时代党如何领导基层。以党建共同体为范围，参与者主要包括社区、驻辖区单位、物业、社会组织、商户的党组织或机构负责人，以及部分群众代表，共 10 人。① 二是参与人员的结构。选择与调研议题和调研内容最为相关的人员参与，参与者要有代表性。毛泽东当年到下面开座谈会，不仅找干部、农民和秀才，而且找商人、小狱吏和钱粮师爷。比如，调研主题是推进基层治理体系和能力现代化，参与者可以为社区主任、社区工作人员、社区居民、社会组织负责人、社会工作者、志愿者、社会公益慈善人员。为了推动"五社联动"，探索基层治理现代化的路径，座谈会应选择不同背景的参与者，可以观测社区、社会组织、社会工作者、社区志愿者、社会公益慈善力量对"五社联动"的看法及互动。三是参与人员构成一般遵循"陌生人原则"。参与者之间，参与者与主持人之间，均是陌生人的关系。陌生人环境可以减少参与者的顾虑，让参与者畅所欲言地探讨座谈会议题。当然，一些座谈会的参与者是熟人关系，主持人要进行合理引导，增加参与者的安全感。还有，当座谈会议题涉及一些群体利益冲突问题时，参与人员可以分类型召开。

3. 确定主持人

主持人是座谈会的重要角色，既是参与者，也是观察者和引导者，需要眼观六路、耳听八方。具体而言，主持人在座谈会进行过程中，需要履行以下四项职责。一是主持人需要协调参与者积极参与讨论，防止出现个别参与者主导讨论、吵架、跑

---

① 王杨：《组织技术创新：新时代党如何领导基层——基于焦点团体访谈的多案例分析》，载于《中共福建省委党校（福建行政学院）学报》2021 年第 4 期，第 45-55 页。

题等情况。当个别参与者发言过于踊跃而压制其他参与者的积极性时,主持人要及时通过引导、追问、单独向某人提问等方式来把控局面。二是主持人需要避免参与讨论,特别是加入参与者的争论。三是主持人需要营造利于讨论的氛围。通过活跃气氛等方式,拉近参与者与主持人之间的心理距离,也要做好开场白,避免说官场话,打消参与者的顾虑。四是主持人需要灵活应变,具备根据不同参与者和不同讨论情境调整座谈问题顺序、适时追问等把控座谈节奏的能力。这一能力,不仅要求主持人有丰富的座谈经验,也需要其对研究主题有充分的了解。

4. 做好后勤保障

开座谈会之前,调研课题组要确定座谈会提纲、座谈会参与人员、座谈会时间和地点。一般而言,座谈会时间为120~180分钟。座谈会的场所,尽量选择较大的房间,如社区活动室和一般会议室。座谈会的座位以圆桌形式布置,最好以座位标签安排参与人员的就座位置。调研课题组的工作人员,负责联系座谈会主办方,并告知主办方提前联系座谈会参与人员,向其简单介绍座谈会的背景和目的,一并将座谈会提纲发给他们。

(二)座谈会开场环节

为了让座谈会迅速进入正题,主持人可以用一段开场白,介绍自己和调研背景,解释座谈会的目的,讲解座谈会的规则和要求,以打消参会者的顾虑。比如,在社会组织参与社会治理的座谈会中,主持人可做如下开场白:"大家好,感谢各位百忙之中参与我们的座谈。我叫××,是××机构(部门)的一名工作人员。今天我们召开这个座谈会是为了了解社会组织的登记注册和运营管理状况。这个座谈主题属于政府正在制定的政策的一部分。此政策由××机构(部门)组织起草,旨在真实反映当前我国社会组织的发展状况,为规范社会组织管理、发挥社会组织作用提供理论参考和政策依据。今天我们能有机会聚在一起十分难得,希望接下来大家能畅所欲言。为了完整地记录大家的讨论内容,我们在座谈过程中会录音。录音资料仅限于政策制定和学术研究使用,对大家的个人信息,我们会严格保密,请大家放心。我们最后形成的调研报告或政策建议,会包含大家的真知灼见,但是否出现个人姓名,会尊重每个人的意见。交流的时候请大家尽量使用普通话发言。当某个人发言的时候,请其他人等待发言人结束后再进行发言;如果您对别人的发言有自己的看法,也可等对方说完后直接向他(她)提出问题或评论。我相信,接下来我们会度过一段愉快的时光,也希望从大家那里听到不少关于此问题有创见的看法。"①

---

① 廉思:《如何有效开展调查研究》,人民日报出版社2019年版,第205页。

（三）座谈会提问环节

在座谈会上，主持人提问要遵循中立原则、通俗原则和聚焦原则，注意表情，以点头、微笑、注视等微表情尊重参与人员。与此同时，主持人要把握提问节奏，注意提问技巧。当参与人员跑题时，主持人可以适当引导："你刚才谈的是××问题，现在请你再谈谈××问题。"如果要追问，主持人则可以提醒："对于这个问题，你是否能够给我们多讲一些？"具体来说，座谈会的提问环节可以使用如下提问技巧。

1. 暖场式提问

座谈会正式开始前，主持人要问候参与人员并自我介绍，同时，还要介绍会议主办方、会议主题和会议规则等。此外，为了营造座谈会的轻松氛围，调查者特别是主持人应注意开场的提问，以建立参与人员的期待心理和期待值。

2. 互动式提问

座谈会进行过程中，主持人应不断使用"让我们看看还有什么""让我们一起来"等语言，促进参与者的互动，挖掘参与者发言的深度。若参与者对某一观点存在争论，主持人需要及时站出来打断争论，采取柔性抑制的方式平复大家的情绪，比如："看来大家对这一问题都有自己独到的见解，让我们先来听听××怎么说"；"接下来我们再请××跟我们分享一下您的看法"。

3. 鼓励式提问

如果在座谈会过程中出现冷场局面，主持人要察言观色，可以灵活提出问题，比如："我看这位同志准备好了，我们先请他给我们分享。"主持人应不断地对参与者的发言进行鼓励式总结，即使参与者的观点与他人重复或较为简单，也需对其观点进行表扬并激励其进一步发言。比如，下姜村是当年习近平在浙江的联系点。他第一次去下姜村调研，村支书拿出材料准备汇报，习近平打断了他，笑着说："不要用材料，心里有什么就说什么，想到哪里就讲到哪里。我们是下来听真话的。"

4. 提醒式提问

座谈会上，主持人还应适时提示参与者会议的进程，如"我们只剩下两个问题了"，给参与者一定的时间预期，以缓解参与者的不耐烦。

（四）座谈会结束环节

这一环节要注意三个方面：首先，进行简要的总结，追问大家是否还需要补充发言，然后，使用启发性、总结性的问题，让参与者进行最后一次发言，如"大家觉得还有什么问题需要补充吗"；其次，告知参与者若有进一步的建议和意见，可在会后与课题组联系；最后，对参与者表示感谢。

（五）座谈会内容记录与整理环节

座谈会结束之后，调查者要及时、准确地记录座谈会情况，而且要根据调研目的和调研内容将会议记录进行归类和整理。比如，表 7-2 是关于调查共青团基层组织"四缺"问题的座谈会记录整理。

表 7-2　共青团基层组织的"四缺"问题座谈会记录

主要感受	（1）基层团组织"缺编制、缺人员、缺资金、缺场所"问题表现不一。 （2）团中央、团省委高度重视基层团组织建设。 （3）"四缺"问题有些是真问题，有些是伪命题。 （4）基层团组织最缺的是高素质和稳定的队伍。
主要问题	（1）不同层级的基层团组织在"四缺"问题上表现不一，且同类型基层团组织的"四缺"问题也具有差异性。基层团组织的"四缺"问题不能一概而论，在不同层级、不同领域、不同类型的基层团组织中，"四缺"问题的表现及原因不一样。 （2）缺工作力量，不仅体现在数量上，更体现在质量上。 （3）缺经费不是普遍性问题，但缺乏制度性保障。 （4）重心越往下移，"缺阵地"现象越严峻。
原因分析	（1）在思想认识上发生"抛锚"：一是对"四缺"问题的内在关联性认识不透；二是对共青团工作认识不深；三是狭隘地界定和理解"场所"。 （2）在队伍建设上出现"贫血"。基层团组织的有效运转，不仅需要一定数量的团干，更需要高质量的团干。一是工作力量匹配不到位；二是基层团干的专业化不到位；三是基层团干的能力素质不到位。 （3）在制度支持上停在"半空"。重视和支持基层，依然停留在文件上和讲话上，真正落地尚不足。党建带团建更多地体现在理念上和文件上，但基层党委绩效考核中共青团工作的分值比重不高。 （4）在解决路径上陷入"等靠要"。在"四缺"问题上，基层团组织可能陷入"等靠要"的路径依赖之中，缺乏挖掘资源的主动性和自觉性，必然步入"四缺"的循环之中。

> **拓展阅读**

集体访谈参考案例

××县街道（乡镇）党委书记基本素质座谈会方案

下面将从背景及主旨、参会人员、座谈会流程、讨论主题、注意事项等方面，对"××县街道（乡镇）党委书记基本素质座谈会方案"进行实例介绍。

一、背景及主旨

本课题是由××部门与××研究机构合作开展的"街道（乡镇）党委书记基本素质"调查。座谈会是调查的重要环节，目的主要是想了解在一线工作的街道（乡镇）党委书记应具备的基本素质和特点，最大限度地搜集第一手资料，为开展后续研究和形成政策建议打下坚实基础。

二、参会人员

本场座谈会拟邀请10名××县街道（乡镇）党委书记参加。

三、座谈流程

（1）开场白。由主持人说明本次座谈会的主题、目的及相关注意事项，鼓励参会人员各抒己见、畅所欲言。（拟用时5分钟）

（2）讨论与互动。由主持人抛出此次座谈会的讨论主题，鼓励参会人员综合所列主题，逐一对街道（乡镇）党委书记基本素质发表看法，每人陈述时间不超过10分钟。（拟用时120分钟）

（3）致谢。由主持人向各位参会人员表达谢意，但不做总结性发言和倾向性发言，保持研究的价值中立。（拟用时5分钟）

四、讨论主题

（1）首先请诸位做自我介绍，谈谈各自街道（乡镇）的特色。

（2）您认为街道（乡镇）党委书记应该具备哪些基本素质？为什么您认为这些基本素质很重要？还有其他补充吗？

（3）想一想您在现任工作岗位上曾经发生的六件比较重要的工作事件，其中，包括三件成功或出色的事件以及三件失败或遗憾的事件。

（4）导致这些事件发生的原因是什么？当时的情景如何？您在事件中做了什么？说了什么？事件的结果如何？

五、注意事项

（1）座谈会是为了更好地了解情况、解决问题，每位座谈会参会者的发言，无对错之分，欢迎发表不同意见。

(2) 座谈会发言不涉及是非对错，采取匿名的方式记录。对每位发言者的回答，调查组将严格按照《统计法》予以保密。同时，为了尊重他人和尊重自己，诚挚地希望每位参会者共同保护彼此在发言中的个人隐私。

(3) 调查组鼓励参会者就不同的观点发表看法，在适当时机，可以打断彼此发言。参会者应避免在他人发言时，在一旁开少数人参与的小会。

第三节 如何做好蹲点调研

蹲点调研是以驻点形式与调研对象直接接触的调查方法，是一种以点带面的工作方法，是一条密切干群关系的重要途径。2011年11月16日，习近平在中央党校秋季学期第二批入学学员开学典礼上指出：蹲点调研、解剖"麻雀"是过去常用的一种调研方式，在信息化时代依然是管用的；要注意选择问题多、困难大、矛盾集中、与本职工作密切相关的农村、社区、企业等基层单位，开展蹲点调研，倾听群众心声，找准问题的症结所在。领导干部特别是机关干部，必须经常走出机关，深入基层、深入一线、深入群众，做好做实蹲点调研，听民声、察民情、问民意，自觉践行群众路线，不断强化为民情怀，真正树立"江山就是人民，人民就是江山"① 的理念。

一、蹲点调研的类型与特征

蹲点调研是一种实地调研，是领导干部践行群众路线的体现。浙江省嘉善县从2008年起，每年分批选派近200名部门中层干部到基层单位，开展为期3个月的蹲点调研。参与调研的干部，每年都提出了一批好的工作建议，并为基层和群众解决了一批突出问题，办了不少实事，群众赞誉"党的好传统、好作风又回来了"。②

（一）蹲点调研的类型

蹲点调研是指调查者深入一个或几个单位或某一区域，持续较长一段时间，通

---

① 习近平：《在党史学习教育动员大会上的讲话》，人民出版社2021年版，第15页。
② 习近平：《谈谈调查研究》，载于《学习时报》2011年11月21日，第1版。

过全面深入的研究，认识调查对象的本质及其发展规律，探索解决社会问题途径的方法。① 学术上称之为实地调查。根据调查者是否"介入"，蹲点调研可以分为参与式蹲点调研和非参与式蹲点调研两种类型。

1. 参与式蹲点调研

严格意义上的参与式蹲点调研，调查者不向调查对象公开表明自己的身份，而是扮演调查对象的角色，与其打成一片，在调查对象处于自然状态下开展调查，观察对象，获取信息。领导干部驻村入户，与老百姓同吃同住同劳动，其实就是一种参与式蹲点调研。很多党校培训采用驻村入户的体验式教学，其培训效果不错，群众反响较好。正如群众所反映："这些正处级领导住农家，对居住条件没有讲究，讲话做事没有架子，与我们心贴心交流，面对面探讨，就像邻家大哥一样亲切。"1983年12月6日，习近平担任正定县委书记不久，就主持制定了《县委一班人要遵守六项规定》，要求"县委常委都要在农村和厂矿学校建立若干个联系户和联系点；每年要有三分之一以上时间深入基层，研究新情况，解决新问题"②。

2. 非参与式蹲点调研

在非参与式蹲点调研中，调查者是旁观者，不介入调查对象的活动，不改变调查对象的生活工作环境，尽可能保证调查对象处于"原生态"状态，不受调查者的干扰。非参与式蹲点调研的突出特点是"冷眼旁观"，调查者利用某些公共场所或活动，观察调查对象的行为和表现，获取"原汁原味"的信息，力求调查信息的客观性和真实性。比如，为了调查"社区综合服务中心的服务质量"，调查者可以在社区综合服务中心大厅选择一个既便于观察又不引人注意的位置，按照服务质量指标提前准备好观察记录表，对社区居民、社区工作人员的行为和互动进行观察与记录。

（二）蹲点调研的特征

在蹲点调研的过程中，调查者眼看耳听，同时，借助辅助手段观察调查对象，通过"察言观色""耳听八方"等获取第一手资料。蹲点调研中的观察，与平时生活中的"看"和"听"不一样。蹲点调研的"看"和"听"，是有目的、有原则、有方法的。蹲点调研更多的是一种科学的、严谨的观察。蹲点调研具有以下几个主要特征。

1. 调研主体的参与性

领导干部直接参与调查对象的生活和工作场域，与调查对象共同学习、共同生

---

① 廖永安：《调解学教程》，中国人民大学出版社2019年版，第13-14页。
② 习近平：《知之深 爱之切》，河北人民出版社2015年版，第106页。

活、共同工作,调查者扮演了调查对象的角色。正是调查主体的参与其中,调查者与调查对象之间建立了信任关系,调查者在一种自然状态下观察调查对象,能够保证资料的真实性和客观性。正是由于调查主体的参与性,领导干部一定是"亲自出马"蹲点,不能由他人代劳。"挂名蹲点"是伪蹲点调研,是官僚主义和形式主义的体现。值得注意的是,调查者在蹲点观察时,要遵守法律和道德伦理原则,要尊重调查对象的地域或群体文化习俗,不能随心所欲,不能给调查对象造成伤害。比如,为了推动福州棚屋区改造,时任福建省委副书记和省长的习近平,曾在福州苍霞和上渡棚屋区进行蹲点调研。当时是2000年7月2日下午2点左右,正是福州夏季中最热的时段。为什么大热天要去调研棚屋区?习近平说:"为什么我在这个时候把大家请到这里来?就是让大家体会一下棚屋区群众的生活环境……你们说应不应该改造?"①

2. 调研内容的深入性

在习近平的《之江新语》一书中,第一篇文章是《调研工作务求"深、实、细、准、效"》。其中,"五字诀"的第一个字就是"深",即深入群众、深入基层,这与蹲点调研的深入性相契合。蹲点调研可以深入了解一个地方的实际情况,为科学决策提供依据。蹲点调研的问题一般比较深入,且经过了较长时间的观察,因此,对实际工作具有一定的指导意义。比如,在某村蹲点调研乡村振兴的路径问题,在某城市社区蹲点调研基层社会治理问题,在某私营企业蹲点调研党建引领企业经营活动。习近平高度重视蹲点调研方法。1988年,习近平任宁德地委书记。当时,宁德经济总量排在末位,是全国18个集中连片的贫困地区之一。一些干部群众对这位拥有丰富人脉资源和资深中央工作经历的新官充满期待,希望习近平上任能烧"三把火",迅速扭转宁德落后的面貌。出人意料的是,当时的习近平没有急着烧"三把火",而是带着地委行署一班人,深入9个县,开展了为期一个月的蹲点调研。以"四下基层"制度的建立作为开局,以"弱鸟先飞"的理念汇聚力量,以"滴水穿石"的精神激发干劲,一步一个脚印地把工作重心踩实在改善宁德基础设施和人民生活水平上,初步确立了闽东发展思路,全力推动闽东地区摆脱贫困。

3. 调研方法的综合性

蹲点调研是一种深入基层、深入实际、深入群众的实地调研。在调研过程中,调查者可以通过个别访谈、座谈会、观察法和问卷调查等方法,了解调查对象的情况。

---

① 谢传新:《牢记政府前面的"人民"两个字——读〈习近平在福建〉札记(下)》,载于《淮南日报》2021年12月24日,第3版。

在蹲点调研的过程中,调查者和调查对象接触时间较长,调查者可以随机应变,科学合理地运用不同的调研方法获取信息。调研方法没有最好的,只有合适的。调查者要根据调查目的和调查对象的特点,选择合适的调研方法。

4. 调研对象的局限性

领导干部蹲点调研一般指向基层单位,是为了总结经验模式或深入剖析问题。这里的基层单位,是指城市社区、农村社区、小区业委会、村民小组和企业生产车间等。因此,蹲点调研对象一般局限于基层单位。

 蹲点调研的主要环节及其技巧

蹲点调研要遵循科学过程,让调查者和调查对象均处于一种自然状态,保障调查对象的言行不会"失真"。因此,在蹲点调研的每一个环节中,要注意细节和讲究技巧。

(一)蹲点选"点"环节

蹲点调研的"点"不是乱点鸳鸯,而是根据调查目的和调查对象的结构特点,有目的性和针对性地选择典型意义的"点"。如果"点"选错了,后续调研则无效,无法获取靠谱的资料和数据,调研就无法深入下去。选"点"应考虑以下三个条件:一是符合调查研究收集资料的要求;二是具备必要的人力、物力和财力的支持;三是调查对象不反对。要根据调查目的,看具体情况选"点":如果是为了总结经验,进行复制性推广,就选择先进的地方;如果是为了解决某个具体问题,就选择问题较多、矛盾较突出的地方;如果是为了通过解剖个体引出一般,就选择各个层面具有典型意义的地方,好的、中等的、差的地方都要选择。

(二)蹲点"入场"环节

始终坚持调查者必须"入场",在现场"望闻问切"。虽然费时费力,但事实证明,感性认识是研究问题的起点,没有大量现场感性认识的积累,理性认识难以实现飞跃。调查者蹲点要"入场",走进调查对象的圈子,成为"圈内人",其实不易。调查者下基层蹲点调研,要进入调查对象的生活和工作场域,且不是短暂的交流互动,而是与调查对象一起生活、工作较长一段时间。因此,蹲点调研"入场",需要关键人物的介绍。比如,开展巩固脱贫攻坚成果同乡村振兴有效衔接的蹲点调研,这里的关键人物就是农村社区党支部书记。

（三）观察调查对象环节

在蹲点调研过程中，调查者观察调查对象要注意细节和方法。一是注意着装。比如，一个调查课题组来长沙调研，聚焦网红城市，选择了解放西路的酒吧进行非参与式观察。调查者进去后，本来想观察青年，结果反被酒吧里的青年用异样的眼光"观察"了。为什么？就是因为调查者的着装问题，他们穿着西装，与酒吧消费群体格格不入。二是注意语言。在蹲点调研过程中，调查者要善于说群众语言，要是能掌握几句当地常用的方言就更好了，这可以迅速拉近与调查对象的距离，同他们建立信任关系。与调查对象沟通，要用生活语言去交流；撰写研究报告，要用政治语言去提炼；撰写研究论文，要用学术语言去总结。三是注意融入。在蹲点调查基层社会治理时，为了更有效地沟通交流，男性调查人员可以递上香烟，亲手给老乡点上，谈谈年景收成，瞬间便拉近了彼此距离；女性调查人员可以带上糖果，送给老乡家的孩童，问问孩子的情况，如此便能很快找到话题，少了拘谨与不安。

（四）记录观察结果环节

蹲点调研的资料，主要由观察记录得来。在蹲点调研中，要明确观察内容，准确记录观察结果。观察内容包括以下几个方面：一是现场的情境，即事件或活动的舞台与背景；二是观察对象的角色、地位、身份、数量以及相互关系；三是观察对象行动的目的、动机和态度；四是社会行动的类型、产生与发展过程，行为的性质、细节及影响等；五是事件和行为发生的时间、频率和持续时期等。[①] 蹲点调研中的观察记录，应当正确和详细。第一，尽量在当场或短时间内记录下来，这可以减少记忆的遗漏和错误。值得注意的是，在记录的时候，千万不要引起调查对象的注意，以免他们改变正常行为，导致调查结果失真。第二，用一些简单的符号注明事件或行为的过程和特点，事后再进行记录。第三，同时由两个以上的观察者分别做记录，以便相互对照。第四，将客观描述的记录与观察者的解释和感想区分开来，分类整理。

（五）总结推广经验环节

蹲点调研是为了总结经验，把握规律，更好地以点带面，并在面上指导和推动工作。因此，总结经验模式，提炼模式机制，复制推广经验，是蹲点调研的重要环节。具体来说，应从以下三个方面着手：一是以问题为导向，总结解决问题的具体做

---

① 袁方、王汉生：《社会研究方法教程》，北京大学出版社1997年版，第348页。

法，并将其上升为推广模式；二是分析经验模式的适用范围和具体条件；三是通过试点进行复制推广。

三 蹲点调研的注意事项

蹲点调研的关键在于，亲自蹲，蹲得住，蹲在点上，蹲出实效。因此，在蹲点调研过程中，调查者应注意以下事项。

（一）蹲点要亲自出马

蹲点调研必须亲自出马，亲力亲为，不能找人替代。亲自下去调研与坐在办公室看材料、看调研报告，二者是两回事。领导干部要亲自挂帅做调查研究，要沉下去，不能闭门造车，不能老坐在办公室。"迈开步子，走出院子，去车间码头，到田间地头，进行实地调研。"① 习近平 2011 年在《谈谈调查研究》中指出："现在的交通通信手段越来越发达，获取信息的渠道越来越多，但不能代替领导干部亲力亲为的调查研究。"直接与基层干部群众接触，面对面地了解情况和商讨问题，对领导干部在认识上和感受上所起的作用，和间接听汇报、看材料是不同的。

（二）蹲点要蹲得住

所谓"蹲得住"，是指调查者要坚持下来，不能借口工作繁忙而"蜻蜓点水""走马观花"，而要扎根基层、深入实际。"蹲得住"是蹲点调研的基本要求，否则蹲点调研的成效会大打折扣。陈云惯于和善于使用蹲点调研法，1961 年他选择青浦小蒸公社进行半个月的蹲点调研。在此期间，他从来不搞"坐着车子转一转，隔着玻璃看一看"的虚招，而是坚持"一竿子插到底"，蹲到群众中去，蹲到了解决问题的关键地方，真正做到听真话、察实情、办实事。领导干部蹲点调研，要严格执行"五同"，即与基层群众同吃、同住、同劳动、同学习和同进步，不搞特殊化，通过与群众干在一起、吃在一起、住在一起，多层次、多渠道地了解基层基本情况，了解群众所需所求，掌握第一手资料。为了"蹲得住"，就要有"刚性"要求。比如，某市为保证领导干部全身心蹲下去，不必"心挂两头"，在蹲点时长设置上便统筹考虑了蹲点调研和日常工作安排，并做出这样的规定——"不卷铺盖下村，就卷铺盖下岗"；下村蹲

---

① 习近平：《干在实处 走在前列——推进浙江新发展的思考与实践》，中共中央党校出版社 2006 年版，第 535 页。

点的干部必须在点上每月工作 15 天以上，要有记录、有考勤、有签字，以制度保障"蹲得住"。①

（三）蹲点要蹲在点上

蹲点调研，不仅要蹲下去、沉下去，还要蹲在点上。一是蹲的"点"具有典型性和代表性，能够发现问题，进而找到问题的主要表现、深层原因及解决方案；能够挖掘典型，进而总结提炼经验模式、条件机制及推广路径。二是深入"点"去探微，通过"点"到"线""面"览全貌，进而发现问题或经验的本质和规律，更好地指导和推动工作。三是"点"要深蹲，不能"蜻蜓点水"，停在表面。有些蹲点调研是走过场。比如，早上 9 点上班后从机关坐车出发，10 点抵达村便民服务中心会议室。调研组和村里首先相互介绍参与调研的人员，调研组带队人员向村里说明调研主题后，先由村主要负责人按照调研组的要求，汇报村里的相关工作情况，然后调研组的人员围绕听到的汇报情况和事先设置好的调研主题提出一些问题，再由村干部回答。座谈交流环节过后，由村干部带着调研组，到村里事先准备好的点上走马观花地转上一圈，一上午的时间也差不多就过去了。这可能是有些部门或领导下乡蹲点调研的"标准方法"。这样的调研，走的是由镇上和村里预先设计好的"经典路线"，听的是村干部事先准备好的汇报材料，看的是村里精心挑选的示范点，得到的是工作干得出色的成果。这种"蜻蜓点水"式的调研，没有深蹲，没有接触到最基层的农民，没有听到最真实的声音，没有看到最真实的情况，也就不能总结出最真实的经验。

（四）蹲点要蹲出实效

蹲点调研是为了解决问题，或为了推广经验，总之，不是为了到群众中点个卯、在电视上露个脸。作秀式的蹲点调研，要不得。2018 年，在省部级主要领导干部学习贯彻习近平新时代中国特色社会主义思想和党的十九大精神研讨班上，习近平总书记指出：调查研究千万不能搞形式主义，不能搞浮光掠影、人到心不到的"蜻蜓点水"式调研，不能搞做指示多、虚心求教少的"钦差"式调研，不能搞调研自主性差、丧失主动权的"被调研"，不能搞到工作成绩突出的地方调研多、到情况复杂和矛盾突出的地方调研少的"嫌贫爱富"式调研。②

---

① 朱大富：《调查研究——领导干部的基本功》，江西人民出版社 2015 年版，第 178 页。
② 中共中央党史和文献研究院、中央学习贯彻习近平新时代中国特色社会主义思想主题教育领导小组办公室：《习近平关于调查研究论述摘编》，中央文献出版社 2023 年版，第 78 页。

拓展阅读

蹲点调查参考实例

创新基层治理体系
——一个蹲点调查案例[①]

中共浙江省委秘书长蹲点浙江桐乡市，积极创新基层治理体系，走出一条乡村善治之路。

一、调研背景

党中央提出，要加强农村基层基础工作，健全自治、法治、德治相结合的乡村治理体系。桐乡地处杭嘉湖平原腹地，历来具有优越的区域环境、富庶的经济基础和深厚的文化底蕴。尤其是乌镇成为世界互联网大会的永久举办地后，如何进一步把桐乡整体打造为对外展示浙江改革开放历史性成就和蓬勃发展活力的窗口，进一步提升桐乡城乡居民的获得感和幸福感，实现经济繁荣兴旺、社会长治久安，成为桐乡全市上下共同思考和不懈探索的课题。

二、调研方法

以蹲点调研为主，座谈会为辅。课题组一行先后走访高桥街道、乌镇镇、濮院镇、梧桐街道4个镇（街），越丰村、董家村、永越村、环南社区4个村（社区），深入调研董村茭白专业合作社、龙翔江南湖羊庄园家庭农场、乌镇派出所、双环传动（嘉兴）精密制造有限公司等。

三、主要经验做法

（1）最重要的基础是植根浙江发展需求，紧跟新时代前进步伐。桐乡市不断深化"三治"融合的探索，将经过实践验证、行之有效的"三治"载体加以整合，形成了以"村规民约（社区公约），百姓议事会、乡贤参事会，百事服务团、法律服务团、道德评判团"（简称"一约两会三团"）为主要内容的基层治理机制。在处理具体工作过程中，基层十分注意"自转+公转"的有机结合，既注重以自治"内消矛盾"、以法治"定分止争"、以德治"春风化雨"，更注重自治、法治、德治"三治"融合治理。

（2）最关键的做法是突出群众主体地位，实现多方协商共治。开展"三治"融合以来，桐乡因地制宜创新方法和途径，更多地发动和依靠群众，让群众参与决策和治理的全过程，实现民事民议、民事民办、民事民管。村里把一些法律法规管不到、村规民约管不好的不良现象，交由道德评

[①] 陈金彪：《创新基层治理体系 走乡村善治之路——赴桐乡蹲点调研报告》，https://zjnews.zjol.com.cn/zjnews/jxnews/201806/t20180628_7643139.shtml。

判团去做工作，例如，对破坏绿化带种植瓜果蔬菜的农户，通过道德评判团反复劝导说理，最终让农户自觉加以纠正，实现了由老百姓自己来教育自己、规范自己、管理自己。截至2018年的近5年里，全村信访事件与行政诉讼案件零发生，矛盾纠纷零上交。梧桐街道环南社区成立由业主委员会、物业、网格党支部书记、居监会、居民代表参加的"环南家委会自治联盟"，推进社区、社会组织、社工"三社联动"，将"三治"融入社区各项服务之中，确保居民当家作主、辖区和谐稳定。尽管所到之处在"三治"融合实践中主体各不相同，但始终贯穿着"枫桥经验"基本精神，为健全乡村社会治理模式、加强基层民主法治建设、落实乡村自治提供了实践路径。

（3）最根本的经验是坚持以人民为中心，践行党的群众路线。调研中了解到，桐乡在"三治"融合实践中，注重发挥基层党组织的战斗堡垒作用，强化基层党组织的政治属性、政治功能，突出以人为本、以民为先，突出群众的需求导向、满意导向，坚持群众想什么就干什么。既下功夫化解邻里纠纷、家庭矛盾、社会治安等问题，促进社会和谐稳定；又着眼于改革发展，下大力气解决基层发展中不平衡、不充分的问题，实现基层充满活力、和谐有序。乌镇管家贝荣根说，乌镇人的手机里都有一个"乌镇民情"App，老百姓用它反映情况，或者把意见和建议直接@书记、镇长。比如，河道整治、环境整治中发现脏乱差的，只要拍一张照片提交，信息平台工作人员接到反映信息后，就会转不同部门处理，且会在最短时间内将回复内容反馈至反映人，一般小事当天就会处理好。

四、对策建议

（1）提高政治站位，把基层善治体系建设放到更加突出位置。桐乡市在实践中形成的以"一约两会三团"为主要架构的"三治"融合基层治理体系，是基层社会治理现代化的"破题之作"。

（2）突出问题导向，不断强化基层善治体系建设的制度供给。在推进乡村治理集成化、精准化、规范化上下功夫，推动"最多跑一次"改革延伸到村级。进一步加强县乡统筹，完善"综合指挥中心＋四平台＋全科网格员"的运行机制，完善村级便民服务功能，努力实现群众办事不出村。

（3）坚持因地制宜，积极探索基层善治体系建设的实现形式。基层善治应根据治理区域不同、经济发展水平差异、人口分布特点等因素，采用不同的途径和方式。

（4）注重理论研究，加快形成基层善治体系建设的理论支撑。构建基层善治体系，需要理论与实践相结合、顶层设计与基层探索相结合、理论工作者的研究与基层工作者的实践相结合，实现良性互动。

小结

访谈法和观察法，是领导干部开展调查最常用的方法。本章主要介绍了"解剖麻雀"式调研、访谈调研、蹲点调研的主要环节与技巧。

第一，"解剖麻雀"是典型调研。首先，"解剖麻雀"要在"麻雀"群中选择具有典型意义的"麻雀"。"麻雀"越具有典型性和代表性，越能反映总体的情况，越能抓住调查问题的主要矛盾和主要特征；其次，"麻雀"选择好之后，调查者不能急于解剖，而要培育和指导，让"麻雀"长大，让典型成熟成型；再次，调查者要从点到线，再从线到面，系统地解剖麻雀；最后，让"麻雀"重生，让典型"活"起来，即通过典型发现普遍意义，总结提炼经验，进而复制推广。

第二，访谈调研分为个别访谈和开座谈会。在个别访谈中，提问环节要注意以下技巧，即暖场之后再进入正题、虚拟场景提问、随机应变提问、转移主体提问等。在开座谈会中，选择参与人员要严格把关，确保在有限的时间和有限的参会人员的情况下获取更多的有效信息。一方面，参与人员的数量要合理，一般为8~10人；另一方面，参与人员的结构要合理，参与人员在研究议题上具有代表性和话语权。

第三，蹲点调研是以驻点形式与调查对象直接接触的调查方法，分为参与式蹲点调研和非参与式蹲点调研两种类型。蹲点调研选"点"，要视调研目的而定。如果是为了总结经验，进行复制性推广，就选择先进的地方；如果是为了解决某个具体问题，就选择矛盾比较突出的地方；如果是为了通过解剖个体引出一般，就选择各个层面都具有典型意义的地方。蹲点调研的关键在于，亲自蹲，蹲得住，蹲得下去，蹲在点上，蹲出效果。

第八章　披沙拣金：文献研究

调查研究是领导干部必备的基本功。通过调查研究，领导干部可以察实情、求真知、出良策、促工作。文献研究是调查研究的重要方式，文献研究是根据一定的目的和主题（或范围），通过调查文献来获得所需资料的一种社会调查方法。传统文献研究主要采取定性分析方式；现代文献研究，则主要采用定量的方法进行。要掌握文献研究，首先必须了解文献的概念及类型、文献研究的内涵及特点，还要掌握文献研究常用的方法。文献研究的具体方法，主要依据文献的性质和内容来确定，并不存在固定的研究方法。一般来说，文献研究的方法，主要包括内容分析、二次分析和现存统计资料分析三种。因此，本章将从文献与文献研究、内容分析、二次分析及现存统计资料分析四个方面，具体介绍文献研究的内容与方法。

第一节　文献与文献研究

文献研究的基础是"文献"。文献通过一定的方法和手段、一定的意义表达和记录体系，呈现有历史价值和研究价值的知识。文献研究能帮助我们透过社会现象认识社会事实的本质，是归纳社会运行的基本规律的基本方法，也是每一位尊重科学规律的领导干部必须掌握的调查技术。

一　文献的概念和功能

（一）文献的概念

文献研究中的"文献"意义，不同于文献综述中的"文献"意义。例如，本书第三章第一节所介绍的"已有研究文献"，是人类关于某些现象或问题的知识的载体，是人类大脑智力的一种外延载体，以物质形态呈现客观知识世界。① 比如，中华人民共和国国家标准《信息与文献 资源描述》（GB/T 3792—2021）将"文献"定义为："包含知识内容和/或艺术内容的有形的或无形的实体，它作为一个单元被构想、制作和/或发行，形成单一书目描述的基础。"而文献研究中的文献，则是指包含各种信息的符号、文字、音频或视频的载体。随着社会的发展，信息传播的载体越来越多样化，内容和形式也日益多样化。因此，文献研究中的文献是一种广义的文献。

（二）文献的功能

第一，文献是人们获取知识的重要媒介。文献是人类文化发展到一定阶段（具有可记录的内容，且具有记录的工具和手段）的产物，并随着人类文明的进步而不断发展。人类认识社会和自然界的各种知识的积累、总结、储存与提高，主要是通过文献的记录、整理、传播及研究而实现的。文献能使人类的知识突破时空的局限而传之久远。

第二，文献可以反映人们在一定社会历史阶段的知识水平，而文献的存在形式（诸如记录手段、书写材料、构成形态与传播方式），又受当时社会科技文化发展水平的影响与制约。

第三，文献是科学研究的基础。任何一项科学研究，都必须广泛搜集文献资料，在充分占有资料的基础上，分析资料的种种形态，探求其内在的联系，进而做更深入的研究。

总之，文献在社会研究中扮演着重要角色，社会研究始于对现有文献的搜集和研究，研究者从中借鉴以往对相关社会现象的观察和研究，整合该领域的研究成果。通过理论解释和比较分析各种文献资料，研究者能够发现社会现象出现和发展的规律，了解相关方面的社会生活，掌握历史时期的社会规范和价值观，描述不同的社会状况，并提供大量材料来阐述各种社会情况。文献不仅记录过去的历史，还可作为突破时空限制与传递知识的桥梁。善用文献资源，不仅可以回顾前人的研究成果，而且对构建自身的理论框架和概念模型至关重要。文献具有重现信息、保存信息与传递信息的特性，为人类文明的持续进展提供了知识基础。

文献的类型

在社会研究中，研究者根据不同的分类标准，可将文献分成不同的类型。根据来源，可将文献分为个人文献、官方文献及大众传播媒介文献等；根据信息加工程

---

① 杨挺：《文献的价值和价值标准》，载于《江苏图书馆学报》2001年第1期，第7-9页。

度，可将文献分为原始文献（也称为初级文献或第一手文献）和二次文献（也称为次级文献或第二手文献）；根据历史年代，可将文献分为现时性文献和回顾性文献；根据资料形式，可将文献分为书面文献、图像文献和有声文献等。

（一）按来源分类

按来源分类，文献可以分为以下三类：一是个人文献，如个人的日记、自传、回忆录及信件等；二是官方文献，即政府机构和有关组织的记录、报告、统计、计划、信函等[①]；三是大众传播媒介文献，即广播、电视、报纸、期刊、网络等大众传媒发布的新闻报道、信息文章、广告帖文或聊天记录等。

（二）按信息加工程度分类

按信息加工程度分类，文献可以分为原始文献和二次文献两大类。

原始文献，也称初级文献或第一手文献，是关于某个事件或现象的第一手资料。它能够针对某个主题提供最原始的信息，因此，通常被认为是最可靠的信息来源。原始文献示例：信件、日记和政府记录等原始文件；照片、视频和演讲录音等音频与视频记录；手工制品、工具或艺术品等实物；由研究人员完成的科研或实验工作；在科学期刊上发表的原创型研究论文；活动或事务的照片和视频；专家访谈或演讲等。

二次文献，也称次级文献或第二手文献，是不属于原始文献的所有其他文献。二次文献是对原始文献的分析或解读。二次文献示例：分析或解释原始文献的书籍和文章；关于历史人物或事件的背景信息的传记和作品；关于原始文献的综述和批评；关于原始文献的总结性或集成性的综合分析；关于某一主题的背景信息的教科书或其他教学材料；针对原始文献的历史分析或解读；使用原始文献进行分析或比较的研究论文等。

（三）按历史年代分类

按历史年代分类，文献可分为现时性文献和回顾性文献。现时性文献可以是由作者当时编辑的，如法庭记录、人口普查报告、契约、录音、信件、电影等；也可以是从原始文献中转述而来的，如根据助手的工作写成的研究报告、用实物文献进行的历史研究、用普查资料进行的统计研究、对其他人的回答的研究。回顾性文献既包括作者在事后编辑的，如私人日记、自传以及参观某一学校后的报告等；也包括从原始文献回顾中转述的，如利用日记或自传完成的研究报告。

---

① 风笑天：《社会研究方法（第六版）》，中国人民大学出版社2022年版，第195页。

（四）按资料形式分类

文献按照资料形式分类，一般可分为书面文献、图像文献和有声文献。

1. 书面文献

书面文献是最广泛的文献形式。它是以文字、数字和符号的形式反映社会现象和过程的信息，如国家和中央的档案、企事业的档案、报刊和书籍、个人文献及各种统计资料。现介绍其中的四种类型。

一是档案资料。档案资料在社会研究中发挥着重要作用。政府、行政部门、企业和机构根据搜集的调查资料，从中央到地方都建立了档案服务机构。例如，我国就储存了大量的社会生活各方面的历史资料，诸如政治、经济、文化、教育、家庭、婚姻和法律之类。通过一定的手续，研究者可以查阅这些资料以研究有关问题。

二是报刊和书籍。书籍以及定期出版的报纸和杂志，是文献资料中最重要的形式之一，因为它们展现了过去的研究成果，是现有实证研究中使用最多的文献资料之一。

三是个人文献。这是指个人编写的文献，如信件、自传、回忆录、日记和演讲等。这些个人文献，可能是对个人生活某些方面的详细描述，或者是对某种生活方式的典型行为和活动的详细描述，通常侧重于主观经验和理论，从而提供了一个往往被注重客观方法的资料搜集者所忽视的视角。这种个人文献往往详细入微，可以为有关研究提供不同的或新的观察角度，也可为更系统地搜集相关资料证据以验证研究假设奠定基础。

四是统计资料。统计资料文献，是社会研究中最有力的工具之一，也是开展调查时搜集事实材料的最重要的来源之一。统计资料是研究者通过直接的调查或实验获得的原始数据。这是因为业务统计数据的计算通常是定期进行的，并可以选择任意时间段的指标，将其与过去的指标进行比较，以揭示变化趋势。

2. 图像文献

图像文献，主要包括电影、录像、照片、图画和雕刻等。造型艺术和电影作品，可以形象地反映过去时代的精神和物质生活，以及人类习俗的各个方面。其中，纪录片和照片是特别有价值的来源，因为它们是现实事件的复制品。

3. 有声文献

有声文献，如录音带和唱片等，也是极有价值的文献资料，尤其是对语言结构、方言比较、文学语言与口语的对比等研究有很大帮助。

文献分类表如表 8-1 所示。

表 8-1 文献分类表

分类标准	文献的类别		
按来源分类	个人文献	官方文献	大众传播媒介文献
	个人的日记、自传、回忆录及信件等	政府机构和有关组织的记录、报告、统计、计划、信函等	广播、电视、报纸、期刊、网络等大众传媒发布的新闻报道、信息文章、广告帖文或聊天记录等
按信息加工程度分类	初级文献	次级文献	
	由亲身经历某一事件或行为的人所写的资料，比如：个人文献中的日记和信件，官方文献中的记录、报告和计划等	指那些利用别人的原始文献所编写或产生出的新的文献资料，比如：根据当事人的回忆录和自传所撰写的人物传记，利用统计数据所撰写的研究报告等	
按历史年代分类	现时性文献	回顾性文献	
	一是由作者当时编辑的，如法庭记录、人口普查报告、契约、录音、信件、电影等；二是从初级文献中转述的，如根据助手的工作写成的研究报告、用实物文献进行的历史研究、用普查资料进行的统计研究、对其他人的回答的研究	一是作者在事后编辑的，如私人日记、自传以及参观某一学校后的报告等；二是从初级文献回顾中转述的，如利用日记或自传完成的研究报告	
按资料形式分类	书面文献	图像文献	有声文献
	以文字、数字和符号的形式反映社会现象和过程的信息，如国家和中央的档案、企事业的档案、报刊和书籍、个人文献及各种统计资料	主要包括电影、录像、照片、图画和雕刻等	如录音带、唱片等

根据以下资料整理：风笑天：《社会研究方法（第五版）》，中国人民大学出版社 2018 年版，第 220 页；范伟达、范冰：《社会调查研究方法》，复旦大学出版社 2010 版，第 169-171 页。

三 文献研究概述

（一）文献研究的内涵

文献研究，又称历史文献法，是一种通过调查文献来获得特定目的和主题（或范围）所需信息的研究方法。这种方法，不仅在社会调查研究中得到应用，而且广泛应用于各个科学研究领域。例如，马克思为了完成其重要著作《资本论》，耗费了40年的时间来搜集资料，阅读与研究了1500多种书籍和刊物；列宁在其著作中提及了超过1.6万种书籍、小册子和报刊，仅在《俄国资本主义的发展》一书中就引用了400多种文献资料。文献研究是搜集现有文献中我们所需的资料，因此，其具有间接性的特点，即它是经过他人整理的第二手资料。由于这些资料反映的是过去的情况，所以其又具有历史性特点。同时，正因为文献研究具有间接性和历史性这两个特点，所以它还具有继承性的特点。也就是说，在社会调查中，只要采用文献研究方法，就必然继承了过去的某些资料、观点或思想方法，当然，这种继承是有选择性和批判性的。文献研究具有省钱、省时和省人力的优点，但同时也存在缺乏直观感和现实感的问题，以及在资料短缺时难以弥补的缺点。①

任何社会文献都是一定社会现实的结果，其本身既反映着人们之间的各种关系，也反映着人们的利益和需要。因此，以文献形式记载下来的社会信息，本身就是对社会现实的一定反映。在文献研究中，除了实地资料外，还要用科学的方法去搜集与研究有关的各种文献资料。通过对搜集来的文献进行分析研究，以获得有关研究对象的信息资料，从而对研究对象进行深入的、历史的、多层次、多方面的考察和分析。

（二）文献研究的作用

文献研究是通过搜集和分析研究各种现存的有关文献资料，从中选取信息，以达到某种调查研究目的的方法。文献研究能够通过对文献资料的分析来回答特定的社会问题，即通过搜集、鉴别、整理和研究文献资料，形成对社会事实的科学认识。因此，文献研究并不同于回答已有研究状况的文献综述，而是通过分析文献来直接回答调查研究所需要回答的问题。具体来说，文献研究可以通过文献的定性分析或

---

① 廖盖隆、孙连成、陈有进等：《马克思主义百科要览（下卷）》，人民日报出版社1993年版，第1672页。

新时代领导干部调查研究方法

定量分析，了解相关现象的历史变迁状况，或者是发现相关事物的某些规律及其影响因素。

（三）文献研究的特点

文献研究不是直接从研究对象那里获取研究所需要的资料，而是搜集与分析现存的以文字、数字、图片、符号以及其他形式存在的信息资料。因此，在使用文献研究法时要学会扬长避短，选择合适的研究主题，科学化资料搜集与分析的程序，充分利用文献研究的优点，并减少资料本身的局限对研究结果的影响。

1. 文献研究的优点

（1）可研究那些不可能接近的研究对象。比如，倘若要研究那些早已去世的历史人物，采用观察和访问等其他的社会研究方法都已不可能，而文献研究则可以帮助我们达到这一目的。此外，当我们要研究国外的或由于其他各种原因而难以直接访问的研究对象时，往往也只适宜采用文献研究法。

（2）具有非介入性和无反应性。做文献研究时，研究者不需要与研究对象直接接触，因此，不会因为研究者与调查对象之间的非适当互动而导致信息失真。此外，许多文献在形成之初，通常也是以自然的、无干扰的方式记录的。由于没有研究者的干预，所以这些文献的内容不会受到研究者的主观因素的影响。

（3）适于做纵贯研究和趋势研究。文献研究比其他资料搜集方式更适合于做长期的研究。例如，研究人员发现人们的消费模式在过去十年中发生了很大的变化，而问卷调查和访谈会受到人们记忆能力和主观因素的影响，很可能达不到理想的结果，而采用文献研究法能更好地保持资料的客观性和真实性。

（4）费用较低，节约时间。文献研究的成本，取决于所分析文献的类型、广泛流通性和可获得性，通常比进行大规模的调查、严格的实验或密集的实地研究的成本低得多。这是因为，所使用的材料往往只是通过借阅或影印来获得。即使研究者没有足够的资金、时间或人力，他们也可以使用内容分析进行调查。文献研究一般不需要大量的研究人员或特别的设备，只要能搜集到足够的文献资料就可以进行。

2. 文献研究的缺点

（1）对文献的内容缺乏控制，文献质量难以保证。由于许多文献最初并不是为了后来的研究目的而编纂或撰写的，所以往往很难保证文献的质量。文献的第一作者，可能是出于自己的各种目的和意图，强调某些方面而淡化其他方面，因此，当后来的研究者使用该文献时，其内容往往不能完全满足当前的研究需要。后来的研究者也很难确定文献的内容是否正确，因为文献的第一作者可能已经对文献的内容进行了权衡。

（2）缺乏统一的格式，信息间难以比较。有些文件有比较统一的格式，但在很多情况下，尤其是个别文件，它们没有比较固定的格式，因为在某个时间点出现的东西，在另一个时间点可能就没有了。因此，在使用文献研究方法进行纵贯或比较研究时，信息可能被证明是不完整的。

（3）缺乏标准格式，有些资料难以编码和量化。有些文件比较容易编码和分析，因为它们通常以标准化的格式呈现，如报纸和期刊，纵贯的比较研究以及与其他报纸和期刊的横向比较都是可能的。然而，许多其他文献，特别是个人文献，并没有这种标准格式。研究人员有时需要对信息进行定量分析，这时就需要对信息进行编码和量化。然而，原始文献往往难以编码，因为它们是为不同的目的而写，有不同的内容和受众，并且在长度、语言和其他表达形式上各不相同，这使得研究人员的编码和分析非常困难。同时，这种文献往往难以进行比较分析。总之，编码是文献研究者所面临的最具挑战性的任务之一。

（4）研究所需的一些文献不容易获得。研究者通常很难获得关于某一社会主题的足够的文献资料，因为许多文件并不公开，也不能随意获取。例如，个人日记和私人信件往往是个人秘密，通常不会公开。再如，某些政府机构和社会组织的文件、决议、记录和统计数据，往往是这些机构和组织的内部机密，研究人员经常难以获得。此外，许多社会研究者和社会研究机构所产生的大量的原始研究数据，通常只是长期搁置在初始研究者的磁盘或电脑上，其他研究者无法获得这些数据。

（四）文献研究的方法

文献研究的具体方法，主要依据文献的性质和内容，并不存在固定的研究方法。一般来说，除了定性的解读归纳提升外，文献研究方法主要包括内容分析、二次分析和现存统计资料分析三种类型。这三种类型在具体的应用中，其基本特征和内在逻辑相似，但各自的研究侧重点不同。第一，内容分析的应用是最广泛的，主要用于分析大众媒体的信息，特别是报纸、杂志、广播、电视和互联网；第二，二次分析是对其他研究人员以前搜集的原始数据进行重新分析和审查，使用这种方法的前提是现实世界中存在大量的原始数据，且研究人员可以找到并获取这些数据；第三，现存统计资料分析主要集中在对国家和各级政府部门编制的统计数据的分析与研究，这种方法在社会学、人口学和经济学等领域普遍使用。

第二节　内容分析

内容分析是20世纪出现的一种新的文献研究方法。它研究文章、书籍、日记、信件、电影、电视、照片及歌曲，以了解与解释人们的行为、态度和特点，以及社会结构和文化的变迁。内容分析法假定，在这些传播材料中发现的行为模式、价值观和态度，反映并影响创造与接受这些材料的人的行为、态度和价值观。因此，内容分析不仅用于研究信息本身的内容，而且还用于研究信息发送者的动机，以及信息传输的有效性和影响。

一　内容分析的概念

内容分析，是一种定量研究方法，是对各种传播形式的显性内容进行客观的、系统的、定量的描述与分析的研究方法。它通过对文本材料进行分类，将其还原为更合适和更容易处理的数据单位，并分析数据中发现的行为模式、价值观念和态度，进而研究某一时期社会结构及文化的变迁。其中，"各种传播形式"是指书籍、杂志、报纸、诗歌、歌曲、绘画、电视节目、演讲、信件、照片、新闻报道、政府政策等；"显性内容"是指这些传播形式外在的东西，即文字、颜色或实物本身，研究者分析的只是其表面的内容，而不是对这些内容的深层解释；"客观的、系统的"描述意味着内容分析是一种规范的方法，要求研究者采取一定的规则，按照既定的计划，遵循一定的程序；"定量的"描述表现出内容分析方法的基本性质，即内容分析的基本目标通常是，确定内容中某些项目的频数，或某一类别在整个内容中的比例。① 简言之，内容分析是一种系统的、客观的、能够定量描述传播内容的研究方法。

二　内容分析的步骤

内容分析的基本目的，是将文献的非数量表述转化为用数量表示的资料。内容分析的结果，通常以统计学形式呈现，如频数、百分比、交互分类等。就具体步骤而言，内容分析通常分为选定研究文本、进行抽样、分类编码和分析归纳四个主要步骤。

---

①　风笑天：《社会研究方法（第六版）》，中国人民大学出版社2022年版，第200页。

（一）选定研究文本

选定研究文本，是指根据研究的目标，选择适合研究主题的文本资料，包括选择研究的分析单位（如流行歌曲、家庭关系、社会问题、报纸图像等）和界定目标总体的范围（如 20 世纪 60 年代的流行歌曲、1960—1970 年的期刊、1950—1990 年的中国妇女杂志等）。选定的文本，应符合规范性要求，并确保研究数据的真实性和可靠性，以及文本的可获取性。

（二）进行抽样

抽取样本需要注意以下几个方面。第一，要考虑分析单位是什么。如果分析单位是单个作者，抽样设计可以选择适合研究问题的全部或部分作者；而在分析文本材料时，分析单位可以是某一个词、标题、体裁、段落、概念、语义，或它们的组合。第二，需要考虑抽样方法。应该说，任何一种常见的抽样方法都可以用于内容分析。对于某个国家的小说家、某个地区的法律或某个名人的独白，可以采用简单的随机或系统抽样方法；对于各种报纸的社论立场，可以采用分层抽样与分析；对于电视广告研究，可以采用整群抽样方法。最后，就可以进行原始资料的转化过程了。

（三）分类编码

内容分析，本质上是一个将原始材料转换成标准化形式材料的编码过程。无论是定量研究，还是定性研究，分类编码都是必需的。对于定量的内容分析，用"数字"作为编码代码创建相应的"数据库"；而对于定性的内容分析，则用"词"作为编码代码创建相应的"数据库"。

首先，要确定编码体系，包括选择要编码的单位（如新闻杂志的一篇报道为一个单位）以及建立一个编码清单（如新闻杂志报道的问题类别、报纸人物的社会特征等）。其次，内容分析中的分类编码，涉及一个概念化和操作化的过程。编码可分为显性编码和隐性编码。显性编码是指对文献可见的、表面内容的编码，隐性编码是指对文献隐含意义的编码。具体而言，显性编码是针对文本中可见的、表面的内容进行的编码，如一个词或动作在一个句子中出现的次数；而隐性编码则是对文本内容中隐藏的隐含意义进行编码，是一种更加困难的编码方式。这依赖于编码者在语言和社会意义方面的知识与训练。最后，阅读样本文献，并按编码体系进行编码和登录，形成数据库。比如，领导干部最常用的内容分析是政策文本分析，此处以《政策工具视角下我国碳达峰碳中和政策文本分析》为例，展示编码的操作，如表 8-2、表 8-3 所示。[①]

[①] 宋敏、龙勇：《政策工具视角下我国碳达峰碳中和政策文本分析》，载于《改革》2022 年第 6 期，第 145-155 页。

表 8-2　我国碳达峰碳中和政策文本分析单元编码

政策名称	政策项目	内容分析单元	编码
一、总体要求	（一）指导思想	以习近平新时代中国特色社会主义思想为指导，全面贯彻党的十九大以及十九届二中、三中、四中、五中全会精神……	1-1
	（二）基本原则	全国统筹。全国一盘棋，强化顶层设计，发挥制度优势，实行党政同责，压实各方责任……	1-2-1
		节约优先。把节约能源资源放在首位，实行全面节约战略，持续降低单位产出能源资源消耗和碳排放……	1-2-2
		双轮驱动。政府和市场两手发力，构建新型举国体制，强化科技和制度创新，加快绿色低碳科技革命……	1-2-3
		内外畅通。立足国情实际，统筹国内国际能源资源，推广先进绿色低碳技术和经验……	1-2-4
		防范风险。处理好减污降碳和能源安全、产业链供应链安全、粮食安全、群众正常生活的关系……	1-2-5
⋮	⋮	⋮	⋮
十三、切实加强组织实施	（三十四）加强组织领导	加强党中央对碳达峰、碳中和工作的集中统一领导，碳达峰碳中和工作领导小组指导和统筹做好碳达峰、碳中和工作	13-1-1
		支持有条件的地方和重点行业、重点企业率先实现碳达峰，组织开展碳达峰、碳中和先行示范，探索有效模式和有益经验	13-1-2
		将碳达峰、碳中和作为干部教育培训体系的重要内容，增强各级领导干部推动绿色低碳发展的本领	13-1-3
	（三十五）强化统筹协调	国家发展改革委要加强统筹，组织落实2030年前碳达峰行动方案……	13-2-1
		各有关部门要加强协调配合，形成工作合力，确保政策取向一致、步骤力度衔接	13-2-2

续表

政策名称	政策项目	内容分析单元	编码
十三、切实加强组织实施	（三十六）压实地方责任	落实领导干部生态文明建设责任制，地方各级党委和政府要坚决扛起碳达峰、碳中和责任……	13-3-1
	（三十七）严格监督考核	各地区要将碳达峰、碳中和相关指标纳入经济社会发展综合评价体系……	13-4-1

表 8-3　我国碳达峰碳中和政策工具分布

政策工具类型		政策编码	频数	占比	总计
自愿型	公民参与	3-3-1、3-3-2、3-3-5	3	1.94％	10.33％
	市场化	5-5-1、5-5-2、5-5-3、5-5-4、5-5-5、5-5-6、12-4-1、12-4-2、12-4-4、12-4-5	10	6.45％	
	第三方参与	12-1-2、12-2-1、12-2-2	3	1.94％	
混合型	信息与劝诫	4-1-1、4-1-5、4-1-7、4-3-1、4-3-3、5-3-5、5-4-1、5-4-2、5-4-3、5-4-4、5-4-5、5-4-6、5-4-7、5-4-8、6-1-1、6-1-2、6-1-3、6-2-1、6-2-2、7-1-1、7-1-2、7-1-5、7-1-6、7-2-2、7-2-4、7-2-5、7-3-1、7-3-2、8-2-4、8-2-5、8-2-6、9-2-7、10-1-1、10-1-3、12-1-3、12-2-5	36	23.23％	52.90％
	税收和补贴	12-1-1、12-2-3、12-2-4、12-3-1、12-3-2、12-3-3、12-3-4、12-3-7	8	5.16％	
	引导	2-1、2-2、2-3、3-1-1、3-1-2、3-2-2、3-3-4、4-1-3、5-2-1、5-2-3、7-1-3、7-2-1、13-1-2、13-1-3	14	9.03％	
	环境创造	1-1、1-2-1、1-2-2、1-2-3、1-2-4、1-2-5、3-3-3、8-1-2、8-1-3、8-1-4、8-1-5、8-1-6、8-2-1、8-2-2、8-2-3、10-2-1、10-2-2、10-2-3、10-2-4、10-3-1、10-3-2、10-3-3、13-1-1、13-2-2	24	15.48％	

续表

政策工具类型		政策编码	频数	占比	总计
强制性	管制	4-1-2、4-1-4、4-2-1、4-2-2、4-2-3、4-2-4、4-2-5、5-1-1、5-1-2、5-1-3、5-1-4、5-2-2、5-3-1、5-3-2、5-3-3、5-3-4、5-3-6、6-2-3、6-3-2、7-1-4、7-2-3、8-1-1、8-2-7、9-1-1、9-1-2、9-1-3、10-1-2、11-1-1、11-1-2、11-2-1、11-2-2、11-2-3、11-3-1、11-3-2、11-3-3、12-2-6、12-3-5、12-3-6、12-3-8、12-3-9、12-4-3、13-2-1、13-3-1、13-4-1、13-4-2、13-4-3	46	29.68%	36.78%
	公共事业	4-1-6、4-3-2、7-3-3	3	1.94%	
	直接提供	3-2-1、6-3-1、9-2-1、9-2-2、9-2-3、9-2-4、9-2-5、9-2-6	8	5.16%	

（四）分析归纳

一旦"数据库"和"资料库"建立起来，就可以对数据进行分析，从而得出结果。定量内容分析，是一种常用的方法，主要有统计分析、单变量分析、相关分析和回归分析等方法；定性内容分析，试图将资料总结、抽象与描述到一定程度，并确定变量之间的模式和关系。一般来说，对数据的统计分析工作可以交由SPSS、STATA等统计软件完成，百分比、平均值、相关分析和回归分析等各种统计分析均可实现，而且精度更高。下面将重点介绍内容分析的两个关键方面：抽样与编码。

 内容分析的抽样

对某种文献进行内容分析的第一个问题是抽取样本，以文献为对象的研究中也常常不可能直接研究全部对象。因此，有必要提取一个有代表性的样本，以达到研究全部对象的目的。内容分析的抽样过程通常分为三个步骤，即样本数据的采集、抽样方法的选择和抽样框的确定。内容分析的抽样对象，通常有杂志、报纸、电视节目、广告和其他类似文献的标题或期号，还有一些则是作者、书、章节、段落、句子、短语或词汇。在内容分析中，常用的抽样方法有系统随机抽样、分层随机抽样和多阶段随机抽样等。

内容分析中的抽样包括三个核心环节，即确定分析单位、选择抽样方法和确定抽样框。第一，确定适当的分析单位，是指确定哪一个或谁是我们描述或解释的个体单位。例如，在计算家庭平均收入时，就以单个家庭作为分析单位。此外，还必须询问个别家庭成员的收入情况。因此，个人仍然是观察的单位，家庭仍然是分析的单位。第二，根据研究主题和资料类型选择合适的抽样方法，内容分析中常用的抽样方法有系统随机抽样、分层随机抽样和多阶段随机抽样三种。系统随机抽样，亦称为等距随机抽样。当总体中的个体数较多时，采用简单随机抽样显得较为费事。这时，可将总体分成均衡的几个部分，然后按照预先确定的规则，从每一部分抽取一个个体，即得到所需要的样本。分层随机抽样，是指在抽样时将总体分成互不相交的层次，然后按照一定的比例，从各层独立地抽取一定数量的个体，再将各层取出的个体合在一起作为样本的方法。多阶段随机抽样，是将从调查总体中抽取样本的过程，分成两个及两个以上阶段进行的随机抽样方法。第三，确定抽样框。内容分析中确定研究的目标总体是关键一步，实际操作中往往体现为获得一个包含目标总体各单元的类似于目录清单的抽样框。这个清单中的每个目录项与实际总体的每个单元之间存在某种确定的对应关系，即根据一个目录项可以找到实际总体中特定的一个或一组单元。抽样框的形式多种多样，有名单和手册，也有地图、数据包或列表，但其目的是相同的，即在抽样之后调查者必须能够根据抽样框找到具体的抽样单元。①

  内容分析中的抽样由表及里通常分为三个主要阶段，每个阶段都有三个不同性质的集合，因此，每个阶段使用的抽样方法也往往不同。首先是媒介抽样，例如，报纸抽样从所有报纸中抽取，杂志抽样从所有杂志出版商中抽取，电视台抽样从所有电视台中抽取，等等。在进行媒介抽样时，经常使用分层抽样，而常用的分层标准有地域分布、受众类型、编辑方向、重要性或规模、播发时间。其次是期号、时段或栏目抽样，即从所有期刊和报纸中抽取若干期号，从所有电视台的不同时段中抽取若干时段，或从所有电视栏目中抽取不同栏目等。最后是内容抽样，即从所抽中的期号、时段或栏目中抽取所分析的内容。

  比如，要从全国某一年的文艺杂志中抽取某一类文章的样本，我们可以先从该年全国所有的文艺刊物名单中随机抽取 10 种刊物，然后从刊物的 12 期期号中随机抽取 5 期（如第 1、4、5、7、10 期），再从抽中的每期刊物中随机抽取两篇文章（如所抽刊物的第 6 篇文章和第 8 篇文章）。这样，由这 10 种刊物的第 1、4、5、7、10 期中的所有第 6 篇和第 8 篇文章组成的 100 篇文章，就是我们分析的样本。

---

  ① 周翔：《内容分析法在网络传播研究中抽样问题——以五本国际期刊为例（1998—2008）》，载于《国际新闻界》2010 年第 8 期，第 86-92 页。

四 内容分析的编码

内容分析的另一个重要环节,是对样本中的信息进行编码。这意味着根据特定的概念框架对信息进行分类和记录,包括语言的、书面的、图像的以及其他的信息呈现形式。下面将说明内容分析编码的过程和其中的几个关键要点。

(一)显性内容和隐性内容

内容分析中的编码,包含着概念化和操作化逻辑。就所有研究方法而言,概念化与操作化一般都需要资料的显性内容和隐性内容。显性内容是指可见的、表面内容的信息,此类编码多接近于标准化的问卷使用。例如,要确定一本书的政治内容,可以简单地看一下"党"字在每本书中出现的次数,或者平均每页出现的次数。另外,也可以用一个术语表,如"政党""领导人""政府""党组织",作为作品的政治性指标。这样做的优点是简单且编码十分可靠,同时也能准确地使研究报告的读者知道这本书的政治特征是如何被测量的。同样地,一本书的隐含内容(即其深层含义)也可以被编码。比如,阅读整部小说,甚至是阅读小说中的几段或几页内容,然后对作品的政治内容进行评论,你的评论将不可避免地受到"党""政府"等词语所出现频率的影响,但也并不完全取决于这些词语的出现频率。

(二)编码过程

编码过程涉及两个问题:第一,选择要编码的单位;第二,根据分类标准,建立一个编码清单。

(1)选择编码单位。选择编码单位是指选择和计算特定的观察单位,必须注意将其与研究的分析单位区分开来。分析单位是研究所描述和解释的对象,它既可以是内容分析中的编码单位,也可以不是。例如,假设研究者想了解男性和女性角色在电视广告中的形象是否不同,那么在这项研究中,单个广告既是编码单位,也是分析单位。然而,如果想了解娱乐节目中插入的广告与新闻节目中插入的广告之间的性别角色差异,或者中央台和地方台中广告在呈现男女角色方面的差异,则编码的单位仍然是单个广告,但分析的单位不是广告而是节目或电视台。也就是说,不同的节目或不同的电视台才是这一研究所要描述和解释的对象。编码单是对文献材料进行观察和记录的工具,在某种程度上,它同结构式观察所用的记录单十分相似,其作用相当于调查研究中所用的问卷。编码单的形成和结构,是由编码单元的选择决定的。例如,如果短篇小说的主人公是编码单位,研究者就必须为每个角色创建一个统一的编码单；如果编码单位是一场完整的电影，那么，研究者必须为样本中的每一部电影都准备一份编码单。

（2）建立编码清单。一旦选择了编码单位，研究者就必须对其进行分类或赋值。编码单位分类的基本要求同问卷中答案编制的要求一样，有两个原则。第一，每个事实或材料都必须是相互排斥的，无论是小说中的核心人物、书中的一个词、报刊中的一篇文章，还是类似的别的东西。换句话说，制定的各种类别不能相互交叉。例如，被列为"男性"类的人物不能被列为"女性"类，被列为"政治"类的文章不能被列为"知识"类。第二，这些种类又必须是穷尽的，即样本中的每一种情况都可以归入其中一个类别。例如，在内容分析中，如果所有人物都被归入"男性"或"女性"类别，但有两种动物（如猫、狗）发挥了主要作用，或者有一个人物没有表明其特定的性别，我们将如何对其分类呢？在前一种情况下，原有的类别系统需要扩展，可增加一个"动物"类别，又或者这两种情况都通过增加一个"其他"类别来解决。

五 内容分析的优点和缺点

（一）内容分析的优点

首先，内容分析具有金钱和时间上的经济性。例如，一个大学生就可独立进行内容分析，但不适合进行问卷调查。内容分析并不需要大量的研究人员，也不需要特别的设备。只要能够接触到资料并加以编码，内容分析就是可能的。其次，内容分析的另一个优点是安全可重复。假如发现调查或实验做得不太完美，研究者可能被迫要再花时间和金钱去重复整个研究计划。有时候，即使做得不太详尽，但要再重做一次几乎不太可能，因为被研究的事件可能已经不再存在。然而，与其他研究方法相比，用内容分析法更容易重做部分研究。在某些情况下，可能只需要重新将资料中某个部分重新编码，而不是重做整个研究。再次，内容分析允许你查看一段时间内发生了什么。例如，可以关注1949—1970年的《时代》周刊中所讲述的中国形象，还可以看看1970年至今关于中国形象的演变。最后，内容分析法还有一个优点，即本章开始时便提到的非介入性。做内容分析时，研究者不需要与研究对象直接接触，故不会因为研究者与调查对象之间的非适当互动而导致信息失真。

（二）内容分析的缺点

内容分析被局限在考察已经记录好的传播内容上。这样的传播内容，可能是口头的、书面的或是图像的，但是，它们必须以某种方式记录以便于分析。同时，除非对内容产生的整个过程进行研究，否则内容分析无法避免效度的问题。比如，如何有效测量在抖音等社交媒体中所呈现的价值取向对中学生价值观的影响？或许很难。即使研究者对抖音等社交媒体中的价值取向编码达到了相当高的程度，也仍然存在一个问题，即他们对于社交软件所展现的文化是否进行了有效的测量。

六 内容分析案例

有的内容分析研究者，将网络信息、政府政策和政策工具等作为其研究对象。政策工具是公共政策分析的一个重要路径。而采用内容分析法，可以对政府政策所采用的政策工具进行计量和分析。为了帮助读者理解内容分析，我们在此列举三个实际案例供大家参考学习。

案例导入

例1 网帖分析

周强和董海军采用内容分析法，以当代中国网民为研究对象，探讨当代中国网民践行道德文化传统理念之现状与特点。[①] 在"强国论坛"和"新浪论坛"上，搜集与"激辩公交让座文化事件"和"长江大学学生救人事件"相关的帖子，用两套编码体系对帖子进行了分类和编码。

"激辩公交让座文化事件"帖子的编码分类如下：① 基本态度，分为应该让座、不让座、视情况而定；② 公交让座所持态度的理由，分为尊老爱幼是美德、给老人让座符合公共秩序、人人平等、老年人应该避开高峰时段坐车、买了票就有坐的权利、让座后得不到应有的感谢、没有硬性规定要让座、没座位责任在城市管理者、让出老弱病残专座、让座是个人道德不是公德、让不让两可、其他。

"长江大学学生救人事件"编码的分类如下：① 对事件加以评论，分为认为精神值得推崇、认为精神值得提倡但行为不值得提倡、认为精神与行为都值得推崇与提倡、认为精神与行为都不值得推崇；② 表达心情的帖子；③ 对救人英雄的母亲表示敬意和慰问；④ 希望社会各界能为英雄的家庭提供帮助；⑤ 对相关部门的不满；⑥ 对落水者或其父母的批评；⑦ 对中国当代教育的批评。

---

① 周强、董海军：《道德文化传统理念的网络践行——对350条网络帖子的内容分析》，载于《中国青年研究》2010年12期，第54-57、92页。

数据分析主要分为两个部分：第一部分，是对各项变量的基本描述、百分比的描述，以展示网民对"激辩公交让座文化"和"长江大学学生救人事件"的态度；第二部分，是对主要自变量与各因变量相关关系的检验，采用卡方检验法。

结果发现，在是否应该让座这一问题上，持让座、不让座、视情况而定三种不同观点的网民在人数上无显著差异；对救人事件所体现出来的不顾个人安危、舍己救人的精神，多于一半的网民认为此种精神是中华民族的传统美德，是这个时代需要大力弘扬的。

例2 重大公共卫生危机治理政策

江亚洲和郁建兴以中国新冠疫情危机治理为主要研究案例，搜集中央政府层面与疫情危机治理相关政策文本376篇，采用内容分析法对政策文本进行分析研究。① 作者从政策文本中提取政策工具，并对其进行分类和汇总。

第一步，先界定记录单位，再定义类目，然后进行开放式编码。界定记录单位，即界定待分类文本的基本单位。内容分析中常用的记录单位有六个，即词、词义、句子、主题、段落和全文。从稳定性和可重复性上确保研究信度：一方面，同一个编码员要进行两次编码，分别按照时间顺序和倒序进行编码；另一方面，不同的编码员需再次对文本和编码进行审查和确定，以确保编码的可重复性。

第二步，对治理政策工具分类统计。编码完成后，可以得到疫情防控政策中所有政策工具的使用及其分类情况，各类政策工具的数量和使用频次从高到低排列，该研究发现整个疫情危机治理中经济响应类和卫生促进类政策工具是运用最多的。为了进一步统计疫情危机不同时期政策工具的运用，本研究将疫情危机划分为四个阶段，即危机潜伏期、危机爆发期、危机调适期及危机消退期。

第三步，对疫情危机不同时期主要政策工具的组合运用情况进行统计分析。研究表明，中央政府层面的封控类、混合类、经济响应类和卫生促进类政策工具的组合，产生了良好的政策结果；政策工具组合中的政策冲突，主要是封控类和经济响应类政策工具之间的冲突，它们相互联系，并且需要与其他政策工具配合使用才能有效发挥作用；而混合类政策工具在政策中发挥着重要的协调作用。

---

① 江亚洲、郁建兴：《重大公共卫生危机治理中的政策工具组合运用——基于中央层面新冠疫情防控政策的文本分析》，载于《公共管理学报》2020年第4期，第1-9页。

第三节 二次分析

在利用文献进行的定量研究中,一个重要的信息来源是现存的、前人积累的各种原始数据。研究人员将前人为其他目的而搜集的原始数据整理出来,可以使分散的、孤立的数据被联系起来,予以重新分析和重新揭示。正是利用这种方法,一个研究者为解释一个问题所搜集的信息,可以被另一个研究者用来解释和回答另一个问题。

一 二次分析的含义

二次分析,是指对他人为别的目的而搜集和分析过的资料进行新的分析。新的分析有两个主要的研究目标:① 分析一个新的问题,这个问题与他人为研究某个问题所搜集数据中的问题不同,即用同样的资料(他人研究所搜集的数据)来分析和研究一个不同的问题;② 用新的方法和技术分析他人的数据,以验证他人的研究结果,即用不同的分析方法和技术处理相同的数据,看是否能得出相同的结论。

二次分析所用的信息,是其他研究人员和研究机构通过实地调查获得的原始数据。计算机在社会研究中的广泛应用,使社会研究人员可以共享来自各种实地调查和统计的大量数据。20世纪60年代以来,利用二手数据进行的研究在国际上得到大规模发展。许多研究机构相互合作,形成一个数据档案网络。录好原始数据的磁带和输入卡,被存放在档案馆中,并被广泛传播和使用,就像传统图书馆中的书籍一样。不同的是,图书馆的书必须借,而档案馆的数据资料必须复制或购买。例如,美国社会学家艾尔·巴比在其《社会研究实践》一书中引用了自己的经历。当时,他作为加州大学伯克利分校的研究生,对查尔斯·格洛克关于宗教参与原因的观点产生了兴趣。格洛克指出,那些找到社会问题的实际解决方案并认为可以成功的人往往会去求助这些方案,而那些看不到实际解决方案的人往往会求助于宗教。艾尔·巴比很想检验一下格洛克的这一观点,但当时他没有资金进行广泛的实地调查。幸运的是,在研究方法课上,他的老师购买了一个数据库供学生们练习掌握各种研究方法。该数据库是阿尔蒙德和弗巴在20世纪50年代末和60年代初对人们的政治社会化和参与特征进行的研究。数据的样本来自五个国家,该数据库包括有关人们的宗教和政治活动信息,以及人们对社会问题的政治解决方案的一系列看法。事实证明,无须支付一分钱,巴比就能够利用这些信息来检验自己的假设。

二次分析可以更好地利用现有数据库，挖掘出有意义的、有价值的结果和结论。在对现有数据库进行二次分析时，应注意以下三个方面。① 第一，当创建一个既有的数据库时，其目的往往与二次分析的目的不同。因此，在分析时，应特别注意确保原始条目的设置与二次分析的目标相符合。研究人员在确定可行的二次分析目标以及选择合适的变量进行分析之前，应仔细检查现有的数据库。第二，现有数据库最常见的问题是其数据质量。特别是在使用政府部门提供的数据时，研究人员需要使用各种技术措施来检验其质量。例如，可以将数据与其他来源的数据进行比较，检查可能的误报或漏报，还可以采用抽查部分现场数据等方式进行质量检验。如果在现有的数据库中发现了质量缺陷，可行的话，便可以通过对选定的区域进行采样来验证，并根据实地检验的结果来调整整个数据库。第三，适当处理缺失值。与研究人员在严格的质量控制下搜集的数据不同，现有的数据库往往包含许多遗漏、误填和缺失的项目。研究人员需要仔细分析数据不完整的原因，特别要注意不完整数据是随机分布的还是存在系统性错误。只有从研究假设出发，用适当的统计方法处理缺失值，才能保证二次分析的质量。

二　二次分析的步骤

从理论上讲，在获取信息之前，我们应该始终清楚自己要研究的内容。然而，在实践中，我们可能是首先找到一个特别有趣或丰富的数据库，然后提出一个可以利用该信息的研究问题。但是，为了便于演示，我们还是遵循正常顺序加以介绍。

（一）选择研究的主题

适合二次分析的主题可以是相当大的，但有时只能使用国家规模上所得到的数据资料。一旦制定了假设或某些研究问题，就必须仔细考虑操作实践。哪些控制变量是关键性的？因变量是否必须以特定方式测量？通常，在研究设计中留出一些余地很重要。这样，如果发现相关信息中缺少所寻求的各种特征，则可以稍微修改研究设计，以保持与可用资料的一致性。二次分析中需要相当精确地关注研究主题，以便选择合适的数据资料。但在主题与资料的关系方面，二次分析往往要求主题适应数据，而不是相反，其主要原因是数据资料是已定的、无法变动的，研究人员只能寻找处理与分析数据的方法和技术，因而研究主题是可以随时调整的。

---

① 周亮：《二次分析数据中需要注意的几个问题》，载于《中国心理卫生杂志》2012 年第 2 期，第 111 页。

（二）寻找合适的资料

由于二次分析使用的是原始调查或统计的数据，所以了解其主要资料来源非常重要。在美国和其他西方国家，信息来源多种多样，这是因为其拥有许多专门从事调查研究的机构，拥有不同规模的数据库。例如，综合社会调查（GSS）数据库便是基于国家民意研究中心（NORC）每年进行的调查，以及大学、研究机构和政府研究中心所搜集的数据。在我国，还缺乏这样的数据库。目前，只有中国人民大学的中国综合社会调查（CGSS）和北京大学的中国家庭追踪调查（CFPS）有这样的数据库。

在二次分析中，重要的是要清楚所寻求的资料。对于研究人员来说，寻找和发现具有潜在吸引力的资料来源的最佳方式，或许是阅读相关研究报告。许多已发表的研究来自大规模调查的分析，而通过查阅过去某段时期的研究期刊可以得到有关大型调查数据资料的情况。当发现一组对你十分有吸引力的数据资料时，你可以仔细地阅读论文中对数据资料的内容和搜集方法等方面的描述。如果你认为这些数据确实对你的研究有用，便可以联系原始数据的搜集者，索要原始数据及其具体细节。然后，你就可以从这些原始资料中选择你的研究和分析所需的数据。

（三）对资料再创造

一旦你得到了自己需要的数据或信息，你往往要对这些资料进行处理，使其对你的研究更有用。首先，有必要从资料中找到或重新定义你要考察的变量。其次，需要仔细考虑这些变量，应该对每个变量的频率统计进行总结，以更好地了解信息。例如，如果大量的人对某一项目回答"不知道"，那么，你需要决定是否使用以及如何使用该项目的资料。最后，你也可以只选取部分样品进行分析。例如，你可以只采集男性的资料，或只采集20岁及以上的受试者的资料。然而，在这样做的时候，需要重新考虑抽样设计，包括抽取这个子样本将如何影响样本本身的性质以及这个子样本的代表性。换句话说，作为一个二次分析的研究者，你可以对很多资料进行重新加工以适应你的研究，然而，必须始终注意确保资料不被用于它所不适合的课题。

（四）分析资料

二次分析的主要部分，同时也是最实质的部分，是对资料的再分析。不同的统计分析方法和技术，同样适用于这种类型的分析。与调查研究的方法对比，我们可以更清楚地理解二次分析方法的实质。调查研究通常是研究者按照自己的研究目标，到实地去调查与搜集原始资料，并进行分析。而二次分析中研究者并不去做实地调查，而只是根据自己的研究目标，从别人已经"创造"出来的原始资料库中"寻找"

适当的信息，并进行分析。也就是说，二次分析只是使用他人"创造"的资料为自己所用。

 二次分析的常用数据资料

（一）美国综合社会调查

美国综合社会调查（General Social Survey，GSS），是芝加哥大学国家民意研究中心（National Opinion Research Center，NORC）于1972年创建并定期搜集的一项社会学调查，由美国国家科学基金会资助。1972—1993年，基本上每年开展一次，调查样本规模为1372～1860个。由于调查经费紧张，从1994年开始改为双年调查一次，样本规模则相应地调整为2765～2992个。1972—2002年，这一数据库收集了将近44000名回答者的资料，调查的回答率一直保持在77%左右。GSS旨在搜集当代美国社会的数据，以监测与解释民众态度、行为和属性的趋势及变化；检查一般社会的结构和功能，以及相关子群体所扮演的角色；将美国社会与其他社会进行比较，将美国社会置于比较的视角，开发人类社会的跨国模型；并使学者、学生、政策制定者和其他人，能够以最低的成本和等待时间，轻松访问高质量的数据库。GSS是社会科学领域最具影响力的研究之一。具体情况可以在其网站上了解，网址为 https：//gss.norc.org/。该网站允许有选择地下载特定变量的数据，也提供有限的在线数据分析。

（二）中国综合社会调查与中国社会状况综合调查

中国综合社会调查（Chinese General Social Survey，CGSS），于2003年启动，是我国最早的全国性、综合性、连续性学术调查项目。CGSS旨在系统地监测中国城市和农村的社会结构与生活质量之间的变化关系。社会结构是指社会群体和组织以及社会关系网络等层面的相互关联。生活质量是指人们在个人和整体层面上的客观与主观方面的幸福感。CGSS系统而全面地搜集社会、社区、家庭和个人多个层次的数据，总结社会变迁的趋势，探讨具有重大科学意义和现实意义的议题，推动国内科学研究的开放与共享，为国际比较研究提供数据资料，充当多学科的经济与社会数据采集平台。目前，CGSS数据已成为研究中国社会最主要的数据来源，广泛地应用于教学、科研和政府决策之中。具体情况可以在其网站上了解，网址为 http：//cgss.ruc.edu.cn/。

中国社会状况综合调查（Chinese Social Survey，CSS），是中国社会科学院社会学研究所于2005年发起的一项全国范围内的大型连续性抽样调查项目（网址：

http：//css.cssn.cn/css_sy/），其目的是通过对全国公众的劳动就业、家庭及社会生活、社会态度等方面的长期纵贯调查，来获取转型时期中国社会变迁的数据资料，从而为社会科学研究和政府决策提供翔实而科学的基础信息。该调查是双年度的纵贯调查，采用概率抽样的入户访问方式，调查区域覆盖全国，有助于获取转型时期中国社会变迁的数据资料，其研究结果可推论全国年满18～69周岁的住户人口。为了兼顾纵贯调查的连续性和社会议题的现实性，CSS的调查问卷在设计上分为基础模块、更替模块和热点模块三个部分。其中，基础模块固定不变，包含了个人基础信息、劳动与就业、家庭结构、家庭经济状况等内容；更替模块，如社会阶层地位流动、社会保障、休闲消费、社会价值观等，则隔一定周期后重复调查；热点模块，根据情况与时俱进地更新。

（三）中国教育追踪调查

中国教育追踪调查（China Education Panel Survey，CEPS），是由中国人民大学中国调查与数据中心（NSRC）设计和实施的，是一项具有全国代表性的大型追踪调查。CEPS的目标是，记录不同学校阶段的教育过程和转变，解释个人的教育产出与家庭、学校、社区和社会结构的多维语境之间的联系，揭示家庭、学校、社区及宏观社会结构对于个人教育产出的影响，并进一步探讨教育产出对个体一生发展的影响。其在调查过程中，针对不同的调查对象，使用5种不同的问卷调查，抽样对象包括学生、家长、校长、主要学科教师和学校管理人员，并对所有被抽样的学生进行了标准化的认知能力测试和性格测试。同时，CEPS还为学生搜集重要的测试记录和体检报告。具体情况可以在其网站上了解，网址为http：//ceps.ruc.edu.cn/。

（四）中国家庭追踪调查

中国家庭追踪调查（China Family Panel Studies，CFPS），是一项全国性、综合性的社会追踪调查项目，旨在通过追踪搜集个体、家庭和社区三个层次的数据，反映中国社会、经济、人口、教育和健康的变迁，为学术研究和政策研究提供数据基础。CFPS由北京大学中国社会科学调查中心设计和执行，重点关注中国居民的经济与非经济福利，包括经济活动、教育获得、家庭关系与家庭动态、人口迁移、身心健康等多种研究主题。基线调查界定出的所有家庭成员及其今后新生的血缘/领养子女，被定义为CFPS基因成员，是CFPS调查的永久追踪对象，每两年访问一次。截至目前，CFPS已完成七轮全国调查（2010/2012/2014/2016/2018/2020/2022），其追踪成功率在同类调查中保持国际领先水平。调查所涉及的家庭收入、家庭支出、家庭决策、工作等模块，在社会学研究中受到广泛关注。具体情况可以在其网站上了解，网址为http：//www.isss.pku.edu.cn/cfps/。

四 二次分析的优缺点

二次分析最重要的优点，是省时、省钱和省力。它将研究人员从复杂而耗时的初级数据搜集工作，以及单调乏味的数据记录和输入工作中解放出来，使他们能够将更多的时间和精力放在分析数据上。二次分析的另一个优点是，它特别适合于比较研究和趋势分析。一方面，我们可以通过对不同地区的不同研究人员分别搜集的信息进行二次分析，来比较不同地区的情况；抑或通过将不同的研究者对不同的群体进行调查所获取的资料进行二次分析，来对比不同群体的情况。另一方面，我们可以通过汇集其他研究人员在不同时期对同一问题所做的若干或几项研究的数据来进行二次分析，以此考察并分析趋势。

二次分析的主要缺点是，所用资料缺乏准确性和适用性。这意味着，一方面，一个研究者为特定目的所搜集的数据，不一定符合另一个研究者的研究旨趣；另一方面，二次分析研究者需要的数据，可能在现有的研究数据中根本找不到。在大多数情况下，二次分析的研究者往往会发现，原始研究中的问题"基本上"测量了他所关心的变量。然而，他更希望有一个稍微不同形式的问题，或者是一个更相关的问题，能更准确地测量他想要测量的东西。实际上，这样的信息对于二次分析的研究者来说是不太有效的，也就是说，原来的问题并不能准确地测量二次分析的研究者所想要测量的变量。在分析现有的统计数据时，也存在这样的问题。

五 二次分析案例

案例导入

例1 基于中国综合社会调查（CGSS）的定量研究

吴玉锋教授基于2015年中国综合社会调查（CGSS）的数据，研究了社会阶层和社会资本对中国城乡居民商业保险购买行为的影响。[①] 以下将着重介绍吴教授对CGSS 2015的使用方法。

第一步，说明数据来源，即对2015年中国综合社会调查（CGSS）数据的调查范围和问卷模块进行说明。

---

① 吴玉锋：《社会阶层、社会资本与我国城乡居民商业保险购买行为——基于CGSS 2015的调查数据》，载于《中国软科学》2018年第6期，第56-66页。

第二步，变量测量与分析。这一部分要通过 CGSS 2015 中问卷设计的内容，找到研究者感兴趣的主题、因变量及自变量。一是确定因变量。因变量是随自变量变化而改变的量，此例的因变量是商业保险购买行为。由此，在 CGSS 2015 问卷设计中找到与之相关的问题，并给出判定标准。二是确定自变量。自变量是指由研究者主动操纵以引起因变量变化的因素或条件，这个例子中，自变量是社会阶层和社会资本。三是控制变量。在一项研究中，不仅仅是自变量才与因变量有关。于自变量之外，往往存在额外相关变量，此类变量简称"额外变量"，必须想办法予以控制，使其在研究过程中保持恒定不变。四是控制内生变量。内生变量可能会影响自变量与因变量之间的关系，故需要构建内生变量并对其进行控制。

第三步，描述性统计。描述性统计是指将调查样本中所包含的大量数据资料进行整理、概括和计算，并运用制表、分类、图形及计算概括性数据来描述数据特征的各项活动。描述性统计分析涉及对研究对象所有变量的数据进行统计描述，包括频数分析、数据集中趋势分析、数据离散程度分析、数据分布以及一些基本的统计图形。

第四步，实证分析。实证分析是用统计计量方法对数据进行处理的分析方法，主要包括相关分析、回归分析和稳健性检验三种方法。相关分析，是指通过分析两个或更多的相关变量，来实证研究两个变量因素的接近程度；回归分析，是指利用数据统计原理对大量统计数据进行数学处理，并确定因变量与某些自变量的相关关系，建立一个相关性较好的回归方程（函数表达式）并加以外推，用于预测未来因变量变化的分析方法；稳健性检验，旨在评价方法和指标解释能力的可靠性，即当改变某些参数时，评价方法和指标是否仍然对评价结果保持一个比较一致的、稳定的解释。

吴教授的研究结论表明，社会阶层和社会资本都对中国城乡居民的商业保险购买行为有显著的促进作用，而且在严格控制内生变量的情况下，社会阶层和社会资本的影响是显著的。此外，没有发现社会阶层会调节社会资本对居民商业保险购买行为的影响。

例 2 TALIS 2018 的二次分析

TALIS 2018 是经济与合作发展组织（Organization for Economic Cooperation and Development，OECD）公布的最新一轮教师教学国际调查数据。徐瑾劼和朱雁基于 TALIS 2018 上海数据结果，围绕上海教师促进学生使用信息技术进行自主学习的相关变量进行分析,探讨教师个体因素、教师专业背景、学校信息设施投入以及学校的环境与资源,是否影响教师促进学生使用信息技术完成项目学习或作业。①

分析过程如下。第一步,确定如下自变量和因变量:教师让学生使用信息技术完成项目或作业的频率;影响教师促进学生使用信息技术进行自主学习的因素。第二步,采用二层回归模型,分别从教师和学校两个层面进行逐步回归分析,并且建构四组回归模型(① 零模型;② 控制模型,即控制教师背景特征变量;③ 在第二组模型的基础上,加入学校类变量;④ 在第三组模型的基础上,加入教师专业特征变量),再使用卡方检验模型间的显著差异性,最后得到数据统计结果。

该研究结论表明:上海在促进学生积极使用信息技术上,校际不存在显著差异,差异集中在教师个体;上海初中学校的信息技术教学资源分布均衡,且不是制约教师促进学生使用信息技术的显著因素;教师对信息技术教学能力的自信程度、对信息技术价值的重视程度及专业发展水平,是影响他们促进学生积极使用信息技术的显著因素。

第四节 现存统计资料分析

一 现存统计资料分析的概念

(一) 现存统计资料分析的含义

现存统计资料分析,是指社会科学研究者使用各种现有的统计数据来进行自己的研究。这些现有的统计数据,为研究提供了历史背景,同时也是研究本身的数据和资料的来源。现存统计资料分析,是常利用官方或准官方的统计资料来进行研究的一种方式,它所用的资料是经过统计汇总的资料。

现存统计资料分析类似于二次分析,因为它利用了其他人已经搜集的资料。但是,二次分析使用的是原始数据,而现存统计资料分析使用的是以频数、百分比等统计形式出现的聚集资料。

---

① 徐瑾劼、朱雁:《信息技术支持学生自主学习的实证研究——基于 TALIS 2018 上海数据结果的二次分析》,载于《开放教育研究》2019 年第 4 期,第 75-81 页。

（二）现存统计资料分析的来源

现存统计资料分析的主要来源，是官方统计资料、民间统计资料及其他来源（如民意调查）。

（1）我国有价值的统计资料：我国最有价值的统计数据，无疑是国家统计局编制的《中国统计年鉴》，以及《中国社会统计年鉴》《中国人口统计年鉴》《中国城市统计年鉴》《中国教育统计年鉴》等分支统计资料，它们包括不同年份各省份和各主要城市的资料。

（2）美国有价值的统计资料：在美国，就相关学术研究而言，由美国商务部每年出版的《美国统计摘要》是最佳的高质量资料来源。此外，《美国年鉴》和联邦机构公布的数据，对社会科学研究也很有用。

（3）国际范围内的统计资料：国际范围内的统计资料主要由联合国提供，其中有《人口年鉴》，它每年都提供各国各种分类的重要统计资料，如出生率、死亡率、人口自然增长率等有关人口的统计资料。还有一些专门的研究机构和民意调查机构，可以提供大量的统计资料。例如，美国的盖洛普民意调查中心，每年都会公布各种调查的结果。研究人员也可以使用这些统计数据来进行社会科学研究。

（三）注意事项

在使用现有的统计资料时，应记住以下三点。第一，正确运用现有统计资料进行研究的前提是，必须清楚了解统计资料的内容、对象、范围和特点等。第二，各种统计指标、比率和数据的实际含义及其计算方法，必须非常清楚和明确。否则，就会出现错用资料的情况。在阅读或使用某些统计数据时，应该始终询问数据的实际内容代表什么。第三，现存统计资料通常是聚集资料，描述的对象通常是群体而不是个人。在使用现有统计数据时，要注意避免犯层次性谬误。

二 现存统计资料分析的步骤

（一）选择合适的资料

许多研究，往往需要大量的聚集资料来配合研究。例如，在全国范围内研究社会现象趋势都需要这种资料。如果你研究的问题有可能与某种类型的聚集资料相匹配，那么，你需要仔细考虑可用于回答该问题的统计证据的类型，必须从各种调查统计部门所编制的现有统计资料中选择最适合的研究问题，以及有代表性和有说服力的证据。

(二) 比较与分析资料

由于聚集资料都是基于一定的基础之上建立起来的，所以通常不可能对其进行分解。例如，如果你找到某个时期的就业率资料，该资料本身没有区分性别，那么，通常不可能将该资料分解为男性就业率和女性就业率。通常可以做的是，从多种角度、多种层次上比较各种统计数据，特别是比较那些基于较小的单位如按省份或城市分列的信息。例如，可以比较改革开放前 10 年中沿海开放城市的就业率与内地城市的就业率，或将经济发展较好的省份与经济发展落后的省份的就业率进行比较。换句话说，我们只能在现有的统计数据本身的结构中进行比较，特别是在不同角度的比较中发现、发掘和利用它们。

(三) 说明资料来源

在现存统计资料分析时，一项非常重要的任务是，描述所使用的现有统计数据的来源，并使这些资料易于理解。研究者应该清楚地了解所用资料的注释、总体基础、所测量指标的确切类型，并记下资料的确切来源和出处。这是因为现存统计资料分析人员使用的是他人已整理过的资料，如果无法明确这些信息的搜集方式、指标含义、总体范围和某些注意事项，往往就不能很好地使用这些资料。此外，如果没有准确指出信息的来源，其他人可能会质疑你的证据的可靠性和准确性。

现存统计资料分析资料的效度与信度

只要我们的研究依赖于对现存统计资料的分析，就不可避免地受到现存统计资料内容的限制。现存资料分析的效度问题，是指所研究的变量在现存统计资料中的准确程度。如果从现存统计资料中得到的测量结果与我们所希望测量的变量有很大差异，那么这种分析的有效性就会降低。因此，在确保现存统计资料分析的效度方面，有两个科学原则非常重要，一是逻辑推理，二是可重复验证。在分析现存统计资料时，只要稍加巧思和推理，往往就能发现不少有关假设的独立检验标准，如果这些检验都显示出一致的结果，证据就会有力地支持你的结论。

基于现有统计资料的分析质量，在很大程度上取决于统计资料本身的质量，如果统计资料本身不准确，便会导致严重的问题。为了减少和预防此类问题，提高现存统计数据的分析质量，就有必要了解此类问题发生的可能性。这通常需要对数据和报表的性质进行考察和了解，对数据失真的程度做出估计，从而加以修正。例如，如果是有关犯罪率的现存统计资料，就不可能在不分析和不了解的情况下一概认为这个统计资料就是现实。这是因为这类统计数据往往只包括已立案的或已发现、已报告的犯罪案件，而不包括未发现、未报告或未通知的犯罪案件。当然，如果将逻辑推理和可重复验证方法都应用于所用的现存统计资料分析，就可以更好地克服这个问题。

四 现存统计资料分析案例

使用现存统计资料分析，应注意以下几个问题：明确分析单位；注意效度问题；注意信度问题；对现存统计资料的审核；注意避免犯"区位谬误"。有两种方式可以预防"区位谬误"，一是结论来自严格的理论推论和经验，二是使用多种统计数据进行重复检验。接下来，我们通过实际的例子，来说明现存统计资料分析的具体方法。

案例导入

例1 涂尔干的自杀研究

为何人们会自杀？每个自杀案无疑都有它独特的历史和解释，但肯定有某些常见的原因，诸如理财失败、恋爱的困扰、羞耻以及其他的个人问题。然而，法国社会学家涂尔干在研究自杀这个问题时，却有其他想法。他想发现鼓励或是抑制自杀发生的环境条件，尤其是社会条件。然而，涂尔干越是考察手边的资料，就发现越多的差异模式。他考察了下面几个变量：温度（炎热的夏季，自杀出现了不成比例的数量），年龄（35岁是最普遍的自杀年龄），性别（男女比例大约为4∶1），以及许多其他的因素。最后，他从不同资料来源中得出了一般模式。他发现，在政治动荡的时期自杀率会上扬，这种现象在1848年左右的许多欧洲国家都存在。这个观察，使他建立了另一个假设：自杀与"社会均衡的破坏"有关。换个角度来讲，社会稳定与整合似乎是对抗自杀的保护伞。

涂尔干通过对几套不同资料的分析，使这个一般性的假设获得了证明和解释。欧洲国家的自杀率有很大的不同。例如，德国南部的自杀率是意大利的10倍，而且不同国家的自杀率排名并不随时间的变化而改变。在研究了不同国家的各种因素后，涂尔干注意到一个令人震惊的现象：以新教为主的国家的自杀率，比以天主教为主的高。在新教主导的国家每百万人口中有199人自杀，在新教和天主教混合的国家有96人，在天主教主导的国家只有58人。

涂尔干认为，虽然自杀率和宗教信仰有关系，但其他因素如经济和文化发展水平也可以解释国家之间的差异。假如宗教信仰对于自杀真正有影响，那么在既定的国家当中，我们应该会发现宗教信仰上的差异。为了验证这个假设，涂尔干首先注意到，德国巴伐利亚的天主教徒人数最多、自杀率最低，而普鲁士的新教徒人数最多、自杀率最高。但除此之外，涂尔干还考察了构成这些地区的人口组成及其宗教信仰。表8-4显示了他的研究结果。①

表8-4　根据宗教信仰分布所呈现的德国各省的自杀率*

各省的 宗教特征	每百万 居民中的 自杀者	各省的 宗教特征	每百万 居民中的 自杀者
巴伐利亚各省（1867—1875）		普鲁士各省（1883—1890）	
天主教少于50%		新教徒超过90%	
莱茵河西岸地区	167	萨克林	309.4
中弗兰科尼亚	207	石勒苏益格	312.5
上弗兰科尼亚	204	波美拉尼亚	171.5
平均	192	平均	264.6
天主教徒占50%		新教徒占68%～89%	
下弗兰科尼亚	157	汉诺威	212.3
斯瓦比亚	118	黑森	200.3
平均	135	勃兰登堡与柏林	296.3
巴伐利亚各省（1867—1875）		普鲁士各省（1883—1890）	
天主教徒超过90%		东普鲁士	171.3
上莱茵河西岸地区	64	平均	220
上巴伐利亚	114	西普鲁士	123.9
下巴伐利亚	19	西里西亚	260.2
平均	75	威斯特伐利亚	107.5
		平均	163.6

*注意15岁以下的人口都被忽略。

正如你所看到的，新教徒人数最多的巴伐利亚和普鲁士，同时也是自杀率最高的地区。这更加坚定了涂尔干的信念，即宗教信仰倾向在自杀问题上起着非常重要的作用。

---

① Emile Durkheim. *Suicide*, Glencoe, IL: Free Press, [1897], 1951, p.153.

最后，回到较为一般的理论层次，涂尔干将他在宗教信仰倾向上的发现和早期在政治动荡时期的发现加以合并。最简单地说，涂尔干指出许多自杀都是失范的产物，或是对社会不稳定和整合匮乏的一种反映。在政治动荡时期，人们因感觉到旧的社会方式正在瓦解而感到道德沦丧或是忧郁，自杀则是这种极端不适应的最终结果。另一方面，社会的整合反映在个人认为自己是连贯的，这使他们有能力对抗忧郁和自杀。这就是为什么自杀可以用宗教信仰差异来解释。这个研究给了你们一个好的范例，它告诉你们利用政府机构定期搜集或发表的大量资料来从事研究的可能性。

例 2 "南京大屠杀"期间市民财产损失研究

姜良芹和朱继光曾使用现存统计资料分析，来研究南京大屠杀期间市民的财产损失。① 他们想明确南京大屠杀期间相关财产的损失数额，显然，要采访当时的政府是不可能的，调查研究与实验研究也都行不通，因为研究者无法对逝者及过去的南京政府做调查和实验。虽然近年来学界对南京大屠杀的历史进行了深入研究，但由于文献资料的限制，有关大屠杀期间南京公私财产损失的研究极为不足。作为《南京大屠杀档案》的主要编撰者之一，作者搜集和整理了散落在中国第二档案馆、南京市档案馆和台北"国史馆"的相关财产损失档案，并将其纳入《南京大屠杀档案》。该书概述了战前和战后中外对南京市民财产损失的调查和统计，并根据战后国家的调查和统计，计算出大屠杀发生时5865户南京市民的财产损失数额（见表8-5），以明确南京大屠杀期间市民财产损失的基本情况以及中国的战争损失情况，推动对中国战争损失总量的完整而可靠的统计。

表8-5 大屠杀期间5865户南京市民家庭的财产损失统计（1937年12月—1938年3月）

项目		货币单位		数额	小计	总计
损失时价值	按1937年损失时价值填报者	法币（元）		约15851万	约15851万	约合战前（1937年6月）法币1.67亿元
		其他单位	美元	约5.6万	约合战前法币141万元	
			银元	约113万		
			白银	64350两		
			赤金	7两		

---

① 姜良芹、朱继光：《南京大屠杀期间市民财产损失的调查与统计——基于国内现存档案资料的分析》，载于《历史研究》2012年第2期，第101-119页。

续表

项目		货币单位	数额	小计	总计
损失时价值	按1945—1947年填报时价值填报者	法币（元）	2865.3万（1945-10）；22372万（1945-11）；11734.65万（1945-12）；849329万（1946-01）；64600.3万（1946-02）；50858.3万（1946-03）；20542.3万（1946-04）；1889.3万（1946-05）	约合1937年法币730万元	约合战前（1937年6月）法币1.67亿元

小结

文献研究是一种重要的研究方法，可以帮助领导干部获取并分析搜集到的文献信息。

文献是信息的载体，指包含各种信息的符号、文字、音频或视频的载体。根据文献的来源、信息加工程度、历史年代、具体形式等标准，既可以将其分为个人文献、官方文献及大众传播媒介文献三大类，也可以把它分为原始文献和二次文献，还可以划分成现时性文献和回顾性文献，或者书面文献、图像文献、有声文献等。文献具有客观性、系统性和时效性的特点。

文献研究，是指根据一定的研究目的或课题需要，搜集和分析现存的以文字、数字、符号及其他形式出现的文献资料，来探讨和分析各种行为、关系、现象的研究方式。文献研究的优点：可研究那些不可能接近的研究对象；具有非介入性和无反应性；适于做纵贯研究和趋势研究；费用较低，且节约时间。文献研究的缺点：对文献的内容缺乏控制，文献质量难以保证；文献缺乏统一的格式，信息间难以比较；文献缺乏标准格式，有些资料难以编码和量化；研究所需的一些文献不容易获得。文献研究方法，主要有内容分析、二次分析、现存统计资料分析三种基本类型。

内容分析，是一种通过系统地评估文献内容来研究主题和模式的方法，是对研究对象中的内容进行系统分类、编码和统计的过程。内容分析主要包括四个步骤，即选定研究文本、进行抽样、分类编码、分析归纳。内容分析法的优点：成本低、省时省钱，不需要大量研究人员和昂贵设备，便于可重复性研究，同时可以保持客观中立的非介入性研究，并允许定量研究历史时期内的过程。内容分析法的缺点：只能研究记录下来的信息内容，且面临着信度和效度问题，因为研究者无法控制文献资料的记载和编制过程。

二次分析，是指利用已有的研究数据进行进一步分析的方法，可以通过整合与重新分析数据来产生新的见解。通过二次分析，研究者可以挖掘现有数据中的新信息，发现新的关联和趋势，从而得出对社会现象的深入理解和新的研究结论。二次分析的步骤：选择研究的主题；寻找合适的资料；对资料的再创造；分析资料。二次分析常用的数据资料，主要有美国综合社会调查（GSS）、中国综合社会调查（CGSS）、中国社会状况综合调查（CSS）、中国教育追踪调查（CEPS）和中国家庭追踪调查（CFPS）等。二次分析的优势是省时、省钱、省力，特别适合于比较研究和趋势分析。然而，二次分析也存在弊端，如所用资料缺乏准确性和适用性，部分数据可能缺乏代表性、精密设计和科学编码，导致数据质量问题和测量问题。

现存统计资料分析，是指对现有的统计数据进行分析和解释，通过统计方法和技巧来揭示其中的规律、趋势和关联，用以支持调查研究的方法。现存统计资料分析的步骤，包括选择合适的资料、比较与分析资料以及说明资料来源。现存统计资料分析的效度取决于逻辑推理和重复验证，而信度则依赖于数据质量和准确性。

第九章　摸着石头过河：试点实验

"摸着石头过河"原是一句民间俗语，完整地说是"摸着石头过河——踩稳一步，再迈一步"或者"摸着石头过河——求稳当"。一个人要想过一条未知的大河，当既没有船和桥可以利用，又对河水深浅、水流急缓等情况一无所知时，如果贸然下水，就可能面临溺水的危险。在这种情况下，就只能以身试水摸索着河里的石头，逐步摸清情况并想办法安全涉水。

"摸着石头过河"这句俗语，蕴含着丰富的改革智慧，也是我国改革开放采取并反复强调的鲜明态度和重要方法。陈云是我们所能初步查到的党内最早提倡、明确使用并反复强调"摸着石头过河"的领导人。在《陈云文选》《陈云年谱》中，从20世纪五六十年代到改革开放新时期，至少可以找到六处陈云引用这句话的记载，有落在纸面上的批示，也有在谈话场合口头说的，还有在党的正式会议上的发言。1961年，陈云在听取化工部汇报时说："一件工作的改革，要先进行试验，不能一下就铺开来搞。搞试验要敢想、敢说、敢做，但在具体做时，必须从实际出发，摸着石头过河。要把试验和推广分开，推广必须是成熟的东西，未成熟之前不能大干。"[①] 先试验，再总结，然后才推广，反映了陈云注重从实际出发总结经验的工作思路。

"摸着石头过河"含有大胆探索、稳妥前进的意义，现在这句话通常被人们认为是改革的方法论。它有以下几层意思：第一，河必须过，改革必须进行，在河边逡巡回避问题是不行的，站在河中停滞不前很危险，倒退更不应该；第二，没有桥，没有现成的经验办法可照搬照用；第三，河水比较深，可能还有旋涡，要摸索着过，改革碰到的难题很多，有风险，有危机；第四，慢点走，找到支点站稳了再走下一步，改革要多试验多总结经验摸索前进，试验成功了再推广铺开，既强调稳妥，也强调探索。[②]

---

① 陶蕾：《稳中求进：陈云倡导的重要经济工作方针》，载于《党的文献》2019年第6期，第91-96页。

② 王达阳：《"摸着石头过河"的来历》，载于《四川党的建设》2018年第14期，第76-77页。

如今，"摸着石头过河"几乎成了试点调查实验（简称试点实验）的代名词，是调查研究的一种特殊形式。那么，试点实验时怎样体现"摸着石头过河"的特性呢？怎样运用试点实验进行调查研究？新时代开展试点实验要怎样与时俱进？这一系列问题，都将是本章聚焦的重点。

第一节 试点实验的含义与特点

一 试点实验的概念

试点实验，又称前导实验、前导研究或试点研究，是在大型研究或某项政策措施正式实施前，为了评估可行性、时间、成本和负面影响等，而事先进行的小型实验或研究，其结果可以验证政策方案的正确性和可行性，并在整体实施推广时进行改进调整。换句话说，试点实验是一种从特殊到普遍、从个别到一般的认识方法，是为了实现特定的政策目标或解决特定问题而寻找恰当的方法和经验的过程。它的目的在于，通过对少量试点对象施加影响，来大体估计总体的情况，从而发现总体的共同属性和一般趋势。因此，试点实验又常常被形象地比喻成"摸着石头过河"。

试点实验具有深厚的理论基础，恩格斯在《自然辩证法》中指出："事实上，一切真实的、穷尽的认识都只在于：我们在思想中把个别的东西从个别性提高到特殊性，然后再从特殊性提高到普遍性；我们从有限中找到无限，从暂时中找到永久，并且使之确立起来。"① 试点实验的理论基础，可以归结到矛盾的特殊性与普遍性上来。矛盾的普遍性寓于特殊性之中，矛盾的特殊性中包含着普遍性。如果不认识事物的特殊矛盾，也就谈不上对于事物普遍本质的认识。中国共产党极为重视实践，形成了从群众中来、到群众中去的工作方法。政策试点的"先行先试""由点到面"两个阶段，实际上都遵循了辩证唯物主义认识论原理，通过试点形成一般性的经验，然后再推广到更大范围进行检验。② 当然，摸着石头过河不是"脚踩西瓜皮，滑到哪里是哪里"，而是要按照客观规律办事，在实践中不断加深对规律的认识。

---

① 中共中央马克思恩格斯列宁斯大林著作编译局：《马克思恩格斯选集（第四卷）》，人民出版社1995年第2版，第341页。

② 武俊伟：《政策试点：理解当代国家治理结构约束的新视角》，载于《求实》2019年第6期，第28-40页。

除了作为一种政策工具，试点实验还是一项具有鲜明中国特色的调查研究方式，是我们党和政府在对治国理政经验进行不断总结和升华的过程中逐步形成的。它起源于我们党在革命战争时期的实践探索："我们应当坚决采用逐步推广的方法，不用普遍动手的方法。逐步推广的运动，看来很慢，其实是快；普遍动手的方法，看来是快，其实是慢。"① 它大规模运用于改革开放以来的各项改革措施之中，"改革固然要靠一定的理论研究、经济统计和经济预测，更重要的还是要从试点着手，随时总结经验，也就是要'摸着石头过河'"②。今天，"先行先试、典型示范、以点促面、点面结合、逐步推广"等方法，在我国党政部门各类政策实施推广的过程中广为使用。

二 试点实验的类型

"试点"作为中国改革进程中耳熟能详的词语，从革命战争到新中国成立再到改革开放以来的实践中，其相关要素和主要特征已基本确定下来，并形成了相对稳定的发展框架。从目标导向及开展形式上看，现实中的各种试点项目基本都是沿着探索型、测试型和示范型三条路径进行的。③

（一）探索型试点

探索型试点，是指为推动某一领域的改革，在试验点探索切实可行的方案和经验的试点工作。在操作层面，一般是通过直接赋予试点先行先试的政策性权限，使其能充分地探索和创设新政策和新制度。探索型试点是最具有代表性的试点类型，改革开放初期进行的各种改革试点就属于探索型试点。探索型试点针对的往往是一些新领域的改革尝试，存在较大的不确定性，这也充分体现了试点实验"摸着石头过河"中"摸"的特征，此时既不知道"石头"的大小和形状，也不清楚"河"的宽窄和深浅。因此，探索型试点在胆子要大的同时，步子也要稳，主要体现在试点对象相对较少、试点周期相对较长等方面。在时间逻辑上，探索型试点作为对某一领域的突破和创新，是在缺乏相应的理论基础和经验准备的条件下进行的，因此，探索型试点主要应用于改革的初始阶段，并且在开展时难以依据事先设计好的方案、目标、路径和计划等进行推进，而是更加注重在试点活动中的不断探索和经验积累，以此为进一步的改革提供经验和参考。在探索型试点中，需要给予试点单位一定的

---

① 中共中央文献研究室：《毛泽东文集（第五卷）》（1948年1月—1949年9月），人民出版社1996年版，第38页。
② 陈云：《陈云文选（第三卷）》，人民出版社1995年第2版，第279页。
③ 周望：《中国"政策试点"研究》，天津人民出版社2013年版，第54-65页。

自主权和政策资源倾斜，但试点的具体路径、经验得失和操作方法都需要试点单位自行探索和尝试。

（二）测试型试点

测试型试点，是指在全面推行某项改革措施或新制度之前，选取个别地区或部门来进行测试，并观察其实际运行效果，以此为进一步调整与完善该政策提供参考的试点类型。与探索型试点不同，测试型试点一般应用于改革的中后期阶段，此时对于试点的开展已经具有了一定的理论基础和实践经验，在试点的目标、内容和预期效果上也都有了较为清晰的思路。可以理解为，测试型试点是新政策或新制度推广前的一次"试运行"，这个时候已经"摸"到了"石头"的大小和形状，因此，要伸出脚，大胆地向前走。在实施上，一般是某项政策方案在大规模推广普及之前，于一些依据特定条件或标准选取出来的试点单位中先行实施，再根据所获得的各种反馈和经验进行进一步的调整完善，然后才"由点到面"，以全局性正式制度的形式加以推广。因此，测试型试点的出现和发展，是试点实验方法乃至中国的改革开放进程逐步迈向成熟阶段的反映。

（三）示范型试点

示范型试点，是指政策方案执行已经有了较为成熟的经验之后，选择部分地方或部门按照较高的标准率先执行这些新政策以实现既定政策目标，并将试点所形成的可复制、可推广的显著成果向其他地区进行展示和宣传，以此来推动后续政策方案的推广实施的试点类型。示范型试点作为试点实验已经较为成熟的产物，在时间上一般晚于探索型试点和测试型试点。开展示范型试点的主要目的，已经不再是探索经验和方法，而是为改革措施或政策方案的实施单位提供高质量、高标准的学习参考对象，消解个别部门、地区或社会舆论可能存在的疑虑，也为接下来在推广过程中可能遇到的问题提供解决方案。由于要对其他地区和部门提供示范作用，示范型试点的单位须发挥先进榜样的带头作用，所以在试点单位的选取和试点的执行过程中标准都会更加严格，对于试点的结果也强调以成功为导向而不再是"试错"。同时，示范型试点在执行的过程中，还需要注意对试点成果的宣传报道，以此来提升整个试点实施推广的效率和质量。

三 试点实验的特点

首先，试点实验是提高政策实施的可控性和有效性的必然选择。"摸着石头过河,是富有中国智慧的改革方法,也是符合马克思主义认识论和实践论的方法。实践中,对必须取得突破但一时还不那么有把握的改革,就采取试点探索、投石问路的方法,先行试点。"[1] 对于中国这样一个国情复杂、地域空间差异非常大的国家来说,如果全盘推行一项新的改革措施或政策,很容易造成"一着不慎,满盘皆输"的严重后果。因此,先在局部进行试点,如果发现错误或漏洞,便及时进行调整优化,待取得相应成果后再在更大范围内推广展开,可以最大限度降低改革带来的风险,切实提高政策实施的可行性和可控性,对于政策的优化也发挥着重要的作用。

其次,试点实验可以有效节省成本,提高工作效率。在进行一些大型的调查研究时,试点实验通过对总体的初步分析与研判,依据一定标准选取一个或几个具有代表性的调查对象作为试点实验的对象,对其进行更加细致深入的调查研究,并归纳总结出能够代表总体的特征。相较于从一开始就进行全面的、地毯式的调查研究,试点实验可以有效节省人力、物力及时间成本,提高工作效率。

最后,试点实验是一个不断"试错"的过程,需要正确看待试点过程中遇到的困难。试点实验的过程不可能一帆风顺,中途可能会遇到各种意料之外的困难和挑战,这都是很正常的现象。试点实验就是这样不断地"尝试错误",并基于各种反馈对方案进行适时修订与调整的过程。也正是通过试点实验这种不断的"试错",才能催生出新思路、新方法和新成果,让原有方案在这个过程中得到优化和完善。试点研究立足于马克思主义实践认识论,而非西方的实用主义,根本目的在于揭示主观认识的可能错误,因此,试点实验的本质是"试错"。

第二节 试点实验的历史经验

回顾建党以来特别是新中国成立70多年来的实践历程,改革试点复制推广机制起源于革命战争年代,大规模兴起于新中国社会主义建设时期,改革开放以来广泛应用于治国理政各领域,是中国共产党历经百年探索创造的独特治国理政经验。[2] 到今天,"试点"已经被运用于中国社会改革发展的方方面面,为各项工作的开展积累了大量经验。

---

[1] 中共中央文献研究室:《习近平关于全面深化改革论述摘编》,中央文献出版社2014年版,第43页。
[2] 张克:《新中国70年改革试点复制推广机制:回顾与展望》,载于《南京社会科学》2019年第10期,第11-17页。

新时代领导干部调查研究方法

一 革命战争时期的探索

早在革命战争时期，中国共产党人就已经认识到调查研究对革命道路探索的重要性。毛泽东高度重视调查研究，并亲自开展了多种社会调查，如1927年的湖南农民运动考察、1930年的兴国调查等。他将其形象地称为"解剖麻雀"。麻雀虽小，五脏俱全，天下麻雀虽然很多，但基本上都是一样的，不需要分析每个麻雀，解剖一两个就够了。这些早期的调查研究，为后来试点实验的开展奠定了理论基础，提供了实践经验。

中国共产党将试点作为一种工作方法，最早可以追溯到土地革命时期，并且主要集中在土地政策实践方面。1928年，毛泽东和邓子恢分别在井冈山和闽西开展了土地改革的实践，这为我们党后来的土地政策实践积累了重要的经验。瑞金时期，党内已经初步摸索出一整套开展各种土地改革政策试点的工作流程：首先，对不同地区进行全面细致的调查研究，挑选出具备开展土改试验条件的若干地点；其次，派遣由骨干组成的工作组到挑选出来的各个地区，在这些范围比较小的地区试验新的土地改革措施；再次，定期向上级汇报试验工作进展，同时通过改革实践来培养当地积极分子和潜在的新干部，并组织其他地方的干部和群众到这个示范点来参观；最后，迎接上级下派调查组对试点成果的检验，推广经上级确认的有益于党的方针政策的做法，将示范点的干部和积极分子分派到新的试验区。当时，在试点过程中涌现出的一系列典型示范地区，如"苏区模范乡""模范兴国"等，为其他地区的相关工作提供了有益的经验和积极的示范作用。中央开始将"积极试点""典型示范"作为一种有效的工作方法，注重通过个别的示范效应来推动全局工作，着重强调"先进的地方应该更加前进，落后的地方应该赶上先进的地方"①。抗日战争期间，1937年8月召开的洛川会议确立了减租减息的土地政策。减租减息在政策实施对象、范围、额度等方面，同样存在较大的探索空间。为此，各根据地也采用了试点方式摸索经验。② 例如，华中地区的淮北根据地，1939年冬在永城地区进行试点，取得经验后，颁布条例及办法以明确减租减息的标准。1943年以后，中国共产党在各根据地创造了干部"深入基层，深入群众，亲自蹲点，调查研究，'解剖麻雀'，经过典型

---

① 转引自周望：《"政策试验"的历史脉络与逻辑审视》，载于《党政干部学刊》2012年第6期，第86-89页。
② 杨登峰：《中国共产党百年土地政策试点的法治省思》，载于《法治现代化研究》2021年第6期，第47-63页。

试验,突破一点,取得经验,指导一般"的工作程序和方法,极大地推动了抗日根据地减租减息运动。①

由此可见,在艰苦的革命环境下,中国共产党就已经开始尝试用试点的方式来自我革新、统筹规划。而这些早期的试点尝试,帮助中国共产党人更加清晰地了解了当时的中国社会情况,为中国革命的最终胜利提供了保障,也充分体现了中国共产党人紧密联系实际、坚持不懈地调查研究中国社会的优良传统。

二 新中国成立前期的艰难探索

新中国成立之时,百业待举、百废待兴的局面向新生政权发出严峻挑战。面对如此残局,中国共产党和中国政府进一步利用试点进行探索,试点实验应用的范围和领域也都有所扩大,为社会主义改造和建设积累了大量的经验。例如,在新中国成立初期就曾广泛运用试点的方式进行社会主义三大改造。1951年12月,中共中央发布的《关于农业生产互助合作的决议(草案)》指出,要在农民完全同意并有机器条件的地方,试办少数社会主义性质的集体农庄,如每省份有一个至几个,以便取得经验,并为农民示范。1952年全国建立了10个高级社,1953年建立了15个高级社。② 1955年10月党的七届六中全会通过的《关于农业合作化问题的决议》要求,各省、市和各自治区党委应注意在有条件的地方,有重点地试办高级的(完全社会主义性质的)农业生产合作社。有些基本实现半社会主义合作化的地方,可根据发展生产需要、群众觉悟程度和当地经济条件,按照个别试办、由少到多、分批分期的步骤逐渐发展,将初级社转变为高级社。至1955年底,除广东和云南外,全国共试办了17000多个高级社,参加的农户为470多万户,占农户总数的4%。③ 1963年9月20日,《人民日报》发表社论,对"典型试验"进行了系统性的总结,涉及其科学内涵、作用与操作方法等方面,并号召全党全国干部要在各项工作中坚持认真地进行典型试验,意味着通过试点提炼经验的工作方式正式成为新中国成立初期治国理政的一项基础性制度,为今后的试点实验提供了宝贵的参考经验。

"摸着石头过河"这句话也很早就出现在《人民日报》的报道和有关文件中,如1965年6月6日《人民日报》写道:"搞生产要摸着石头过河";"只有调查研究,摸到了落脚的一个个石头,才能一步一步走到彼岸,完成任务"。农业部《关于一九五九年农业生产的几点意见》指出:实行少种高产多收的方针和耕地三三制的伟大理

---

① 董志凯、陈廷煊:《土地改革史话》,社会科学文献出版社2011年版,第62页。
② 高华民:《农业合作化运动始末》,中国青年出版社1999年版,第264页。
③ 高华民:《农业合作化运动始末》,中国青年出版社1999年版,第266页。

想，必须有步骤，必须是"摸着石头过河"，一九五九年全国的耕地面积和播种面积不能减得太多。由此可见，中国共产党已经将试点实验当作探索经验与了解情况的方法了。

然而，中国共产党对试点实验的探索并不是一帆风顺的，在新中国成立初期也遭遇过挫折和阻碍。1958年"大跃进"运动兴起，伴随着高指标、瞎指挥、虚报风、浮夸风、"共产风"现象的盛行，各地纷纷提出工业"大跃进"和农业"大跃进"的不切实际的目标，片面追求工农业生产和建设的高速度，大幅度地提高和修改计划指标，造成了经济工作中的大量的急于求成和急躁冒进。在农业上，提出"以粮为纲"，不断宣传"高产卫星""人有多大胆，地有多大产"的口号，粮食亩产量层层拔高。在工业上，为实现全年钢产量翻一番的目标，全国掀起了"大炼钢铁运动"，并且"以钢为纲"，带动了其他行业的"大跃进"。交通、邮电、教育、文化、卫生等事业也都开展"全民大办"，把"大跃进"运动推向了高潮。而试点这种"摸着石头过河"的建设模式被忽视，最终导致国民经济遭受了重大损失。而到了"文化大革命"时期，社会秩序遭到种种破坏，试点工作的开展也受到极大的影响。试点工作脱离了原本客观中立的原则，盲目地树立典型、学习样板、照搬照抄，使得政策推广时常常出现"水土不服"。甚至一些工作直接跳过了试点这个环节，在没有得到科学论证的前提下就盲目推广实施。这些失误，不仅本身丧失了试点工作的科学性和客观性，而且严重阻碍了各项工作的展开，也敲响了今后试点工作的实干警钟。

三　改革开放时期的广泛运用

1978年5月，一篇名为《实践是检验真理的唯一标准》的文章如平地惊雷，在全国范围内打响了轰轰烈烈的真理标准问题大讨论；同年11月，以安徽凤阳小岗村的"包产到户"为标志，拉开了中国农村改革的序幕；同年冬天，十一届三中全会正式吹响了改革开放的号角。以邓小平同志为核心的党的第二代中央领导集体，对改革开放采取先试验，再总结、改进、推广的方法，先行试点、由点到面。党的十一届三中全会以来，我国发展立足于新的历史起点上。然而，新的关口也是风高浪急，一方面是复杂的国内外情势，另一方面是迫切的改革压力。在没有经验可循、没有模式可依的情况下，如何在保证国内长治久安的前提下推进改革开放，成了摆在新一代党中央领导集体面前的难题。面对这样的情势，最重要的就是敢于尝试、敢于探索、敢于迈出步子，在探索中获取经验，寻找出前进的道路。而在敢闯敢试、敢先行真先行的探路实践过程中，试点实验在中国社会改革与发展的各个领域得到了广泛运用。这不但推进了改革向纵深发展，也让试点实验这一调研方法释放出前所未有的活力。

1980年12月16日，中央召开工作会议，陈云在会议上指出："我们要改革，但是步子要稳。因为我们的改革，问题复杂，不能要求过急。改革固然要靠一定的理论研究、经济统计和经济预测，更重要的还是要从试点着手，随时总结经验，也就是要'摸着石头过河'。开始时步子要小，缓缓而行。"①"摸着石头过河"逐渐成为中国各项改革工作中的"口头禅"，试点实验的方法也越来越得到各级政府单位的广泛运用。邓小平在南方谈话时再一次指出："改革开放胆子要大一点，敢于试验，不能像小脚女人一样。看准了的，就大胆地试，大胆地闯。"② 1992年10月，党的十四大更是把强调"试验"写入了《中国共产党章程》："党的思想路线是一切从实际出发，理论联系实际，实事求是，在实践中检验真理和发展真理。全党必须依据这条思想路线，积极探索，大胆试验，创造性地开展工作，不断研究新情况，总结新经验，解决新问题，在实践中丰富和发展马克思主义。"③

除了常见的各领域政策试点外，这一时期中国改革进程中，还出现了以暂行条例为代表的立法试验、以经济特区为代表的区域试验等新类型，拓展了试点机制的适用范围。④ 例如，1980年成立深圳、珠海、汕头和厦门四个经济特区，1988年4月设立海南经济特区，以及1992年设立浦东新区，无不昭示着这种逐渐成熟的试点复制推广机制已成为中国改革的重要方式。这一时期，以试点为获取信息和摸索经验的抓手，已经成为改革开放以来中国经济社会转型发展的重要支持性机制。

四 党的十八大以来的不断丰富与发展

随着我国改革开放事业的不断深入推进，试点实验继续被运用于各类改革与调研实践中。党的十八大以来，以习近平同志为核心的党中央高度重视顶层设计与基层探索互动，赋予了改革试点复制推广机制新的时代内涵。

习近平总书记在十八届中央政治局第二次集体学习时指出：摸着石头过河，是富有中国特色、符合中国国情的改革方法。摸着石头过河和加强顶层设计是辩证统一的，推进局部的阶段性改革开放要在加强顶层设计的前提下进行，加强顶层设计要在推进局部的阶段性改革开放的基础上来谋划。党的十八届三中全会以来，以

---

① 陈云：《陈云文选（第三卷）》，人民出版社1995年第2版，第279页。
② 邓小平：《邓小平文选（第三卷）》，人民出版社1993年版，第372页。
③ 《中国共产党章程》，人民出版社1992年版，第8页。
④ 张克：《新中国70年改革试点复制推广机制：回顾与展望》，载于《南京社会科学》2019年第10期，第11-17页。

习近平同志为核心的党中央提出了全面深化改革的系统观、整体观和协同观,以重大理论与实践创新为在全面深化改革进程中推动试点复制推广机制注入活力。

自由贸易试验区、全面创新改革试验区、国家监察体制改革试点等重大试点实验相继展开,为全国改革提供了宝贵的经验。在实践中,通过及时将基层改革创新中发现的问题、解决的方法、蕴含的规律进行总结提炼,越来越多行之有效的改革举措被复制推广到全国。在顶层设计与基层探索有机互动的基础上,全面深化改革各项决策部署进展顺利,有效推动了更大范围内的制度创新。[①] 当前情况下,强调"摸着石头过河"的逻辑并没有过时,习近平总书记提出改革开放需要坚持正确的方法论,"摸着石头过河"就是改革的方法论,其本质就是摸规律,目的就是"过河"与"闯关",不断开拓党的事业、满足人民的期盼。

第三节　试点实验的步骤

试点调查实验工作,不是一蹴而就的。相反,它是一个通过"试错"不断推进改革、获取经验的过程。一个成功的政策背后,往往要经历多轮反复的试点,才能见实效、出成果,一般都经历过先行先试以及由点到面推广的过程。

一　先行先试:试点实验的前期工作

先行先试是指试点启动并实施第一轮试点的工作环节,也是试点的前半部分工作。试点的前期工作奠定了整个试点项目的基础,在实际操作过程中,并不一定完全按照这个流程顺序开展,根据试点项目的具体要求,有些试点项目可能跳过其中的某些环节,或者调整开展的顺序。

(一)选点

选点,即选取试点,是指经过一定程序和筛选,选择开展试点实验的地区、部门或行业。做好试点实验的关键,就是"选点",也就是选取试点对象。作为一种调查研究方法,试点实验中的"选点"就是确定对照组与实验组的过程。只有科学合理地设置了实验组,才能为之后的对比分析和经验提取打牢基础。因此,试点对象的选取关乎整个试点项目的成败,试点对象的选择需要结合项目的类型、难易程

---

① 张克:《新中国70年改革试点复制推广机制:回顾与展望》,载于《南京社会科学》2019年第10期,第11—17页。

度、重要程度等多方面进行考量，最终选出最合适的对象作为试点实验的调查对象。

通常来说，选取试点对象的方式有两种。一是试点主导方自行选择，并征得试点对象同意，也就是自上而下的选点形式。即中央或上级单位掌握试点的决策权，指定下一层级单位执行其政府权威所制定的政策，并负责监督协调和配置资源。二是各地各部门主动申请，并得到相应的批准，也就是自下而上的选点形式。即基层、地方部门主动向上一层级单位自愿申请申报试点，得到上一层级准许授权。这种选点方式一般给予试点对象较大的自由裁量权，让试点对象可以结合自身实际情况设计和实施试点方案。在实际操作的过程中，多数试点实验只需要采取上述两种方式中的一种即可确定试点对象，有的则需将两种方式结合起来运用。随着"自愿试验"在试点对象选拔工作中越来越受到重视，目前，大部分的试点对象都是从各地各部门的主动申请中选出。无论选择哪种方式，所选取的试点对象都应该满足以下要求：

(1) 试点对象应该满足一定的客观条件。并不是任何一个单位或地区都可以成为试点对象，因为试点实验是一个在"试错"中获取经验的过程，往往伴随着较大的风险与成本，这就需要参与试点的单位或地区具备一定应对风险的能力。因此，在选点工作开展时，根据试点项目的具体要求，须设置一定的标准与条件。只有满足对应的标准与条件，才能纳入试点对象的选取范围中来。所选取的试点对象，既要考虑行业、地区或领域的政治、经济和文化等条件，还应该具有一定试点基础以及相应的人力、物力或政策条件，这样才能纳入选点备选项的参考范围内。例如，2018年《国务院办公厅关于印发"无废城市"建设试点工作方案的通知》提出："在全国范围内选择10个左右有条件、有基础、规模适当的城市，在全市域范围内开展'无废城市'建设试点。综合考虑不同地域、不同发展水平及产业特点、地方政府积极性等因素，优先选取国家生态文明试验区省份具备条件的城市、循环经济示范城市、工业资源综合利用示范基地、已开展或正在开展各类固体废物回收利用无害化处置试点并取得积极成效的城市。"[①]

(2) 试点对象应该具有一定的代表性。在制定完参与试点的标准与要求之后，如何选择试点对象呢？无论选择哪种方式确定试点对象，所选取的试点对象都应该具有一定的代表性。通常来说，试点实验的目的是为解决全局性的问题提供参考和经验，而非单单处理某一领域或地区自身的问题，这就要求所选择的试点对象本身应该具有一定的代表性。也就是说，所选的试点对象要能够带有处于不同经济社会发展阶段的各个区域特点，能够最大限度地反映总体的特征，并对其他地区具有一定

---

① 参见《国务院办公厅关于印发"无废城市"建设试点工作方案的通知》（国办发〔2018〕128号），2018年12月29日。

的带动力和影响力。概言之，选点不仅要能够有助于解决自身问题，更要能够对全局性政策创新和制度创新提供有效的参考价值。

（3）试点对象的选择还应该兼顾一定的协调性。作为试点对象，一方面可以享受到相应的"政策照顾"，另一方面也需要承担试点所带来的风险与成本。因此，基于试点项目的"含金量"以及对未来前景的预估，不同地区或单位参与试点项目的积极性往往存在差异。于是，在选择试点对象时，还应该兼顾一定的协调性。这里所说的协调性，既包括地域上的协调，也包括经济和文化等方面的考量，要让所选取的试点对象在地理分布与结构层次上能够相互补充协调；既能够对解决试点项目面临的现实问题有所帮助，同时对推动全国或较大范围内的复制推广又具有参考价值。

（二）设计

设计，是指在确定试点单位、搭建组织机制等工作完成之后，制订用于实施试点工作的总体方案和具体操作实施方案。在试点工作的设计上，主要包括试点总体方案的设计和试点实施方案的设计两个环节。同时，根据试点目标与试点要求的不同，方案设计在结构和内容等方面存在一定差异，但上述两个环节的操作过程都是大同小异的。

在工作开展的初期，试点组织方一般会通过"试点指导意见"等形式来公布总体方案，明确试点的基本注意事项。总体方案的出台，为后续的具体工作提供参考，保障试点工作有序而不偏离方向地开展。一般来说，试点总体方案设计包括试点指导思想、试点基本原则、试点总体目标、试点整体任务、试点大体内容和试点要求概要六个板块，当然，在实际操作中可以根据需求进行调整。

总体方案得到批准或确认之后，试验单位就可以根据总体方案中的相关要求以及自身实际情况，制订出更加细致的实施计划和工作办法，也就是试点的实施方案。而试点的实施方案，主要关注试点具体目标、试点阶段进展、试点评估标准、试点配套政策、试点保障条件和试点组织分工等方面。

试点总体方案与试点实施方案的不同之处在于：试点总体方案是宏观的，是对试点工作全局性的概括，也是制订实施方案的前提和基础，具有明显的指导性和概括性；而试点实施方案则是总体方案的具体化和细化，带有明显的操作性和技术性，涉及试点的时间安排、资源分配、人员配置和分工协作等各个方面。试点的方案设计，直接关系到试点实施的效果。随着试点方法的日趋成熟，试点方案的标准化、规范化程度也越来越高，试点发起方往往会根据本次试点工作的特点，对试点对象所制订实施方案的内容结构提出一些专门性的要求。例如，在2010年开始的国家教育体制改革试点中，国务院办公厅就明确要求各个试点对象的具体实施方案应包括改革目标、改革措施、进度安排、配套政策、保障条件、责任主体、风险分析及应对措施、预期成果及推广价值等核心内容。①

（三）执行

试点的执行，是指根据试点的总体方案和实施方案，将试点设计转化为现实效果，实现试点目标的过程。试点的执行是整个试点实验的核心环节。再好的试点项目，如果得不到执行，或者执行不规范、不到位，那么，都有可能影响到最终的试点效果，甚至沦为"纸上谈兵"。试点的执行由组织、宣传、督导等环节构成。

（1）试点的组织，是指专门为实现试点目标、负责试点开展工作而建立的组织力量，一般由以试点主题为前缀的"领导小组"，或"协调小组""联席会议"之类的组织机构负责。这些组织机构，并不是实体意义上的组织机构，而是围绕某一特定试点项目而服务的临时性、阶段性协调议事组织机构，其工作形式和运作机制与常规的组织机构有很大不同。在人员构成上，一般由试点项目相关的党政机关领导同志兼任；在工作内容上，涉及试点的任务安排、统筹推进、资源协调等，并且一个工作小组只能对应一个试点任务；在机构存续上，"试点工作小组"是阶段性和临时性的，当试点工作结束的时候也就随之撤销。由此可见，试点的组织是试点工作能够得以有效执行的关键因素之一。

（2）试点的宣传，是通过试点工作的相关业务部门和宣传部门相互配合，对试点工作进行舆论宣传，获取支持的过程。前文已经指出，试点作为一种"试错"机制，往往伴随着各种风险。因此，在执行和推广时难免令人感到焦虑或不安，遭受质疑。而宣传工作的作用就在于，通过对社会舆论和舆情的合理引导，为试点政策的执行创造良好的舆论环境，从而获取更多的理解和支持。宣传工作贯穿于试点的始终。在试点开始阶段，一般通过新闻发布会和记者会等形式，以通俗易懂的语言和民众易于接受的方式，对试点目标、预期成果和风险防控等内容进行阐释。同时，就普遍性、关键性的问题向公众进行解答，让公众对试点的方方面面有一个初步的了解，以此来消解公众对试点工作的疑虑。特别是要让可能会被试点影响的相关群体提前做好相应的物质准备和心理准备，以减少试点过程中遇到的阻力。而在试点开展了一段时间之后，也需要跟进宣传报道，特别是对试点所取得的阶段性成果进行"成果展示"，以此突出试点工作带来的积极效应，进一步增强舆论对试点工作的支持。宣传工作的另一个重要作用在于，树立"典型"和"模范"。将试点过程中所取得的好成果和好经验不断宣传推广，积极推荐改革工作中的特色亮点和模范典型，以扩

---

① 参见《国务院办公厅关于开展国家教育体制改革试点的通知》（国办发〔2010〕48号），2010年10月24日。

大改革效应。这一方面体现了对现行试点工作的鼓励和支持，有助于提高工作的积极性；另一方面也将试点的积极意义更加形象、具体地体现了出来，为之后的试点工作积累了宝贵的经验。

（3）试点的督导，又称试点监控，是指为了保证试点工作按照预定计划和目标推进，而对试点对象的工作进展情况进行督促、指导和检查。督导工作一般由"试点工作小组"主导，并建立专门的督导工作组。工作开展的主要形式包括：建立专门性的委员会和改革委员会；派出督导组开展调研；举办试点工作培训会和培训班。督导组需要深入试点单位或地区，通过听取工作报告、走访调查和查阅材料等方式，了解试点工作中的政策执行情况、配套措施落实情况、阶段工作成效和群众反响等。并根据调研情况提出督导意见和建议，及时将有关情况上报给试点工作小组，从而避免出现试点目标偏离实际、试点对象粉饰问题、试点资源投入不足等情况。对于已经偏离预定轨道的试点项目，也能够及时进行纠正，同时健全完善机制，保证试点工作平稳有序地开展。

（四）评估

评估，即当试点完成了一个阶段的任务后，由相关"试点工作小组"对试点工作情况进行阶段性的评估和验收。① 评估并不是整个试点项目的结束，而是"阶段性总结"。在评估时，要根据设置的指标体系，科学地认识、判断各个试点对象开展试点以来所取得的成效，及时总结上一阶段各项试点工作的具体经验成果，以及当前存在的问题和不足，进而得出试点项目的总体实施效果。其目的在于，通过对上一阶段的试点效果进行评估考核，进一步完善试点方案和设计，为下一阶段的复制推广提供参考和指南。

在评估的时候，要保持客观中立的态度，尤其是要摒弃"为了成功而成功"的错误倾向。面对上一阶段试点所取得的有益经验和成果，要进行细致的归纳总结，巩固成果、提取经验，并将其应用于接下来的推广展开。而面对试点过程中存在的问题与不足，也要彰显直面问题的勇气、改进不足的决心，排查筛选、精准查摆重难点问题，认真分析原因并制订、落实解决措施，及时对试点方案进行调整与完善。如果只是一味地赞扬试点单位所取得的成效，而对试点过程中出现的问题视而不见，便难以反映工作开展的真实状况，甚至可能为之后的复制推广埋下严重的隐患。因此，为了提高评估工作的真实性和有效性，政府往往委托独立的第三方评估机构来进行评估考核。

---

① 周望：《政策试点是如何进行的？——对于试点一般过程的描述性分析》，载于《当代中国政治研究报告（第11辑）》，社会科学文献出版社2013年版，第83-97页。

每个试点项目因其规模大小的差异性,在评估工作中的重点和策略亦有所区别。对于试点对象数量众多且分布广泛的试点项目,一般不对所有的试点对象进行逐个调查和测评,而只是通过开展重点抽查的方式,掌握整个试点项目在"面上"的进展情况。对于试点对象数量较少的试点项目尤其是试验区的建设,通常需要对试点对象尤其是试验区进行逐个评估和验收,并建立一套完整的评估程序以保证考核效果。

从评估工作的具体操作来看,也应该因地制宜,根据试点项目的特点采取多样化的技术手段进行评估工作。一次评估工作通常会灵活采用定量和定性相结合的形式进行,具体包括机构调查、入户调查、典型调查、实地考察、听取相关汇报、举行座谈会和发放调查问卷等多种手段。各个试点对象也会结合整体性的评估方案,制订本地的评估方案,进行必要的补充调查,开展本试点的自评估工作,并形成自评估报告,呈报"试点工作小组"及其办公室。①

 由点到面:试点成果的推广展开

"由点到面"是指在总结了前期工作经验的基础上,逐步扩大试点范围、进行多轮试点工作的过程,也是整个试点工作的后半程。或许有人会感到奇怪,明明已经经历了一轮的试点,为什么还要反复扩点进行多轮试点?这是由试点强调稳妥的内在特质所决定的。即使第一轮试点取得了成功,也难以把握个别试点对象在总体上的代表性。因此,需要进行多轮的试点加以验证,得到行得通、办得到、信得过的最佳工作安排。试点工作的后半程,就是这样一个"点面结合、逐步推广"的过程,也是在长期实践过程中积累宝贵经验的过程。

(一)扩点

扩点,即增加新的试验点,开展新一轮的试点工作,以前一阶段试点工作所取得的成效作为基础和参考,来扩大进行试点的范围。正所谓"十里不同音,百里不同俗",不同部门、不同地区存在共性,但也存在差异性;先试点再推广,需要具有大胆创新的精神,但再大的胆子,都离不开稳健的步子。故而,我们要一步踩实一个"石头",找准最合适的"石头"再"过河"。因此,在试点经验提炼升华成制度向更大范围推广的过程中,少不了会遇到新的困难和挑战,这需要不断地在完善中提高、在净化中革新。针对一些重大的改革举措或道路探索,往往要经历多次从试点到推广,然后再试点再推广,这是一个螺旋前进和不断上升的过程,在探索中

---

① 周望:《政策试点是如何进行的?——对于试点一般过程的描述性分析》,载于《当代中国政治研究报告(第11辑)》,社会科学文献出版社2013年版,第83-97页。

不断取得新的认识与经验，这个时候，通过扩点的方式进行新一轮的试点工作就显得很有必要了。

扩展试点范围的方法，一般包括"重点扩点"和"普遍扩点"。"重点扩点"是根据一定的条件在一些重点地区扩大试点范围，"普遍扩点"则是指在某一范围内各个地区全面扩大试点范围。为了保证试点工作的稳妥，一般都是先进行"重点扩点"，再进行"普遍扩点"。开展扩点工作时，新加入的试点对象也需要根据实际情况部分或全部经历选点、组织、设计等环节。扩点是从试点走向推广的重要环节，也是试点实验强调温和、渐进、稳健特性的具体体现。

（二）推广

试点实验的成果，最后要通过推广的方式逐渐扩散开来，要将试点所取得的经验和方法在其他地区或部门运用，以实现相应的目标。在进行推广之前，还可以组织即将实行新政策的地区或单位与已有的试点对象进行交流，为其他地区或单位学习借鉴已有的先进经验提供平台和路径，来保障推广的质量和速度。从交流的形式上来看，主要是即将推广试点政策的地区或单位组织队伍前往示范型试验点考察，学习该试验点在实施试点过程中所取得的先进经验和有效方法。试点地区或单位则需要通过组织"试点经验交流工作会"等形式，向其他地区或单位介绍其所取得的试点经验和做法。当然，交流的形式并不是固定的，根据实际情况的需要，其他地区或单位也可以邀请试点地区或单位派出工作队伍进行指导和帮助。总之，交流的最终目的是更好地让先进的试点经验推广展开。

在政策的推广过程中，要针对不同对象的实际情况对政策进行调整和完善，不能因为某项政策在试点的部门取得了成果便毫无顾忌地全面展开。试点工作的扩点与推广两个环节是紧密联系在一起的，在进行一轮扩点之后再进行推广，如果在推广的过程中遇到新的问题，便再进行新一轮的扩点试验，也就是遵循"边试边推"的原则。

例如，我国自由贸易试验区的改革试点，2013—2020年经历了六批经验复制推广。2020年，按照党中央、国务院决策部署，自贸试验区所在地方和有关部门结合各自贸试验区功能定位和特色特点，全力推进制度创新实践，形成了自贸试验区第六批改革试点经验，并在全国范围内复制推广。国务院发出通知要求："各地区、各部门要以习近平新时代中国特色社会主义思想为指导，全面贯彻党的十九大和十九届二中、三中、四中全会精神，深刻认识复制推广自贸试验区改革试点经验的重大意义，将复制推广工作作为贯彻新发展理念、推动高质量发展、建设现代化经济体系的重要举措。要把复制推广第六批改革试点经验与巩固落实前五批经验结合起来，同一领域的要加强系统集成，不同领域的要强化协同高效，推动各方面制度更加成熟更加定型,把制度优势转化为治理效能,推进治理体系和治理能力现代化,进一步优化营商环境,激发市场活力,建设更高水平开放型经济新体制。"①

在操作中,可以采取"由点到面""逐步推开"的方式来进行推广。正是由于这种特有的"试点—推广"机制,使得试点项目可以沿着自我反复修订、反复更新的轨道来推进,并且获得了一种自我加强的特征,即实际上政策方案在这一过程中是在为完善自身而不断地"打补丁"。

(三)总结

总结,是指当所有试点工作宣告结束时,对整个试点工作进行全面回顾,将试点所取得的成效和存在的不足进行总结,并形成系统的经验的过程。试点实验作为一种调查研究方法,其最终目的是提取对工作有帮助的各种经验和信息。因此,必须通过科学系统的总结来对试点进行回顾。总结涉及试点的各个方面,既要总结好的经验,又要找出失误和不足之处。各个试点对象需要完成并提交试点工作总结报告书,报告的内容包括预定目标、主要任务、各项指标的完成情况、所取得的成效,以及试点对象在开展试点过程中的主要做法和经验等。报告提交后,由"试点工作小组"或相关业务部门对这些总结材料进行汇总和整理,并形成整体性的正式文字总结。②

第四节 试点实验的优势、局限及注意事项

把握试点实验的优势、局限以及相应的注意事项,能帮助我们更好地运用试点实验进行调查研究,并与时俱进地开展试点实验。

一 试点实验的优势

(一)试点实验可以控制改革风险

随着改革开放进入深水区,目前我国正逐渐步入社会学意义上的风险社会,"发展"与"稳定"成了贯穿当前中国社会转型的两条主线。很大程度上,"发展"置于

① 参见《国务院关于做好自由贸易试验区第六批改革试点经验复制推广工作的通知》(国函〔2020〕96号),2020年6月28日。
② 周望:《政策试点是如何进行的?——对于试点一般过程的描述性分析》,载于《当代中国政治研究报告(第11辑)》,社会科学文献出版社2013年版,第83-97页。

中国经济增长领域，而"稳定"置于中国政治和社会领域。作为中国转型过程中的两条主线，"发展"为"稳定"奠定良好的经济基础，而"稳定"能保障"发展"进一步深化拓展，两者之间相互激荡、相互融合、相互支撑。① 而任何一项政策或一项制度的出台，在一定程度上都会诱发甚至激化各种显性的或潜在的矛盾，产生各种社会风险、政治风险和经济风险，从而导致难以估量的严重后果。同时，各种风险之间并不是相互独立的，各种风险构成了一个风险网络。当政策实施或改革的过程中出现了某一项风险，很可能会同时导致其他风险的爆发，形成"多米诺骨牌效应"，如果不加以及时调整，甚至可能导致满盘皆输的后果。关于忽略改革风险带来的后果，并非没有前车之鉴。20 世纪 80 年代末 90 年代初，苏联总统戈尔巴乔夫进行了大规模的"改革"，以彻底摒弃所谓"斯大林主义"留下的政治体制遗产，建立所谓人道的、民主的社会主义的名义，取消了马克思主义的指导地位、苏联共产党的法定执政党地位以及公有制经济对国家经济的有效控制，最终引发了一系列连锁反应，造成苏联党和国家思想上、政治上的混乱以及国家经济的持续恶化，成了苏联解体的直接原因。

因此，必须将改革始终控制在可驾驭的范围之内。试点实验作为调查研究的一种方法，其目的就在于探索改革过程中那些难以预测到的风险，从源头上阻断负面影响的发酵。而通过试点实验的方法来摸清楚各种潜在的风险，并制定相应的解决方法，可以很大程度上规避风险暗礁、潜流和旋涡，化解发展过程中遇到的风险挑战。就像通过"摸石头"的方式来了解水的"深浅"一样，一步一步向前推进，避免贸然前进而"溺水"。中国共产党汲取历史经验，探索出"摸着石头过河"的方式，并充分发挥其局部性和试错性的特征，将试点用于改革发展的方方面面，从源头强化改革风险的防控，实现了治理国家与社会的永续性和有序性。随着中国经济社会的转型升级，"摸着石头过河"的试点研究方式并没有过时，面对日益复杂的改革情势，试点实验更应该作为一种科学的调查研究方法与时俱进，这样才能够有效推进改革过程中风险防控的精细化和科学化，化解各类风险，实现"发展"与"稳定"两条主线的协调发展。

（二）试点实验可以化解新政策推广的阻力

任何一项政策的改革都会对原有的利益结构进行调整和重构，如果不考虑原有情况而直接将政策推广至整体，往往会面临强大的阻力。这些阻力，既有客观现实因素的作用，也受到人们主观心理方面的影响。一方面，一项新政策的实施，需要考

---

① 闫义夫：《"政策试点"：中国共产党治国理政的重要方式》，载于《社会科学家》2017 年第 10 期，第 72-76 页。

虑到金钱、人力和时间等客观因素。因受到原有政策结构的制约，这些客观现实情况都可能是决策者在推广新政策时所面临的问题与阻力。除此之外，更大的阻力往往来源于思维惯性、利益关系和价值观念等主观因素。在原有的政策框架内，人们形成了错综复杂的利益关系，新政策的实行必然会冲击原有的利益结构。加之长期沉淀在社会文化心理结构中的思维惯性和价值观念，新政策的实行也必然会给人们带来心理上的焦虑和不安，毕竟谁也不能确保新政策的实施会获得好的成效。这也容易导致新政策掉入争议无止境、僵持难推进的境地，长久以往，甚至会阻碍社会转型升级，挫伤探索创新的积极性。因此，从稳定的角度出发，政策推广的过程只能是渐进的，在原有政策框架与利益结构的基础上进行修补，逐渐达到预期目标的过程。这时候，"摸着石头过河"就显得十分重要了。

如果把大的决策变革化为小的部署策略，把大步化为连续的小步，则上述问题与阻力就会变小。而试点实验作为一种试错机制，从某种程度上简化了决策与执行的过程和规模，减少了政策推广时的利益摩擦冲突和效率损失，很大程度上降低了新政策和新制度实施起来的成本，也减少了阻力。与此同时，试点实验肩负着走出困局、打破僵局、扩展全局的重要使命，在政策实施中可以有效避免无意义的争论。试点实验把对局部的观察研究而产生的结论推及整体，用更加直观的方式将利弊关系呈现出来，其所得到的实际效果比争论不休的理论假设和理论论证更具有实实在在的说服力，为政策的创新和推广实施提供可靠的事实支撑和参考依据。而试点实验作为政策创新和制度创新的展示平台，能够提升政策创新和制度创新效率。中国正进入社会发展转型的黄金期和矛盾凸显期，政策改革和制度改革不仅必要而且任务繁重急迫，但同时又要预留试错、容错的空间。而"政策试点"，不仅实际效果"看得见、摸得着"，而且也是见微知著、"摸着石头过河"的过程，是一种边际调适和增量调整，是坚持马克思主义实践唯物论来化解各方面阻力的最佳策略。

（三）试点实验可以降低政策实施成本

任何政策实施都是需要成本的。一些大型的调查研究或政策推广，往往需要花费大量的人力、物力和财力等资源成本。在调查研究中，成本可以分为内生成本和外生成本两类。内生成本是指围绕调查研究的信息搜集、组织策划、方案设计、调研执行与评估、宣传报道等方面所产生的成本，外生成本则是指由于预计之外或其他不可控因素所产生的成本。以理性选择和效果最优化为出发点，调研的主导者需要从实施调研的成本与收益两个方面来进行考量。即，当调研收益高于预期成本时，调研主导者才会有实施某项调查研究的意愿。在实际工作中，内生成本往往比较容易计算和估计，而外生成本一般难以进行准确的预估。如果某项政策措施不加调研就贸然推广实施，其产生的巨大外生成本往往就会使得调研主导者难以承受。

而试点实验很大程度上可以解决上述问题。试点调查具有特定领域、特定区域和特定行业等局部性试验特点，只需要在特定的单位地点进行试点调查，在调研实施时使其自身成本小于整体性和全盘性成本支出，便可以将试错的内生成本和外生成本降至最低。而试点实验的内生成本和外生成本所产生的支出，也必然小于一开始就进行全局性调查研究或政策推进所付出的成本支出，能够为后期全局性的推广普及节约成本。即便遇到局部试验结果与预期结果不符甚至试验失败的情况时，也可以及时"刹车"止损，将调研所产生的问题或调研失败框定在一定范围内，并根据试点实验中所遇到的问题而对整体调研做出局部性的、边际性的调整，将试错成本分散化，尽可能避免失误，这样做的成本远远低于贸然全局推进而消耗的试错成本。与此同时，多轮反复的试点实验，还可以为其他潜在的政策创新或改革提供借鉴、吸纳、整合的经验，将最初的政策成本通过移植来平摊、转移、消化、辐射到其他领域、区域和行业。试点实验的这种"先行者"和"探路者"功能，有效降低了整体性政策成本和制度成本支出。①

二 试点实验的局限

试点实验由于调研范围较小、时间设置灵活、调研较为深入，能够为政策的推广"铺路"，所以具有节省人力和物力的优势。但试点实验也存在一些局限性，需要在实践的过程中多加注意。

（一）试点的代表性难以把握

试点实验是通过对选取的特定调研对象进行深入研究分析，归纳总结出能够代表总体的规律和经验，为今后相应的政策推广复制奠定基础。在实际操作过程中，试点实验本身的特性决定了它需要选择少数试点单位进行评估，而这些"先行先试"的试验效果很大程度上决定了政策试点可行性的整体评估。②每个试点对象虽然都具有总体的共性，但也有其自身的特殊性。一项试点实验结果的出现，多大程度上是由试点对象自身特殊性导致的？试点选取的代表性如何把握？……这些问题在实际操作过程中往往很难界定，因此，试点对象的选择容易对结果产生影响。如果试点选在了条件比较好的地方，那么政策本身的成功率就会被高估，如在经济发达地区

---

① 闫义夫：《"政策试点"：中国共产党治国理政的重要方式》，载于《社会科学家》2017年第10期，第72-76页。

② 陈那波、蔡荣：《"试点"何以失败？——A市生活垃圾"计量收费"政策试行过程研究》，载于《社会学研究》2017年第2期，第174-198页。

试点就业培训项目；如果试点选择在问题比较严重的地区，那么政策效应则会被低估，如在困难国企聚集的地区试点养老保险改革。① 最后，作为一种定性研究方法，试点实验在决策的各个环节中往往受到决策者的偏好和价值取向的影响，这也会对试点的客观性和代表性产生一定影响。

（二）试点的工作周期相对较长

相比于其他的调查研究方法，试点需要先在个别区域或单位进行试验，才能推及整体，一些试点项目甚至需要经历多轮反复的试点，致使整个调查研究的工作周期被拉长。试点效果的客观性，取决于试点范围的广泛性、试点期限的适当性和试点评估的科学性。而试点范围、试点期限和评估方案要根据试点涉及的事项来确定。例如，一些针对农业生产的试点实验，受制于农业生产的特性，往往需要经过多年的试点实验才能出成果，这样的试点因为时间过长容易受到外部环境变化的影响，而无法确保其结果的准确性，一些试点甚至会遇到中途夭折的情况。

（三）试点实验在合法性上存在一定制约

依法治国已经贯穿于国家治理的各个层面，试点实验也不能例外。然而，作为一种带有灵活性和变通性的调查研究方法，试点与法治的关系问题，始终是全面推进依法治国过程中无法回避的问题。当前，一些试点工作的开展，的的确确面临着合法性的制约。例如，一些试点项目为了进行政策创新，导致试点范围突破了现行法律的规定；一些试点项目的开展，没有得到立法机构的授权；一些法律条文的修改调整速度，落后于改革试点的现实需求，使得试点工作面临"无法可依"的窘境……因此，在进行试点工作时必须处理好试点的变通性与法治的严谨性之间的关系。

三 试点工作中应该注意的事项

（一）增加试点单位选取的代表性

做好试点工作最重要的一步，就是选取具有代表性的试点对象。而试点对象选取的关键，又在于其是否具有广泛的代表性。如果我们选择的试点对象缺乏代表性，或者盲目地夸大了试点对象的代表性，就很有可能导致得到的结论没有普遍指导意

---

① 刘军强、胡国鹏、李振：《试点与实验：社会实验法及其对试点机制的启示》，载于《政治学研究》2018年第4期，第103—116页。

义，犯了以偏概全的错误，总结出来的试点经验也难以得到有效的推广普及，最终导致整个调查研究（试点实验）以失败告终。因此，在进行试点实验之前，要充分考虑到试点对象的代表性。正所谓"磨刀不误砍柴工"，"好的开头是成功的一半"，在试点实验的选点环节就要下足功夫，选择出最能够代表整体的试点对象，这样才能够为后面的调查研究铺平道路。

在进行一项试点实验之前，往往会面临很多选择，那么，怎样才能树立典型，选择出最合适的试点对象呢？毛泽东曾经指出："怎样找调查的典型？调查的典型可以分为三种：一、先进的，二、中间的，三、落后的。如果能依据这种分类，每类调查两三个，即可知一般的情形了。"因此，我们需要根据调查的目的，先对总体情况进行初步的了解和概括，并将所有候选的单位进行分类，然后根据调查的需要，选择合适的试点对象。例如，如果开展某项试点的目的是总结推广先进经验，那么就可以在总体中选择相对来说在某些方面具有先进性的单位作为试点对象。但这里需要注意的是，不能将"典型单位"和"先进单位"混为一谈，只有在特定方面符合试点实验开展要求的单位，才能称作"典型单位"。例如，如果想要调查某项环保政策在空气环境较差的地区实施的效果，试点单位却选择了空气环境质量一直保持较好的地区，那么，尽管所选取的试点对象是"先进单位"，但不能称为"典型单位"，这样的试点对象也是没有代表性的，所总结推论出来的经验更不能推广到整体。在具体操作中，可以通过查阅材料、组织座谈会和听取报告等方式，先对总体的情况进行初步了解，然后进行科学客观的比较与分析，根据试点目标及总体内部差异性，选取有代表性的试点对象。

除此之外，在条件允许的情况下，还应该尽量选择数量更多的单位同时开展试点工作，以便进行多角度的对比分析。试点的选取，要尽量降低上级领导的个人意志对试点选取工作的影响。

（二）加强顶层设计和基层探索的协调互动

习近平总书记强调："我们坚持加强党的领导和尊重人民首创精神相结合，坚持'摸着石头过河'和顶层设计相结合，坚持问题导向和目标导向相统一，坚持试点先行和全面推进相促进，既鼓励大胆试、大胆闯，又坚持实事求是、善作善成，确保了改革开放行稳致远。"[1]"摸着石头过河"就是进行调查研究的方法论，其本质在于摸清楚事物的本质和规律，其中，"摸石头"是手段和方法，目的就是"过河"和"闯关"，不断开拓党的事业、满足人民的期盼。可见，想要顺利"摸着石头过河"，就必须处理好顶层设计与基层探索实践之间的关系。在进行试点实验时，从试点对象的

---

① 习近平：《习近平谈治国理政（第三卷）》，外文出版社2020年版，第188-189页。

选取、试点方案的确定，到形成经验后的复制推广，每一个环节都同样需要处理好两者之间的关系。

首先，要加强试点的顶层设计和宏观调控，充分发挥领导干部和试点组织者的谋略和担当，勇于突破一系列条条框框的束缚。其次，要防范在实际工作中过分强调顶层设计而轻视基层探索的不良倾向。"摸着石头过河"最终的落脚点要放在"摸"上，不去"摸石头"就无法知道"石头"的大小和"水"的深浅。因此，要充分发挥基层探索的主观能动性，鼓励基层在摸索经验的过程中要敢于创新，并给予一定的配套支持措施。最后，要明确顶层设计与基层探索的核心任务和侧重点。地方开展试点、区域进行推广再到更大范围内普及试点经验的整个过程，都离不开上级政府的顶层设计，进行顶层设计其实就是要解决改革试点总体方案的系统性和关联性问题。鼓励基层的多样化探索，就是为了探索符合当地实际和各具特色的实践方法和路子，开拓社会治理的多元化路径，通过在基层实践中暴露出来的问题与不足，倒逼政府自身改革和服务的提升，从而为更大范围乃至全国性的政策制定提供参考和依据。[1]

（三）扩大公众参与度，发挥群众首创精神

一项调查研究有没有取得成功，取决于这项调查研究有没有真实反映人民群众的心声，以及调查研究出来的结论有没有客观真实地反映实际情况。衡量党的各方面工作的"试金石"，就是人民群众。当前，我国发展面临的国内外形势复杂多变，改革已进入攻坚期和深水区，各种问题和深层矛盾千头万绪、错综复杂，这也对试点工作的开展提出了新的挑战和要求。因此，今后试点工作的开展，离不开社会各界的广泛参与和支持。

随着我国经济社会的发展，人民群众对公共事务的参与意识更加强烈，由某一个部门或某几个部门"单打独斗"做调研的模式，在科学性、客观性和专业性方面都难以得到满足，已经难以适应时代发展的需要。因此，我们要坚持"开门搞改革"的优良传统，广泛吸纳企业、公众、社会组织等主体参与到试点工作中来，推动政府主导型试点向公众参与型转变，有效调动社会各个主体参与到试点工作中的积极性，为试点的开展提供源源不断的动力。尤其是在试点的评估环节，更多地引入独立的第三方专业机构来承担试点评估工作，既满足了试点专业性和科学性的需要，也可以保持客观中立的原则。

---

[1] 贾欣：《中国特色"政策试点"的百年实践与创新》，载于《天水行政学院学报》2021年第6期，第78-81页。

不断提高各个群体参与试点的积极性,就要充分发挥群众首创精神。地方、基层和群众往往是改革利益的最大关切者,最贴近与了解工作和生活实际。因此,他们不仅富有首创精神,所提出的改革方案也往往更符合客观实际。新时代推进试点工作,更要注重尊重群众首创精神,从群众关心的问题切入,充分发挥人民群众的智慧和力量,让"试点来自人民,试点依靠人民"。同时,各项试点政策的推广和普及,更需要发挥人民群众首创精神,鼓励并及时总结基层群众的实践创造,不断提升现代化治理水平。

(四)完善试点法治机制,设置科学有效的试点退出机制

前文已经指出,因法律法规的滞后性,当前一些试点工作在合法性上存在纰漏,政府在出台试点措施时需要兼顾试点与法治之间的关系,加快试点配套的法律规章制度的建立,让试点工作"有法可依"。同时,给予参与试点的地区或单位一些政策倾斜。因此,政府在进行试点前,还需要妥善处理试点对象与非试点对象之间的关系,不得触动公认的公平底线,在兼顾改革效率与满足现实需求之间寻找动态平衡。这也就意味着,政府要提前熟悉可能涉及试点方方面面的政策制度和法规,让试点实验在法治的框架内运行。针对一些不合实际的政策制度,要及时进行调整修改。

此外,试点实验是一个不断"试错"的过程,在一些试点项目中难免遇到效果不佳甚至失败的情况,这时候就需要设置科学有效的试点退出机制。我国当前进行的许多试点项目,都缺乏配套的试点退出机制。一些试点对象为了争取先行先试权以及相应的政策倾斜支持,掩饰或隐瞒试点中存在的问题,一味地"报喜不报忧",导致一些效果不佳、进展缓慢的试点项目得不到及时清理规范,不仅占用了大量的公共资源,也难以从中提取有效的经验和方法,更别提推广展开了。因此,在试点组织设计环节,除了设置试点项目运行机制与操作方案,还应该配套相应的试点退出机制,定期清理规范各级各类试点项目。对于逾期未实现试点目标的试点对象要坚决退出,不再保留试点方案赋予的先行先试权以及相应的配套政策和资源,最大限度地实现资源的有效分配,推动试点工作的开展。

小结

试点实验,又称前导实验、前导研究或试点研究,是在大型研究或某项政策措施正式实施前,为了评估可行性、时间、成本和负面影响等,而事先进行的小型实验或研究,其结果可以验证政策方案的正确性和可行性,并在整体实施推广时进行改进调整。换句话说,试点实验是一种从特殊到普遍、从个别到一般的认识方法,是为了实现特定的政策目标或解决特定

问题而寻找恰当的方法和经验的过程。它的目的在于，通过对少量试点对象施加影响，来大体估计总体的情况，从而发现总体的共同属性和一般趋势。因此，试点实验又常常被形象地比喻成"摸着石头过河"，是调查研究的一种特殊形式。

除了作为一种政策工具，试点实验还是一项具有鲜明中国特色的调查研究方式，是我们党和政府在对治国理政经验进行不断总结和升华的过程中逐步形成的。它起源于我们党在革命战争时期的实践探索。试点实验可分为探索型、测试型和示范型三种类型，在推行政策中具有必要性、经济性和试错性的特点。

改革试点复制推广机制起源于革命战争年代，大规模兴起于新中国社会主义改造和建设时期，改革开放以来广泛应用于治国理政各领域，是中国共产党历经百年探索创造的独特治理经验。如今，试点已经被运用于中国社会改革发展的方方面面，为各项工作的开展积累了大量经验。

试点实验工作不是一蹴而就的，而是一个通过"试错"不断推进改革、获取经验的过程，一般都经历过先行先试和由点到面推广的过程。

试点实验由于调查范围较小、时间设置灵活、调查较为深入，能够为政策的推广"铺路"，具有控制改革风险、化解推广阻力、降低政策实施成本的优势；但同时也有一些局限，比如，试点的代表性难以把握，工作周期相对较长，在合法性上存在一定制约。因此，在试点实验中，应尽可能地增加试点对象的代表性，加强顶层设计和基层探索的协调互动，扩大公众参与度，发挥群众首创精神，完善试点法治机制，设置科学有效的试点退出机制。

第十章 好风凭借力：
调查研究的网络平台及软件工具

案例导入

　　安徽省政协2020年出台了《网络调研办法（试行）》（以下简称《办法》），旨在充分运用现代信息技术开展政协调研工作，促进新时代政协调研工作高质量发展。《办法》要求，省政协各专委会及有关承办部门要根据年度调研选题的性质，综合运用线上线下调研方式，拟制网络调研方式、平台、时间等年度安排计划。网络调研活动承办部门要认真做好调研准备工作，制订详细的网络调研方案，内容包括确定网络调查问卷内容、明确问卷发布平台、确定"热点关注"主题、开展群组讨论、召开视频会议、开展大数据分析等。承办部门可视情况选择其中部分内容，或适当增加其他网络调研方式。在此基础上，网络调研活动承办部门全面收集并核实网络调研所得数据，运用大数据技术等对各个渠道、各种形式的信息进行系统性统计分析，形成网络调研报告或纳入综合调研报告。对网络调研中的重要观点和热点评论，《办法》要求进行连续、动态调研，发掘更加深入的建言议政价值。实地调研过程中，也可采用视频会议等形式，同时开展网络调研，进一步提升调研的实效性和扩大调研对象的覆盖面。为规范成果运用，委员和网民通过网络所反馈的比较集中的意见建议，将作为精准开展实地调研的重要依据。网络调研报告可由承办部门按程序报送党政部门参阅，重要协商课题的网络调研报告须报请主席会议或省政协党组会议研究。此外，对于网络调研中具有重要参考价值的意见建议的提供者，调研承办部门可邀请其参与现场调研或安排其会议发言等活动，省政协将对网络调研成果的采纳运用情况及时通过网络渠道反馈，同时，将委员参与网络调研情况纳入履职统计范围。[①]

[①] 《安徽省政协出台网络调研办法》，载于《协商论坛》2020年第5期，第59页。

第十章　好风凭借力：调查研究的网络平台及软件工具

通过阅读案例，我们发现，随着互联网的发展，网络调研的实效性以及能较广泛地覆盖调查对象的特性，渐渐得到政府部门的关注和重视。一些政府部门开始运用现代信息技术开展调研工作，并在此基础上，运用大数据技术即一些统计分析软件等，对各个渠道、各种形式的信息进行系统性统计分析，形成网络调研报告或纳入综合调研报告。

不难看出，借助在线调查及统计分析软件，可以高效地获得调查数据及调查分析结果。本章我们将对常用的在线调查平台及其使用、常用的统计软件及其操作进行介绍。

第一节　在线调查平台概述

在运用我们党在长期实践中积累的有效方法的同时，要适应新形势新情况特别是当今社会信息网络化的特点，进一步拓展调研渠道、丰富调研手段、创新调研方式。在互联网时代，领导干部要坚持将与时俱进作为调查研究的具体要求，把现代信息技术引入调研领域，提高调研的效率和科学性。而借助一定的调查平台，则能够有效提升社会调查的效率。为了适应社会调查方式的多元化发展趋势，领导干部需要在社会调查研究时掌握在线调查方法。本节将主要介绍在线调查的含义和特点，以及利用在线调查平台开展调查的基本环节。

一　在线调查的含义和特点

在线调查，是指通过互联网及其调查系统，将传统的调查与分析方法在线化、智能化。在发达国家，以网络为平台的社会调查十分广泛，而专门针对网络在线调查而开发的应用型软件层出不穷，发展迅速。国外著名的在线调查平台，主要有SurveyMonkey、Qualtrics等。虽然我国的在线调查起步晚于发达国家，但纵观近年来我国互联网及其问卷调查的发展趋势，新兴的网络调查已经成为社会调查的主要方法。根据目前国内的现状，在线调查通常分为两类，即普通网站调查和专业在线调查。普通网站调查，是指一般网站利用网络简单编程而生成问卷页面，用户浏览页面并填答问卷后，网站根据获得的数据生成简单的调查结果。一般门户网站上的调查，多属此类。专业在线调查，是将传统的调查过程完全在线化、智能化，并做出深度分析，最终形成专业的调查报告。专业在线调查通常将调查分为七大模块，即

---

① 习近平：《谈谈调查研究》，载于《学习时报》2011年11月21日，第1版。

创建问卷、问卷测试、问卷发送、数据收回、统计报告、项目管理和系统使用权限。我国目前常用的在线调查平台，主要有问卷星、问卷网、腾讯问卷、中国调查网等。

与传统调查相比，在线调查不受时空限制，能在较短的时间内收集到所需要的信息，具有快速、灵活、可复用等特点，可大大降低调查成本，提高调查数据收集效率。

专业在线调查具有以下几个特点。第一，专业在线调查往往操作简单。普通网站调查需要专业技术人员才能操作，而专业在线调查对技术人员的依赖性相对较低。普通的用户只要会使用电脑，即可在专业在线调查平台注册账号并登录使用。第二，专业在线调查平台使用户享有更多的编辑权限，调研信息可动态增加或删除。一个注册用户可创建多份问卷，并且用户可以对问卷进行新建、编辑、发布和分享等操作，还可自主设置调查开始时间、结束时间及问卷填写时间。系统自动将结果进行交叉分析，得出简单的交叉分析结果，生成数据统计报表等。可见，专业在线调查平台对调研信息的统计更方便快捷。第三，专业在线调查可以利用内在的逻辑校验等分析工具，自动筛除不符合调查要求的样本。第四，专业在线调查平台的功能包括前台功能和后台功能：前台功能，包括允许游客浏览问卷首页、允许用户注册成为平台用户并登录完成问卷、用户完成问卷后可以查看自己完成的问卷结果、允许用户保存并打印自己的问卷结果、允许用户留言或发表评论；后台功能，包括问卷主题管理、问卷标题管理、问卷题目管理、查询统计、用户管理、查看日志、留言管理和清理操作等。① 第五，专业在线调查平台的开发研制时间较长，购买成本比较高，但可以通过充值购买会员身份获得对平台的使用权限。

随着传统调查一系列问题的进一步显现，如样本难以采集、调研费用昂贵、调研周期过长、调研环节监控滞后等，在中国网民数量不断递增的情况下，在线调查以其高效便捷、质量可控等优势快速成为未来调查方式的主导趋势。

 利用在线调查平台开展调查的基本环节

有学者将在线调查问卷设计分为五个环节，即问卷导入编辑、问卷设置、调查问卷回收设置、问卷调查媒介选择、问卷结果分析。② 结合当前各类在线调查平台的具体实际，可将利用在线调查平台开展调查的基本环节分为四个方面，即会员注册与登录、问卷创建与设计、问卷发布与回收、数据统计与分析。

---

① 李秦：《基于移动平台的校园在线问卷调查系统分析与设计》，载于《电脑知识与技术》2015年第7期，第115-116、119页。

② 高欣、张建莉、茹小光等：《网络在线问卷调查设计与实现》，载于《网络安全技术与应用》2016年第11期，第73-75页。

（一）会员注册与登录

无论是普通的网站调查，还是专业的在线调查，在正式的在线问卷调查前，用户可以选择一个适合自己调研需要的在线调查平台。进入平台首页注册，申请一个专用的平台账号，来获得对平台的使用权，并进行隐私安全、权限、密码等方面的设置，以确保账户安全。

（二）问卷创建与设计

注册成功后，登录进入在线调查平台，就可以开始使用平台提供的一些功能。点击"创建问卷"，根据自身需求设计问卷。设计好问卷后，可以通过预览等功能查看电子问卷设计的情况。若发现有误，可以进行问卷修改并保存。不同的在线问卷调查平台，提供的创建问卷及其功能选项略有不同，用户可以根据自己的需求进行设置或选择。一般而言，在线问卷调查平台的创建问卷功能，包括题型选择（如单选题、多选题、表格题、排序题等）、文本格式、插入超链接或图片、选项排序、问卷名称、文字说明等设置。用户可以根据自身需要，转换多种格式，最后完成编辑并保存修改即可。问卷创建完成后，还可以对问卷进行设计。

（三）问卷发布与回收

问卷设计好后，用户可以选择合适的时间和方式发布问卷。问卷的发布时间，可视调研目的和实际进度而定。多样化发布方式，能够保障问卷的回收率。因此，回收问卷可以通过问卷链接与二维码、微信邀请等方式进行，同时，也可以借助一定的媒介开展在线问卷调查。如调查人群覆盖面广，则选择的媒介范围大，可在各大门户网站的论坛、贴吧、社区等互动交流版块发布问卷地址链接。由于人群选择范围较大，调查结果往往可信度较低且不具有代表性，所以一般选择特定人群互动交流区。

（四）数据统计与分析

大部分的在线调查平台，都能进行答卷来源分析和完成率分析等，同时，还可下载参与者的答题情况。借助在线调查平台自身的数据分析功能，可呈现基本的调查结果，但深层次的数据分析难以实现。因此，数据回收完成后，调研人员通常需在平台下载数据，用专业的数据分析软件进行数据处理。当前，比较常用的数据分析软件有 Excel、SPSS、STATA 等。调研人员可以根据自身需要，选择相应的数据统计与分析软件。

网络调查平台具有相对智能化的编辑、发布和回收功能，以及相对标准的、统一的数据处理方式。基于这些特点和优势，网络调查平台受到了越来越多的公共机构、私营组织乃至个体用户的青睐。

第二节　常用的专业在线调查平台问卷星的使用与操作

随着电子问卷的普及与使用，越来越多的在线调查平台不断涌现，如问卷星、问卷网、腾讯问卷等。它们的功能与使用方法大同小异，在使用时根据功能窗口指示流程便可完成问卷制作、问卷回收和问卷分析等工作。问卷星作为当前应用范围十分广泛的在线问卷平台，具有较高的专业性和实用性，能够满足领导干部调查研究的现实需求。下面主要以问卷星为例，介绍专业在线调查平台的特点及使用方法。

问卷星是一个专业的在线问卷调查、测评、投票平台，专注于为用户提供功能强大的、人性化的系列服务，如在线设计问卷、采集数据、自定义报表和调查结果分析等。与传统调查方式以及其他调查网站或调查系统相比，问卷星具有快捷、易用、低成本的明显优势，已经被大量企业和个人用户广泛使用。典型应用包括：企业的客户满意度调查、市场调查员工满意度调查、企业内训、需求登记、人才测评；高校和科研院所的学术调研、社会调查、在线报名、在线投票、信息采集、在线考试；个人进行讨论投票、公益调查、博客调查、趣味测试等。问卷星官网公布数据显示，自2006年上线至2023年1月，问卷星用户累计发布超过2.29亿份问卷，累计回收超过182.82亿份答卷，并且保持每年100%以上的增长率，市场占有率超过60%，用户已覆盖国内90%以上的高校和科研院所。①

一　问卷星在线调查的主要特点

（一）方便用户自主设计问卷

问卷星可以创建一个在线填写的问卷页面，以便开展调查、报名、投票、测评等。问卷星配置了丰富的问卷样式模版，包括背景主题、文字主题、文字样式、显示设置、页眉页脚和问卷宽度的自定义功能等，为用户设计问卷提供了方便；平台上还可展示问卷标题、问卷描述、发布日期、题目数量和答卷数量等动态信息。

---

① 问卷星官网：https://www.wjx.cn/html/aboutus.aspx。

（二）可多渠道推送问卷来收集答卷

问卷星可通过 QQ 群、QQ 空间，以及微信好友、微信群、朋友圈，发送问卷链接或问卷二维码，邀请好友点开链接或扫一扫二维码填答问卷。此外，还可以通过群发短信邀请、群发邮件邀请等方式推送问卷来收集答卷，并可跟踪被邀请人是否已打开或填写了问卷，对未作答人群进行后续填答提醒。

（三）统计分析与数据输出功能完善

问卷星可以进行分类统计、交叉分析、自定义查询、默认统计分析，并可以输出完整详细的数据统计分析报告。用户可即时获取以数据表格、饼图、柱状图、条形图、折线图等形式呈现的单题统计数据分析与报告，以及答卷来源和完成率等调查结果；也可以进行分类统计或交叉分析，并授权问卷数据给 SPSSAU 平台进行高级统计分析，最终的数据分析结果还能以 Word 或 PDF 文档格式下载到本地。

（四）可查看答卷并下载调查报告

通过浏览答卷，调研人员可以查看答卷的详细内容、答卷来源 IP 及其归属地、来源渠道、填写所用时间等附加信息，并以此为依据排除掉不符合要求的无效答卷。同时，"下载调查报告"具备完整的数据输出功能，可以自动生成和输出 Word 文档、PDF 文档、Excel 文档等多种格式的调查结果；其答卷来源分析功能则可以为调查发布者提供详尽的数据来源（IP 地址），有效保证问卷结果的质量和可信度。①

值得注意的是，如果是涉及敏感信息或对数据安全要求较高的统计工作，建议使用企业级版本，避免出现广告、版权等问题。同时，为避免出现重复（无效）填写问卷的情况，调研人员可以在"问卷设置"中进行"作答次数限制"方面的设置。

问卷星平台的操作与应用

问卷星有免费版和企业版等功能服务供用户选择，其中，免费版的功能服务适用于对数据分析要求不太高的用户，而企业版的功能服务则贴合更高的数据分析需求，并且在信息保护等多方面都更有质量保障。具体的操作步骤如下。

（一）注册与登录

百度搜索"问卷星"，或直接输入网址 https：//www.wjx.cn/，点击进入问卷

---

① 张科、张伯阳：《我国主要网络调查平台功能特点对比分析》，载于《图书与情报》2011 年第 5 期，第 78-80、100 页。

星官网。在官网首页右上角有免费注册和登录按钮，没有注册过的用户先点击"免费注册"，会出现如图10-1所示的注册界面。新用户可以根据注册界面的要求，输入手机号并设置密码来创建用户。已有账号的用户，可以点击首页的"账号登录"或"验证码登录"（见图10-2），也可以点击注册界面下方的"立即登录"（见图10-1）。问卷星提供了多种登录方式，除了账号登录和验证码登录，还有绑定QQ、微信及企业微信等登录方式，用户可以选择自己喜欢的方式进行登录。

图10-1　问卷星的用户注册界面 　　　　图10-2　问卷星的用户登录界面

（二）问卷创建与功能设置

登录进入后台管理界面后，点击"创建问卷"，会出现通用应用、员工体验管理、客户体验管理和市场调研管理四个选项。其中，"通用应用"中包括八项功能，即调查、考试、投票、表单流程、360度评估、测评、接龙和民主评议，如图10-3所示。

图10-3　问卷星的功能介绍界面

第十章　好风凭借力：调查研究的网络平台及软件工具

如果我们想创建调查问卷，点击"调查"，便会出现如图10-4所示的"创建调查问卷"界面。问卷星还提供了"复制模板问卷""文本导入""人工录入服务"等问卷创建方式。在当前页面，我们可以输入问卷标题并点击"立即创建"，即进入问卷设计页面。在这里，我们首先要点开"添加问卷说明"，在文本框内对问卷予以说明，完成后点击确认。接下来，开始录入问卷题目。我们可以选择手动添加，在如图10-5所示的界面左侧选择题型，如选择题、填空题和矩阵题等，并对题目进行编辑。此外，也可以点击"批量添加题目"功能，还可以委托问卷星后台客服录入问卷。问卷编辑完成后，我们可以对问卷进行预览，预览页不能参与作答，主要是通过预览来检查问卷中存在的问题以便及时修改完善。

图10-4　问卷星的创建调查问卷界面

图10-5　问卷星的问卷题目类型及题目编辑界面

问卷编辑完成后，我们可以对问卷进行设置。问卷设置部分，包括了基本设置、提交后显示、作答次数限制、提交答卷控制、分享与查询以及其他设置等功能。其中，"基本设置"主要是对问卷的答题密码、标题及说明、问卷语言等进行设置。"提交后显示"设置部分，免费用户一般默认为"显示感谢信息"，例如，"您的答卷已经提交，感谢您的参与！"付费用户还可以选择"跳转到指定页面""按条件处理（可发送邮件或短信）""开启核销码/优惠码"。为防止重复（无效）作答，问卷星问卷设置提供了"作答次数限制"（包括作答设备控制、IP地址限制和微信作答控制），也可以自定义重复作答提示文字，有些功能需要付费使用，有些功能可免费使用。除了问卷设置外，问卷星还提供了"问卷外观""红包＆奖品""质量控制"等设置功能。

（三）问卷发布与数据回收

问卷设计完成后，问卷仍然处于草稿状态。如果通过问卷设计预览等环节检查无误后，问卷准备就绪，我们就可以发布问卷了。问卷星可以通过QQ群、QQ空

新时代领导干部调查研究方法

间、微信好友、微信群和朋友圈推送问卷二维码，邀请好友扫一扫填答问卷；还可以通过群发短信邀请、群发邮件邀请等多种渠道，推送问卷链接并收集答卷数据。①发布链接和二维码：网址自动生成问卷的地址和二维码图，使用者可将问卷的地址或二维码通过超链接或贴图的形式发布于各类网络平台，调查对象直接点击或手机扫描二维码可进入问卷页面进行答题。②微信邀请：可选择设置是否微信填写、收集用户信息、限制填写次数、禁止发送朋友圈等选项。③互填问卷：问卷星将询问提示"是否加入互填问卷"，若选择"是"，则可邀请网站其他网友帮助填写问卷。④样本服务：这是网站提供的一项增值服务，根据问卷要求可对调查对象进行个性化限定，包括地区要求、性别要求、年龄要求、学历要求和行业要求等选项。

（四）问卷分析与报告下载

问卷星除了提供设计问卷、发布与回收问卷的功能外，还提供了对问卷数据进行分析与下载的功能。问卷调查时间截止后，可以停止发放问卷，并在平台设置停止问卷填写。问卷星提供了频数分析、分类统计、交叉分析等数据分析，以及在线进行 SPSS 分析等分析功能与方式。频数分析可以直观呈现数据结果，简单统计选项的频数；分类统计可以按性别、年龄和部门等进行分类统计；交叉分析是设定一个或多个自变量和因变量，进行交叉分析。通过统计分析的表格和图形等形式，呈现这些分析结果。根据调研目的和需求，调研人员选择自己所需的呈现方式，生成并下载调查报告。如果还需要进行深入分析，调研人员可以借助统计分析软件进行数据处理与分析，从而获取更多信息。

以上是问卷星平台基本应用的介绍，当前的在线调查平台的使用方法大体相似，只有细微差别。在具体应用时，调研人员可以根据自身的调查情况，选择合适的调查平台来辅助数据收集与分析。

第三节 常用的统计软件 SPSS 及其应用

 SPSS 简介

SPSS（Statistical Package for Social Sciences，社会科学统计软件包），是由美国 SPSS 公司开发的大型社会科学统计软件包。它集数据整理、分析和结果输出等功能于一身，是世界上最早的统计分析软件之一。SPSS 最初由美国斯坦福大学的三位大学生于 20 世纪 60 年代末开发出来，采用 Fortran 语言编写。后来，成立了 SPSS 公司，并于 1975 年在芝加哥组建了 SPSS 总部。2000 年，公司由于产品升级及业务拓展的需要，将其产品正式更名为 SPSS（Statistical Product and Service Solutions，统计产品与服务解决方案）。SPSS、SAS（Statistical Analysis System，统计分析系统）、BMDP（Biomedical Programs，生物医学程序），并称为国际上最有影响的三大统计软件。

SPSS 的各种统计分析功能齐全，涵盖了从描述统计、探索性因素分析到多元回归分析的诸多功能。其主要特点有以下三个方面。

第一，SPSS 采用窗口式操作，使用简单方便。SPSS 可以人工录入数据，也可以读取多种格式的数据文件。不但用户可以极其方便地创建数据文件，而且 SPSS 还能够读取 ASCII 文件、数据库文件、电子表格等多种软件生成的数据文件。对于大量的统计分析与计算，它使用 Windows 的窗口方式展示各种数据处理和分析功能，不需要编程，完全采用菜单和对话框的方式进行操作。界面非常友好、直观、简便、易学，在操作过程中，用户可通过右键"帮助"或点击对话框上的"帮助"选项，轻松地获得操作和应用上的指导。不必记忆大量的计算机命令和语句，因此，学习和使用都很简单。

第二，SPSS 具有强大的统计功能。SPSS 最核心的部分是统计功能，它囊括了各种成熟的统计方法与模型，为统计分析用户提供了全方位的统计学算法，为各种研究提供了相应的统计学方法。如相关分析、方差分析、回归分析、卡方检验、t 检验和非参数检验、聚类分析、判别分析、主成分分析和因子分析、生存分析、时间序列分析等，方法体系覆盖全面。

第三，SPSS 具有强大的绘图功能，可以绘制精美的统计图表，可以极其方便地对图表进行修改和编辑。SPSS 的表格和图形结果，可以直接导出为 Word、文本、网页、Excel 等格式，还可以将结果粘贴到 Word、PowerPoint，并在其中利用 SPSS 进行再编辑。

总之，SPSS 软件现在已经成为一个统计功能强大的统计软件系统，广泛应用于经济学、管理学、生物学、医学、商业、金融、银行业、农业、林业等领域。

  基本的描述统计分析

描述性统计分析是统计分析的第一步，做好这第一步是后面进行正确统计推断的先决条件。SPSS 的许多模块均可完成描述性分析，但专门为该目的而设计的几个模块，则集中在描述统计菜单中，包括频率、描述、探索、交叉表等频数分析过程，主要是产生频率表（针对分类变量），并可以进行基本的描述统计。数据描述过程，可以进行一般性的统计描述（主要针对数值型变量）；数据探索过程，用于对数据概况不清楚时的探索性分析；交叉列表分析，是指同时将两个或两个以上有一定联系的变量及其变量值，按照一定的顺序交叉排列在一张统计表内，使各变量值成为不同变量的节点，从中分析变量之间的相关关系，进而得出科学结论的一种数据分析技术。

（一）SPSS 频率分析

基本统计分析，往往从频率分析开始。通过频率分析能够了解变量取值的状况，对把握数据的分布特征是非常有用的。

1. 频率分析的基本任务

（1）编制频率分布表。频率分布表，是将一组计量资料按观察值大小分为不同组段，然后将各观察值归纳到各组段中，最后清点各组段的观察值个数（称频数），以表格形式表示之。它的基本内容，主要包括频数、百分比、有效百分比和累计百分比。频数，即变量值落在某个区间（或某个类别）中的次数；百分比，即各频数占总样本数的百分比；有效百分比，即各频数占有效样本数的百分比，有效样本数＝总样本－缺失样本数；累计百分比，即各百分比逐级累加起来的结果。

（2）绘制统计图。如同数据的表格化一样，数据的图形化使得我们从图形中就可以得到信息。统计图形的种类有条形图、饼图、直方图等，通常可以通过这些图形直观地来呈现数据的分布状态。SPSS 绘制的统计图较为美观，可以满足大多数情况下的要求。

2. 频率分析的基本操作

（1）打开数据文件，出现如图 10-6 所示的数据视窗图。

图 10-6　SPSS 的数据视窗

（2）单击菜单"分析"，选择"描述性统计"子菜单，再单击"频率"命令，会出现频率对话框。

（3）在频率对话框左侧的源变量框中，选择一个或多个希望统计的变量，单击"→"使其进入右侧的"变量"框中作为频率分析的变量。勾选下方的显示频率表，将显示频率分布表，系统默认选中。例如，如果我们选择"你的专业类型"（见图10-7），单击"确定"，即可完成频率分布表的绘制。

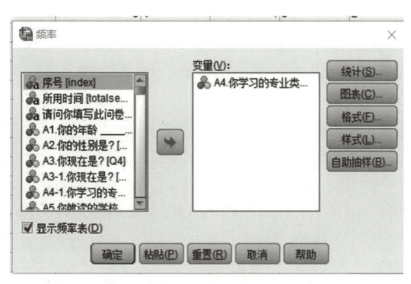

图 10-7　频率分析对话框

（4）如果我们希望在结果中出现统计图，则单击"图表"按钮，选择绘制统计图形，包括图表类型如条形图、饼图、直方图和图表值频数百分比。例如，我们选择"条形图"，点击"继续"，再回到上一级菜单点击"确定"，即出现如图10-8所示的结果。

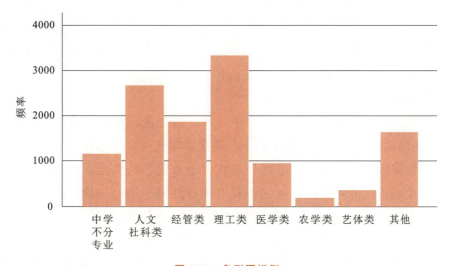

图 10-8　条形图样例

（二） SPSS 频率分析的扩展功能

1. 计算分位数

分位数是变量在不同分位点上的取值。分位点的范围是 0～100。一般使用较多的是四分位数，即将所有数据按升序排序后平均等分成四份，各分位点依次是 25％、50％、75％。于是，四分位数便分别是 25％、50％、75％各点所对应的变量值。此外，还有八分位数、十六分位数等。

SPSS 还提供了计算任意分位数的功能，用户可以指定将数据等分为 n 份，还可以直接指定分位点。

2. 计算其他基本描述统计量

SPSS 频率分析还能够计算其他基本统计量，如描述集中趋势、描述离散程度、刻画分布形态等基本统计量等。其中，描述集中趋势的基本统计量，常见的有平均数、众数和中位数；描述离散程度的基本统计量，常见的有全距、方差和标准差等。

（1）描述集中趋势的基本统计量。

① 平均数，是指总体各单位数值之和除以总体单位数目所得之商，是反映某变量所有取值的集中趋势或平均水平的指标，是在社会调查领域使用最多的集中量数。如果我们想了解某企业职工的平均月收入，在 SPSS 中，通过"分析—描述统计—频率—统计量—勾选均值"，即可完成统计。

② 众数，是指一组数据中出现次数最多的那个数据值，适用于各类数据，主要用于定类数据。例如，生产鞋的厂商在制订各种型号鞋的生产计划时就应该运用众数，在 SPSS 中，通过"分析—描述统计—频率—统计量—勾选众数"，即可完成统计。

③ 中位数，是指一组数据按值的大小排列之后，位于最中间位置的那个数据值。例如，评价社会的老龄化程度时可用中位数，在 SPSS 中，通过"分析—描述统计—频率—统计量—勾选中位数"，即可完成统计。

（2）描述离散程度的基本统计量。

离散程度，是指一组数据远离其"中心值"的程度。如果数据都紧密地集中在"中心值"的周围，数据的离散程度较小，那么说明这个"中心值"对数据的代表性好；相反，如果数据仅是比较松散地分布在"中心值"的周围，数据的离散程度较大，则此"中心值"说明数据特征是不具有代表性的。例如：某单位 3 个部门各选 5 名同志参加演讲比赛，他们的成绩分别如表 10-1 所示。从团体总分和平均分来看，这三个部门的成绩是相同的，仅以集中量数的统计平均数来衡量，那么三个部门的水平一样高，不存在差别。但不难发现，三支代表队中 5 名同志的成绩相互之间的离散程度是不一样的,也就是存在一定的差距。这时候,我们可以使用全距、方差和标准差等统计量,来描述数据的离散程度。

表 10-1　各部门人员参赛成绩

部门	1	2	3	4	5
宣传部	78	79	80	81	82
组织部	65	72	80	88	95
人事处	35	78	89	98	100

① 全距,也称极差,是指总体分布中最大标志值与最小标志值之差,用以说明标志值变动范围的大小,全距越大,表示变动越大。一组数据的全距越大,在一定程度上说明这组数据的离散量数越大,而集中量数的统计量代表性越低;反之,一组数据的全距越小,在一定程度上说明这组数据的离散量数越小,而集中量数统计量的代表性越高。表 10-1 的示例中,宣传部的全距 $R=82-78=4$(分),组织部的全距 $R=95-65=30$(分),人事处的全距 $R=100-35=65$(分),在这三个部门中,宣传部的全距最小,说明其离散量数最小,集中量数的统计量代表性最高。在 SPSS 中,可以通过"分析—描述统计—频率—统计量—勾选范围"的操作,来完成统计。

② 方差,是指一组数据与其平均数的离差平方和的平均数,是表示变量取值离散程度的统计量,是各变量值与其算数平均数离差平方的算术平均数。在 SPSS 中,可以通过"分析—描述统计—频率—统计量—勾选方差"来完成统计。

③ 标准差,是指一组数据对其平均数的偏差平方的算术平均的平方根。是表示变量取值距离均值的平均离散程度的统计量,是用得最多也是最重要的离散量数统计量。标准差值越大,说明变量值之间的差异越大,距均值这个"中心值"的离散趋势越大。在 SPSS 中,通过"分析—描述统计—频率—统计量—勾选标准差",即可完成统计。表 10-2 说明,宣传部同志间的离散程度低,平均数代表性高。标准差越大,离散程度越大,平均数的代表性越小;标准差越小,离散程度就越小,平均数的代表性越大。

表 10-2　各部门的平均数和标准差

部门	1	2	3	4	5	平均数	标准差
宣传部	78	79	80	81	82	80	1.414
组织部	65	72	80	88	95	80	10.8
人事处	35	78	89	98	100	80	23.8

数据的分布形态,主要指数据分布是否对称、偏斜程度及分布陡峭程度等。刻画分布形态的统计量,主要有偏度和峰度两种。

（三）交叉分组下的频数分析

交叉分组下的频数分析，又称列联表分析。通过前面的频率分析，能够掌握单个变量的数据分布情况，在实际分析中，不仅要了解单个变量的分布特征，还要分析多个变量不同取值下的分布，进而分析变量之间的相互影响和关系。对于这种涉及两个或两个以上变量分布情况的研究，通常要利用交叉分组下的频数分析来完成。交叉分组下的频数分析的基本任务主要有两个：一是根据收集到的样本数据，产生二维或多维交叉列联表；二是在交叉列联表的基础上，对两两变量间是否存在一定的相关性进行分析。

下面简单介绍一下交叉分组下的频数分析的基本操作步骤。

（1）打开数据文件，单击菜单"分析"，选择"描述性统计"子菜单，再单击"交叉表"命令，出现如图10-9所示的"交叉表"对话框窗口。

图10-9 列联表的操作窗口

（2）如果进行二维列联表分析，则将行变量选择到行框中，将列变量选择到列框中。如果行和列的框中有多个变量名，SPSS会将行列变量一一配对后产生多张二维列联表。如果进行三维或多维列联表分析，则将其他变量作为控制变量选到层框中。多控制变量间可以是同层次的，也可以是逐层叠加的，可通过"上一个"或"下一个"按钮确定控制变量间的层次关系。

（3）选择输出"簇状条形图"选项，指定绘制各变量交叉分组下频数分布条形图。"禁止显示表"表示不输出列联表，在仅分析行列变量间关系时可选择该选项。

（4）单击"单元格"按钮，指定列联表单元格中的输出内容。

（5）单击"格式"按钮，指定列联表各单元格的输出排列顺序。"格式"有两个选择："升序"表示以行变量取值的升序排列；"降序"表示以行变量取值的降序排列。

（6）单击"统计"按钮，指定用哪种方法分析行变量和列变量间的关系，窗口如图 10-10 所示。

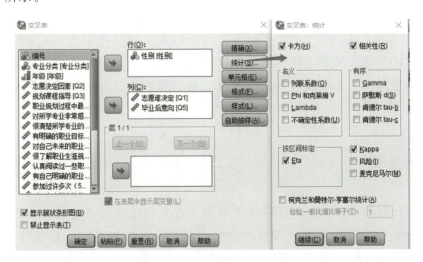

图 10-10　列联表的统计设置窗口

"卡方"值（χ^2）选项：用于检验行变量和列变量之间是否独立，适用于两个定类变量或一个定类变量与一个定序变量之间的相关分析。

"相关性"选项：用以测量变量之间的线性相关，适用于两个顺序变量或两个尺度变量（定距以上变量）之间的关系分析。

"名义"变量选项栏：选项栏中的各项在分析两个名义变量时可以选择的参数。

"有序"选项栏：当分析两个定序变量时可以选择的参数。

"Eta"选项：当一个变量为名义变量，另一个变量为定距变量时，测量两个变量之间关系的相关比率。

通过列联表分析，检验行列变量之间是否独立，实现对总体的推断。因此，对交叉列联表中的行变量和列变量之间关系进行分析，是交叉分组下频数分析的第二个任务。例如，根据收集到的样本数据，产生如表 10-3 和表 10-4 所示的交叉列联表。

表 10-3　职称与工资收入的交叉列联表（一）

职称	工资收入低	工资收入中	工资收入高
讲师	800	0	0
副教授	0	800	0
教授	0	0	800

表 10-4　职称与工资收入交叉列联表（二）

职称	工资收入低	工资收入中	工资收入高
讲师	0	0	800
副教授	0	800	0
教授	800	0	0

表 10-3 表示职称与工资收入呈正相关关系，表 10-4 表示职称与工资收入呈负相关关系。但大多数情况下，观测频数分散在列联表的各个单元格中，不容易直接发现行列变量之间的关系强弱程度，此时就要借助统计检验方法，通常用的方法是卡方检验。

三　相关分析

我们进行数据分析时，不仅要描述数据本身呈现出来的基本特征，有时候还要挖掘变量之间的深层次关系，为后期模型的建立及预测做准备。在统计学意义上，相关关系是指两事物之间的一种非一一对应的关系，即当一个变量 X 取一定的值时，另一个变量 Y 无法依确定的数取唯一确定的值。例如，家庭收入与支出、子女身高与父母身高之间的关系等，这些事物之间存在一定的关系，但是不像函数关系那样用一个确定的数字函数描述，当一个变量 X 取一定值的时候，另一个变量 Y 的值可能有若干个。

相关分析是研究变量间密切程度的一种常用的统计方法，通过图形和数值两种方式，能够有效地揭示事物间统计关系的强弱程度。在相关分析中，需要关注相关关系的方向和程度等内容。当两个变量都是正态连续变量，且二者在散点图上呈线性关系时，可以认为两者之间存在线性相关趋势，用相关系数来表示它们之间的相关程度。皮尔逊（Pearson）相关系数是定量地描述双变量之间线性相关程度好坏的一个常用指标，用 r 表示。如果 X、Y 变化的方向一致，如学历与薪水的关系，则称为正相关，$r>0$，且数值越趋近于 1 说明相关程度越强；如果 X、Y 变化的方向相反，如吸烟与肺功能的关系，则称为负相关，$r<0$，且数值越趋近于 -1 说明相关程度越强；若 $r=0$，则表示无线性相关。

在进行相关分析之前，通常会先绘制散点图来观察变量间的相关性，如果这些变量在二维坐标中构成的数据点分布在一条直线周围，那么就说明变量间存在线性相关关系。散点图是将数据以点的形式画在直角坐标系上，通过观察散点图，能够直观地发现变量间的相关关系，以及它们的强弱程度和可能的发展趋势。

在 SPSS 中，绘制散点图的基本操作步骤如下：

第一步，选择菜单"图形—旧对话框—散点图"，出现如图 10-11 所示的窗口。

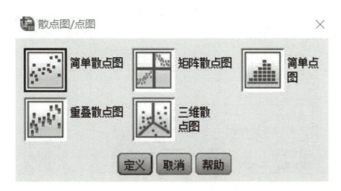

图 10-11　散点图的类型窗口

第二步，选择散点图的类型。SPSS 提供了四种类型的散点图，选择"简单散点图"，单击"定义"，把变量分别放入 X、Y 轴，然后点击"确定"，散点图就绘制出来了。从图 10-12 可以直观地看出，两个变量之间存在明显的线性正相关关系。散点图适用于两个定距变量，其他类型的变量不太适用。

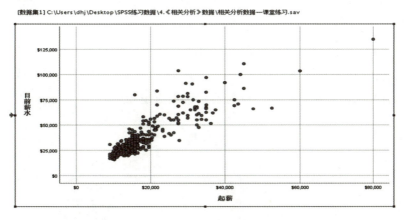

图 10-12　散点图输出结果

通过散点图，我们就可以进行正式的相关分析了。在 SPSS 中，相关分析的操作步骤如下：

第一步，单击"分析"菜单，选择"相关"，弹出子菜单，单击"双变量"，弹出"双变量相关性"对话框。

第二步，在"双变量相关性"对话框中，将分析变量移到右侧的变量框中，这两个变量均是连续变量，在相关系数中勾选"皮尔逊"，其他为默认。如图 10-13 所示，单击"确定"，输出分析结果。

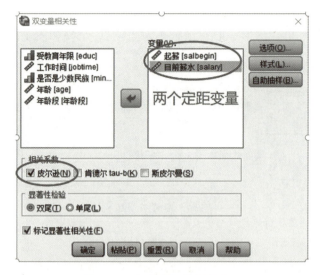

图 10-13　相关分析的操作窗口

对于不同类型的变量，应采用不同的相关系数来度量。常用的相关系数，主要有皮尔逊（Pearson）简单相关系数、肯德尔（Kendall）相关系数和斯皮尔曼（Spearman）等级相关系数等。列表中显示的皮尔逊相关系数处理满足线性关系的两个连续变量，肯德尔相关系数处理两个非连续变量的相关分析，斯皮尔曼相关系数处理不满足线性关系的连续变量。

从图 10-14 的输出结果中可以看出，起薪与目前薪水两个变量的皮尔逊系数 $r=0.880$，为高度正相关；显著性（P 值）$=0.000<0.01$，具有极其显著的统计学意义。从实际意义来讲，起薪越高，目前薪水也相应越高。

相关性

		起薪	目前薪水
起薪	皮尔逊相关性	1	.880**
	Sig.（双尾）		.000
	个案数	474	474
目前薪水	皮尔逊相关性	.880**	1
	Sig.（双尾）	.000	
	个案数	474	474

**. 在 0.01 级别（双尾），相关性显著。

图 10-14　相关分析结果

除了“相关”这一功能栏，SPSS 中的交叉表也能实现对不同层次的变量进行相关分析。操作步骤是“分析—描述统计—交叉表—统计量”，在统计量中选择合适的相关系数。结果统计完成后，在报告中说明相关系数值及 P 值大小即可。

四 参数检验：均值比较

统计分析方法，除了描述统计方法外，还有一种是推断统计方法。推断统计，是根据从总体中随机抽取一定数量的样本数据，来推断总体数量特征的统计分析方法。

总体中的每个个体间均存在差异，因此，即使严格遵守随机抽样原则，多抽到一些数值较大或较小的个体，也会致使样本统计量与总体参数之间有所不同。实验者操作技术上的差别等，也可能使样本统计量与总体参数之间存在差异。因此，即使是均值不相等的两组样本，也不一定是来自均值不同的总体。那么，两组样本某变量的均值不同，其差异是否具有统计意义？能否说明总体具有显著性差异？这是各种研究工作中经常提出的问题。这就要进行均值比较与检验，包括 t 检验和方差分析。

t 检验包括单样本 t 检验、独立样本 t 检验和配对样本 t 检验。t 检验的结果有两种情况：一种是差异不显著，这表明两组观测值均值之间的差异是由随机误差造成的，两个样本属于同一个总体；另一种情况是差异显著，这表明两个均值之间的差异不仅仅是由随机误差造成的，而两个样本来自不同的总体或同一个样本的两次测量结果发生了质的变化。

（一）单样本 t 检验

单样本 t 检验，是检验单个变量的均值是否与给定的常数（总体均值）之间存在显著差异。例如：居民平均存（取）款金额是否为 2000 元；周岁儿童的平均身高是否为 75 厘米；分析学生的 IQ 平均分是否为 100 分；大学生考研率是否为 5% 等。

在 SPSS 中，单样本 t 检验的基本操作步骤如下：

(1) 选择选项"分析—比较均值—单样本 t 检验"。

(2) 将变量移到"检验变量"框中，在"检验值"框中输入检验值。如图 10-15 所示，可输入假设检验值 75。

(3) 单击"选项"按钮，定义其他选项，输出默认 95% 的置信区间。对于缺失值的处理，有以下两种方法：① 计算时涉及的变量上有缺失值，则剔除在该变量上为缺失值的个案；② 剔除所有在任意变量上含有缺失值的个案后，再进行分析。较第二种方式，第一种处理方式较充分地利用了样本数据。

图 10-15　单样本 t 检验主操作

（4）SPSS 将自动计算 t 统计量和对应的概率 P 值，如图 10-16 所示，然后就可以进行统计决策了。相伴概率 P 值为 0.002，小于显著水平 0.05，因此，拒绝原假设。基于样本平均值与检验值 75 厘米之差为 −3.143，因此，可以认为周岁儿童的平均身高显著低于 75 厘米。

单样本统计

	个案数	平均值	标准偏差	标准误差平均值
周岁儿童的身高	21	71.8571	3.97851	.86818

单样本检验

检验值 = 75

	t	自由度	Sig.（双尾）	平均值差值	差值 95% 置信区间 下限	差值 95% 置信区间 上限
周岁儿童的身高	−3.620	20	.002	−3.14286	−4.9539	−1.3319

图 10-16　单样本 t 检验的统计结果

（二）独立样本 t 检验

独立样本 t 检验，是用于检验两个不相关样本在相同变量上均值的差异，根据两独立样本的数据，对两总体均值是否有显著差异进行推断。例如：男生和女生的计算机平均成绩有显著差异吗？城镇和农村的平均存（取）款金额有显著差异吗？

在 SPSS 中，独立样本 t 检验的操作步骤如下：

（1）选择菜单"分析—比较均值—独立样本 t 检验"，出现对话框。

（2）在对话框里选择检验变量到"检验变量"框中。

（3）选择总体标志（分组）变量到"分组变量"框中。

(4) 单击"定义组"按钮（见图 10-17），定义两总体的标识值。其中，分组变量表示分别输入两个不同总体的变量值；"分割点"框中应输入一个数值，大于或等于该值的对应一个总体，小于该值的对应另一个总体。

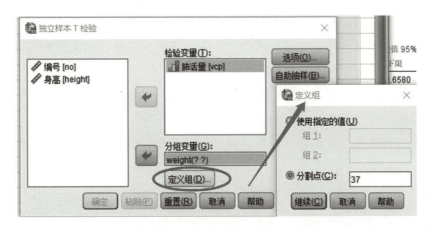

图 10-17　独立样本 t 检验定义组

(5) 两独立样本 t 检验的"选项"含义，与单样本 t 检验的相同。至此，SPSS 会首先自动计算 F 统计量，并计算在两总体相等或不相等下的均值差的方差和 t 统计量的观测值，以及各自对应的双尾概率 P 值，如图 10-18 所示。

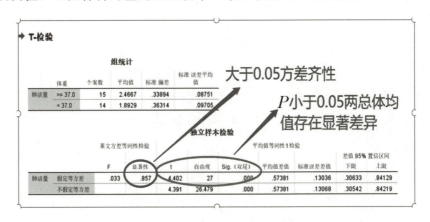

图 10-18　独立样本 t 检验结果

(6) 统计决策判断。对统计分析结果，我们可以分两步进行判断。第一步，看两总体方差是否相等的 F 检验。从图 10-18 的统计结果来看，F 统计量的观测值是 0.033，对应的概率 P 值是 0.857（大于 0.05）。因此，我们认为两总体的方差无显著性差异，即为等方差。第二步，看两总体均值检验。由于方差相等，所以我们看第一行的检验结果，t 统计量的观测值为 4.402，对应的概率 P 值是 0.000（小于 0.05）。因此，我们可以认为两总体均值存在显著性差异。如果方差不相等，则依据第二行的统计数据进行统计决策。

(三)配对样本 t 检验

配对样本 t 检验，是用于检验两个相关的样本是否来自具有相同均值的总体，其检验思路就是做差值，转化为单样本 t 检验，即用于进行配对设计的差值平均数与总体平均数 0 比较的单样本 t 检验。例如，检验一组被试的前后两次测验成绩均值之间的差异，就要采用配对样本 t 检验。

在 SPSS 中，配对样本 t 检验的基本操作步骤如下：

(1) 选择菜单“分析—比较均值—配对样本 t 检验”，出现对话框窗口。

(2) 将一对或若干对检验变量选择到“配对变量”框，如图 10-19 所示。

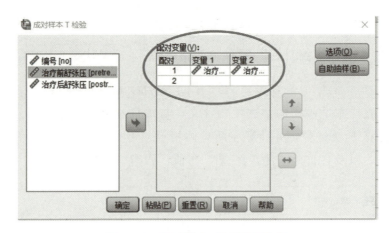

图 10-19　配对样本 t 检验变量选择

(3) 配对样本 t 检验的“选项”含义，与单样本 t 检验相同。至此，SPSS 将自动计算 t 统计量和对应的概率 P 值，如图 10-20 所示。

T-检验

[数据集1] C:\Users\dhj\AppData\Local\Temp\360zip$Temp\360$14\配对样本T检验.sav

配对样本统计

		平均值	个案数	标准 偏差	标准 误差平均值
配对 1	治疗前舒张压	119.50	10	10.069	3.184
	治疗后舒张压	102.50	10	11.118	3.516

配对样本相关性

		个案数	相关性	显著性
配对 1	治疗前舒张压 & 治疗后舒张压	10	.599	.067

配对样本检验

		配对差值							
					差值 95% 置信区间				
		平均值	标准 偏差	标准 误差平均值	下限	上限	t	自由度	Sig.（双尾）
配对 1	治疗前舒张压 - 治疗后舒张压	17.000	9.534	3.015	10.180	23.820	5.639	9	.000

图 10-20　配对样本 t 检验结果

t 检验是对两个样本均值的差异性所进行的显著性检验，而在实际研究中，往往需要对三个或三个以上样本的均值进行差异显著性检验，这时我们可以采取方差分析的方法。

五 一元线性回归

统计里讲的"回归"，就是"追本溯源"的意思，将因变量的变化追溯或回归到自变量的变化。也就是说，这个事情已经发生了，我们要找到它发生的原因。或者说，我们看到一个很重要或很有意思的结果，就想再往前推导，这就是回归。回归分析，就是研究自变量与因变量数量变化关系的一种分析方法，主要是通过建立因变量 Y 与影响它的自变量 X（X_1，X_2，X_3，…，X_i）之间的回归模型，衡量自变量 X 对因变量 Y 的影响力，进而可以用来预测因变量 Y 的发展趋势。回归分析是预设因果关系的相关分析。这里主要介绍一元线性回归在 SPSS 中的基本操作流程。

在正式开始一元线性回归的操作前，需要检验数据是否满足以下一些假设条件：① 因变量是连续变量，自变量可以被定义为连续变量；② 每个观测值的残差期望值为 0；③ 两个变量之间存在线性关系；④ 没有明显的离群值；⑤ 误差项之间相互独立；⑥ 误差项近似正态分布；⑦ 误差项之间等方差性。①②假设条件是对数据的要求，无须在统计软件中进行检测；⑤⑥⑦假设条件在正式操作结果中会输出，无须额外检验。③④假设条件的检验方法分别如下：绘制散点图，来检验两个变量之间是否存在线性关系，在 SPSS 中的基本操作步骤是"图形—旧对话框—散点图/点图—简单分布—将变量分别放入 X、Y 轴—确定"；绘制箱线图，来检验是否有明显的离群值，在 SPSS 中的基本操作步骤是"图形—旧对话框—箱图—简单—将变量分别放入变量、类别轴—确定"。

假设条件检验完成后，可以进行正式的一元线性回归操作。在 SPSS 中的操作流程是：分析—回归—线性—将因变量和自变量放入各自的对话框中—统计量中勾选估计、置信区间、模型拟合度、D-W 值及个案诊断—绘制中将 *ZPRED 放入 X 列、*ZRESID 放入 Y 列—标准化残差图中勾选直方图、正态概率图。

结果输出后，可以看到模型摘要表、直方图、P-P 图、散点图和变异数分析表，需要先对上述未完成的假设条件进行检验结果说明。通过 Durbin-Watson 统计量，可以检验误差项之间的独立性。值域为 [0，4]，其值越接近 2，说明观测值相互独立的可能性越大。通过标准化残差的直方图和 P-P 图，检验假设误差项近似正态分布。直方图中呈现钟形，P-P 中各点越接近对角线，分布越正态。通过散点图，可以检验误差项之间的等方差性：图中各点均匀分布，没有出现特殊的分布形状，说明具有等方差性；如果残差点分布不均匀，形成漏斗或者扇形，那么方差不齐。

完成假设条件检验后，就可以对回归结果进行解读。首先，需要查看 R 值。R 是回归的多重相关系数。当简单线性回归中只有一个自变量时，R 值与因变量和自变量的皮尔逊相关系数相同。其次，需要查看 F 值及 P 值。如果 $P < 0.05$，则说明该回归具有统计学意义，因变量与自变量之间存在线性相关。最后，需要对回归系数进行说明。在 SPSS 里，截距用常数来表示，即自变量为 0 时因变量的值；斜率系数代表的是自变量每改变一个单位后因变量的变化值。将得到的截距和斜率系数代入，即可得到最终的回归方程。

除 SPSS 统计软件外，STATA、Excel 等也具有统计分析功能。STATA 是一套供使用者进行数据分析、数据管理和专业图表绘制的完整及整合性统计软件，用 STATA 绘制的统计图形也相当精美。Excel 严格来说并不是统计软件，但作为数据表格软件，具有一定的统计计算功能和画图功能。对于简单分析，Excel 能够方便运行，但随着问题的深入，多数统计推断问题还需要其他专门的统计软件来处理。

拓展阅读

E 问卷：社会调查问卷新形式[①]

随着计算机技术的迅猛发展，移动互联网以其高效、实时和便捷的特点，改变着人们传统的学习、生活及工作方式，也改变着人们的生活态度与行为。在这一背景下，社会调查的问卷工具也不可避免地融入"移动互联网+"的趋势中，网络电子新问卷（以下简称"E 问卷"）逐渐成为调查问卷的新形式。

E 问卷与其说是现实调查需要的产物，不如说是网络科技发展的产物，或者更严谨地说，是网络科技与调查实践共同作用的结果。如果我们把计算机时代分为单机时代、网络时代、移动互联网时代和物联网时代四个阶段的话，社会调查的问卷工具相应的就是纸笔问卷、网络问卷、E 问卷和智能问卷。科技的发展使得 E 问卷的设计系统逐渐优化，移动终端更加便宜且轻巧便于携带，也能整合到移动手机等移动设备中，正在使 E 问卷的使用呈现上升态势，各类网络问卷平台及移动面访平台的使用越来越多。

[①] 曾东霞：《E 问卷：社会调查问卷新形式》，载于《中国社会科学报》2018 年 9 月 19 日，第 6 版。

第十章　好风凭借力：调查研究的网络平台及软件工具

> 随着人际更替以及网络技术的发展，E问卷将逐渐成为主流问卷形式。原因在于，在移动互联网时代，与传统的纸质问卷相比，E问卷具有经济性、高效性、精确性、实时性和拓展性等独特的功能价值。
>
> E问卷是科技发展的产物，更是代表着生产力进步方向的调查工具。但是，E问卷的发展仍面临多重挑战，在发展中仍须依赖于社会调查方法的纵深推进，须与纸质问卷优势互补并融合发展。

小结

为了适应社会调查方法的多元化发展趋势，需要领导干部在社会调查研究时掌握在线调查方法。在线调查，是指通过互联网及其调查系统将传统的调查分析方法在线化、智能化。

专业在线调查通常将调查分为七大模块，即创建问卷、问卷测试、问卷发送、数据收回、统计报告、项目管理和系统使用权限。我国目前常用的在线调查平台，主要有问卷星、问卷网、腾讯问卷和中国调查网等。在线调查不受时空限制，能在较短的时间内收集到所需要的信息，具有快速、灵活和可重用等特点，可大大降低调查成本，提高调查数据收集效率。

在线调查平台开展调查的基本环节，主要分为四个部分，即会员注册与登录、问卷创建与设计、问卷发布与回收、数据统计与分析。

问卷星等在线问卷平台，一般有免费版和企业版等功能服务供用户选择。其中，免费版的功能服务适用于对数据分析要求不太高的用户，企业版的功能服务则贴合更高的数据分析需求且在信息保护等多方面都更有质量保障。

SPSS是常用的社会科学统计软件，集数据整理、分析和结果输出等功能于一身，是世界上最早的统计分析软件之一。它涵盖了从描述统计、探索性因素分析到多元回归分析的诸多统计功能。

频率分析，能够帮助我们了解变量取值的状况，对把握数据的分布特征非常有用；相关分析，是研究变量间密切程度的一种常用统计方法，通过图形和数值两种方式，能够有效地揭示事物间统计关系的强弱程度；推断统计，是根据从总体中随机抽取一定数量的样本数据，来推断总体数量特征的统计分析方法。

第十一章 用数据说话：基础统计与图表呈现

前面的章节已经介绍了调查问卷的设计与回收，本章将继续延伸，介绍如何对回收的问卷进行数据处理并加以呈现。因此，这一章的内容主要包括数据资料的审核、数据录入与预处理、基础统计知识、数据的报表呈现及图形展示。相关统计部分可以借助各种统计分析软件进行，本书主要以 SPSS 为例来展示。

第一节 资料审核、录入与预处理

在收集到问卷调查的原始数据资料以后，我们需要对其进行处理，使之系统化和条理化，以便后续进行统计分析。资料的处理是社会调查研究过程中不可或缺的步骤，其工作内容主要包括数据资料的审核、数据的录入和数据的预处理等内容。

一、数据资料的审核

数据资料的审核，指的是研究者对收集到的原始问卷资料进行初步的审查与核实，包括对错填、误填的问卷进行校正，对乱填、严重缺答、空白的问卷进行剔除，从而使得原始资料具有较好的准确性、完整性和真实性，以便后续数据录入和统计分析的开展。

进一步来看，资料审核工作的内容包含以下三个方面。一是资料的完整性审核，即检查是否对所有被抽取的调查单位或个体都进行了调查；所有的调查项目或指标是否填写齐全，是否出现错填、误填的现象；所有的问卷答案是否填写完整。二是资料的准确性审核，即检查是否存在含混模糊或相互矛盾的资料。三是资料的真实性审核，即检查调查资料的来源是否真实、调查资料本身是否真实。以上提及的资料审核，主要是指研究者对自己调查收集而来的第一手资料的审核。然而，在实际研究过程中，我们经常还会采用他人调查收集而来的数据资料即二手资料。对二手资料的审核，须从以下三个方面着手：一是资料的适用性审核，即检查数据资料的来源、研究内容等基本信息是否符合自己研究的需要；二是资料的时效性审核，即检查所获取的二手资料能否更新为最新的调查数据；三是资料的适合性审核，即检查资料中哪些具体内容符合自己的研究需要，对于适合研究者需要的内容予以保留，而对于不满足研究者需要的内容则进行剔除。

另外，资料审核包含两种方式，即实地审核和集中审核。① 实地审核，即在实地收集问卷资料的过程中进行审核，也可以说是边调查边审核。当调查资料收集工作结束时，资料的审核工作也完成了。具体而言，实地审核包括两个环节。一是调查员在向调查对象收回问卷时对整个问卷进行审核，检查问卷有无漏填和逻辑错误的情况。如果发现上述情况，调查员就应及时地向调查对象进行核实。二是调查组织者（如调查督导）对调查员回收的问卷进行实地审核，检查问卷中是否存在错误或疏漏。如果存在上述情况，就应及时地向调查员核实清楚。当遇到调查员本人也无法核实确认的问卷时，应由调查员再次寻找到调查对象本人进行二次核实。可见，实地审核的优点在于能够及时、准确地对资料进行核实，但这对调查员和调查督导的能力要求较高，需要他们具备较强的发现问题的能力和快速解决问题的能力。② 集中审核，即先将调查问卷资料全部收集回来，再集中时间进行审核。集中审核的优点在于，能够对审核工作进行统一的组织安排与管理，审核的标准更加趋于一致，审核的质量也相对较高。但是，这会使得审核工作的周期相对延长，少数需要重新核实的工作，也会因为调查时间相隔太久或者调查地点相隔太远而无法执行。

值得一提的是，对于资料审核中发现的问题，一般有两种处理方式：一是对调查对象进行回访，更正原先的错误数据；二是直接对错误数据进行剔除。当我们能够设法通过某种途径（如登门拜访或电话联系）再次接触到调查对象时，我们可以对该调查对象进行二次调查，询问核实在第一次调查结果中存在问题的记录，并对错误的记录进行及时的更正。而当我们无法再次与调查对象取得联系时，对于有明显错误的数据或者某些不符合调查标准的数据，我们可以进行适当的筛选与剔除，以提升资料收集工作的质量。

二 数据的录入

在完成数据资料的审核工作之后，需要对数据进行录入。但是，在正式录入数据之前，应确保已经对数据进行了编码。

新时代领导干部调查研究方法

（一）数据录入前的准备

在进行数据录入前，我们需要对数据资料进行编码。数据编码，就是赋予每个问题和答案一个数字作为它的代码，从而将问卷中的文字转化为数字，以便后续可以利用计算机进行分析。

编码的方式可分为三种，即前编码、边缘编码与后编码。① 前编码又称预编码，指的是在进行问卷设计的同时就给问卷中的每个题目和答案一个代码。一般来说，对于封闭式问题，我们通常采用预编码的方式。② 边缘编码，指的是在问卷的最右边（即边缘部分）预留的位置进行问卷编码。我们习惯于用竖线将问题部分与编码位置隔开。通常来看，在数据录入之前的编码形式都是边缘编码。③ 后编码，指的是在问卷访问结束后对问卷进行的编码。对于开放式问题以及封闭式问题中的"其他"选项，由于事先无法预料答案的具体情况，我们通常采用后编码的方式。

在编码过程中，我们需要根据题目类型的不同，而采用不同的具体编码方法。首先，对于单项选择题的编码，我们在编码时直接将被选中的选项的数字代码进行记录即可，即"选什么，编什么"。其次，对于多项选择题的编码，我们需要根据多项选择题的细分类型进行考虑。对于不确定选择个数的多项选择题，我们通常借助虚拟变量来进行编码，将选择了的选项编码为"1"，将未选择的选项编码为"0"，即"有多少个选项就有多少个变量，每个变量用'0，1'编码"；对于确定选择个数的多项选择题，我们仍然可以借助虚拟变量"0，1"来进行编码，但在选择的个数较少（如不超过 3 个）的情况下，我们可以直接将被选中的选项的数字代码作为编码，即"限选几项就有几个变量，每个变量选什么就编什么"。最后，对于开放式问题的编码，如果答案是数值型数据，我们可以直接将填答的数字作为编码；如果答案是非数值型数据，我们则需要先定义编码规则，再根据规则将答案赋予相应的数值。比如，先将答案进行分类，再根据类别赋予不同答案以不同的数值。

（二）数据录入的方式

在完成数据的编码之后，就可以将数据录入计算机了。一般来说，数据录入的方式有两种，一是人工输入数据，二是计算机辅助输入数据。人工输入数据，就是研究者通过键盘将数据直接输入到计算机中。研究者既可以直接在 SPSS 等统计分析软件中输入数据，也可以利用 Excel 等数据库管理软件，还可以用 Epidata 等专长于数据录入的软件来输入数据。如果要在 SPSS 中输入数据，首先打开 SPSS 软件，点击软件页面下方的"数据视图"，即可进行数据输入。但在数据输入之前，我们通常需要先切换到"变量视图"，对将要进行录入的变量的属性进行定义，包括定义变量名、变量类型、变量宽度、变量小数位、变量名标签、变量值标签及定义缺失值等。而计算机辅助输入数据，则是指借助计算机辅助系统（CAPI、CATI 等）进行网络调查，在调查访问过程中，可以直接将调查员用计算机记录的答案转化为数据文件。这种方法极大地节约了数据录入的时间成本和人工成本。

 数据的预处理

在进行正式的数据分析之前，我们还需要对数据进行预处理，包括数据的清理、数据的转化与调整等，以提升数据分析结果的质量。

（一）数据的清理

为了降低数据中的差错率，在数据分析之前十分有必要进行数据清理。数据的清理，主要包含以下三个方面的内容。

（1）对数据有效范围的清理。问卷中的任何一个变量的编码值，都要设定一个有效的范围，因此，当数据中的数值超出这一有效范围时，代表该数据存在错误，需要对其进行清理。比如，我们对性别变量的赋值为"1＝男性，2＝女性"，但在数据文件中这一变量的取值出现了3、4、5等数值，于是可以断定这是错误的编码值。而值得注意的是，在资料收集的每一个阶段，都有可能因为某种原因而造成数据的错误。第一，调查对象在填答问卷时，可能会填写错误。第二，数据编码员在对问卷进行编码时，可能会粗心地将数值记录错误。第三，数据录入员在输入数据时，可能会因为操作失误或疏忽而将数值输错。对于这一类错误的清理，我们可以通过统计分析软件执行对各变量进行频数分析的命令来完成。如果在频数分布表中发现超出有效赋值范围及缺省值之外的数值，我们便可以利用查找数据的命令将这些个案找出来，通过问卷编号找到原始纸质问卷进行核对并修改。如果在某份问卷中发现类似这样的错答、乱答的问题有许多处，则可以考虑将该份问卷作为废卷处理。

（2）对数据逻辑一致性的清理。根据问卷中的问题相互之间的某种内在逻辑联系，来检查前后数据之间的合理性。比如，调查对象在前面一个问题"您的年龄是?"的答案为"16岁"，而在后续的问题"您的婚姻状况是?"的答案却为"已婚"，这可能不合逻辑。对于这一类错误的清理，我们可以通过 SPSS 统计分析软件中选择个案的命令，先用 IF 命令将不符合变量取值要求的个案筛选出来，再按照如前所述的有效范围的清理方法，找出原始问卷进行核对与纠正。

（3）数据质量的抽查。在使用上述两种数据清理办法之后，可能仍会存在一些错误无法查出来。比如，某个案的数据在"受教育程度"这一变量输入错了，原始问卷上填写的答案和编码值都是 3（高中），数据输入的时候却被记录为 4（大学）。由于

4这个数值在有效的编码范围之内,所以运用有效范围的清理无法查出这一错误。同时,这一变量与其他变量不存在某种逻辑联系,故无法运用逻辑一致性进行数据清理,也不可能拿着每一份原始问卷反复校对。因此,这时我们通常采用随机抽样的方法,对数据质量进行抽查。也就是说,我们可以从样本的全部个案中随机地抽取一部分个案出来,对这一部分个案参照原始问卷进行数据校对,并且用这一部分个案的数据校对结果来估计全部数据的质量。一般而言,研究者往往选择抽取2%～5%的个案进行校对,并以此判断错误数据在全体数据中的比例,进而评估数据的质量。

(二)数据的转化与调整

为了提升数据分析的效果,我们可以根据研究需要对数据进行加工处理,比如,对数据进行排序、筛选、加权和分类等。接下来,将简单介绍一下SPSS中常用的数据转换与调整的命令。

(1)个案排序。利用个案排序命令,我们可以对数据文件中的某个变量按照升序或降序进行重新排列。

(2)选择个案。当只需要分析数据文件中的某一部分数据时,我们可以利用选择个案命令,从众多的数据中筛选出符合研究需要的数据。

(3)个案加权。对于使用频数格式录入的数据,通常需要事先利用个案加权命令,对相应的数值变量进行加权处理,以便统计软件更好地识别和分析。

(4)分类汇总。它指的是按照分类变量对数据进行分组,并根据分组类别分别计算汇总变量的描述统计量。

(5)拆分文件。在对具有不同特征的数据进行分析时,通常需要将数据文件分组进行处理。数据的拆分,一共有三种形式:① 不拆分文件,为默认形式;② 按所选变量拆分文件,且将各组的分析结果输出紧挨在一起,以便于相互比较;③ 按所选变量拆分文件,但将各组的分析结果单独放置。

(6)文件合并。数据文件的合并有两种方式,即纵向拼接与横向合并。其中,纵向拼接指的是将两个数据文件按照变量名的含义一一对应进行上下连接,此时,具有相同变量名的数据可以直接合并,而不相同的则会在合并后的数据文件中以新的变量形式出现;横向合并指的是将两个数据文件根据某种对应关系一一进行左右对接,这里的对应关系可以是两个数据文件都拥有同一个ID变量取值,也可以是两个数据文件中都具有至少一个相同的关键变量。

(7)数据重构。对于重复测量的数据,我们通常需要先改变数据的排列格式,再进行数据分析。长型格式和宽型格式,是重复测量数据的两种不同排列方式。利用数据重构命令,可以将长型数据转换为宽型格式,或将宽型数据转换为长型格式。

第二节 基础统计知识

在将调查所得的原始数据经过审核、整理与汇总之后，还需要借助统计学的方法对数据进行分析，这样才能对数据资料做出有效的定量判断，才能把握社会现象内在的数量规律，从而认识社会现象的本质。根据变量的数量多少，可以将统计分析分为单变量分析、双变量分析和多变量分析。前两种可称为初级统计，后一种则称为高级统计。按照本书的目标和要求，这里主要对基础的初级统计内容进行介绍。

一 单变量统计分析

单变量的描述统计，主要包括频数分析与频率分析、集中趋势分析（或叫集中量数分析）、离散趋势分析（或叫离散量数分析）和形状分析等。

（一）频数分布与频率分析

频数分布，指的是一组数据中不同取值的个案的次数分布情况，一般可以用频数分布表的形式呈现。频数分布表不仅可以将调查所得的原始数据用十分简洁的统计表直观地反映出来，还能够清晰地了解调查数据的数量分布情况。

频率分布，指的是一组数据中不同取值的频数相对于总数的比例分布情况，通常是采用百分比的形式表达比例情况，一般可以用频率分布表的形式呈现。

频数分布表和频率分布表的明显区别在于，前者表达的是不同类别在总体中的绝对数量分布，而后者表达的则是不同类别在总体中的相对数量分布。因此，频率分布表可以用于同一总体的不同类别之间的比较以及不同总体的同一类别之间的比较，而频数分布表则只能用于同一总体的不同类别之间的比较。正因如此，频率分布表的应用更为普遍一些。

值得注意的是，对于类别特别多而每一类别中的个案又比较少的一组数据，如年龄、收入、时间等定比变量，频数分布表或频率分布表就显得繁杂而不适用，此时需要采用集中趋势分析或离散趋势分析。

（二）集中趋势分析

集中趋势分析，指的是运用一个典型值或代表值来反映一组数据在具体条件下的一般水平的分析方法。而这个典型值或代表值，就叫作集中量数或集中趋势统计量。常见的集中量数，主要有平均数、众数、中位数和分位数等。

1. 平均数

平均数，指的是总体各单位数值之和除以总体单位数目所得之商。在调查研究中，平均数是使用最为频繁的描述数据分布的集中趋势的统计指标。它也被称为均数或均值（平均值），通常用 $\bar{x}$ 来表示平均数。当数据是未分组资料时，其计算公式为：

$$\bar{x} = \frac{\sum x}{n}$$

式中，$\sum x$ 为各变量值之和，n 为样本总数。

当数据是分组资料时，计算平均数时需要先将每一个变量值乘以所对应的频数 f，并求出各组的数值（数据值）之和，然后将各组的数值之和全部相加，最后再除以单位总数。其计算公式为：

$$\bar{x} = \frac{\sum xf}{n}$$

式中，f 为各组的频数。

2. 众数

众数，指的是一组数据中出现次数最多或出现频率最高的那个数据值。众数是比较常用的一个集中趋势统计量，也被称为范数、密集数或通常数等。在特殊情况下，众数有时不存在，有时可能出现多个。

3. 中位数

中位数，指的是将一组数据按大小顺序排列，在整个数列中处于中间位置的那个数据值，也被称为中数或中点数。中位数表达的含义是：在整个数据中，有一半的数据值比它大，另一半的数据值比它小。当数据为奇数个时，中位数是按顺序排列的位于中央位置的那个数值；当数据为偶数个时，中位数没有直接对应的数值，而是取位置处于最中间的两个数值的平均值。

4. 分位数

分位数，包括百分位数、十分位数和四分位数，是中位数的推广应用，可用于进一步研究总体数据情况。按照大小顺序将一组数据排列起来并计算相应的累积百分位，某个百分位所对应的数据值可以定义为该组数据的某一百分位数，最小值是第 0 个百分位数，最大值是第 100 个百分位数，中位数是第 50 个百分位数。第 25 个百分位数和第 75 个百分位数都可以称之为四分位数，前者又可称为下四分位数即中位数以下数值的中位数，后者可称为上四分位数即中位数以上数值的中位数。

5. 平均数、中位数与众数的比较

一方面，平均数、中位数和众数都反映了变量的集中趋势，都是利用一个数据值来描述整体数据的集中情况。其中，平均数只适用于定距变量；中位数既可用于定距变量，也可用于定序变量；众数不仅适用于定距变量和定序变量，还能够在平均数和中位数都无法适用的定类变量中适用。

另一方面，平均数、中位数和众数各有优点与不足。首先，由于计算平均数需要用到整体数据的所有数值，因而平均数对数据的利用率最高，最能够全面而准确地反映数据总体情况。但是，也正是由于平均数具有高度的数据灵敏性，所以非常容易受到极端值的影响，从而导致所反映的集中趋势不准确。其次，中位数则不受极端值的影响。当数据中有较多极端值时，中位数一般比平均数更加具有代表性。但是，求中位数时只用到数值的相对位置，因而中位数对数据的利用率极低，其数据灵敏性较差。最后，有别于平均数，众数不受极端值的影响。尤其是在数据出现偏态分布的情况下，众数最能反映数据的集中趋势。然而，当数据出现双峰时，众数的代表性就会减弱。

（三）离散趋势分析

离散趋势分析，指的是利用一个特别的数值来反映一组数据之间的差距和离散程度。这个特别的数值，称为离散趋势统计量，也叫离散量数或差异量数。离散趋势统计量越大，说明数据分布越分散，相应的集中趋势统计量的代表性越差；而离散趋势统计量越小，则说明数据分布越集中，相应的集中趋势统计量的代表性也越好。可以说，离散趋势分析与集中趋势分析分别从两个不同的角度反映出整体数据的分布情况，共同描述出数据资料分布的全面特征。常见的离散趋势统计量，主要有全距、标准差、四分位差、异众比率和离散系数等。

1. 全距

全距，也称为极差，是一组数据中最大值与最小值之差，是最简单的变异指标。当数据资料众多而又需要迅速对数据的变异程度进行预备判断时，可以运用全距这个最简便的统计量。同时，求全距仅仅利用到数据中的两个极端值，因此，全距对于两个极端值之间的数据分布情况，以及中心点周围的集中情况，都不能提供更多信息。此时，则需要使用标准差等离散量数。

2. 标准差

标准差，指的是一组数据对其平均数偏差平方的算术平均数的平方根。标准差的计算也会涉及每一个数据值，因此，它反映的信息在离散指标中是最全面的，也是最可靠、最为常用的离散趋势统计量。样本标准差通常用 S 来表示，其计算公式为：

$$S = \sqrt{\frac{\sum(x - \bar{x})}{n}}$$

3. 四分位差

四分位差，指的是上四分位数与下四分位数之差，也叫四分互差或四分位间距。即先按照大小顺序将一组数据排列起来并将其分为四等分，去掉序列中最高的四分之一和最低的四分之一后，再对中间的一半数值求全距。相比于整体数据的全距，四分位差更能够克服极端值对数据分散程度的干扰。四分位差通常用 IQR 表示，而用 Q_1 和 Q_3 来表示第一个四分位点（下四分位数）和第三个四分位点（上四分位数）所对应的数值。其计算公式为：

$$IQR = Q_3 - Q_1$$

4. 异众比率

异众比率，指的是一组数据中非众数的频数与总体全部个案的比率。异众比率的含义是：众数不能代表的其他数值在总体中的比重。异众比率越大，众数在总体数据中的比重越小，即众数的代表性越小；反之，异众比率越小，众数的代表性越大。异众比率通常用 VR 表示，其计算公式为：

$$VR = \frac{n - f_{mo}}{n}$$

式中，f_{mo} 为众数的频数，n 为样本总数。

5. 离散系数

离散系数，指的是标准差与平均数的百分比值，通常用 CV 表示。它也叫变异系数，是以相对数的形式表示的变异指标。离散系数可用于对同一总体中不同的离散量数统计量进行比较，也可用于对不同总体中的同一离散量数统计量进行比较。离散系数越大，波动程度越大。其计算公式为：

$$CV = \frac{s}{\bar{x}} \times 100\%$$

式中，CV 表示离散系数，s 表示样本标准差，$\bar{x}$ 表示样本平均数。

（四）形状分析

除集中趋势和离散趋势分析外，随着对数据特征了解的逐渐深入，人们通常会提出假设，认为数据总体应当服从某种分布特征。由于假定的分布特征不一样，所以相应的分布特征描述指标也有所不同。在统计分析中，通常需要假定样本呈现正态分布，因此，这里只简单介绍与正态分布有关的偏度和峰度两个指标。形状分析也就指的是，在我们进行统计分析时，通过对数据分布形状的偏度和峰度进行分析，来衡量实际数据与正态分布相比的偏差程度。

1. 偏度

偏度，指的是分布不对称的方向和程度。偏度系数大于 0，分布为右偏态，又称正偏态，即峰尖在左、长尾在右；偏度系数小于 0，分布为左偏态，又称负偏态，即峰尖在右、长尾在左；偏度系数等于 0，分布为正态分布，也就是对称分布。值得注意的是，偏态的方向指的是长尾方向，而不是高峰位置。

2. 峰度

峰度，指的是分布图形的尖峭程度或峰凸程度。峰度系数大于 0，峰的形状比较尖，比正态分布要陡峭；峰度系数小于 0，峰的形状比正态分布要平坦；峰度系数等于 0，分布为正态峰。

二 双变量统计分析

单变量分析只涉及对单一变量的分析，只能对社会现象进行最基本的描述。而当我们想要深入了解社会现象的发展规律时，就需要用到双变量分析或多变量分析了。

这里只对常见的双变量分析进行介绍,包括相关分析、列联表、回归分析和方差分析等。

(一)相关分析

相关分析是研究现象之间是否存在某种依存关系,并对具体有依存关系的现象探讨其相关方向及相关程度,是研究随机变量之间相关关系的一种统计方法。

1. 相关关系

两变量之间的相关关系,指的是当其中一个变量发生变化时,另一个变量随之发生变化。根据相关关系的方向不同,两变量之间的关系可以分为正相关和负相关。其中,正相关指的是两个变量的取值具有同方向性,当一个变量取值增加时,另一个变量取值也随之增加,反之亦然。根据相关的表现形式不同,两变量之间的关系可以分为直线相关和曲线相关。其中,直线相关指的是变量之间的关系近似地表现为一条直线,而曲线相关指的是变量之间的关系近似地表现为一条曲线。

2. 消减误差比例

消减误差比例(proportional reduction in error,简称 PRE),指的是当两个变量具有相关关系时,用一个变量 x 的数据去预测另一个变量 y 的数据,应比不利用 x 的数据分布而直接用 y 的数据分布去预测 y 能够减少更多的预测误差。预测的准确程度,可以作为两个变量之间相关程度的指标。消减误差比例的公式为:

$$PRE = \frac{E_1 - E_2}{E_1}$$

式中,E_1 表示全部误差,即不利用 y 与 x 的关系,y 的全部误差;E_2 表示相关误差,即利用 y 与 x 的关系,用 x 去预测或解释 y 后,y 的剩余全部误差;$E_1 - E_2$ 表示用 x 预测或解释 y 时,y 所减少的误差;$\frac{E_1 - E_2}{E_1}$ 表示当用 x 的变化预测或解释 y 的变化时,能减少 y 多大比例的误差。

消减误差比例,是解释相关关系的主要依据。PRE 越大,表示 x 预测或解释 y 时所减少的误差越多,即 x 与 y 的关系越强。PRE 的取值区间为 [0, 1],当 $E_2 = 0$ 时,PRE=1,说明 x 与 y 完全相关,x 能够完全解释 y 的变化;当 $E_1 = E_2$ 时,则 PRE=0,这说明 x 与 y 之间没有相关关系,x 对 y 没有解释力。

3. 相关系数

相关系数,指的是用来反映两个变量之间相关关系密切程度的统计指标。测量两个变量之间相关关系的相关系数有很多，下面对一些常见的相关系数进行介绍。

（1）λ系数。在定类尺度上测量集中趋势只能用众数，λ系数就是利用众数来构造相关系数的，λ相关系数分为对称形式和不对称形式两种。λ的取值范围是[0, 1]，具有消减误差比例的含义。λ系数的对称形式用λ表示，即所测量的两个变量之间是对等的，没有自变量和因变量之分。λ系数的不对称形式用$λ_y$表示，即所测量的两个变量之间有自变量和因变量之分，x为自变量，y为因变量。

（2）Tau-y系数。它是用来测量变量间非对称关系的，其中，y为自变量，x为因变量。

（3）Gamma系数。它适用于分析两个定序变量间的对等关系，即两个变量没有所谓的因变量和自变量之分。其取值范围为[-1, 1]，具有消减误差比例的含义。

（4）d系数。此系数为Somer所创，又称Somer's d系数，适用于分析两个定序变量间的不对等关系。

（5）肯氏Tau系数。与Gamma系数相类似，也适用于分析两个定序变量间的对等关系。

（6）eta平方系数。相关比率，又称eta平方系数，简写为E^2。在两个变量中，自变量为定类变量、因变量为定距变量时，可以用相关比率来表达。

（7）皮尔逊相关系数。相关系数r，又称为皮尔逊相关系数。适用于计算定距变量间的相关分析，一般要求样本$n \geqslant 50$，且两个变量的分布近似于正态分布。通常用r表示，它的取值范围是[-1, 1]。$r>0$代表两个变量呈正相关，$r<0$代表两个变量呈负相关。

（8）斯皮尔曼等级相关系数r_s。它是皮尔逊相关系数的非参数检验的演变，其计算是基于数据的顺序，而非针对数据本身的实际值，对定序变量和数据不满足正态性要求时是有效的。

（二）列联表

列联表，又称交互分类表或交叉表，即同时依据两个变量的值将所研究的个案分类。在调查研究中，为了研究y之分类与x之分类是否有关，我们可以将数据先按x分类，然后分别统计当$x=x_1$、$x=x_2$、…，$x=x_c$的情况下y的分类，这样就得到了数据交叉分类的频次分配表，即列联表。列联表既可以对总体的内部分布情况进行描述，又可以用来进行分组比较，还可以解释变量之间的关系。

（三）回归分析

回归分析，是指对有相关关系的现象，根据其关系的形态找出一个合适的数学模型，即建立回归方程，来近似地表述变量间的平均变化关系，以便根据回归方程对未知的情况进行估计和预测。与相关分析不同，回归分析能够解释变量之间的因果关系。按照自变量与因变量之间的关系类型，回归分析可分为线性回归分析和非线性回归分析。一元回归分析，是指只有一个自变量与一个因变量的回归分析，属于双变量分析。当自变量或因变量存在多个量，就属于高级统计分析了。

（四）方差分析

方差分析，是由英国统计学家 R. A. Fisher 发明的，以 F 命名其统计量，因此，方差分析也称 F 检验。方差分析适用于两个及两个以上样本均数差别的显著性检验，其目的是检验两个或两个以上样本均数的差异是否具有统计学意义。方差分析是关于一个或多个定类变量（称为自变量），以及一个或者多个定距变量（称为因变量）的分析。如果处理的是一个定类变量，就叫单因素方差分析；如果处理的是两个及以上的定类变量，就叫多因素方差分析。如果涉及一个定距变量，叫作一元方差分析；如果涉及多个定距变量，叫作多元方差分析。

三 参数估计

为了更好地了解参数估计的概念，这里首先将一些相关概念进行简要介绍。

（1）总体。研究总体指的是研究对象的全体，是由研究对象中的个体组成的。比如，在某个企业单位的所有职工的平均工资的调查研究中，该企业单位的所有职工工资就可以称为总体。同时，我们也要注意调查总体与研究总体的区别，调查总体是调查对象的全体。

（2）样本。样本指的是从总体中按照一定的方式抽取出的若干个个体的集合。样本中的所有个体数目，叫作样本容量，通常用 n 表示。比如，我们从总体中抽取的1000 个职工就是样本，样本容量为 1000。

（3）统计值。统计值指的是通过对样本中的各个个体进行计算而得到的样本特征量，如样本的平均数和标准差等。统计值也叫样本值，是关于样本中某一变量的某种特征的综合数量表现。比如，我们从某个企业单位中抽取出来的 1000 个职工的平均工资就是一个统计值。

(4)参数值。参数值指的是通过对总体的所有个体进行计算而得到的某个总体特征量。最常见的参数值,是总体某一变量的平均值。参数值也叫总体值,是关于总体中某一变量的某种特征的综合数量表现。比如,我们从某个企业单位抽取的 1000 个职工的平均工资是 8780 元,这是统计值,描述的是样本状况;而对于全体职工来说,也存在一个平均工资,用来描述总体情况,即参数值。

在调查研究中,利用样本的统计值来推断总体的参数值,是一项重要任务。值得注意的是,参数值通常是未知的,但也是确定不变的、唯一的,而统计值则是变化的。对于同一个总体而言,根据不同的样本所计算出来的统计值是不一样的;但对于某一特定的样本而言,统计值是已知的,是可以计算出来的。在对总体进行随机抽样后,通过对样本的一些变量进行计算,能够得到一些样本统计量,如样本均值和样本方差等。但是,这些数据不一定能够代表总体均值或总体方差。因此,我们在根据样本提供的信息对总体的某些特征(也就是参数)进行估计或推断时,也就是参数估计。参数估计主要分为两类,一是参数的点估计,二是参数的区间估计。

(一)点估计

1. 点估计的概念

参数的点估计,指的是依据样本中计算出来的一个数值来估计总体分布中所含的未知参数或未知参数的函数。通常,它们是总体的某个特征值。由于它是一个点值,所以我们称之为参数的点估计。简单来说,参数的点估计就是选定一个适当的样本统计值作为参数的估计值,比如,利用样本均值直接作为总体均值的点估计值,或利用样本方差直接作为总体方差的点估计值。

2. 点估计的评价准则

对于具体统计量的选择,一般需要遵循无偏性、一致性和有效性三个原则。首先,无偏性原则指的是估计值虽然不完全等于参数值,但应当在参数的真实值附近摆动;其次,一致性原则指的是估计值与参数的真实值的差异,应当随着样本量的增大而缩小;最后,有效性指的是如果有多个统计值都符合上述两个要求,则应当选择误差最小的那个统计值作为参数估计值。

3. 点估计的方法

最常用的参数点估计的方法,是矩估计法和极大似然估计法两种。第一,矩估计法指的是借助样本矩去估计总体的矩,从而得到总体相应的未知参数的估计值。

所得到的这个估计值,也称为矩估计值。换句话说,在很多情况下,样本统计值本身就是相应总体参数的最佳估计值,此时就可以直接利用样本统计值作为总体参数的点估计值。比如,样本均值和样本标准差,都是相应的总体均值与总体标准差的矩估计量。对于常用的正态分布来说,矩估计法几乎能够满足全部参数的点估计需求。第二,极大似然估计法是一种适用范围更广的参数估计法。其原理是,在已知晓总体的分布情况但不知晓其参数值时,在参数的可能取值范围内进行搜索,使得似然函数值(在参数所确定的总体中获得现有样本的概率)最大的那个数值,即为极大似然估计值。简单来说,极大似然估计就是利用已知的样本结果,反推最有可能(最大概率)导致此结果的参数值。

(二)区间估计

1. 区间估计的概念

参数的区间估计,指的是依据抽取的样本,根据一定的正确度和精确度的要求,构造出适当的区间,作为总体分布的未知参数或未知参数的函数的真值所在区间范围的估计。区间估计,就是在点估计的基础上,在要求的概率范围内,对总体参数所在的区间范围做出估计,通常是由样本估计值加减误差得到的。

2. 区间估计的计算

点估计法使用方便、直观,但仅仅有参数的点估计是不够的,为此,统计学上提出了区间估计法。对于服从正态总体或近似正态总体的参数做区间估计,其参数所在区间都可以写成这个公式:

$$P(\hat{\theta} - Z_{\alpha/2} \cdot SE < \theta < \hat{\theta} + Z_{\alpha/2} \cdot SE) = 1 - \alpha$$

式中,$\hat{\theta} - Z_{\alpha/2} \cdot SE$ 和 $\hat{\theta} + Z_{\alpha/2} \cdot SE$,分别称为置信下限和置信上限;$\alpha$ 为显著性水平,$1-\alpha$ 称为置信度或可信度。

从上面的公式可以看出,$\hat{\theta}$ 为参数的点估计值。因此,参数的区间估计,主要还是看标准误差(standard error,简称 SE)。总体参数所在的区间,称为置信区间(confidence interval,简称 CI),指的是在一定的置信水平下样本统计值与总体参数值之间的误差范围。置信区间反映的是估计的精确性程度。在样本容量一定的范围下,置信区间越大,即误差范围越大,表示估计的精确度越低;反之,置信区间越小,即误差范围越小,表示估计的精确度越高。一般来说,使得区间估计更加精确的方法是,增加样本容量。

第三节　数据的报表呈现

在撰写调查报告时，如何将大量的统计数字资料以清晰、严谨、美观、易读的方式呈现出来呢？这时就需要用到统计表和统计图了。统计表是呈现统计资料的常见方式，也是统计分析的重要工具。

一　统计表概述

统计表，是集中而有序地体现统计数据资料的表格，它使得统计数据更加简明清晰，更加系统化和条理化，便于阅读。统计表中的每一个表格，都有行、列和层三个维度。"单元格"指的是行、列元素不同取值的组合；"行"指的是形成表格横行的元素；"列"指的是形成表格纵行的元素；"层"指的是表格中的第三个维度，与行列元素（交汇而成二维表）共同形成一个立方体，即三维表。如果把此时的表格看成一个立方体，那么，表格中的行、列、层，就对应了立方体中的长、宽、高。

（一）统计表的构成

从结构上看，统计表一般是由表号、总标题、横行标题、纵栏标题、数字资料、注释或资料来源等要素构成。

1. 表号

表号是统计表的序号，位于表格顶端左上角。标注表号，便于对统计表的指示和查找。

2. 总标题

总标题是统计表的名称，位于表格最上方，紧挨着表号。它能够简要说明统计表的主要内容，说明数据资料的时间和空间范围等。

3. 横行标题

横行标题是横行的名称，也称行标题，位于表格左侧的第一列。对于频数统计表而言，行标题表示的是统计表用来说明的主题；对于列联表而言，行标题表示的则是某一个变量类别（通常是作为因变量的那个变量）。

4. 纵栏标题

纵栏标题是纵栏的名称，也称列标题，位于表格上方的第一行。对于频数统计表而言，列标题表示的是统计指标的名称；对于列联表而言，列标题表示的则是某一个变量类别（通常是作为自变量的那个变量）。

5. 数字资料

数字资料是统计表的实质性内容，是对调查数据进行统计汇总、整理和计算的结果表现，位于横行标题和纵栏标题所包含的范围之中。

6. 注释或资料来源

注释或资料来源，是对统计表中资料的附加说明，位于表格最下方。当数据资料是由转载其他资料整理而来的，或者是直接引用其他统计资料的统计表时，则需要对该统计表进行注释说明。

（二）统计表的制作

科学规范、简明清晰和美观实用，是制作统计表需要遵循的原则。具体来看，统计表的制作需要注意以下几点：

第一，统计表的标题须简明扼要，要准确地说明表中数据的主要内容，做到让人一目了然。

第二，统计表的横行标题和纵栏标题要确切地反映表中变量取值的含义，并且行标题和列标题的名称也应当按照一定的逻辑顺序进行排序。

第三，统计表中的数字资料，必须标明其计量单位。比如，频率单位须注明是百分比还是千分比等。如果表中的所有数字资料都只有一种计量单位或者以一种计量单位为主要单位，那么就可以将这一最主要的计量单位写在表格的右上角，也就是紧挨着总标题的后面，并将次要的计量单位写在紧挨行标题或列标题的后面，且用括号注明。

第四，一般来说，在频数分布表中，应列总计或合计栏，通常放在表格的最后一格；而在列联表中，则应将各种专门的统计量放在表格的最下面一格，比如自由度、显著度、相关系数等。

第五，统计表的各种表格，都应当以横线为主，尽量少用竖线。对于需要用到竖线的表格，在表格的左右两端也不划竖线，即保持左右开口式表格。通常而言，频数分布表中的竖线可以直接去掉，只要保持各行各栏的数字对齐，便于阅读即可；而列联表中的竖线虽然也可以直接去掉，但表格最上面和最下面两条横线需要使用粗线，其余横线则全部使用细线。

二 统计表的类型

在熟悉统计表的结构和制作原则后，下面来介绍几种常见的统计表类型。

（一）叠加表

叠加表，指的是在同一表格中对两个及以上的变量进行描述。也就是说，叠加表的表格中有一个维度的元素，是由两个及以上的变量组成的。叠加表分为横向叠加表和纵向叠加表。简单来说，叠加表就是两个及以上简单报表的拼接，首先对每个变量分别绘制出两个及以上的简单报表，然后再将它们横向或纵向拼接在一起，如表 11-1 所示。

表 11-1　叠加表示例

地区			性别	
东部地区	中部地区	西部地区	男	女
4280	3242	2761	4413	5870

（二）交叉表

交叉表，指的是描述两个分类变量间联系时最常用的表格技术。它也叫交互分类表，其两个维度都是由分类变量的各类别（及汇总）所构成的，如表 11-2 所示。

表 11-2　交叉表示例

地区	性别	
	男	女
东部地区	1800	2480
中部地区	1322	1920
西部地区	1291	1470

（三）嵌套表

嵌套表，也可是用于描述两个分类变量之间联系的表格。嵌套表与交叉表的区别在于，在嵌套表中的两个变量是被放置在同一个表格维度之中的。也就是说，这一个表格维度是由两个分类变量的各种类别所构成的。一般来说，嵌套表没有交叉表那样看起来直观，但当表格需要呈现多个统计指标时，嵌套表能够使数据的呈现更加紧凑，使得表格更加实用美观，如表 11-3 所示。

表 11-3 嵌套表示例

地区	性别	计数
东部地区	男	1800
	女	2480
中部地区	男	1322
	女	1920
西部地区	男	1291
	女	1470

（四）多层表

多层表，指的是当指定了层元素之后，表格由二维扩展到三维而形成的统计表。多层表与嵌套表十分类似，只不过嵌套表只能观察到多层表中的其中一层数据而已。在数据仓库技术中，多层表也被叫作数据立方体。

（五）复合表格

在现实运用中，上述的几种表格还有可能出现互相组合的情况，以便满足具体的数据分析的目的。比如，叠加-交叉表，该表格的其中一个维度是分类变量，另一个维度则是两个分类变量的叠加。再比如，嵌套-交叉表，该表格的其中一个维度是分类变量，另一个维度则是两个分类变量的嵌套，如表 11-4 所示。

表 11-4 嵌套-交叉表示例

地区	性别	城镇	农村
东部地区	男	1153	647
	女	1615	865
中部地区	男	702	620
	女	1003	917
西部地区	男	601	690
	女	728	742

统计表的绘制与编辑

前面已经介绍完统计表的基本框架及其类型，接下来简要介绍一下如何运用 SPSS 软件绘制与编辑表格。绘制表格时对变量的呈现方式，取决于该变量的测量尺度，因此，还需要首先了解变量的测量层次与类型。

（一）表格中的数据类型

在绘制统计表时，表格中的变量简单而明确地被分为两种类型：一是分类变量，包括定类变量和定序变量；二是连续变量，包括定距变量和定比变量。

1. 分类变量

分类变量，包括定类变量和定序变量两大类。定类变量也被称为无序分类变量，定序变量又被称为有序分类变量。但在绘制表格时，定类变量和定序变量几乎没有差异。分类变量常用的描述指标，包括原始类别频数和构成百分比，以及一些细化的指标，如行百分比、列百分比、层百分比和总表格百分比。而当表格出现缺失值时，还可以生成一些新的指标，如有效例数、行有效例数百分比、列有效例数百分比、层有效例数百分比以及表格有效例数百分比等。

2. 连续变量

连续变量，包括定距变量和定比变量两大类。在绘制表格时，定距变量和定比变量的差异，在大多数时候都可以忽略不计。连续变量常用的统计指标比分类变量更加丰富，包括前面所提到的集中趋势指标和离散趋势指标等。连续变量常用的统计指标，具体可分为以下五类：一是集中趋势指标，包括平均数、中位数和众数等；二是离散趋势指标，包括全距、标准差和标准误等；三是百分位数，比如，第 5、25、75、95 个百分位数，以及其他任意指定的百分位数；四是百分比，包括变量的行百分比、列百分比、层百分比和表格百分比；五是其他指标，包括例数、有效例数及总和等。

（二）统计表的基本绘制步骤

当只需要绘制一两个简单的统计报表时，在操作上没有太多要点需要留意。但在实际工作中，往往会有数十张甚至数百张特定格式的表格需要绘制，此时应保持一个良好的制表习惯，将制表看作一个由简入繁、循序渐进的过程，从而使得制表更加高效、便捷。

1. 绘制表格的基本步骤

在 SPSS 统计软件中，统计表的基本绘制步骤如下：

（1）确定表格的基本结构。比如，明确行、列元素由哪些变量构成，是否在表格中运用多个元素的嵌套等。

（2）使用对话框绘制表格的基本结构。此时的重点在于成功绘制出表格的基本框架，而表格的格式设置和脚注等问题暂时可以不考虑。

（3）完善表格的细节。包括每个具体统计量的输出格式，以及汇总项的输出位置；增添其余变量和统计量，以满足研究问题的要求；修饰表格中的文本信息，如标题、变量名和变量值标签等。

（4）综合审核所绘制的表格。对表格进行最后一次审核，看是否还有需要进一步改进的地方。

（5）生成最终的表格，并将该表格格式保存为模板，以便后续任务的再次使用。

2. 案例：交互分类表的制作

中国社会状况综合调查（CSS），是由中国社会科学院社会学研究所实施的，数据覆盖全国 31 个省（自治区、直辖市，不包括港澳台地区）。该调查采用多阶段混合抽样，使用 CAPI 系统完成入户访问。CSS 2019 有效样本为 10283 份，调查对象为 18～69 岁的中国公民。在 CSS 2019 调查问卷中，有这样一个问题："F1a 请问您信任中央政府吗？"该问题的回答一共有 5 个选项，即完全不信任、不太信任、比较信任、非常信任、不好说。表 11-5 是受访者的政治面貌与受访者对中央政府信任程度的交互分类表，表的行标题为 F1a 选项的占比，列标题则为受访者的政治面貌。接下来，介绍一下如何利用 SPSS 中的制表模块绘制出该表格。

表 11-5　受访者的政治面貌与受访者对中央政府的信任程度的交互分类表　　比例（%）

信任程度	政治面貌				总计
	中共党员	共青团员	民主党派	群众	
完全不信任	0.7	0.7	0.0	1.3	1.2
不太信任	1.4	3.8	2.8	3.7	3.5
比较信任	21.1	40.8	27.8	29.9	29.9
非常信任	76.4	53.8	63.9	62.8	63.5
不好说	0.4	0.9	5.6	2.2	2.0
(n/人)	(1060)	(816)	(36)	(8371)	(10283)

注：本表结果基于 CSS 2019 的调查数据统计所得。因为四舍五入的原因，百分比总计有可能不正好等于 100%。

（1）绘制出表格的基本框架。在 SPSS 软件中，选择"分析—表—定制表"，进入报表生成器的操作界面。如图 11-1 所示，表格选项卡是最常用的。

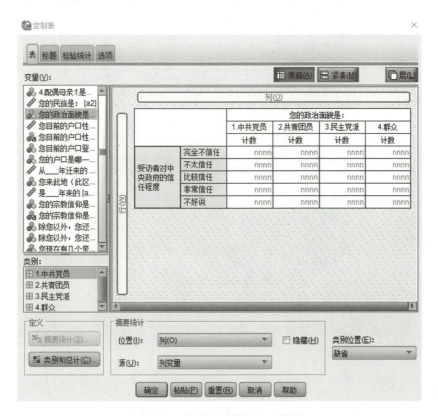

图 11-1　报表生成器的主对话框

在此，首先需要对 SPSS 的制表页面进行简要介绍。①"变量"列表框：位于左上角，用于列出所有可用的变量。用户可以采用拖放操作，将相应变量拖入右边的画布区域。②制作画布：位于右侧，占据界面中的绝大部分空间。该画布有两种显示界面，一是常规视图，二是紧凑视图。对于多层表的绘制，单击画布右上方的"层"按钮，可出现层列表框，以用于选入层变量。用户制表时，就是在这张空白画布上进行拖放操作，以生成需要的表格。③"类别"列表框：当在"变量"列表框中选择分类变量时，该列表框就会列出这个分类变量的所有取值，便于进行数据检查。④"定义"按钮框：用于对变量的统计指标和汇总方式等进行设定。⑤"摘要统计"框组：用于对变量统计指标的排列方向和变量标签的显示方向进行设定。⑥"类别位置"下拉列表框：用于类别标签的显示和排列方向的设定。

该案例的具体拖放操作如下：首先，在变量列表框中选中 F1a 变量，点击鼠标右键将其拖入画布中的行区域中，其相应的变量名标签和变量值标签会立刻在画布中显示出来；接着，将"政治面貌"变量拖入到列区域中。拖放完毕后，可以得到的表格框架，常规视图如图 11-1 所示；紧凑视图如图 11-2 所示，画布上仅显示变量的设定位置，而具体单元格的设定则不再显示。值得注意的是，此时还可以拖入更多的变量以生成更复杂的表格，根据新拖入变量的不同放置位置可以得到不同的结果，包括上叠加、下叠加、左嵌套、右嵌套和替代。

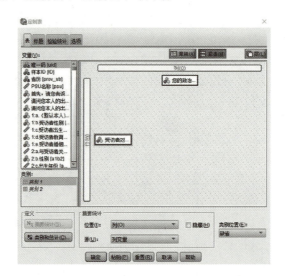

图 11-2　表格框架中的紧凑视图

（2）设置摘要统计量及其格式。在图 11-1 所示的常规视图中，行变量 F1a 默认输出的是频数，而不是案例要求中的比例，同时也缺乏对行变量和列变量的"总计"一项。因此，有必要继续对各变量的统计量加以设定，且这些操作都在"摘要统计"框组中完成。

具体操作如下：① 单击画布上 F1a 变量的图标，并点击左下方的"摘要统计"按钮，进入摘要统计子对话框。在默认的"显示"列表框中只有"计数"，因此，按照案例的格式要求，这里需要先将"计数"移除，然后选入"列N％"，并将其格式改为不加％，即选择下拉列表框中的符号"nnnn.n"，表示数值保留一位小数（见图 11-3），最后点击"应用于所选项"按钮。另外，对话框页面还显示，在默认情况下，汇总项的统计量和单元格的统计量是相同的，比如，此时都是"列N％"。如果选中"有关总计和小计的定制摘要统计"，则可以对汇总项的统计量及格式进行单独设定。② 重新点击 F1a 变量图标，并点击左下方的"类别和总计"，进入分类和总计子对话框（见图 11-4），勾选右侧的"总计"复选框，保留默认标签名"总计"。然后，对政治面貌变量进行同样的操作。

（3）调整各种显示细节。前面已完成表格的大致框架，接下来还需要进一步完善表格的各种细节。① 隐藏/修改统计量标签。在"摘要统计"框组中，勾选"隐藏"复选框，即可将列百分比隐藏起来。② 隐藏/修改变量名标签。在画布上的 F1a 变量名和政治面貌变量名上单击右键，弹出右键菜单，点击取消"显示变量标签"，即可以将变量名标签隐藏起来。③ 增加列变量的频数 n。先点击 F1a 变量的图标，再点击"摘要统计"按钮,在摘要统计子对话框中,勾选"有关总计和小计的定制摘要统计",将"计数"选入右侧的显示框中(见图 11-5)。最终设定完成的表格框架,如表 11-5 所示。

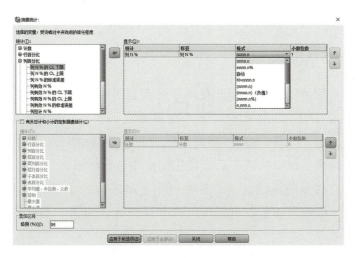

图 11-3 "摘要统计"对话框

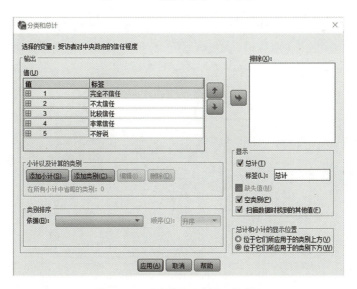

图 11-4 "分类和总计"对话框

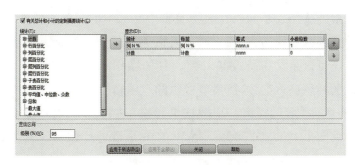

图 11-5 "有关总计和小计的定制摘要统计"对话框

（三）表格的编辑

前面已经基本完成了受访者的政治面貌及受访者对中央政府信任程度的交互分类表的制作，但还可以根据研究需要对该表格进行修改。

1. 常见的几种编辑操作

（1）进入表格的编辑模式。这里有两种进入表格编辑模式的方法：一是在 SPSS 输出页面直接双击选中的表格，即可进入编辑状态；二是右键单击选中的表格，接着点击右键菜单上的"编辑内容"，然后选择"在查看器中"或"在单独窗口中"查看，前者使用的是嵌套窗口模式，后者使用的是单独窗口模式。

（2）使用工具栏和透视托盘。工具栏可用于对表格的文字格式和对齐方式等的设定，也可用于生成统计图形，包括条形图和饼图等，如图 11-6（a）所示。透视托盘则用于控制和修改表格框架，如图 11-6（b）所示。

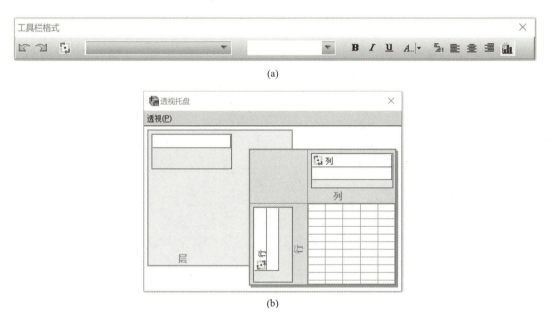

图 11-6　透视表的工具栏和透视托盘

（3）表格元素的选择。单元格在表格编辑中是基本的、独立的操作单位，表格标题和脚注均被看作特殊的单元格来处理。表格编辑时要选择的具体元素，不仅可以是某个单元格，还可以是某一行或某一列。具体操作是：① 单击某个单元格，选中最左侧或最上侧的标题格；② 选择菜单栏中的"编辑"，下拉"选择"中的选项，其中包括"表""表主体""选择第一个数据单元格""数据单元格""数据和标签单元格"五个选项（见图 11-7）；③ 可以对选中的单元格进行删除、复制或更改格式等操作。

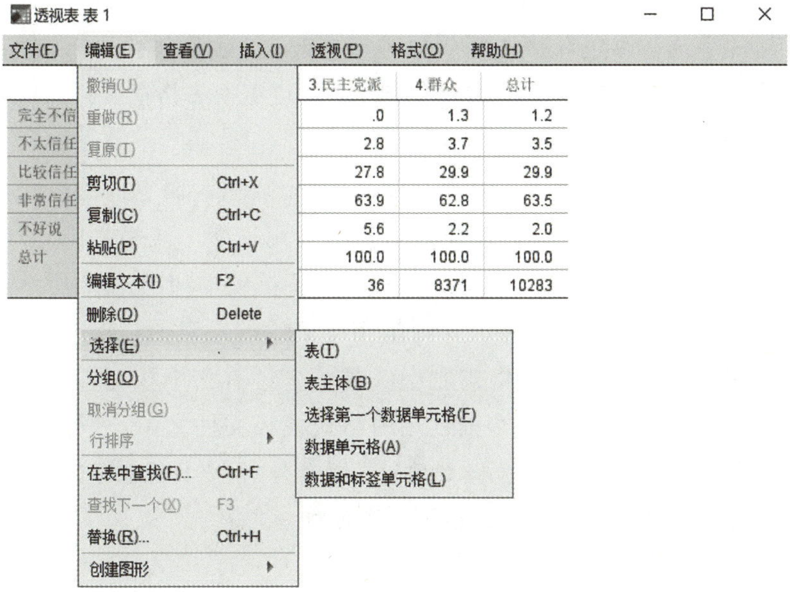

图 11-7　单元格的"选择"菜单项示意

（4）单元格内容的编辑。双击某个单元格，即可进入单元格内数据的编辑状态，此时可以对其内容进行随意修改。如果单元格的内容是数值，这时则可以看到数值的全精度确切值。

（5）单元格位置的移动。单元格的位置，能够以行和列为基本单位进行移动。具体操作是：左键选择行标题或列标题单元格，然后按住左键移动鼠标，到达合适的位置后松开左键，即该列或该行会插入到指定的位置。

（6）单元格列宽的修改。为便于操作，可以先选择菜单栏中的"查看—网格线"，即可以将单元格的分界线用虚线清晰地表现出来，接着可用鼠标直接对列宽进行拖放操作。

2. 编辑的菜单功能介绍

（1）"编辑"菜单。用于表格内容的复制、粘贴、删除、选择和替换等常用操作，以及分组/取消分组、创建图形等特殊操作。

（2）"查看"和"插入"菜单。"查看"菜单，用于表格各元素的隐藏或显示，包括工具栏、维度标签、类别标签、脚注、变量标签、变量值标签和网格线的显示。"插入"菜单，可以用于插入新的标题、文字说明和脚注，还可以插入新的行或列。

（3）"透视"菜单。用于表格结果显示的调整。主要包括："类别重新排序"，即对表格中的行、列标签进行重新排序；"行列转置"，即将表格中行与列的顺序进行对调；"透视托盘"，即打开或关闭透视托盘。

（4）"格式"菜单。用于对表格格式的精细调整。主要包括："单元格属性"，可对所选单元格的字体、颜色和格式等属性进行修改；"表格属性"，可对表格的内边距、字符格式和边框格式等加以修改；"表外观"，可更换表格模板；"自动调整"，可按照内容长短将表格的行、列宽调整为最小。

值得注意的是，如果某个项目需要绘制 2000 个表格，而它们的格式都相同，此时则可以运用表格模板技术，将同一个表格模板运用于多个表格之中。具体操作为：打开表格编辑功能中的"格式"，选择"表外观"菜单项，如图 11-8 所示，左侧显示的是可用的表格格式模板，右侧显示的则是相应格式的示意图；点击"确定"，即可将选中的模板应用于当前的表格格式之中。右下方还有三个按钮，包括："保存外观"，即将表格格式的更改存储到当前使用的格式模板文件之中；"另存为"，即将当前的格式存储为另一个新的格式模板文件；"编辑外观"，即对当前的表格格式进行修改，单击后会打开"表格属性"对话框，以便修改格式。

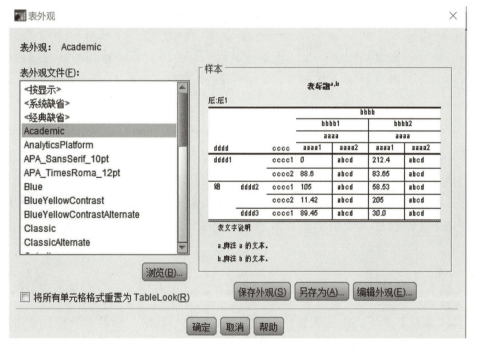

图 11-8 "表外观"对话框

另外，当项目需要绘制的表格数量特别多时，上述处理则比较费时，此时可以将项目需要的表格格式设定为系统默认的表格格式，制表时便会直接输出项目需要的表格格式。具体操作为：在 SPSS 中选择"编辑—选项—透视表"菜单项，首先单击"浏览"按钮选择希望使用的模板格式，再单击"设置 TableLook 目录"，最后点击"确定"，这样 SPSS 输出的所有表格格式都会使用该模板的格式设置。

第四节 数据的图形展示

统计表能够对数据资料的各种细节进行精确的呈现，但不够直观，不能使读者迅速了解主要的数据特征。而统计图则可以更为直观地反映主要的数据特征，但对数据细节的展示比较粗略。因此，在实际运用中，需要将统计表与统计图的运用相结合，这样才能全面而又清晰地呈现出数据资料的特征。

 统计图概述

统计图可以简洁直观地将数据资料进行呈现，主要用于对数据资料初级统计结果的描述，尤其是对调查总体内部构成的描述、对不同现象分布的比较性描述以及对事物现象发展趋势变化的描述等。

（一）统计图的构成

一般来说，统计图可以被分为标题区、注解区、数据区和图例区等多个部分。

1. 标题区和注解区

标题区位于图形的最上方，标题中应当注明图形的编号，标题内容应当简明扼要，用于说明数据资料的主要内容、时间和地点等。注解区则位于图形的最下方，用于对图形内容的简单补充说明。

2. 数据区

数据区包括坐标轴和绘图区，是统计图的主体部分。坐标轴用于描述变量的取值情况，通常都需要注有标目，以说明其表示的具体含义。一般来说，坐标轴包含横轴和纵轴，但在统计图中，横轴和纵轴又可以按照数据的类型被进一步分为连续轴和分类轴。连续轴的每一个刻度代表着变量在数量上的差异，而分类轴的每一个刻度则仅代表类别的不同。另外，连续轴还应当标注清楚其单位，如年份和百分比等。

绘图区也被称为内框区，指的是由坐标轴包围，直接使用表示变量数值情况的条、区块、点或线等图形元素来进行数据呈现的区域。此外，绘图区也有可能出现各种简洁的文字注解和辅助坐标线等，以便于图形的阅读。

3. 图例区

图例区一般位于图形的右上角，用于对不同颜色和不同线形等图形元素所代表的不同类别进行说明。

然而，在现实运用中，标题区和注解区的功能可能用不到。与此同时，如果图形元素中不存在分组等情况，图例区也可能不会出现。由此可见，数据区是统计图的核心所在，其他区域则需要加以选择地使用。

（二）统计图的种类

按照统计图所呈现的变量数量多少，可以将统计图分为单变量图、双变量图及多变量图。

1. 单变量图

单变量图，指的是通过图形元素位置的高低和范围大小等，对某一个变量的数值或类别的分布情况进行呈现，多用于描述变量的分布类型。根据变量的测量尺度，单变量图又可进一步分为连续单变量图和分类单变量图。

（1）连续单变量图。第一，直方图。又称柱状图或质量分布图，它是最常用的一个描述连续变量分布情况的图形工具。直方图的横轴表示的是变量的不同取值区段，纵轴表示的是相应区段的频数，主要是通过直条在各个取值区段范围的分布长度，来直观地呈现变量的数量分布特征。第二，茎叶图。又称枝叶图，它由三列数组成，左边的一列数是统计数，中间的一列数是变化不大的位数即"茎"（主干），右边的一列数是变化大的位数即"叶"（分枝）。茎叶图的用法与直方图类似，但它通常运用于样本量较少的情形。茎叶图能够保留原始数据的信息，而直方图则会损失一部分数据的信息，因此，茎叶图能够对数据进行更为精确、细致的描述。第三，箱图。它主要是运用百分位数体系，如中位数和四分位数等，来对某一个连续单变量的分布规律进行展示。同时，箱图还可以对该变量的极值以及分布的对称性进行判定。第四，P-P图和Q-Q图。主要是用于考察该连续变量是否服从某种特定的分布，如正态分布。

（2）分类单变量图。第一，条形图。它是最常用的描述分类变量各类别频数高低的图形工具。条形图的横轴表示变量的类别，纵轴表示相应类别的频数，主要通过等宽直条的长度来表示变量各类别的数量多少。第二，饼图。它是最常用的描述分类变量各类别构成情况的图形工具。饼图主要是通过饼块的大小来表示各类别的百分比构成情况。同时，条形图也可衍生出表示各类别构成比的百分数条图。第三，Pareto图。它可以同时表示某一分类变量的各类别频数和百分比构成，在图形中既使用直条来表示频数高低，又使用折线来表示累计百分比的变化情况。

2. 双变量图

双变量图，指的是用于呈现两个变量在数量上的联系的图形工具，它表示了一个变量的改变会引起另一个变量的改变。

当因变量为连续变量时，因变量可用纵轴刻度的高度来表示。这里与之相关的自变量，可进一步分为三种：一是当自变量为无序分类变量时，仍可用简单的条形图来呈现，此时每一个直条的高度表示自变量相应类别的频数高低；二是当自变量为有序分类变量时，如年份或时间变量，通常用线形图加以呈现，此时的线条变化表示的是因变量随着有序变量的变化是如何上升或下降的；三是当自变量也为连续变量时，可用散点图来呈现，此时散点的疏密程度和变化趋势表示的是两个连续变量之间的数量联系。

当因变量为分类变量时，如果自变量也为分类变量，那么所用的图形工具仍然以条形图为主，但又可进一步细分为复式条图、分段条图和百分条图。① 复式条图，是由两条及以上的小直条组成条组的条图，各条组内小直条之间没有间隙，而各条组之间有间隙。它用于表示两个及以上的分类变量各个类别组合下的频数情况。② 分段条图，是用等长的直条全长表示变量各个类别的总量，各分段长度表示数量大小或构成比的条图。它主要用于表现一个分类变量各个类别的数量，并在此基础上表现两个类别的组合频数情况。③ 百分数条图，也叫马赛克图，与分段条图类似，它是用直条各分段长度表示变量各类别的百分比情况，但此时各直条的长度不需要相等。百分数条图也是以表示一个分类变量为主，它主要呈现的是在该变量的不同类别下另一个类别的百分比变化情况。如果此时自变量为连续变量，目前尚未有图形工具可以表达，因此，可先将自变量和因变量进行对换，再使用条形图加以呈现。

3. 多变量图

多变量图，指的是运用一幅图形来呈现三个及以上变量的数量关联的图形工具。此时，最好的办法是采用三维坐标的立体统计图，但立体图在实际的纸平面或显示器平面上使用并不方便。因此，统计学中常用的办法是，采用图例的方式对二维图进行补充，使之能够呈现出更多的数量关联。比如，在散点图中用点的颜色或形状代表不同的类别。

 连续单变量图：直方图与茎叶图

直方图与茎叶图的形状和功能都十分相似。茎叶图实际上就是一种文本化的图形，若将其逆时针旋转90°，则可被近似于看成直方图横向放置的结果。

（一）直方图

直方图，用于描述连续变量的频数分布。在直方图中，可用各直条（矩形）的面积表示各组段的频数。

1. 主操作界面说明

SPSS 统计软件中，绘制统计图的常用操作界面如图 11-9 所示，可通过选择"图形—图表构建器"菜单项，进入图表构建器的操作界面。下面对该操作界面进行简要的介绍说明。

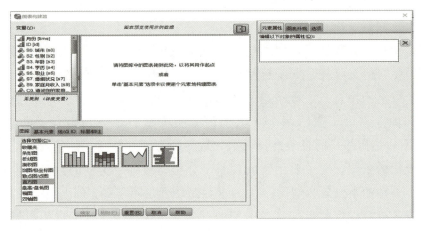

图 11-9 "图表构建器"主操作界面

（1）变量列表框：位于左上角，用于列出所有可用的变量。用户可以采用拖放操作，将相应变量拖入右边的画布区域。

（2）类别列表框：位于变量列表框正下方。如果选中的是分类变量，该列表框内则会列出该变量所有类别的取值。

（3）绘图画布：位于右侧，占据界面的绝大部分空间。用户绘制图形，就是采用拖放操作将左侧的相应变量拖入右侧的画布中。

（4）图库选项卡：位于左下方，用于列出图库中的候选图形。用户可先在左侧选择需要的图形类别，再在右侧列出的图形图标中选择需要的图形。

（5）元素属性对话框：将变量拖入画布中后，才会显示出具体的对话框。可用于修改图形的类别、统计量和元素设定格式等详细设定。

2. 绘制直方图的具体操作

本节以 CSS 2019 数据为例，对受访者在目前单位的工作年限绘制直方图。具体操作如下：

(1) 选择"图形—图表建构器"菜单项,在图库对话框中选择直方图,并将右侧的简单直方图图标拖入画布中。

(2) 在变量列表框中选择工作年限 b4fy,并将其拖入到画布的横轴框中。最终生成的直方图,如图 11-10 所示。默认情况下,图形右侧还会显示出样本数据的平均值、标准差和个案数。

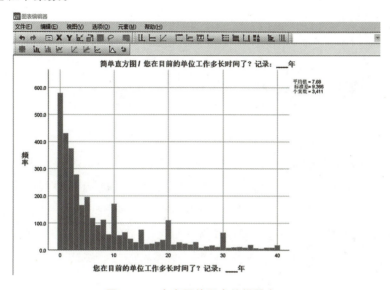

图 11-10　直方图的图表编辑器窗口

3. 直方图的编辑操作

在生成初步的直方图后,可根据需要对直方图进行进一步编辑,这一操作主要是在图表编辑窗口完成。在此窗口中,用户可以对图形元素的格式、文本的字体及格式进行编辑,还可以移动图形元素或者改变其大小。大部分编辑操作,都需要通过该窗口的"属性"对话框加以实现。比如:更改直条颜色、背景颜色和边框图等图形元素的属性,更改图形长宽比例,更改连续轴选项等。

(二) 茎叶图

相较于直方图,茎叶图在呈现数据的分布特征时,能够更加精确地反映出具体的数值是多少。因此,对于样本量较小的情形,使用茎叶图比直方图描述更为精确。这里仍然以受访者在目前单位的工作年限为例,来介绍绘制茎叶图的具体操作如下:

(1) 选择"分析—描述统计—探索"菜单项,如图 11-11 (a) 所示。

(2) 将工作年限 b4fy 选入因变量列表框,点击右侧"图"选项卡,勾选"茎叶图",最后点击"确定"按钮,生成的茎叶图如图 11-11 (b) 所示。

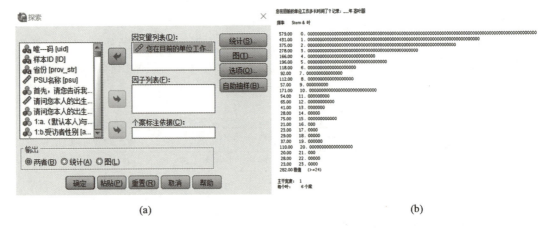

图 11-11　"探索"对话框及茎叶图

茎叶图由文本输出构成，内容分为三列数值：第一列是频数，表示所在行的观察值频数；第二列是主干，表示实际观察值除以主干宽度后的整数部分；第三列是枝叶，表示实际观察值除以主干宽度后的小数部分。由图 11-11（b）可知，这里的主干宽度为 1，每片叶子代表 6 个实际案例。值得注意的是，第一行和最后一行只给出频数，并未给出具体的茎叶，而是用"Extremes"和"极值"来表示，这说明本案例中 SPSS 将大于等于 24 的数值都看作极值。

三　分类单变量图：条形图、线形图与饼图

（一）条形图

条形图既可以描述分类变量的频数和构成比情况，也可以考察连续变量的汇总情况。条形图主要是通过等宽直条的长度来描述变量的数值大小，可分为简单条图、复式条图、分段条图和百分数条图等。这里以 CSS 2019 数据中不同受教育程度人群在目前工作单位的工作年限为例，简要介绍绘制条形图的具体操作。

1. 绘制条形图的基本操作

（1）选择"图形—图形构建器"菜单项，在图库对话框中选择条形图，并将右侧的简单条形图图标拖入画布中。

（2）将工作年限 b4fy 拖入右侧画布的纵轴框中，将受教育程度拖入横轴框中，并点击"确定"按钮，最后得到的图形如 11-12 所示。总的来看，高中或中专学历的受访者在目前工作单位的工作年限相对较长，而职高技校学历的受访者在目前工作单位的工作年限最短。

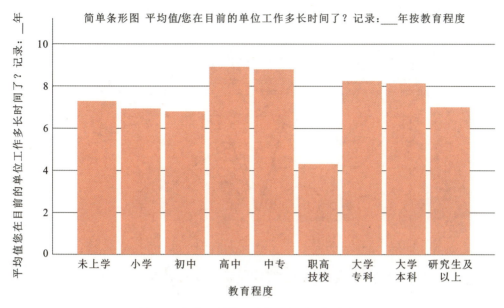

图 11-12　条形图的图表编辑器的可视化窗口

2. 条形图的编辑操作

前面所述的一般的图形元素编辑功能，条形图也适用。除此之外，条形图还有一些具有特色的编辑功能。包括：利用"属性"对话框中的"变量"选项卡，将条形图与其他图形进行相互转换，如与线形图、饼图或面积图等进行图形互换；对分类轴标签上的文字进行修改等。

（二）线形图

线形图也称折线图，是利用点的高低来反映数据值的升降，并将不同数据点用线段连接起来，从而用线段的升降来反映变量的变化趋势。线形图与条形图一样，不仅可以考察分类变量的频数和构成比等统计指标，还可以考察连续变量的均值和标准差等汇总指标。这里以 CSS 2019 数据为例，分性别考察信心指数随时间的变化趋势的线形图。

1. 绘制线形图的基本操作

（1）选择"图形—图形构建器"菜单项，在图库对话框中选择折线图，并将右侧的多重线图图标拖入画布中。

（2）将工作年限 b4fy 拖入右侧的纵轴框中，将教育程度拖入横轴框中，并将性别拖入分组框中，然后双击该框将分组依据设定为"图案"。

(3) 点击"确定"按钮，最后生成的线形图如图11-13所示。

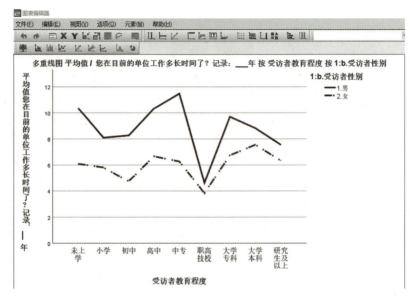

图 11-13　线形图的图表编辑器窗口

由图11-13可知，在不同的学历段中，男性在目前单位的工作年限均长于女性；在男性群体内部，获得中专学历的男性在目前单位的工作年限最长；而在女性群体内部，获得大学本科学历的女性在目前单位的工作年限最长。

2. 线形图的编辑操作

承前所述，线形图实际上就是由不同数据点连接而成的线段。线形图的编辑功能如下。一是更改数据点的显示方式。选择"元素—添加标记"菜单项，图形中的散点就会被显示出来。二是更改数据点间的连接方式。双击选中线性，点击"属性"对话框中的"内插线"选项卡，可更改各个数据点间的连接方式，包括直连、步长、跳跃和样条四种。三是将某一段线条加以突出显示。点击"属性"对话框中的"线选项"选项卡，可勾选"显示类别范围条"，即加绘垂向图，用于将同分类下的数据点垂直连接起来；还可勾选"显示投影线"，并设定突出显示线段的起始点与方向。

（三）饼图

饼图用于表达事物内部各组成部分的百分构成比情况，它简单易懂，便于比较变量各类别的特征。这里以CSS 2019数据为例，按照受访者对中央政府的信任程度及其所处地区，来绘制性别构成比的饼图。

1. 绘制饼图的基本操作

(1) 选择"图形—图形构建器"菜单项,在图库对话框中选择饼图,并将右侧的饼图图标拖入画布中。

(2) 点击"组/点 ID"选项卡,勾选"行面板变量"和"列面板变量"。

(3) 将性别拖入"分区依据"列表框,将东、中、西三大区拖入行面板变量框,将受访者对中央政府的信任程度拖入列面板变量列表框,最后点击"确定"按钮,生成的饼图如图11-14所示。研究显示,就受访者对中央政府的信任程度而言,东部地区、中部地区及西部地区的性别比例都是不断波动的;在选择"非常信任"选项方面,东、中、西三大区的性别比例相对比较均衡。

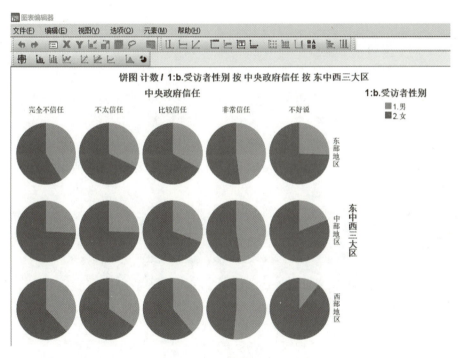

图 11-14　饼图的图表编辑器窗口

2. 饼图的编辑操作

由于饼图没有横轴和纵轴,所以没有数轴设定的问题。饼图因其数据特征,具有一些特定的编辑功能:利用"属性"对话框中的"深度与角度"选项卡,对饼图主体进行编辑,比如,设置饼块的格式(水平、阴影、三维)、定义饼图的分区顺序(顺时针、逆时针)、确定第一个分区的起始位置;利用"属性"对话框中的"嵌板"选项卡,对行列面板进行编辑,比如,将饼图设置为水平镜像、垂直镜像或回绕(即允许面板变量换行显示);利用"属性"对话框中的"类别"选项卡,将占比较小（如小于5%）的部分合并为"其他"一类；利用"元素—分解分区"菜单项，将某部分饼块设定为突出显示；利用"元素—显示数据标签"菜单项，设定饼块标签等。

四 箱图

箱图也是用于描述连续变量的分布特征，主要是通过百分位数指标来反映出变量的统计特征。相比于直方图只侧重勾勒一个连续变量的分布情况，箱图不仅能够同时考察多个连续变量的分布情况，还能考察一个连续变量的分组比较情况。

（一）绘制箱图的具体操作

这里依然以受访者在目前单位的工作年限为例，利用箱图分地区对其变化情况进行考察。绘制箱图的基本操作如下：

（1）选择"图形—图表构建器"菜单项，在图库对话框中选择箱图，并将右侧的简单箱图图标拖入画布中。

（2）在变量列表框中选择工作年限 b4fy，将其拖入画布的纵轴框中，同时将地区拖入横轴框中，最后点击"确定"按钮，生成的箱图如图 11-15 所示。

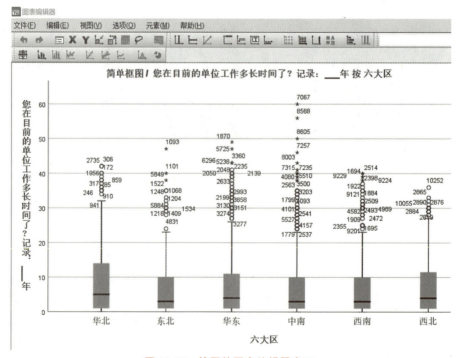

图 11-15 箱图的图表编辑器窗口

显而易见，每个箱图，都是由一个方框、一条粗线、两条外延出来的细线以及最外端的一些圆圈和星号组成。箱图最中间的这条粗线，表示的是变量的中位数；方框的上下两端，分别表示的是变量的第三个四分位数和第一个四分位数，即第 75 个百分位数和第 25 个百分位数，而方框内则包含了 50% 的样本的数值范围；方框外的上下两条细线，表示的是除去异常值外的最大值和最小值；最上方或最下方的圆圈代表离群值（如第 4831 号案例），星号则代表极端值（如第 7067 号案例）。由图 11-15 可知，从中位数来看，东北、中南和西南地区的受访者在目前单位的工作年限相对较低，而华北、华东和西北地区的受访者在目前单位的工作年限相对较高；从箱体宽度、离群值和极端值来看，六个地区的受访者在目前单位的工作年限离散程度相差较为明显，可以发现样本数据中存在许多离散程度较大的数值。

（二）箱图的编辑操作

前面所介绍的对区块和线条等修饰操作，对于箱图依然适用，如填充样式和更改颜色等。而对于箱图，还新增了一些编辑功能：利用"属性"对话框中的"条形图"选项，对箱图主体的格式进行编辑，比如，更改中间方框的宽度或箱图的显示样式等；利用"属性"对话框中的"类别"选项卡，更改各个箱形在纵轴中的排列顺序；利用"属性"对话框中的"数据值标签"选项卡，更改标签的名称和位置；利用"元素—数据标签模式"菜单项，来显示或隐藏某些散点的数据值标签等。

五 散点图

散点图的图形元素以散点为主，它是用点的密集程度和趋势来表达两个变量的相关关系和变化趋势。

（一）绘制散点图的基本操作

这里以简单散点图为例，考察年龄与受访者在目前单位工作年限的关系。绘制散点图的基本操作如下：

（1）选择"图形—图表构建器"菜单项，在图库对话框中选择散点图，并将右侧的简单散点图图标拖入画布中。

（2）将工作年限 b4fy 拖入纵轴框中，将年龄拖入横轴框中，最后点击"确定"按钮，生成的散点图如图 11-16 所示。

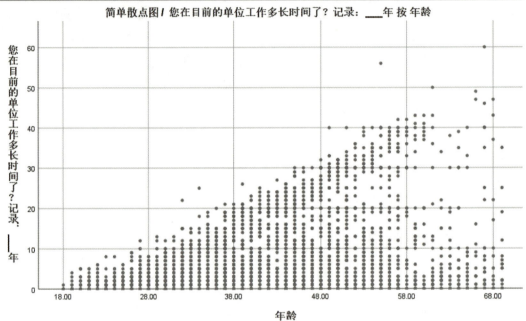

图 11-16　散点图的图表编辑器窗口

结果显示,受访者在目前单位的工作年限,随着其年龄的上升而呈现出不断上升的趋势;同时,受访者的工作年限存在若干偏大的值,比如,63~68 岁内的一位受访者的工作年限竟然为 60。

(二)散点图的编辑操作

如前所述的对数据点的编辑功能,对于散点图同样适用,比如,显示或隐藏某些散点的标签等。此外,散点图还具有一些特殊的编辑功能:通过选择"元素—总计拟合线"菜单项,在散点图中添加回归趋势线,拟合方式包括线性、二次项、立方项、y 的平均值和 loess(局部加权回归光滑曲线)等;利用"属性"对话框中的"钉状图"选项卡,来添加钉线,这里的钉线可以是数据点到横轴、到原点或到数据中心的线;利用"选项—分箱元素"菜单项,来更改过密散点图的显示方式,比如,标记大小或色彩强度,即用散点的大小或颜色深浅来表示散点的数量多少;利用"编辑—套索选择标记"菜单项,来选择多个散点进行同时编辑。

P-P 图与 Q-Q 图

P-P 图与 Q-Q 图类似，都是用于直观地反映数据分布与理论值的差距的图形。它们最常用于判定变量是否符合正态分布，此外，还包括其他特定的分布，如 beta 分布、伽马分布、卡方分布和指数分布等。

（一）P-P 图

P-P 图，是根据变量的实际累积概率与其假定理论分布的累积概率的符合程度所绘制的图形。当该变量符合这种理论分布时，P-P 图的实际累积概率与理论累积概率趋于一致，即 P-P 图中的各点近似于直线分布。绘制 P-P 图的操作其实十分简单，这里以判定 CSS 2019 中受访者在目前单位的工作年限是否符合正态分布为例，介绍其具体操作如下：

（1）选择"分析—描述统计—P-P 图"菜单项，如图 11-17 所示。

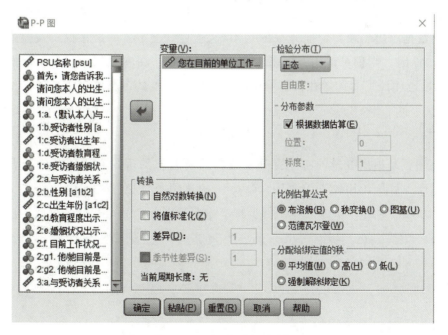

图 11-17　P-P 图的主对话框

（2）将工作年限 b4fy 选入右侧的变量列表框，检验分布下拉列表框设定为正态分布。

（3）单击"确定"按钮。为便于进一步观看，这里利用"属性"对话框中的"标记"选项卡，来更改散点的大小和颜色，将散点大小由默认的 5 改为 3，将填充颜色设定为白色，边框颜色设定为黑色。生成的 P-P 图，如图 11-18 所示。

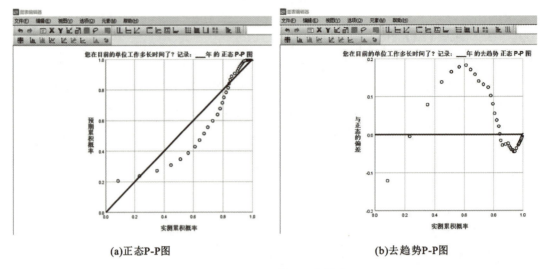

(a)正态P-P图　　　　　　　　　　(b)去趋势P-P图

图 11-18　P-P 图的图形编辑窗口

由图 11-18（a）可知，受访者在目前单位的工作年限的实际分布值，与理论分布值存在明显的差异，不符合正态分布情况。同时，图 11-18（b）反映的是按正态分布计算的理论值与实际值之差的分布情况，也就是分布的残差图。若数据服从正态分布，则数据点应当较均匀地分布在 $y=0$ 这条直线上下。一般来说，残差值的绝对值小于 0.05 时，则仍可认为数据基本服从正态分布。在本案例中，残差值的绝对值大于 0.1，也印证了受访者在目前单位的工作年限不服从正态分布。

（二）Q-Q 图

Q-Q 图，是根据变量的实际百分位数与其所假定的理论百分位数的符合程度所绘制的图形。可见，相较于 P-P 图，Q-Q 图的适用条件更宽松一些。但在实际运用中，P-P 图更为常用。Q-Q 图的绘制步骤，和 P-P 图几乎完全相同，因此，这里不再加以赘述。

小结

本章的内容，主要包括数据资料的审核、数据录入与预处理、基础统计知识、数据的报表呈现及图形展示。

在收集到问卷调查的原始数据资料以后，我们需要对其进行处理以便后续进行统计分析，工作内容主要包括数据资料的审核、数据的录入、数据的预处理等。

单变量的描述统计，主要包括频数与频率分析、集中趋势分析（或叫集中量数分析）、离散趋势分析（或叫离散量数分析）与形状分析等。集中趋势分析，指的是运用一个典型值或代表值来反映一组数据在具体条件下的一般水平的分析方法。而这个典型值或代表值，就叫作集中量数或集中趋势统计量，常见的集中量数主要有平均数、众数、中位数和分位数等。离散趋势分析，指的是利用一个特别的数值来反映一组数据之间的差距和离散程度。这个特别的数值，被称为离散趋势统计量，也叫离散量数或差异量数，常见的离散趋势统计量主要有全距、标准差、四分位差、异众比率和离散系数等。集中趋势分析与离散趋势分析，分别从两个不同的角度反映出整体数据的分布情况，共同描述出数据资料分布的全面特征。在统计分析中，通常需要假定样本数据呈现正态分布，可以从偏度和峰度两个指标进行考察。

常见的双变量分析，包括相关分析、列联表、回归分析和方差分析等。参数估计，牵涉抽样中的总体、样本、统计值和参数值等基本概念。在调查研究中，利用样本的统计值来推断总体的参数值是一项重要任务。参数估计主要分为两类：一是参数的点估计，二是参数的区间估计。

统计图表是表现统计资料的常见方式，也是统计分析的重要工具。从结构上来看，统计表一般是由表号、总标题、横行标题、纵栏标题、数字资料、注释或资料来源等要素构成，统计图可以被分为标题区、注解区、数据区和图例区等多个部分。除了简单的频数频率分析外，还有叠加表、交叉表、嵌套表、多层表和复合表格等类型。常见的统计图，主要有直方图、茎叶图、条形图、线形图、饼图、箱图、散点图、P-P 图与 Q-Q 图等。我们可以借助统计分析软件，来进行统计图表的制作编辑。

第十二章 文无定法亦有法：调查研究报告撰写

调查研究报告，简称调研报告，是在经历了调查、研究、整理成文三个环节后，针对某一情况、某一事件、某一经验或某一问题最终形成的有关调研工作的书面材料。从概念来看，调研报告是在全面系统、深入透彻的调查基础上，从中提炼出经验教训或结论。它是调查的产物，也是研究的产物，是调研过程的总结环节中最重要的工作。作为实际工作中经常使用的一种应用文，调研报告不但记录着研究过程及调查结果，同时还积淀着领导干部对国家和人民的责任担当，浸润着亲民惠民的政策期许，饱含着对社会关切的真诚回应，助力着政策效能的充分释放。一篇好的调研报告，不是一蹴而就的凭空想象，也不是依据理论的经验总结，而是在大量调研活动的基础上对所调研事物进行的本质剖析和规律提炼，是落实一项措施、项目、计划或是出台一个文件的参考，并能够承载巨量的信息，彰显出思想的高度、情感的温度与社会的热度。因此，好的调研报告往往能给决策者提供可靠的决策依据，帮助决策者做出科学的决策。综上所述，调研报告是调查研究成败的关键点，其撰写的好坏关系到实践成果质量的高低及其社会作用的大小。

第一节 调查研究报告的特点

撰写调研报告之前，要对调研报告的特点有一个准确的把握。调研报告通常以文字和图表等形式，反映调查对象的实际情况，展示研究者的观点和方法。作为一种文体，调研报告不同于学术论文、新闻报道、经验总结和工作报告等，它有着自身的鲜明特点。①

---

① 朱大富：《调查研究——领导干部的基本功》，江西人民出版社2015年版，第223-224页。

第十二章　文无定法亦有法：调查研究报告撰写

 调研报告的针对性

针对性是调研报告写作的目的。调研报告撰写的针对性，有两个层面的含义。首先，要明确读者对象是谁。或许是上级或本部门领导机关，或许是领域同行，或许是一般群众。不同对象，有不同的写作角度。其次，要明确写作目的是什么，做到有的放矢。即要明确是为了解决什么问题，或反映客观实际，或呼吁社会关注，或做学术探讨，或供决策参考。不同目的，有不同的写作风格。调查报告的针对性体现在，报告总是围绕现实生活中迫切需要解决的问题而展开，并对其提出有针对性的对策，明确表示赞成什么、反对什么，没有似是而非或折中主义。调研报告的针对性越强，社会价值越高，发挥的作用也就越大。

 调研报告的真实性

真实性是调研报告的基础。调研报告的写作，要服务于真实性需要。首先，用事实说话，要尊重事实，不能先入为主。既不能用抒情的描写去感染人，也不能用纯粹的思辨去说服人。调研报告必须是调查者亲自调查了解到的情况，以调查到的事实为依据提出观点看法，不能捏造、拼凑内容，更不能杜撰虚假材料，虚构调查结论。调研报告中的事实必须是真实的、客观的，数据必须是具体的、准确的，内容必须是详细的、完整的。其次，用事实说话，要慎重使用调查材料。调研报告中使用的第一手材料要经过核实，要确保调查中涉及的时间、地点、人物、原因和经过，都是真实的、准确的。最后，用事实说话，还要能抓住本质。调查下的工夫越大，获得的材料和信息就越多，难免良莠不齐、真假难辨。这就要通过写作去粗取精、去伪存真，从而找出规律性认识，概括出鲜明的主题，提炼出准确的观点。

 调研报告的新颖性

新颖性是由调查研究的目的决定的。调研报告要能描述与反映实践活动的新动向和新事实，要在基于事实的基础上提出新观点，形成新结论，从而达到提高认识、指导行动的目的。

 调研报告的典型性

典型性是调查研究坚持问题导向的需要。调研报告的典型性，首先是指调查对

新时代领导干部调查研究方法

象的典型性,其次要求报告中选择使用的材料也是典型的,这样才能做到以点带面、指导实践。调研报告写作的典型性要求,也是抓住主要矛盾和问题的需要。习近平曾指出:"新时期,领导干部不调研不行,那种慢工出细活的调研也不行。我的体会是尽量多到基层去看,从一次看,可能时间短了些,但是积少成多,就会从量变到质变,就能把握住工作中存在的主要矛盾和问题。看,总比不看要好;多看,比少看要好!"① 通过调查研究,把握典型,抓住主要矛盾,也就把握住了解决问题的关键。

五 调研报告的时效性

时效性是调查研究解决实际问题的需要。调研报告的时效性,首先是指调查者对自己开展的调查研究活动予以及时总结,所提供的信息、回答的问题、提出的建议具有时效性;其次是指调研报告写作和发表具有时效性,在委托方或立项单位规定的时间内上交报告。通过正式成文的调研报告,使得该部门或该领域现实存在的、迫切需要解决的问题被大众认识到,进而对推动问题的解决起到借鉴、启发和指导作用。

第二节 调查研究报告的类型

调查研究的种类多样,调查研究报告也种类繁多。如果将调查研究方法划分为中国共产党的调查研究方法和社会科学调查研究方法两种,那么,调查研究报告就可以划分为普通调查研究报告和学术调查研究报告两种。② 本书所指的领导干部调查研究方法,就是中国共产党的调查研究方法,其主体主要是各级领导干部,是政治活动家;调查者要秉持马克思主义的立场、观点和方法,有明确而坚定的爱国情感、政治立场和价值倾向;调查目的是提出路线方针政策,即政治活动的方案,最终目的是改造社会。以上三方面,是我们党的调查研究方法与社会科学研究调查方法的主要差别。但是,这两种调查研究方法都以人类社会为研究对象,都追求社会研究的科学化,在研究技术上并无本质的区别。中国共产党的调查研究方法,是马克思主义调查研究方法的中国化,不同于实证主义的社会科学传统。中国共产党的调查研究方法更多的是一种政策制定方法,是经过实践检验的科学的政策制定方法,它实现了中国政策制定方法的"现代化"。

---

① 费强:《从"调研开局"到"调研开路"——中共浙江省委常委会求真务实纪实》,载于《瞭望新闻周刊》2004年第15期,第12-14页。
② 郑佳节:《调查研究》,中国人事出版社2020年版,第134页。

普通调查研究报告还可依据不同标准划分为不同种类。不同类型的调查研究报告，格式和写法虽然大体相同，但其视角、强调的重点及目的要求等方面不完全一样，因此，在写法和表述上也就存在一定的差别。

下面根据不同标准，列举调研报告的具体分类。

 按照调研目的和报告作用分类

根据调研目的和调研报告作用，可以将调研报告分为以下五大类。①

一是问题解决型调研报告，目的是解决某一具体领域的突出问题。在报告中，需要对是什么问题展开详尽描述，挖掘问题解决的重要性，分析问题产生的原因；以及针对如何解决问题提出具有可操作性的对策建议。

二是政策研究型调研报告，目的是制定或完善政策，以及从政策层面解决某方面问题。在报告中，需要对作为调研对象的政策具体内容及其实施情况展开具体陈述，从政策层面挖掘产生问题的原因，最后提出相应的政策建议。

三是决策反馈型调研报告，目的是掌握各类决策的具体成效，从而加强或改进工作。在报告中，需要对决策实施的效果展开具体描述，对决策成效的好坏做出定性判断。在此基础上，最后提出加强或改进工作的具体建议。

四是评估预测型调研报告，目的是对一些有阶段性指标要求的动态性工作进行趋势预测，以便对该项工作进行动态控制管理，多见于对经济形势和商业模式的分析与预测报告中。在报告中，需要以数据为主要论据，对主要情况进行说明，对当前形势做出评估，对发展趋势做出判断。在此基础上，再对未来工作提出调控建议。

五是考察型调研报告，目的是对标学习其他地区、本领域和本行业的先进经验与做法，从而促进本地区、本领域和本行业的工作。在报告中，需要对对标地区、领域和行业的主要做法、成效及经验进行归纳陈述，在此基础上，结合本地区、本领域和本行业的实际情况，提出能推动工作的具体建议。

 按照资料提取和分析情况分类

根据资料提取程度和分析深度、对读者的呈现形式以及对研究方法的运用三个标准，可以将调研报告分为以下三类。②

---

① 廉思：《如何有效开展调查研究》，人民日报出版社2019年版，第230-231页。
② 廉思：《如何有效开展调查研究》，人民日报出版社2019年版，第231-241页。

一是资料型调研报告。这类报告对信息提取归纳的程度最低,也最客观;基本上是原汁原味地呈现信息,以原生态的方式让读者了解调研素材;以问卷调查、深度访谈和焦点组座谈等研究方法搜集资料。按照分析方法,资料型调研报告还可以划分为定量型报告和定性型报告。在定量型报告中,数据结果不加任何分析和研究进行呈现,主要是为读者提供参考和分析资料,让读者自己分析形成观点。在定性型报告中,直接呈现在座谈会、深度访谈中搜集到的被访者信息,语言表达生活化,大多没有加工,其目的也是为读者提供第一手参考资料,供读者自行分析研究。无论是定量型报告,还是定性型报告,所提供的信息都不成体系,没有逻辑,观点也是单一的,甚至没有观点。

二是分析型调研报告。这类报告以资料型报告为基础,运用社会科学定量和定性分析工具,对相关内容进行分析。总的来看,仍是一种中间状态的调研报告。这类报告多由一些大型调查公司完成,包括定量分析报告(又称数据分析报告)和定性分析报告(又称文本分析报告)两类。定量分析报告是对基础材料进行量化分析,具体表现为对问卷调查结果的描述性和解释性分析;分析方法是建立在统计学原理基础上的社会科学统计分析,包括描述分析和统计推论两个部分。定量分析报告实践中,用得最多的是运用简单统计学方法做出分析结果,比如、频数、频率、平均值、方差和中位数等单变量统计分析,以及按调查对象的性别、年龄和婚姻等特征分类做出双变量交叉统计分析等。定量分析报告多用百分比、柱状图、饼图、雷达图和折线图等呈现分析结果。定性分析报告是对基层材料进行文本分析,具体表现为对座谈会文本与深度访谈文本内容的信息进行层层推理和意义提炼;分析方法主要是社会科学质性研究中的内容分析和元分析等方法。定性分析报告实践中,比较有代表性的是词频分析。

三是研究型调研报告。这类报告对材料和资料的分析研究最为深入;向读者呈现出的报告文本逻辑严密、论据充分、论证系统;打破了社会科学研究方法的限制,综合运用各种研究方法展开分析。这是政府机关和企事业单位中最常见的调研报告,也是通俗意义上的调研报告。研究型调研报告最鲜明的特征就是有很强的针对性,针对现实中出现的具体问题,运用数量分析或文本分析方法,深刻揭示出问题的表现形式,分析问题的症结所在,以及解决问题的可行性建议和对策。这类报告,还对论据的典型性和结论的说服力有很高的要求。报告中采用的定量或定性材料,能很好地反映出所针对问题的代表性和普遍性;报告抓住问题的本质、关键和要害,层层展开推理论证,最后得出结论。

按照报告内容分类

以调查研究报告内容为标准，可以将调研报告划分为以下五种类型。①

一是经验型调研报告。这类报告在调研报告中占了很大比例，又可以划分为两种类型，即指导示范型经验报告和借鉴启发型经验报告。① 指导示范型经验报告的主要内容，是通过总结某一个单位、部门或个人在某一方面创造出来的先进经验，以调研报告的形式向上级反映或向下级推广。这种调研报告的关键是，树立典型，突出指导示范性，进而达到用典型来指导工作的目的。② 借鉴启发型经验报告的主要内容是，通过全面搜集、深入挖掘丰富生动的素材，提炼出具有现实指导意义的主题，或以指导思想和方法的转变，或以典型事例背后的潜在意义，或以系统的分析，或以内容的破和立，来揭示和表达经验的借鉴启示意义。

二是先进典型调研报告。这类报告是把先进集体或先进人物的事迹，加以综合整理而写成的书面材料，又可以划分为先进集体调研报告和先进个人调研报告。① 先进集体调研报告侧重于介绍典型群体所取得的成绩，主要内容是及时发现身边涌现出来的先进集体，总结他们的成长历程，真实地展现他们的先进事迹，以达到树立榜样、引领示范、推进工作的目的。② 先进个人调研报告侧重于介绍个人的先进事迹，主要内容是通过挖掘多种多样的个体典型，描述他们的先进事迹，展现他们的时代风采，将抽象的道理形象化到典型个体身上，以达到以先进个人的思想品质来教育和感化他人的目的。

三是反映情况调研报告。这类报告是将通过调查搜集到的各种信息进行综合分析与加工提炼，从而为领导和领导机关提供真实而完整的信息，为其实施管理和科学决策提供参考。这类报告还可以划分为以下三种：第一种是反映基本情况的综合性调研报告，即围绕一个专题，从各个层次和各个角度写出全面而系统的调研报告，并用于做宏观决策参考；第二种是反映具体情况的个案性调研报告，即围绕某一具体问题，将问题界定清楚并深度挖掘出问题背后的原因，目的是为领导决策提供主要依据或重要参考；第三种是反映新生事物的综合性调研报告，即通过全面地描述某一新生事物的背景、情况和特点，分析其性质和意义，指出其发展规律和前景，主要用于报告和评价新生事物，帮助人们提高对新生事物的认识。

四是揭露问题调研报告。这类报告的主要任务是：通报情况，揭露问题；根据上级部门要求和指示精神，通过调查核实写成报告，说明问题发生的过程、产生问题

---

① 本书编写组：《调查研究小全书：领导干部调查研究能力提升与调研报告写作规范》，中国言实出版社2014年版，第198-413页。

的原因、问题造成的危害以及应该吸取的教训。这类报告的政治性和原则性很强，对文字准确的要求也比较高，写作难度比较大。按照问题涉及的范围，这类报告又可划分为两种，即揭示普遍性问题的调研报告和揭示个别性问题的调研报告。① 揭示普遍性问题的调研报告，是指揭示党政部门工作中的普遍性问题，用调查中获得的第一手材料，具体描述问题的表现形式，分析其原因和危害，进而向相关各方提出对策建议的调研报告。② 揭露个别性问题的调研报告，是指通过揭露工作中不易察觉的、潜在的、容易被忽视或不太常见的现象中引起问题的根源，"以小见大"，让读者能够从"小问题"中悟出"大道理"。需要指出的是，以揭露问题为主要任务的调研报告，揭露的现象是消极的，要发挥的作用却是积极的。

五是研究探讨型调研报告。这类报告通过围绕一个具体的、明确的问题，搜集和分析资料，最后对调查结果做出理性分析，提出具有科学价值的结论，以引起读者的思考。这类报告主要用于探讨某项政策或工作，以统一认识，提出新观点和新见解，从而达到推动问题解决的目的。与前述一般调研报告相比，研究探讨性调研报告的重点，不在基本情况、基本经验和主要问题上，而在"调查结果"上。其重点在理性的"探讨"即"研究"上，也就是能够辨别出探讨的现象或问题中，哪些是带规律性的，能够升华到理论高度来认识和评价，哪些是偶然的，又如何认识和评价这些偶然因素。

四 按照报告性质分类

根据内容性质，可以将调研报告分为以下五种。①

一是专题型调研报告。即就一件事、一个人或一个问题进行深入调查，以求及时揭露其中矛盾，反映群众意见和要求，并根据调查结果提出意见、对策或建议。例如，毛泽东1927年所写的《湖南农民运动考察报告》，就其调研对象而言，是针对当时中国共产党内外对农民运动的诘难而撰写的，是一篇专题型调研报告。

二是综合型调研报告。与专题型调研报告相比，综合型调研报告的内容追求"广"和"全"，以求读者从报告中"鸟瞰"事物或问题的全景，但两者之间并没有绝对分明的界限。例如，从调查内容的广度、深度和全面性而言，《湖南农民运动考察报告》也是一篇综合型调研报告。

三是实际建议型调研报告。即根据实际工作需要而写的调研报告，为领导解决问题、制定政策或计划提供依据和参考。

---

① 朱大富：《调查研究——领导干部的基本功》，江西人民出版社2015年版，第226-227页。

四是历史情况型调研报告。即以历史情况为主要内容进行调查研究而形成的调研报告，为人们提供了解某一事物或问题的历史资料或历史真相。

五是现实情况型调研报告。即以现实生活中正在发生或发展的一些的现象为研究对象，进行调查后所形成的调研报告，如针对某先进典型的调研报告和针对某典型事例的调研报告。

第三节 调查研究报告的写作原则及步骤

撰写调研报告的目的，是告诉读者有关调查研究的过程，实践中遇到的问题是如何破解的，最终取得了哪些成果和结论，这些成果对于认识和解决这些情况、事件或问题有哪些理论意义和实际意义等。可以说，调研报告的质量，直接折射出调研工作的开展情况。调查报告的撰写，在行文思路、结构和格式方面都有一定的规范与要求。完成一篇规范的调查报告写作，就是通过高效的信息"输出"，提高报告的影响力，提升政府的决策水平。进入调查报告写作之前的各项工作，包括调研准备、抽样、调查问卷设计、回收和分析问卷、访谈和观察等，都是信息"输入"，解决的是怎么获取信息的问题，这是调查研究的关键性和基础性工作。进入"研究"和"写作"阶段，要解决的是归纳分析信息及"输出"信息的问题。一篇调研报告的最大价值就体现在，作为一个"信息"综合体，报告所展现的信息和所提出的观点，在多大程度上吸引了决策者的注意，乃至影响了决策过程。那么，领导干部该如何酝酿出一篇优秀的调研报告呢？应从遵循调研报告的写作原则、按照步骤指引两方面下功夫，把准节奏、扎实推进，让举措与现实在调研报告的产出下成功接轨。

 遵循写作原则

如果说调查研究是领导干部必须锤炼的"基本功"，那么，调研报告的撰写便是领导干部不得不学的"必修课"。唯有在把握原则中用心思考、笔耕不辍、去伪存真、剥取事实，才能在这堂"必修课"上有所作为。一篇契合需求、能从现状中分析出问题、找准问题根源、提出对策建议的调研报告，在起草时应遵循以下原则。

一是选题必须紧扣现实工作需要。新时代的发展日新月异，同时也给领导干部的工作提出了许多新的命题和要求。面对新形势下层出不穷的新情况和新问题，调研为各级领导干部应对挑战提供了充足的底气——调研的出发点是为各级政府和领导干部的具体工作提供必要的参考信息和对策建议，落脚点是解决政府工作出现的各种具体的经济社会问题。因此，调研报告也应准字当头，咬紧党委和政府的中心工作、紧扣经济社会发展中的重大问题、紧盯热点难点问题来选准题；自觉关注上级政策动向，将调研工作与党委和政府的决策部署紧密联系，在影响与制约本地改革发展的热点、难点和焦点问题中把握重点，切实下好选题先手棋。

二是视野必须开阔。领导干部在撰写调研报告时，应做到胸怀大局、把握大势、着眼于实、立足于高、定位于远，以全局性视野，找准本级政府和本部门工作在全国及整个工作布局中的坐标，准确判断研究课题在政策体系中的位置；既要立于潮头对"成于微澜之间"的"浪"先知先觉、预见潮流，又不能对"起于青蘋之末"的"风"熟视无睹，要及时捕捉苗头性、倾向性问题，谨防蚁穴溃堤，如此才能顺势而为、有所作为。"不谋万世者，不足谋一时；不谋全局者，不足谋一域。"要以开阔的视野、全局的站位，耕耘当下、书写未来；要从各个不同的侧面和角度去观察分析、研究把握问题，察明事物运行之"形"，辨清发展之"势"。在此基础上，找准合适的抓手和突破口，在"牵一发而动全身"的决策重点上集中发力"四两拨千斤"，提高建议措施的可操作性，让调研报告参到点子上、谋到关键处，为政府决策出准主意、出好主意、出新主意。

三是必须坚持求是的精神。习近平总书记在纪念毛泽东同志诞辰120周年座谈会上发表的重要讲话中，曾强调指出："实事求是，是马克思主义的根本观点，是中国共产党人认识世界、改造世界的根本要求，是我们党的基本思想方法、工作方法、领导方法。"因此，无论是开展调研工作，还是撰写调研报告，都应"靠实事求是吃饭"，念好"实"字诀，厚植求真务实基因，彰显责任担当。这不仅意味着，调研报告提出的新经验、新思想、新见解、新理论、新规律和新措施，都要经受得起实践的检验，而且对调研报告中所呈现的第一手材料的可靠性和可信度提出了严格要求。故而，领导干部不能把撰写调研报告简化为纯凭经验的"激扬文字"，也不能关在办公室里"指点江山"、闭门造车，更不能满足于"复制""粘贴"的浅尝辄止、文过饰非；而要在远近都去、好差皆看的调研中摸透实事，拿出闻过则喜的态度来听取真言；不单要在报告里体现肯定成绩的自觉，更要清醒道来客观存在的问题；在践行实事求是、切实可行的根本遵循中，踏踏实实搞好调研，实实在在写好报告，真正打通调查研究的"最后一公里"。

 按照步骤指引

调研报告是调研工作的重头戏。如前所述，调研报告有不同种类，不同类型调研报告所涉及的重点、要求和写法都有一定区别，但其格式与撰写步骤基本大同小异。具体可按以下步骤谋篇布局：提炼报告主题；拟定写作提纲；精选调查材料；撰写报告成文和修改报告。

（一）提炼报告主题

主题是调研报告的中心思想和灵魂。如果说选题重在发现，调查重在捕捉，那么，撰写报告阶段的主题则重在提炼。提炼主题的过程，就是发掘事物的本质特征，实现感性认识向理性认识跃升的过程。提炼出来的主题是否有价值，不仅决定了调研报告意义的大小，也决定了调研报告写作的成败。① 因此，准确地提炼主题，是写好调研报告的关键。提炼报告主题，应注意以下几点。

一是正确性。体现作者认知、判断和评价的主题，要能如实反映客观事物的本质和规律，符合党和政府在一定时期的路线、方针和政策，能对社会实践起到指导作用，对社会发展起到促进作用。这就要求作者，一方面要有一定的理论修养，有正确的世界观和方法论，能与时俱进地提高思想认识水平；另一方面要有较强的观察分析能力，能深入到实践中，去粗取精、去伪存真，形成对客观事实的正确判断和结论。

二是统一性。即报告主题体现的观点要和材料一致。调研报告的主题是观点的集中体现，是运用归纳推理等方法对材料进行分析后自然而然得出的结论，因此，观点来自材料。同时，观点又要统率材料，调查中所搜集到的材料要能充分有力地说明观点，突出主旨。

三是新颖性。即报告主题要有新意，要符合时代发展的脉络。或立意新，能发现蕴含时代精神的新东西，发现别人没有涉及的新问题；或角度新，同一事物从不同角度，用不同观察方法，发现不同面貌；或观点新，能提出独到的见解，是别人没有讲过的新观点和新对策；或领域新，能开辟别人没有接触过的新领域，研究别人没有研究的问题。

四是集中性。即主题突出，单一集中。调研报告的主题应该"独一无二"、小而实，不应面面俱到。如果有多个侧面，就应坚持重点论，择其要点，舍弃枝节。可以"大题小做"，这样便于集中材料，让主题分析得更加透彻。从侧面着手，从局部切入，虽然范围小，但也可以反映全局。只有主题高度集中，才能让材料真正为中心服务，便于读者抓住要领，留下深刻印象。

（二）拟定写作提纲

写作提纲是调研报告的结构和骨架，是构思调研报告的关键环节。拟定提纲的过程，就是研究调查材料的过程，形成基本观点的过程，明晰报告主题的过程。拟定

---

① 本书编写组：《调查研究小全书：领导干部调查研究能力提升与调研报告写作规范》，中国言实出版社2014年版，第177页。

写作提纲，应遵循以下要求。一是突出报告主题。要有全局观念，围绕主题安排结构层次和篇幅长短，保证每一部分都为主题（即中心论点）服务。二是围绕主题取舍材料。保证基本观点有充分的材料论证，与主题无关或关系不大的材料，无论多好都要舍弃。三是逻辑严谨。论点与论据之间应有必然联系，符合说理论证的基本逻辑；报告同一层次各部分之间形成有机的逻辑关系；大纲整体还要符合客观事物发展的内在逻辑，保证理论逻辑与实践逻辑的统一。

写作提纲的架构，可在调查报告的结构框架下勾勒。调查报告的结构没有固定模式，不同类型的调查报告，针对不同的读者对象，强调的重点不同，于是就有不同的结构。但"定体则无，大体须有"，各种调研报告还是有一个大体相同的基本结构，都包含标题、署名、序言、正文和结尾等内容，这也为提纲的拟定提供了合理的框架。

1. 标题

标题是调研报告的浓缩点，好的标题能起到画龙点睛的作用。拟定提纲和正式撰写调研报告之前，都要对标题进行反复推敲。标题字数一般不超过 20 个字，要做到标题准确揭示主题，具有高度概括性和较强吸引力。标题的拟定，通常有以下五种方式。①

一是直叙式。即直接用调查对象或调查内容做标题，多用于综合性和专业性较强的调研报告，如《××大学博士生生存状况调查》等。这类标题，优点是直截了当、客观、简明，缺点是比较呆板、吸引力不足。

二是判断式。即用作者的判断或评价做标题，多用于经验总结、政策研究和支持新生事物等类型的调查报告，如《农业产业化发展的一种好形式》等。这类标题，优点是揭示了报告主题，表明了作者态度，比较吸引人，缺点是不容易在标题中看出调查对象和主要报告内容。

三是提问式。即用提问的方式做标题，多用于揭露和探讨现实问题的调查报告，如《如何破解快递小哥的职业发展瓶颈》《结婚是否一定要买房》等。这类标题提出了问题、设置了悬念，优点是主题鲜明、尖锐、有较强的吸引力，缺点是不容易看出调查结论。

四是抒情式。即用抒发作者感情的方式做标题，多用于表彰新生事物或鞭挞社会不良现象的调查报告，如《倾听流水线上的呼声》《万紫千红满园春》等。这类标题充分表达了作者的思想感情，优点是具有较强的感染力和吸引力，缺点是仅仅从标题中很难判断报告的内容。

---

① 廉思：《如何有效开展调查研究》，人民日报出版社 2019 年版，第 246-247 页。

五是双标题。即用主标题和副标题，是调查报告使用较多的一种形式。一般主标题点明调查报告的中心思想和主要内容，副标题则写出调查的对象、内容和范围等，如《医疗供给与需求调查研究——基于4619份问卷的实证分析》《既要金山银山，更要绿水青山——对××市环境保护和治理工作的情况调查》等。这类标题，综合了多种标题的优点，缺点是比较复杂、冗长。

2. 署名

署名在标题之下，署上调查研究单位，或作者个人姓名及其所在工作单位等。也可署名"××课题组"，课题组成员名字则以脚注或尾注方式注明。

3. 序言

万事开头难。序言写在调研报告的开头，又叫引言或导语。一篇成功的序言，既可使调研报告顺利展开，又能吸引读者。序言的文字，要求简练、概括性要强。序言的基本内容，大致有四种：一是交代调查的目的、意义、背景或原因等；二是简要介绍调查基本情况，如调查对象和调查内容等；三是简要介绍调查研究的资料搜集方法以及资料处理或分析方法；四是点明基本观点或概括主要内容。序言的写法，通常有以下三种方式。①

一是开门见山法。在开头就先交代调研的目的或意义，并扼要点明报告的基本观点。这种写法，便于读者准确把握报告的主要宗旨和基本内容，是最常见的一种写法。

二是结论先行法。即在序言中先简要说明调查的基本结论，然后再逐步论证。这种写法观点明确，读者一目了然。

三是设问法。即在开头提出问题，设置悬念，引起读者对调查报告的关注，推动读者思考。这种写法常用于总结经验和揭露问题的调查研究报告。

4. 正文

正文也叫主体，是调研报告的主干和核心部分，是序言的引申展开和结论的依据所在。写好正文，要精心安排好层次和结构，通过丰富翔实的材料，鲜明深刻地表现主题。写好正文的关键就是"搭好架子"，也就是安排好结构，用好的结构联结主题与材料、论点与论据、作者与读者。不同类型的调研报告，有不同的结构方式。一般而言，正文部分大体是按照提出问题、分析问题、解决问题的逻辑思路来安排结构。结构主要通过二级标题和三级标题来体现，而标题基本上也是观点的浓缩。在

---

① 朱大富：《调查研究——领导干部的基本功》，江西人民出版社2015年版，第229-230页。

正文行文时，用观点统率材料，用材料说明观点。每个三级标题（或观点）之下，由一组材料提供论据完成论证，同时构成一个小的逻辑推理；一组这样的小逻辑推理，构成对一个二级标题（或观点）的论证；几个二级标题（或观点）组合起来，构成一个有着内在秩序的、完整的逻辑论证，同时完成了一篇调研报告主体部分的逻辑论证。一般来说，二级标题及其下设的三级标题，有3~6个为佳。标题层级过多，显得结构松散；标题层级过少，显得思考不深入，也不利于观点充分展开。另外，正文的语言风格应朴实无华、简明扼要、通俗易懂；文字表述的目的，不是抒发感情、展现文采，而是要解决问题，让读者读得懂、看得明，能给读者留下深刻印象，引发读者思考。

具体而言，正文部分的结构形式有四种，即横式结构、纵式结构、三段式结构和纵横结构。不管哪种结构，都要做到先后有序、主次分明、详略得当、联系紧密、层层深入。①

一是横式结构。这种结构多用于对事物展开多角度、多侧面的描述，属于平行式结构，资料型、经验型报告多采用这种结构。具体写法是：围绕主题，将调查的内容归纳成几个侧面，每个角度都冠以一个小标题，让读者一目了然。

二是纵式结构。这种结构主要用来表现对事物逐层深化的认识，属于递进式结构，分析研究型、探讨问题型报告多采用这种结构。具体写法是：按照事物发展的历史顺序或内在逻辑，或先后为序，或由浅入深，列出小标题，让读者了解事物发展的全部过程或完整逻辑。

三是三段式结构。这种结构以内容为核心谋篇布局，类似"八股"，有相对固定的结构形式。介绍经验的调研报告，采用"情况—做法—效果"结构；反映情况的调研报告，采用"问题—原因—建议"结构；揭露问题的调研报告，采用"现象—特征—对策"结构。

四是纵横结构。这种结构是上面几种结构的交织使用形式，是纵横交错的结构，多用于大型调研报告中。这种结构的具体写法是：一般在叙述或议论发展过程时，用纵式结构；在撰写收获、认识和经验教训时用横式结构。这种结构有一个通用公式，即"背景意义—研究目的—调查方法—文献综述—现状描述—特征分析—问题挖掘—原因研判—影响因素—发展趋势—经验借鉴—对策建议"。在实际撰写过程中，根据主题和内容进行取舍。

5. 结尾

结尾也叫结论，是调研报告的结束语。这个部分，是调研报告分析问题、得出结

---

① 廉思：《如何有效开展调查研究》，人民日报出版社2019年版，第256-258页。

论、解决问题的必然结果，是对主体部分内容的概括和升华。好的结尾，有画龙点睛的效果，会有余味、有余音，给人冲击、给人启发、给人思考。结尾的形式，可长可短。从内容上看，结尾的写法有以下五种。①

一是概括式。即基于正文的阐述，总结主要观点，深化主题，提出有关看法和想法。

二是预测式。即对事物发展做出预测，展望未来方向，启发人们进一步去探索。

三是建议式。即指出问题或不足，提出改进的具体建议，应以请示或商榷的语气结束。

四是问题式。即说明问题的危害性和严重性，以引起注意和重视，有的还提出对策性的具体意见。

五是补充式。即补充交代正文没有涉及，而又值得重视的情况或问题。

除了以上五个部分，有的调研报告还包括提要（或核心观点）和附录等。提要是调研报告核心观点的浓缩，要求直奔主题、言简意赅，陈述作者的论点和主要结论，一般控制在200～300字。撰写提要的目的是，便于读者迅速了解报告内容，节省阅读时间。附录是调研报告的附加部分，是正文报告的补充，视需要来添加。可作为附录的材料包括：有关调查内容和调查工具的附录，如问卷、量表、抽样方案、主要数据，以及正文中未用的图表、数表、计算机程序等；文献目录，包括有关材料、参考资料和书籍出处等。②

（三）精选调查材料

材料是调研报告的血肉，材料使用要紧紧围绕主题，用材料去论证观点，做到材料与观点的统一。拟定写作提纲后，接下来就要对调查中搜集到的材料进行认真的阅读、研究、筛选和鉴别，精选出合适的材料，围绕主旨和正文进行加工整理。选择调查材料，要遵循四个原则：一是集合性原则，即把调查材料当作客观情况的集合来研究；二是典型性原则，即选出的材料最有代表性，最能反映问题的本质；三是基本量原则，即资料中要以统计所提供的数据作为研究的依据；四是"七要素"原则，即选出的材料要包含人物、时间、地点、事件、起因、经过、结果及其意义这七个要素。③ 筛选出的材料，还要满足三个特征：一是真实；二是合情合理；三是全面。此外，选择材料，一方面需要处理好人与物的关系，即既见物又见人，要有数字

---

① 廉思：《如何有效开展调查研究》，人民日报出版社2019年版，第274-275页。
② 本书编写组：《调查研究小全书：领导干部调查研究能力提升与调研报告写作规范》，中国言实出版社2014年版，第176页。
③ 本书编写组：《调查研究小全书：领导干部调查研究能力提升与调研报告写作规范》，中国言实出版社2014年版，第179-180页。

和事实,还要有人的典型言行和精神面貌;另一方面还要处理好详与略的关系,即读者不了解的或典型的事例和细节要详写,一般性的或一看就明白的应少写,尤其是少写套话、空话和大话。

材料的类型,一般有以下四种。①

一是典型材料,即最能反映事物本质,且有能力说明和表现特定主题的材料。典型材料必须真实、具体、生动,具有代表性。

二是综合材料,即能说明事物总体概貌的材料。综合材料展现广度,典型材料体现深度。

三是对比材料,即一组具有可比性的材料,如历史与现实的对比、成功与失败的对比、先进与落后的对比、新旧对比、好坏对比、优缺点对比等。

四是统计材料,包括绝对数、相对数、平均数、指数和动态数列等。基于统计材料的数字表达,往往能达到文字表达所达不到的效果,有助于增强报告的科学性和客观性。

(四)撰写报告和修改报告

报告成文阶段,就是调研报告的行文阶段。可以由一个人执笔,也可由几个人按提纲约定分头撰写各自负责的部分,但必须由一个人统稿。

首先,撰写调研报告时,要从主题论证、结构布局和资料使用三方面把握好行文要则。① 在主题论证上,根据定量研究和定性研究方法采用不同的论证方式,定量研究一般采用归纳论证法,定性研究采用演绎论证法;主题和观点要与资料要保持一致,用资料阐明观点、论证主题,资料分析与观点分析还要保持适当的比例。② 在结构布局上,一般应遵循整体性、逻辑性和嵌套性三个原则,调研报告各个部分应协调一致,构成一个整体,不能厚此薄彼或头重脚轻;内容和结构要符合逻辑,句子与句子之间保持逻辑延续性;观点若能操作化成可量化或可感知的具体指标,说明指标的资料也要被嵌入报告中。③ 在资料选择上,要遵循真实、原始、典型、简洁的原则,来取舍材料。

其次,撰写调查报告要符合格式规范,包括标题格式、引文和注释格式等。以政府部门领导干部为主要读者对象的调研报告,都有惯用的格式要求,要向调研报告使用方问清楚标题格式和排版要求。此外,不同出版社和杂志社对撰写格式也有不同要求。因此,需要出版的调研报告,都要根据出版方的具体规定对格式进行调整,以符合相应的格式规范。

---

① 朱大富:《调查研究——领导干部的基本功》,江西人民出版社2015年版,第234-235页。

最后，调研报告定稿之前，还要反复推敲和修改。这是调研报告成文的最后一步，从头到尾地仔细把关修改，可以让报告文字流畅、用语贴切、详略得当、张弛有度。调研报告可以由执笔者个人修改，也可以集体修改，即邀请有关专家与学者对调研报告进一步修改、论证、充实和完善。呈报给领导审阅的调研报告，如有要求，也要按领导要求再进一步修改。修改的内容，重点集中在四个方面：一是标题修改，力求生动、简洁、醒目，从形式上尽量做到词语押韵、句式对仗；二是结构修改，做到结构完整、科学、合理；三是内容修改，检查材料和数据是否真实、可靠，观点是否正确、新颖，论证是否严谨、符合逻辑等；四是语言文字修改，逐字逐句推敲遣词造句、语法和标点符号，检查用词是否准确、恰当，语句是否简练、流畅，标点符号是否正确、规范等。

调研报告修改定稿后，要具有较高价值。一篇好的调研报告，应具有以下三个特征。一是能抓住事物本质展开论证。这样的调研报告，在写作时能抓住那些最能说明问题的材料来论证观点。二是能实事求是进行客观阐述。这样的调研报告，在写作时能以调查所得的事实为准。不允许用主观设想代替调研结果，不允许拿调研之前设想的结论去套用或据此改造客观事实，更不允许虚构事实。三是语言生动活泼。调研报告使用的材料，来自群众，来自实践。尽管报告撰写要求对材料进行提炼、归纳，但一篇好的调研报告，对能反映观点的群众语言，应尽量采纳并保持原貌。这样的调研报告，既说明问题，又有较强的可读性。

第四节 调查研究报告的成果转化运用

撰写调研报告的目的，是更好地解决现实问题，指导和推动工作。调研成果的转化或运用，应是调研活动的最后阶段，是调研活动最重要的环节之一，是调研目的的最终体现。领导干部的调查研究，既不是纯粹的理论研究，也有别于具体的工作部署，而是一种理论与实践相结合的对策性应用研究，必须强调"研以致用"。[①]衡量调查研究搞得好不好，不仅要看调研报告写得怎么样，还要看调查研究的实效，看调研成果的运用。对通过调研实践证明行之有效的新经验和新创造，应及时总结提炼，并加以宣传推广；对经过充分研究的、比较成熟的调研成果，应及时上升为决策部署，转化为具体措施，在政策制度层面明确下来；对尚未研究透彻的调

[①] 习近平：《干在实处 走在前列——推进浙江新发展的思考与实践》，中共中央党校出版社2006年版，第538页。

研成果，应更深入地集思广益，完善后再付诸实施。调查研究的一项重要功能，便是对已形成举措且落实落地的政策跟踪了解、综合评估，视情况修订调整、优化提升，以此不断提高决策的科学性，不断提高抓落实的质量。[①] 调查研究既要防止"调"而不"研"，又要防止"研"而不"用"。领导干部要在胸襟有宽度、视野有广度、思考有深度的基础上，强化调研成果转化，提升调查研究效能，将调研成果转化为推动高质量发展的有力举措。

一、调查研究报告成果转化运用的类型

一篇基于客观事实、遵循问题导向、支撑材料翔实、阐述观点鲜明、有较强可操作性的调研报告，可以转化为不同形式的成果，影响和服务于领导的科学决策，这是调研报告成果运用的最主要的、最基本的途径。调研报告成果的转化应用，主要有以下四种类型。

（一）转化为政策文件

调研报告成果经过有关部门和领导研究后，直接以政策文件的形式下发，这是调研报告成果运用最理想的形式和途径。作为成果转化形式的各级政府政策文件，其类型包括条例、规定、决定、决议和意见等。但是，要转化为政策文件，对调研报告本身提出的要求非常高。为此目的而撰写的调研报告，或者符合这种转化目的的调研报告，主要有以下三个特点。[②] 一是调研报告聚焦的问题具有普遍性。向政策文件转化的调研报告，需要解决的问题是全局性的，不会是个别的、次要的或非紧迫的问题，而是对一个地区、一个系统或一个方面具有倾向性和普遍性的问题。二是调研报告提出的对策建议具有可行性。就是说，调研报告分析的问题、提出的解决方案，在理论和实践上都已经比较成熟，具备了可操作性。三是调研报告提出的方案具有可选择性。就是说，调研报告能提出多种可供选择的方案，方便决策者及相关部门能根据不同情况和条件，进行合理化抉择，让行动方案具有灵活性，最终能顺利推行。否则，如果行动方案过于单一，一旦出现反对意见，就会因为缺乏选择的余地而导致政策无法执行，成果转化以失败告终。

---

① 臧安民：《大力弘扬调查研究的优良传统——深入学习贯彻习近平总书记关于调查研究的重要论述》，载于《人民日报》2021年11月17日，第9版。

② 郑佳节：《调查研究》，中国人事出版社2020年版，第158-159页。

（二）转化为领导讲话

为主要领导同志起草讲话稿，既是各级政府机关调研机构的重要工作，也是调研报告成果转化的一个主要途径和形式。转化为领导讲话的调研成果，通常就是领导讲话稿，突出的特点是容量大。比如，将具体事例和案例展开讲，讲清楚为什么要这样做而不能那样做，等等。为此目的而撰写的调研报告，有以下三个特点。一是调研主题与会议主题及领导的指导思想一致。二是调研成果提出的方案具有针对性，重点突出。调研报告提出的新情况和新问题，对领导关注的问题具有全局性的指导意义，有助于按照领导的指导思想推进工作、解决问题。三是调研成果具有综合性和包容性。主要是指尽可能吸收相关部门的调研成果，让领导的政策视野更加开阔。①

需要指出的是，转化为领导讲话的调研成果，既可以由"秘书创作"，也可以由领导干部自己动手撰写。后一种方式，有助于领导干部深入基层、深入群众、深入实际，不断提高自身的调研能力和学识修养。在此基础上的讲话，更能体现领导干部自身的思想和气质，更有利于提高领导干部的工作效率和决策水平。

（三）转化为政策研究类刊物文章

调研报告成果转化为政策研究类刊物文章，是许多高校和研究机构实现成果转化的主要方式。政府机关各类调研部门编发的刊物，不同于高校科研机构公开发行的学术刊物。前者的主要职能是，围绕政府机关的工作需要，服务于领导决策，其涉及的领域也不如学术刊物广泛。主办的部门不同，工作任务、性质和读者对象也不同。此外，刊物的类型也多样化，大致可以划分为动态性刊物、研讨性刊物和综合性刊物三种。动态性刊物，以刊登反映情况和动态性信息的文章为主；研讨性刊物，以研究探讨问题为主，侧重刊登调研报告和偏理论方面的文章；综合性刊物，则是上述两种刊物的结合，这类刊物一般篇幅、容量都比较大。

转化为刊物文章的调研成果，主要承担以下三种功能。一是向决策转化的信息载体。刊登在刊物上的文章，主要集中在经济活动和思想动态上，具体政府工作中出现的新情况、新问题和新见解等，这是科学决策的重要参考信息来源。二是参政议政的形式。刊登出来的文章，有的引起领导重视，经过批示或批准，能直接向科学决策转化；有的作为影响领导决策的参考信息，间接影响或服务于决策。三是研讨问题的阵地。创办刊物提供了一个研究与讨论新情况和新问题的阵地，有助于开拓科学决策的主动性、预见性和多元化视角。

---

① 郑佳节：《调查研究》，中国人事出版社2020年版，第160页。

（四）转化为向上级领导的陈述汇报

以调研报告成果为主要内容，以口述形式向领导面陈汇报，也是调研成果运用的一种常见形式。这种转化形式灵活多样，可以是比较正式的口头汇报，即专门约定时间，明确专题；也可以是非正式汇报，比如，在随同领导调研途中或会议间隙期间，甚至是吃饭和路遇等场合，向领导汇报。其优点是直接、迅速、简便。要提高调研成果的口述汇报效果，应把握好三个技巧：一是内容能很快引起领导的注意和重视，因此，在汇报前应尽可能充分了解领导关心的问题，从领导关注的视角出发选择汇报切入点；二是灵活把握汇报的时机，尤其是在非正式场合，要善于观察并抓住合适的汇报时机，让领导方便听取汇报；三是口头汇报的语言和观点要简洁明了，尽可能一针见血、直击要害。

此外，调研报告成果资料还可以转化为通讯报道、评论或理论文章等，通过报纸、电台和公众号等新媒体渠道扩大影响。有些调研报告成果资料，也是学术研究的宝贵素材，能据此展开学术研究。

二 调查研究成果运用的方式

调研成果除了直接或间接转化为领导干部的决策信息或成果，还有以下运用方式。

（一）指导基层工作

一篇好的调研报告，不仅在理论上对读者具有积累素材和开阔视野的作用，而且在社会上具有宣传和教育的作用①；如果能面向基层，从多个渠道发挥调研报告的效益，就能起到指导基层工作的作用。

（二）形成对话机制

调研报告成果，也可服务于我国广泛建立的社会协商对话制度。政府部门发起或执行的调研报告，在事实上担负起了宣传党的方针、政策和路线的任务。党的路线、方针和政策，能否得到群众的理解、支持和监督，还需要有一个能够与人民群众直接对话的机制，以便及时、畅通、高效地与基层群众沟通，实现下情上达、上情下达。各级政府部门的调研机构，因为能实时、广泛、详尽地占有调研资料，更是有搞好这项工作的优势。

---

① 郑佳节：《调查研究》，中国人事出版社2020年版，第165页。

（三）搜集反馈信息

当调研报告成果转化为决策，或通过其他渠道进行运用后，还需要搜集反馈信息，以便及时有效地调整，这也是调研成果运用的又一种方式。需要搜集的反馈信息，涵盖了调研成果运用全过程的各方面信息：调研成果实际运用后各方面的评价反映；调研成果实际运用过程中所产生的影响及反映的信息；调研成果实际运用的实际效果。得到反馈信息后，可以从两方面对信息进行分析、利用和调整：一方面，找到受外界因素影响而偏离目标的决策予以缓解，并对其进行调整和控制；另一方面，找到调研成果实际运用过程中效果较好的原有目标，进行调整与控制。如此才能保障在调研成果发生偏差时可以及时调整，以及当调研成果符合预期目标时，可以推动其更加完善充实。

小结

本章从四个方面详细介绍了调研报告撰写环节涉及的相关内容。

第一，准确把握调研报告的特点，是写好调研报告的前提。作为一种文体，调研报告具有针对性、真实性、新颖性、典型性和时效性五个特点。

第二，以领导干部为主要读者对象的普通调研报告，不同于学术类调研报告。根据不同标准，普通调研报告还可以分为多种不同类型。不同类型的调研报告，格式和写法上大同小异，需要把握不同类型调研报告的具体要求，选择适合的表述方法。本章按照四种分类标准，分别介绍了不同类型调研报告的特点和撰写方法。

第三，调研报告的起草撰写，应遵循写作原则，按照步骤指引，有条不紊地进行。领导干部撰写调研报告，应遵循紧扣现实工作需要、视野开阔和始终坚持求是精神的写作原则。调研报告的撰写，可以按照四个步骤逐步开展，即提炼报告主题、拟定写作提纲、精选调查材料以及撰写报告和修改报告。其中，把握好调研报告的结构化特征，对于拟定调研写作提纲、撰写出一篇完整的调研报告，十分重要。本章从标题、署名、序言、正文和结尾五个方面，详细介绍了调研报告的基本结构及其写法。

第四，调研报告成果的转化运用，是调研报告撰写的最后一个环节，也是调研目的的最终体现。一篇有较高转化运用水平的调研报告，在撰写阶段就应遵循三个原则，即紧扣现实工作需要、视野开阔、坚持求是精神。

转化为科学决策成果，是调研报告成果转化的基本形式和主要形式。这类转化又有四种成果类型，即转化为政策文件、转化为领导讲话、转化为政策研究类刊物文章、转化为向上级领导的陈述汇报。此外，成果转化的方式，还有指导基层工作、形成对话机制和搜集反馈信息三种。

附录一 纸质问卷参考案例

访员姓名：　　　　　调查地区：　　　　　问卷编号：

农村青年生活工作状况调查问卷

尊敬的调查对象：

您好！我们是湖南省中南大学的学生。随着社会变迁，农村青年群体日益壮大并备受各界关注。本次调查的目的就在于，进一步了解初中毕业户籍为农业户口的15~35周岁农村青年在教育、成家及立业方面的发展状况，推动农村青年群体获得更好的社会性发展。本调查只会耽误您几分钟时间，回答不涉及对错。此次调查不涉及隐私，依据《中华人民共和国统计法》严格保密，所做调查仅用于数据分析，希望您根据实际情况如实回答。

衷心感谢您的大力支持和参与！祝您工作顺利！

"农村青年生活工作状况"项目调查组

中南大学公共管理学院

2021年1月

联系人：董海军　　　邮箱：donghj34@csu.edu.cn

作答说明：如无特殊说明，选择题均为单项选择，请在您选定的选项下画"√"。若选择"其他"项，请在后面注明您的想法。

扫码获取问卷

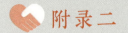 # 网页问卷参考案例

湖南省中小学劳动教育调查问卷（家长卷）

腾讯网页问卷地址：https://wj.qq.com/s2/6713814/b6bb/

扫码获取问卷

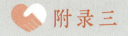

附录三　调研报告参考案例

FJ 省长者食堂建设情况的调查与思考①

省民政厅课题组

自 2019 年 7 月，FJ 省民政厅在全省启动第一批 20 个长者食堂试点建设以来，已经走过近 3 年探索期，受到老年人及其子女家属的广泛欢迎，取得了较好的社会效益，同时也面临不少困难和问题。为巩固前一阶段建设成绩、稳步推进下一阶段长者食堂建设，省民政厅在"我为群众办实事"活动中，组织课题组到 ND、FZ、XM 等地开展"长者食堂"建设专题调研，通过召开座谈会、现场考察、个人访谈和问卷调查，形成本调研报告。

 长者食堂建设的意义在实践中不断丰富

为什么要建设长者食堂？"小食堂"里有怎样的"大文章"？建设长者食堂的意义在实践中逐渐凸显和丰富。

（一）"小食堂"兜底"急难愁盼"

随着老龄化程度的不断加深，以及居家社区养老服务体系的不断完善，由长者食堂提供助餐服务的养老需求越来越旺盛，在农村地区甚至是急迫之需。截至 2021 年底，我省 60 周岁以上户籍老年人 678.81 万人、占比 17.21%，其中 80 周岁以上老年人 106.36 万人。全省现入住养老机构老年人 4.2 万人，约有 99.4% 的老年人选择居家社区养老方式。如何不断扩大居家社区养老服务覆盖面，已经成为现阶段养老服务体系建设的难点和痛点。其中，助餐服务是最受老年人期待的服务需求。据抽样调查显示，有 62.4% 的被访老年人将助餐服务需求作为养老需求的首选，有 90.2% 的被访老年人将午餐需求作为三餐需求中的首选。

---

① 本文全文刊登于中共福建省委政策研究室主办的《调研内参》2022 年第 3 期。

在农村地区，用餐难问题尤为突出。吃饭问题成为贫困、留守、孤寡、高龄、失独、重残等特殊困难老年人日常生活中的大事、难事，更等不得。助老就是防困，助餐就是兜底"急难愁盼"。

（二）"小食堂"凝聚"大民心"

长者食堂的助餐服务"离家不离村、离亲不离情"，不仅能提供基本助餐服务，还拓展了服务功能，满足老年人其他服务需求。老年食堂按照科学要求为老年人提供营养配餐，有助于维护老年人身体健康；配备文体娱乐设施的老年食堂，有的还能提供"长者食堂＋学堂"服务模式，引导公共文化服务资源向食堂延伸，满足了老年人娱乐社交和心理慰藉的需求，减少了外出子女的后顾之忧；互助模式运作的老年食堂，搭建了一个相互沟通交流、助人自助、守望相助的平台，增强老年人的安全感，有力促进了邻里关系的和睦，敬老孝亲、乡风民风得到明显好转；慈善力量参与共建的老年食堂搭建了一个救助纾困、凝聚社会公益力量的平台，志愿慈善行为蔚然成风；党建引领的长者食堂，搭建了一个基层社会治理的新窗口，党组织的战斗堡垒作用和党员的先锋模范作用得到发挥，党群干群关系进一步融洽。

（三）"小食堂"里有"大文章"

作为居家社区养老服务的一种方式，长者食堂越来越成为基层党委、政府有效提升社会治理水平和治理能力的平台。长者食堂是"为民办实事"的具体体现，能让老年群体最直接地体会到获得感和幸福感。农村长者食堂从解决吃饭问题着手，巩固脱贫攻坚成果，推进乡村振兴。城市长者食堂不但解决就餐问题，还能让人老有所学、老有所乐，促进公共服务优质共享，老年人群生活品质不断提高。

构建"广覆盖、保基本、可持续"的长者食堂，也是构建幸福养老服务体系的有力抓手。新时代养老服务体系建设要在不断提高老年人生活品质上实现更大突破，就要走老龄事业与老龄产业协同发展之路。长者食堂建设目前是将社会效益放在首位，同时也要兼顾市场效益。这就要充分发挥政府引导作用，以有效供给激发老年群体的有效消费需求，吸引和支持社会力量与市场力量参与长者食堂建设。以长者食堂运营作为压力测试，筛选出兼具市场能力与公益品质的市场主体，鼓励他们从提供助餐服务出发，开发出越来越多样化、个性化、市场化的养老服务，推动"银发经济"发展。

二 长者食堂建设运营基本情况

（一）设施建设情况

截至2022年1月，全省已建成长者食堂（助餐点）822个。全省有31个市（区、县）实现长者食堂乡镇（街道）级全覆盖，占总数的 35.6%。城镇建成 237 个，社区覆盖率 8.12%；农村建成 585 个，村级覆盖率 4.1%。依托居家社区养老服务照料中心、农村幸福院等社区养老服务设施建设 624 个，占比接近 76%，依托养老机构等单位食堂建设 83 个，依托宗祠等其他设施建设 115 个。与社区卫生服务站（村卫生所）、居（村）委会公共服务设施同址或邻近建设的 457 个，占比超 55.6%。

总的来看，长者食堂在村（居）级的覆盖率不到 10%，有待提升；超过 3/4 的长者食堂设在城乡社区养老服务设施内；一半以上的长者食堂与城乡卫生等公共服务设施毗邻建设。

（二）运营方式

先看运营经费来源。据测算，开办一所每日服务 30 人、配备 1 名厨师的长者食堂，至少需要 13 万元，其中，添置设施 7 万元，人员工资、水电费等运营费用 6 万元。目前，开办长者食堂的经费来源主要是各级财政投入，还有少部分来自社会慈善捐助。截至 2021 年底，全省长者食堂日均服务老年人超 1.6 万人，各级累计投入资金 1.02 亿元；其中，吸引投入慈善资金 1719 万元，占总投入的 16.83%。各地因地制宜，整合资源，探索出多元化运营方式（见附表 1）。其中，高达六成以上的长者食堂采取自建厨房模式，还有两成多长者食堂为自助互助运营，剩下不到两成是通过养老机构或餐饮服务企业等社会力量提供助餐服务。值得注意的是，全省有 4 所长者食堂是依托其他单位食堂开办的。

再看专业化、规范化运营程度。目前，全省办理食品卫生许可证的长者食堂 267 家，占 32.48%。聘请专职人员的工资水平，2000～3500 元的占 54.75%，3000 元以下的占 23.59%。采用互助或自建厨房方式运营的长者食堂，基本由居（村）委会或非营利组织负责运营，多以低薪酬支付人工工资。此外，大多数长者食堂没有配备营养师等专业餐饮服务人员。

附表 1　FJ 省长者食堂运营方式

运营方式	个数	占比	服务方式
自建厨房	508	61.8%	由政府或社会力量出资建设厨房和就餐场地，依托农村幸福院、城镇居家社区养老服务设施，提供现场烹制用餐服务
互助服务	188	22.9%	未聘请专职厨师或管理人员，由老年人采取自助互助方式运营，提供就餐服务
养老机构（单位）专区（窗）	51	6.2%	利用养老服务机构、企事业单位等食堂的内部餐饮资源，提供就餐配餐服务

续表

运营方式	个数	占比	服务方式
餐饮企业参与	37	4.5%	社会餐饮服务单位通过依托社区门店设置专区（窗）或"中央厨房＋社区门店"等方式，提供助餐配餐服务
集体用餐配送服务	38	4.6%	不设门店、引入集体用餐配送单位为长者食堂配送

总的来看，长者食堂的运营经费仍以财政投入为主，但已有餐饮企业参与运营；专业化运营程度有待提高，接近八成的专职厨师或管理人员的工资水平在3500元以下。

（三）就餐和收费情况

先看就餐情况。目前，90%的长者食堂以提供老年人堂食服务为主，前来就餐的多为自理老人；因尚未普遍开展送餐业务，失能、高龄老人等行动不便的刚需群体大多无法享受到长者食堂提供的助餐服务。

再看收费情况。以午餐收费情况为例（见附表2），长者食堂普遍收费较低，62.39%的农村长者食堂午餐收费5元以下，69.19%的城市长者食堂收费10元以下；七成以上的长者食堂收费在10元以内；收费在10元以上的长者食堂主要集中在城镇。从收费情况来看，农村长者食堂以免费或少收费为主，主要满足的是老年人基本生活需要；城镇长者食堂有较大比例需要自费，可见城镇老年人支付能力较高、对助餐服务质量有一定的要求。

附表2　长者食堂午餐收费情况表

收费标准	个数	占比	城镇个数	农村个数
免费	142	17.3%	33	109
5元以下	281	34.2%	25	256
5～10元	319	38.8%	106	213
10元以上	80	9.7%	73	7
合计	822	100%	237	585

总的来看，长者食堂以堂食为主，普遍不具备送餐服务能力，以公益性为主，九成以上收费在10元以下。

三　长者食堂建设的若干经验

遵循"摸着石头过河"的规律，不断总结不同阶段长者食堂的建设经验。

（一）聚焦"办得起"，强化政府主导，稳步开展试点建设

"办得起"的核心，是"扶上马，送一程"，试点先行，逐步推开。

1. 因势利导，激发内生动力

尊重各地客观实际，选择积极性高、老龄化率高、留守（空巢）老年人多的街道乡镇或村（居），按照成熟一个、实施一个的原则逐步推开。2021年，我省把100个居家社区养老服务示范点建设列为省委、省政府为民办实事项目，下拨资金2500万元，省民政厅抓住契机，要求把设立老年人助餐点作为其中的重要建设内容。同时，省民政厅还将建设长者食堂列入厅党组"我为群众办实事"内容，在ND市召开全省养老服务提质增效现场会予以推进。目前，仅ND市就建成了355个互助孝老食堂，乡镇街道覆盖率100%；FZ市鼓楼区将设立长者食堂列入区委区政府年度为民办实事项目，基本实现"一街镇一食堂"目标；PT市结合全国居家和社区养老服务改革试点工作投入254万元，建成长者食堂68个，街镇覆盖率超65%；XM市翔安区打造了"颐年堂"长者食堂助餐品牌。截至2021年底，各地主动自建的试点数超过省定试点数的7.22倍。

2. 因地制宜，整合设施资源

除部分新建食堂外，大部分通过整合盘活原有居家社区养老服务照料中心（站）、农村幸福院等公共服务设施和存量资源，部分还整合了宗祠祖堂等地方传统文化资源，按要求进行建筑、消防和适老化改造后投用，降低建设成本，提高建设速度。大部分长者食堂与当地的社区卫生服务站（村卫生所）、文化活动中心、居（村）委会公共服务设施同址或邻近建设，利于老年人享有其他公共服务。

3. 因人施策，分类提供服务

试点前期做好入户调查，摸清困难、留守、空巢老人数量和用餐意愿习惯，列出需求清单。各地聚焦需求，结合实际，各显神通，形成不同模式：自建厨房模式；单位食堂专区（窗）模式，如晋安区长青西园老年公寓设置独立老年食堂，可同时供400多人就餐、为1000人配餐；引导餐饮企业参与模式，如由久号餐饮合作共建的鼓楼区洪山镇锦江久号长者食堂、聚春园合作参与的水部街道味中味长者食堂；集体用餐配送服务模式和互助服务模式。

（二）专注"办得久"，强化综合施策，积极促进落地见效

"办得久"的关键，是得到群众认可，有适宜的支持和监督机制。

1. 普惠与兜底相结合，让扶持有力度

遵循"收费适中、菜金平衡、群众接受、持续运营"的公益性原则，在面向全体60岁以上老年人提供服务的基础上，发挥财政投入的撬动作用，将特困人员、低保对象等"七类特定对象"作为助餐重点保障对象，出实招重点解决贫困、留守、失独等特殊困难老年人的吃饭问题。如QZ市永春县利用慈善资金，在52个村推行"免费午餐"，村里受惠留守老年人比例高达96％。

2. 规范与效率相结合，让监管有深度

指导各地建立健全长者食堂财务管理、公开公示、食品安全、卫生消毒、资产管理、监督反馈等制度，配齐运营管理团队，组建膳食委员会，确保规范安全运营。全省长者食堂共聘请专职厨师或管理人员1348人，267人取得"食品卫生许可证"，31个县（市、区）出台县级管理制度。如ND市制定《互助孝老食堂规范化建设指南》，要求按照"八个一"（即设在一楼、至少一百平方米、一个厨房、一个餐厅、一个卫生间、一个公共娱乐室、一块室外活动场地、一个乡村卫生所）的标准设置场所，"十个一"（一套标准炊具、一台保鲜冰柜、一台留样冰箱、一台消毒柜、一套供暖降温设备、一套餐桌椅、一套餐具、一台电视、一套灭火器材、一套电子监控设备）的标准配备设施。古田县出台食堂等级评定标准，对互助孝老食堂的基础条件、硬件设施、内部管理、服务提供、社会评价五个方面，分为1A到5A五个等级，每半年评估1次。XM市思明区江头街道等地还运用智慧助餐系统，进行"刷脸"自动结算，实现人员识别、精准补贴和无感支付，帮助老人解除饭卡忘带、丢失的烦恼。

（三）用心"办得好"，延伸服务功能，全面提升服务和治理水平

"办得好"的关键，是既受到群众普遍欢迎，又助推了党和政府各项政策的实施。

1. 从暖胃到暖心，不断拓展服务功能

食堂在聚集人气、运营稳定后，因地制宜，根据需要，添加设施设备，让助餐服务功能拓展到休闲娱乐、医疗康养、提供就业机会等领域。如ND市蕉城区和古田县探索在互助孝老食堂设置公益性岗位，既充实了食堂管理服务力量，又为农村低保家庭、低收入农户、"4050"人员和有一定劳动能力的残疾人等就业困难人员提供了就业机会。

2. 搭建"三个平台"，创造长者食堂叠加效应

一是搭建政府关爱服务困难群体平台。通过送餐上门服务，对行动不便、独居留守老年人进行探视关怀，并整合社区资源，与基本公共卫生、残疾人保障等服务

有机结合，使独居、空巢、失能老年人关爱服务体系得到加强，进一步拉近党组织与广大群众的距离，真正打通联系服务群众的"最后一米"。例如，SM市推行"党建＋养老"模式，由村支部书记兼任村养老服务中心负责人，牵头推动参与长者食堂建管工作，密切了党群关系。同时，各地长者食堂不断丰富延伸内涵，将困难残疾人、留守儿童等列入服务范围，2021年省民政厅会同省残联、省财政厅，下拨资金360万元，推动60个爱心助残驿站试点与长者食堂、农村幸福院等同步建设，进一步健全残疾人关爱服务体系。二是搭建社会为老志愿服务平台。以长者食堂建设为抓手，引导社会参与、全民共建，弘扬志愿服务精神。在资金筹措上，健全"政府补一点、个人出一点、企业让一点、乡贤捐一点"的长效机制，鼓励地方乡贤捐资助孝，多渠道拓宽资金来源，全省共有142个助餐点整合慈善资源推行免费用餐。在服务队伍上，既鼓励老人助人自助，开展种菜、帮厨和送餐等力所能及的劳动，也倡导和动员社会各界为老年人提供志愿服务，培育志愿服务队伍。在志愿服务形式上，积极探索建立为老志愿服务机制，呈现百花齐放局面：ND市古田县政府牵头成立了"孝老爱心促进会"，发动引导慈善公益力量捐助；蕉城区将与互助孝老食堂结对帮扶情况纳入文明单位考核，开展"慈善一日捐"活动为食堂捐助；周宁县引导20多名乡贤、企业家与互助孝老食堂"1＋1共建"；古田、福安、东侨等地出台"助老时间银行"机制。三是搭建移风易俗宣传平台。各地利用长者食堂阵地优势，开展传统文化、健康宣教、普法宣传、环境保护、生活方式等课程和活动，弘扬社会主义核心价值观，促进乡风文明。例如，SM市宁化县推行老年人每年缴纳10元会费，逢十祝寿时，按统一菜单、统一标准、统一费用，在长者食堂举办集体寿宴，革除大操大办陋习；ND等地的长者食堂，在室外醒目位置悬挂内嵌民政标识的食堂招牌，运营和装饰融入党建、乡村文明、家风家训内容，彰显"孝悌""互助"精神，营造浓厚的孝老氛围。各地还通过多种渠道加大对长者食堂的宣传，提高助餐配餐服务知晓率，提高群众对养老服务的支持度和参与度。

四 长者食堂建设存在的主要问题

目前，长者食堂建设存在的关键症结，集中在"人""钱""章"问题上，即是否有人管事、有钱办事、有章理事。

（一）党政主导、各方参与的老龄工作体制机制有待完善

从政府工作角度看，长者食堂工作服务对象特殊，"众口难调"；举办助餐服务，事务琐碎。基层普遍存在"不爱做""不敢做""不会做"问题，不愿正视农村短板需求，不知道如何引导社会力量，严重影响了党政部门在长者食堂建设中的主导作用

发挥。截至 2021 年底,全省仅 35 个县出台长者食堂扶持补助措施,只有 66 个县把长者食堂建设项目列入当地党委、政府为民办实事项目。

(二)服务设施覆盖率低、网络不健全

全省居家社区养老服务照料中心已经在街道和中心城区乡镇实现全覆盖,但长者食堂的社区覆盖率在城镇不到 10%,农村覆盖率更低。城市长者食堂找场所难,费用高;有的山区农村居住分散,农村长者食堂存在辐射面小的问题。失能、高龄等刚需群体的配餐送餐服务网络还不健全,个性化服务有待拓展。

(三)可持续的稳定运营机制有待建立

长者食堂服务本质上属于公共服务,但其运营有鲜明的市场属性,其运营机制应由财政投入机制和社会参与机制构成。目前,已建成的长者食堂运营主要依靠各级政府提供的财政资金补贴运营。由于服务收费低、人工薪酬低,市场机制普遍缺乏,长者食堂的运营在专业化、规范化方面还存在明显欠缺。各种社会慈善和志愿服务资源难以融入,其参与的积极性还有待进一步引导和规范。

(四)服务覆盖面和服务质量有待提高

长者食堂提供的助餐服务,既是基本养老服务,针对特殊困难老人,承担兜底保障职责;又是普惠式养老服务,有着较广泛的服务需求,面向普通老人提供服务,能有效提升老年人的生活品质。受限于服务能力,目前长者食堂提供的服务水平和服务质量,离老年群体的需求还有较大差距。以农村老年人为主的兜底保障人群服务能力需要进一步提升,以失能、高龄老年人为主的普惠式服务覆盖面需要进一步扩大,以满足老年人多样化、个性化需求为主的生活性助餐服务需要进一步拓展。

五 加快长者食堂建设的对策思考

要从体制机制建设、财政投入、政策创新等方面同时着手,复制成功经验,突破短板局限,创造规模效应。

(一)强化党政主导作用

《中共中央、国务院关于加强新时代老龄工作的意见》提出,新时代的老龄工作中,各级党政主要负责人亲自抓、负总责,做到"四个纳入"。要将这一政策精神体现在推进长者食堂建设工作中,把助餐服务作为做好居家社区养老服务的切入点,

作为公共服务供给的规定动作，纳入省委、省政府重要议事日程和民生实事项目；纳入各地党委、政府工作督查和绩效考核；作为基本养老服务保障，纳入乡村振兴战略的重要内容中；作为老龄化国情教育重要内容，纳入各级党校领导干部主体班次培训、村主干培训等课程。

（二）以"三化"为导向推进设施建设

一是长者食堂设施统筹规划网络化。以乡镇（街道）为单位，全面摸清辖区内老年人口分布情况和服务需求半径。依托养老服务设施专项规划修编，按照"广覆盖、保基本、可持续"的原则，整合社区养老服务站、小区架空层、公共物业等社会资源，不断充实长者食堂设施布局。按照"自2022年起，每年建设300个长者食堂，到2025年实现乡镇（街道）全覆盖"的目标，逐步织密覆盖城乡、布局均衡、方便可及的老年助餐服务网络。二是长者食堂设施建设标准化。制定长者食堂规范化建设指南、等级评定标准等，指导各地进行适老化改造，完善消防、卫生检疫等设施设备，推动"明厨亮灶"建设，悬挂统一标识。三是长者食堂建设智慧化。运用互联网和大数据技术，推动发展"互联网＋养老助餐"。依托省养老服务综合信息平台等推广智慧助餐系统，实现人员识别、精准补贴和无感支付。

（三）典型示范建构可持续运营机制

按照"政府搭台、村居承办、居民互助、个人自愿、梯度收费、社会参与"的思路，通过典型示范，加快建构可持续的运营机制。一是建立稳定的财政投入机制。按照财政分级承担机制，帮助解决一次性开办建设费用，通过"以奖代补"等方式建立运营补贴制度。ND市蕉城区的做法是：给予每个通过验收的食堂一次性开办建设补助资金8万元，运营经费每年补助6万元，并为就餐人员统一购买公众责任险和食品安全责任险，保障重点对象一天伙食费原则上不高于10元。二是不断加大鼓励市场力量参与的政策创新力度。通过招商引资、公开招标、市场准入等方式，采取租金减免、免费提供场地、补贴水电费、增加运营期限、物业服务企业参与等措施，吸引市场力量建设和运营长者食堂。通过给予奖励、荣誉回馈等方式，鼓励更多的餐饮企业，特别是国企、央企履行社会责任，积极参与老年人助餐服务。通过对参与或提供老年人助餐服务的企业等按照社区家庭服务业落实税费优惠，建设老年人助餐中央厨房的给予专项支持，帮助降低运营成本。三是鼓励农村集体力量支持长者食堂建设。鼓励农村集体采取划拨菜地、集体资产收益等方式支持长者食堂建设。QZ市德化县的"幸福田园"模式做法是：给长者食堂划拨专用菜地，帮助老人享受"田园生活"的同时吃上自己种的"绿色放心菜"。四是鼓励将志愿服务融入长者食堂建设。将与长者食堂结对帮扶列入精神文明单位共建内容，将助餐配餐服务与特殊困难群体老年人的探访、关爱、精神慰藉等服务有机结合。SM市沙县乐龄学堂"三共"（共同学习、共同用餐、共同做伴）模式的做法是：鼓励将助餐服务融入家政服务、生活照料、文化娱乐、护理保健等居家养老服务体系中，让老年人获得助餐服务的同时，解决好其他养老服务需求，更好地满足老年人多元化的养老服务。2021年，60个爱心助残驿站试点经验，是将助餐服务与关爱服务残疾人等困难群体工作有机结合。五是建立慈善资源注入助餐服务机制。推动各类慈善组织通过设立"助老免费午餐""慈善一日捐"项目等形式，吸引专项慈善捐赠资金。LY市整合利用河仁慈善基金会2000多万元善款，在全市推行互助式长者食堂建设，推动建设全民友好、全龄友好、共建共治共享的温情社会。充分发挥乡镇社工站、社会组织等力量，组建志愿服务队伍，为特困、失能、高龄等老年人提供送餐服务，保障刚需群体需求。

（四）补短板，着力提升服务能力和服务水平

一是建立从业人员定期培训机制，提升服务能力。开展长者食堂工作人员集中培训，建立健全老年人助餐配餐送餐服务指南与标准，指导从老年人需求出发，因地制宜，结合助餐服务对象身体状况和季节变化，充分考虑老年人的饮食习惯和禁忌，做到干净美味、荤素搭配、营养均衡。二是以加大购买服务力度为手段，提高兜底保障服务质量。鼓励各地量力而行，提高助餐补贴标准，出实招重点解决贫困、留守、失独、高龄等特殊困难老年人的吃饭问题。SM市三元区长者食堂的做法是：午餐每份10元，重点保障对象每人每餐6元，其余4元由当地补贴。ND市古田县的做法是：根据"八类优待对象"用餐人数，按每人每天6元和8元两档拨付运营费，设置互助孝老食堂公益性岗位，多渠道充实管理服务力量。三是以补齐配送服务短板为重点，不断扩大服务覆盖面。推动构建"街道中心厨房＋社区配餐点＋上门送餐"的三级网格化养老助餐服务体系，以街道级长者食堂作为中心厨房，按横纵向覆盖3公里区域进行网格化配送，形成"1＋N"服务模式，实现定点膳食、配送到户，补齐老年人配餐送餐工作短板。鼓励与同城快递、航空餐饮公司等合作，探索发展集中配送业务，降低运营成本。四是加强餐饮服务安全监管。不管长者食堂的运营主体是否是市场法人，都应按照食品安全管理要求抓好餐饮服务安全。监督做好市场主体运营的服务场所从业人员健康证、收费价格、食品安全管理制度、食品安全承诺书、投诉电话等上墙公示；推动村主干作为长者食堂第一安全责任人，健康证作为厨师必备资质要求，探索推行村主干每周一次陪餐制度。

课题指导：程强（省民政厅厅长）
课题负责：赵荣生（省民政厅副厅长）
课题组成员：谢美葵　夏慧秀
课题执笔：严志兰　夏慧秀

参考文献
REFERENCES

【图书】

[1] [美] 克莱尔·休森，卡尔·沃格尔，戴安娜·劳伦特. 如何进行网络调查（第二版）[M]. 董海军，译. 北京：中国人民大学出版社，2021.

[2] 《调查研究小全书：领导干部调查研究能力提升与调研报告写作规范》编写组. 调查研究小全书：领导干部调查研究能力提升与调研报告写作规范 [M]. 北京：中国言实出版社，2014.

[3] 董海军. 社会调查与统计 [M]. 武汉：武汉大学出版社，2015.

[4] 董振华. 坚持群众路线方法十讲 [M]. 北京：人民出版社，2013.

[5] 风笑天. 社会研究方法 [M]. 6版. 北京：中国人民大学出版社，2022.

[6] 风笑天. 现代社会调查方法 [M]. 6版. 武汉：华中科技大学出版社，2021.

[7] 冯缨，樊茗玥. 网络调查数据质量控制的方法与对策研究 [M]. 上海：上海三联书店，2013.

[8] 郭志刚. 社会统计分析方法：SPSS软件应用 [M]. 2版. 北京：中国人民大学出版社，2015.

[9] 洪向华. 领导干部治理能力十讲 [M]. 北京：人民出版社，2020.

[10] 廉思. 如何有效开展调查研究 [M]. 北京：人民日报出版社，2019.

[11] 罗平汉. 问路：毛泽东与1961年全党农村大调查 [M]. 北京：人民出版社，2019.

［12］毛泽东农村调查文集［M］．北京：人民出版社，1982．

［13］毛泽东．毛泽东选集（1～4卷）［M］．2版．北京：人民出版社，1991．

［14］宋艳丽．学而时习之：读懂新时代的100个关键词［M］．北京：人民出版社，2018．

［15］王礼鑫．构建政策实践观念——中国共产党的调查研究方法概论［M］．北京：人民出版社，2020．

［16］习近平．干在实处 走在前列——推进浙江新发展的思考与实践［M］．北京：中共中央党校出版社，2006．

［17］杨玉玲，刘志兵．百年剪影——党史中的一百个重要抉择［M］．北京：人民出版社，2021．

［18］于立志，刘崇顺．新时代领导干部调查研究指南［M］．天津：天津人民出版社，2019．

［19］袁方，王汉生．社会研究方法教程［M］．北京：北京大学出版社，1997．

［20］张神根．开天辟地——中国共产党诞生纪实［M］．北京：人民出版社，2021．

［21］张文彤．SPSS统计分析基础教程［M］．3版．北京：高等教育出版社，2017．

［22］赵国栋，黄永中．网络调查研究方法概论［M］．北京：北京大学出版社，2008．

［23］郑佳节．调查研究［M］．北京：中国人事出版社，2020．

［24］中共中央党史和文献研究院．习近平关于力戒形式主义官僚主义重要论述选编［M］．北京：中央文献出版社，2020．

［25］中共中央党史和文献研究院，中央学习贯彻习近平新时代中国特色社会主义思想主题教育领导小组办公室．习近平关于调查研究论述摘编［M］．北京：中央文献出版社，2023．

［26］中共中央文献研究室．论群众路线——重要论述摘编［M］．北京：中央文献出版社，2013．

［27］中共中央文献研究室，中央档案馆．建党以来重要文献选编（1921—1949）［M］．北京：中央文献出版社，2011．

［28］中共中央宣传部．习近平新时代中国特色社会主义思想学习纲要［M］．北京：学习出版社，2019．

［29］中共中央宣传部．习近平总书记系列重要讲话读本［M］．北京：学习出版社，2014．

［30］朱大富．调查研究——领导干部的基本功［M］．南昌：江西人民出版社，2015．

【报刊】

［1］陈述．党史上的调查研究之风及其当代启示［J］．人民论坛，2020（18）．

［2］董海军，耿宇．移动互联网+问卷的应用特点与发展［J］．晋阳学刊，2018（3）．

［3］董海军．中国共产党百年调查研究的三重逻辑：历史、理论与实践［J］．人文杂志，2022（5）．

［4］董海军，周强．我国民意调查理论与实践发展特点及其趋势［J］．调研世界，2011（7）．

［5］方国斌，陈年红．基于网络技术的抽样调查设计与实施研究［J］．统计与决策，2009（1）．

［6］费强．从"调研开局"到"调研开路"——中共浙江省委常委会求真务实纪实［J］．瞭望新闻周刊，2004（15）．

［7］风笑天．高回收率更好吗？——对调查回收率的另一种认识［J］．社会学研究，2007（3）．

[8] 风笑天. 浅谈当前抽样调查中的若干失误 [J]. 天津社会科学, 1987 (3).

[9] 韩强, 杜思睿. 中国共产党注重开展调查研究的历史探索与基本经验 [J]. 学习与探索, 2021 (8).

[10] 何磊, 刘书汝. 全面抗战时期党的调查研究工作 [J]. 党的文献, 2022 (1).

[11] 刘军强, 胡国鹏, 李振. 试点与实验：社会实验法及其对试点机制的启示 [J]. 政治学研究, 2018 (4).

[12] 刘庆斌. 新时代领导干部提高调查研究实效探析——基于习近平同志关于调查研究的重要论述 [J]. 观察与思考, 2020 (8).

[13] 邱然. 浅析习近平地方工作时期调研方法 [J]. 理论视野, 2020 (9).

[14] 佘双好. 思想政治教育研究方法中的文献综述与文献研究 [J]. 学校党建与思想教育, 2012 (6).

[15] 王达阳. "摸着石头过河"的来历 [J]. 四川党的建设, 2018 (14).

[16] 武俊伟. 政策试点：理解当代国家治理结构约束的新视角 [J]. 求实, 2019 (6).

[17] 习近平. 调查研究"身入"基层更要"心到"基层 [J]. 党政干部参考, 2011 (12).

[18] 习近平. 年轻干部要提高解决实际问题能力 想干事能干事干成事 [N]. 学习时报, 2020-10-12 (1).

[19] 习近平. 谈谈调查研究 [N]. 学习时报, 2011-11-21 (1).

[20] 习近平. 学习和掌握正确的调查研究方法 [J]. 新湘评论, 2012 (10).

[21] 徐功献, 吴艳林. 习近平总书记关于调查研究重要论述的基础来源、主要内涵与时代价值 [J]. 桂海论丛, 2021 (4).

[22] 闫义夫. "政策试点": 中国共产党治国理政的重要方式 [J]. 社会科学家, 2017 (10).

[23] 严建. 马克思编制《工人调查表》前后 [J]. 社会, 1983 (1).

[24] 严书翰. 调查研究是重要的工作方法 更是马克思主义方法论——纪念毛泽东寻乌调查 90 周年 [J]. 赣南师范大学学报, 2021 (2).

[25] 杨登峰. 中国共产党百年土地政策试点的法治省思 [J]. 法治现代化研究, 2021 (6).

[26] 杨飞. 政务工作网络民意调查探析 [J]. 现代经济信息, 2016 (8).

[27] 叶汝贤, 黎玉琴. "摸着石头过河": 中国改革与发展的实践模式及其意义 [J]. 马克思主义研究, 2009 (5).

[28] 余富强, 胡鹏辉, 杜沙沙. 网络问卷调查的数据质量控制研究 [J]. 统计与决策, 2019 (16).

[29] 臧安民. 大力弘扬调查研究的优良传统——深入学习贯彻习近平总书记关于调查研究的重要论述 [N]. 人民日报, 2021-11-17 (9).

[30] 曾五一, 林飞. 网络时代话网络调查 [J]. 中国统计, 2002 (5).

[31] 张科, 张伯阳. 我国主要网络调查平台功能特点对比分析 [J]. 图书与情报, 2011 (5).

[32] 张克. 新中国 70 年改革试点复制推广机制: 回顾与展望 [J]. 南京社会科学, 2019 (10).

[33] 赵汝周. 找准深度调查研究的切入点 [N]. 学习时报, 2011-12-05 (15).

[34] 周桂林. 问卷调查拒访原因的实证研究 [J]. 黑河学刊, 2017 (6).

［35］周亮.二次分析数据中需要注意的几个问题［J］.中国心理卫生杂志，2012（2）.

［36］周强，董海军.道德文化传统理念的网络践行——对350条网络帖子的内容分析［J］.中国青年研究，2010（12）.

［37］周望."政策试验"的历史脉络与逻辑审视［J］.党政干部学刊，2012（6）.

［38］周翔.内容分析法在网络传播研究中抽样问题——以五本国际期刊为例（1998—2008）［J］.国际新闻界，2010（8）.

［39］周晓虹.社会科学方法论的若干问题［J］.南京社会科学，2011（6）.

［40］左才.认知心理学视角下社会调查中的无应答问题与解决方法［J］.复旦学报（社会科学版），2020（2）.

后记
POSTSCRIPT

2021年7月，我回母校华中科技大学参加一个学术论坛。在会议间隙，华中科技大学出版社总编辑姜新祺先生提议我组织地方党校和高校相关的教研工作者一起主编一本适合领导干部学习调查研究方法的读本。先生之言，甚合愚意，于是一拍即合。习近平总书记指出："调查研究是谋事之基、成事之道。没有调查，就没有发言权，更没有决策权。"重视调查研究，善于调查研究，在调查研究的基础上解决突出矛盾和问题，是我们党一以贯之的优良传统，是谋划工作、科学决策的重要依据。"不忘初心、牢记使命"主题教育的一个重要内容，就是教育引导广大党员干部了解民情、掌握实情，搞清楚问题是什么、症结在哪里，拿出破解难题的实招硬招。可以说，经常开展调查研究，非常有益于促进我们认识客观世界，改造客观世界和主观世界，转变学习作风和工作作风，深入社会；有益于深切了解群众的需求和愿望，增进同人民群众的感情，提升自己的实践经验和创造精神。因此，我们将读者主要定位于各级领导干部，包括政府、事业单位以及企业管理部门的领导干部。作为核心对象的政府公务员，他们需要了解调查研究，但可能并不具备相关的知识背景。本书基于普通的调查研究内容，但更强调领导干部进行调查研究实践时所需要了解掌握的相关知识，是普通的社会调查研究方法课程内容在领导管理领域中的具体化与精细化，因此，语言表达上尽量通俗易懂，而且带有一点活泼性。本书旨在提高领导干部的调查研究能力，既可以作为培训学习的教材，也可以作为自主学习研究的参考书。

经过编写组各位老师及协助者一年多的筹备讨论、组织撰写及审校修改，本书终于可以付梓了。

首先，我要感谢的是编写组的各位同仁，大家在繁忙工作中抽出宝贵的时间不定时地在编写工作微信群里讨论交流，积极参与本书的编写工作。编写组成员各分工如下：

我负责第一章、第九章和第十一章，湖南科技大学法学与公共管理学院曾东霞副教授负责第六章和第十章，浙江红船干部学院严志兰教授负责第三章和第十二章，中共湖南省委党校邓志强教授负责第四章和第七章，吉首大学副校长姜又春教授负责第八章，中共上海市委党校刘中起教授负责第二章，中共武汉市委党校李芬副教授负责第五章。

我初步提出章节目录大纲，经大家讨论确定后，由各位参编者分工完成初稿写作。在完成各章初稿后，副主编曾东霞、严志兰和邓志强三位老师分头各审校四章，最后由我统稿再审读一遍。在整个过程中，我指导的博士生杨静同学协助我承担了行政助理工作，中南大学社会学系的研究生岳婷、刘润霄、皮特和张蜜协助我进行了资料查找、全书统稿等工作，王圣儒同学则在2022年暑假和我一起从头至尾对书稿进行了审读修改。在此，感谢大家的努力支持和卓越贡献。

其次，我要感谢中共中央党校（国家行政学院）副校（院）长龚维斌教授。2019年我在中共中央党校（国家行政学院）学习时，曾有幸向龚教授求教做人做事做学问的方法，龚教授的教诲让我如沐春风。更感谢龚教授毫无迟疑地接受我的邀请，从繁重的行政工作和教学研究工作中抽出宝贵时间为本书作序。

同时，本书的选题、写作与出版，都离不开华中科技大学出版社的支持。姜新祺总编辑从选题开始就一直关心支持着本书的写作与出版，同时，在各个时间节点上我总是得到策划编辑适时的温暖提醒与激励督促，让人无法懈怠。

最后，在撰写本书的过程中，编者们参考了国内外大量的文献资料和社会调查类的书籍，借鉴了一些专家学者的研究成果，在此表示诚挚的谢意。参考文献所列只是沧海一粟，难免挂一漏万。编者们不仅希望本书成为一本干部培训的教材，更希望它能成为各级领导干部开展调查研究的实务操作手册。

大家在使用本书的过程中，若有任何疑问或建议，烦请直接跟我联系，联系邮箱为 donghj34@csu.edu.cn。

2023 年 1 月